荊楚文庫

〔同治〕蒲圻縣志

〔清〕顧際熙　鄭慶華　修
〔清〕文元音　等纂

荊楚文庫編纂出版委員會
武漢大學出版社

荆楚文庫

〔同治〕蒲圻縣志

TONGZHI PUQI XIANZHI

圖書在版編目(CIP)數據

〔同治〕蒲圻縣志/〔清〕顧際熙,鄭慶華修;〔清〕文元音等纂.

—武漢:武漢大學出版社,2022.3

ISBN 978-7-307-22893-1

Ⅰ.同…

Ⅱ.①顧… ②鄭… ③文…

Ⅲ.赤壁市—地方志—清代

Ⅳ.K296.34

中國版本圖書館 CIP 數據核字(2022)第 016172 號

責任編輯:李 程

整體設計:范漢成 曾顯惠 思 蒙

責任校對:汪欣怡

出版發行:武漢大學出版社(中國·武漢)

地址:武昌珞珈山

電話:(027)87215822 郵政編碼:430072

録排:武漢恒清圖文菲林輸出工作室

印刷:湖北新華印務有限公司

開本:787mm×1092mm 1/16

印張:30.25 插頁:6

版次:2022 年 3 月第 1 版 2022 年 3 月第 1 次印刷

定價:126.00 元

ISBN 978-7-307-22893-1

《荆楚文庫·方志編》編纂組

組　　長：賀定安　陽海清（執行）

副 組 長：劉傑民（執行）　王　濤　謝春枝　范志毅（執行）

參編人員（以姓氏筆畫爲序）：

王　濤　李云超　宋澤宇　范志毅　柳　巍　馬盛南　陳建勛

梅　琳　張　晨　張雅俐　陽海清　彭余焕　彭筱溦　賀定安

劉傑民　謝春枝　嚴繼東

編　　審：周　榮

顧　　問：沈乃文　李國慶　吴　格

出版説明

湖北乃九省通衢，北學南學交會融通之地，文明昌盛，歷代文獻豐厚。守望傳統，編纂荊楚文獻，湖北淵源有自。清同治年間設立官書局，以整理鄉邦文獻爲旨趣。光緒年間張之洞督鄂後，以崇文書局推進典籍集成，湖北鄉賢身體力行之，編纂《湖北文徵》，集元明清三代湖北先哲遺作，收兩千七百餘作者文八千餘篇，洋洋六百萬言。盧氏兄弟輯録湖北先賢之作而成《湖北先正遺書》。至當代，武漢多所大學、圖書館在鄉邦典籍整理方面亦多所用力。爲傳承和弘揚優秀傳統文化，湖北省委、省政府決定編纂大型歷史文獻叢書《荊楚文庫》。

《荊楚文庫》以『搶救、保護、整理、出版』湖北文獻爲宗旨，分三編集藏。

甲、文獻編。收録歷代鄂籍人士著述，長期寓居湖北人士著述，省外人士探究湖北著述。包括傳世文獻、出土文獻和民間文獻。

乙、方志編。收録歷代省志、府縣志等。

丙、研究編。收録今人研究評述荊楚人物、史地、風物的學術著作和工具書及圖册。

文獻編、方志編録籍以一九四九年爲下限。

研究編簡體横排，文獻編繁體横排，方志編影印或點校出版。

《荊楚文庫》編纂出版委員會

二〇一五年十一月

前言

《〔同治〕蒲圻縣志》八卷，清顧際熙、鄭慶華修，文元音等纂，清同治五年刻本（一八六六）。内封鐫：『同治丙寅鐫 蒲圻縣志 朝陽書院藏板』。

顧際熙，字鹿蘋，直隸祁州人，官蒲圻知縣。鄭慶華，字硯香，廣西桂林人，舉人，官蒲圻知縣。文元音，邑人，同治舉人。

蒲圻古屬沙羡地，夏商西周皆爲雲夢澤地。自秦以降，其建制屢更，先後隸南郡、武昌郡、長沙郡、巴陵郡、江夏郡，唐宋屬鄂州，明屬武昌府，清因之。三國吳主孫權作『蒲草千里，圻上故壘；蓴蒲五月，川穀對鳴』。取蒲、圻、蓴、川四字，而置蒲圻縣，別稱蓴川。一九九八年更名赤壁市。

明以前邑志無考，明宣德三年（一四二八）邑人黄煜草創成書，略而不詳；明成化十三年（一四七七）邑令葛鳳儀、邑人游志續修；明嘉靖十二年（一五三三）邑令吳本固、邑人廖道南等重修；明崇禎四年（一六三一）邑令林增、邑人黄圖等又加重修。惜以上各書俱無傳本。入清後，康熙間邑令張圻隆爰撰前志，考核時宜，重修成志，乾隆間邑令王雲翔依前志重爲補輯，道光間邑令勞光泰續纂，各有版本流傳。緣是邑地處南北要衝，太平天國戰争對本地文化事業的破壞嚴重，道光志以後事非續志而無以徵信。是志肇於前知縣恩榮，同治四年（一八六五）二月，際熙蒞任，奉檄修志，遂主其事，乃延元音等邑内飽學之士博訪周諮，徵文考獻，開局於紫竹坡，取舊志之存者參訂互考，及同治五年（一八六六）二月際熙去任，志已成十之八九，慶華繼主其事，復以參訂，三閲月而志成付梓。

志分八門，内容依次爲疆域、政典、祥異、職官、選舉、名宦、人物、藝文，總約三十萬字。志前另收顧際熙敘、鄭慶華敘，纂修職名，目録，可觀全志梗概。疆域門，詳載沿革、山川、城郭等，收圖頗豐，既有總圖，亦另繪各區域專圖，圖冠於前，文字詳解於後，圖文並茂，相得益彰；職官，多參道光勞志，列歷代職官年表，縣令、教諭、訓導等一一記録在册，並特附城守營千總，因此職舊志缺載，本志僅載其近者；人物門所佔篇目較大，載列傳、儒林、文苑、卓行、列女等，收録較雜，各以類從；藝文類，存佚不齊，其存者，稀遵《四庫全書》提要書目録之，佚者仿《經籍考》並據他説略存篇目。

據《中國地方志聯合目録》，是志國圖、科院、上海、天津、湖北、湖南等館有藏。湖北省館有兩藏本，其一藏本版刻俊雅、字迹工整，整體書品較好，兹以該藏本爲底本，少許頁碼浮墨缺損，用該館另一藏本替换。一九九七年台北成文出版社影印彙入《中國方志叢書》，二〇〇一年江蘇古籍出版社影印彙入《中國地方志集成·湖北府縣志輯》。（彭余焕）

目録

同治丙寅鐫

蒲圻縣志

朝陽書院藏板

敘

今上御宇之三年金陵既下東南境以次肅清　大臣疏請
續纂省志檄行郡縣各繕本封志進於以冀
國史而彰
皇圖甚盛典也余涖蒲伊始屬有是命自惟不文懼無以仰
副　上臺修明典章至意然而事弗可已欲避妄作之
嫌又蹈曠職之愆敢不祗承以勉圖不朽蒲自赤烏肇
邑以來山川秀土田滋其君子敦倫而砥節其野人好
義而急公素稱鄂上壯邑前之官斯土者代有循良相
與表彰炳蔚潤色鴻業如前明杜侯紳葛侯鳳儀吳侯
本固林侯可任及我

朝張侯禹服王侯耐菴勞侯靜菴諸君子類皆樹襲黃之
偉績擅班馬之雄才勒為成書焜燿今昔顧丙申一編
歷今又三十餘年矣其閒風土之純雜利弊之興除時
事之常變吏治之臧否人文之盛衰非續志其何以徵
信況自粵逆鴟張蔓延各省蒲當南北衝寇氛出沒上
下多取道於是官廨民居秦灰叠墮瑶函寶笈孔壁云
淪藉不及是編緝勢必至殘者愈殘缺者愈缺一邑掌
故幾隨陵黍俱湮又安用此守土者為卑書稍暇爰闢
館於紫竹坡左延邑中多士博訪周諮徵文考獻復取
舊志之存者參互而考訂之昔所已詳者今弗敢增其
華前所未備者後弗敢沒其實事關大綱公論在所必

採文有一節稗史亦所不遺列綱八目四十餘首疆域
重邦本也次政典崇王章也次祥異明天人之合符也
次職官次選舉均列為表次名宦次人物均系以傳終
藝文遴鄉先輩之著述成帙可傳可誦者臚其名於篇
夫一時之記載千百世所援據也一人之論斷千萬人
所省鑒也羅仲素有言讀經則師其意讀史則師其事
志之義非惟是脂粉備編塗飾觀聽而已將以昭法戒
大修救也使徒工記載之言忘論斷之旨則雖揚厲鋪
張無關實際其何以彰
皇圖而冀
國史是役也權輿於乙丑六月朔三日竣事於丙寅四月

二十日潤筆壽梓之資余捐俸以倡諸紳民佐之自惟
不文懼無以仰副　上臺修明典章至意謹敘其崖略
於右

肯

同治丙寅蒲月　穀旦　知縣顧際熙謹識

敘

志者何誌也邑何以有志古者王澤必期於下究民情
不壅於上閭於是列國皆有史掌記時事勒爲成書上
之天子凡疆域險易之形戶口錢穀之數與夫循良師
儒之表著文獻風俗之炳煌坐諸廟堂瞭如目睹故夫
郡邑有志亦列國史遺意也考俗藪績胥于是徵蒲志
元以前弗可考自明宣德戊申迄
國朝道光丙申凡七經纂輯其間山川綢繆人物偉麗纖
悉具備勞君靜菴週遭圖履復詳繪各圖風土人情雜
綴以詩文序記盡脫窠臼獨闢畦町洵足壯一時之偉
觀已邇者頻年烽警規制沿革不一民物聚散無常金

和玉粹幽塋容有未章之光栢節松貞九原尚有不死
之骨將欲確然傳信將來永與山城並古是非續加纂
輯不可前任顧君鹿苹叠奉　上檄爰闢舘局延諸薦
紳文學爲之採摭搜羅珥筆從事今春仲鹿苹以奉諱
解篆斯役也功成九仞尚虧一簣予治蒲言蒲弗敢矜
厥能曷敢曠厥職哉夫鄭修辭命成於數手固著漢書
續自大家予才學謭陋誠難比跡前人但
國家建官剖符區州縣而名之曰知官守一方者必期台
鉅細而周知也番禺呂心吾先生曰深山窮谷之中無
隱弗達婦人孺子之情無微不照是謂知此州是謂知
此縣守蒲者謹顧聽其抱殘守缺而不思贊襄以有成
毋乃昧於所往貽當路羞乎是故取材貴博用法貴嚴
景一未詳裹糧宿舂事一未詳發凾細檢語一未詳逢
禠捉問字一未詳勤色執爭茲幸矣余用是樂觀厥成
矣庶幾可以備輶軒之採擇上進
彤廷彙諸史舘用以大一統之車書而納萬民於軌物也已
是志肇於恩君華甫主於顧君鹿苹余不文謬與參訂
三閱月而功竣夫前言往行法戒具焉蒲雖彈丸乎忠
臣孝子義夫貞婦政事文學之彥魁偉奇傑之材指不
勝僂後之君子接踵而興聞風而起不徒專美前哲則
斯志之有關於人心風俗豈淺鮮哉是爲序

旹

同治丙寅蒲月　穀旦　知縣鄭慶華譔

纂修蒲圻縣志職名

倡修
湖北武昌府蒲圻縣知縣恩榮

纂修
湖北武昌府蒲圻縣知縣顧際熙

接修
湖北武昌府蒲圻縣知縣鄭慶華

監修
湖北武昌府蒲圻縣教諭盛藻
湖北武昌府蒲圻縣教諭杜浩澐
湖北武昌府蒲圻縣訓導胡文炳

協纂
邑舉人文元音
邑舉人葉瑞廷
邑優廩膳生張承齡

綜理局務兼校對
邑試用訓導陳星煒
邑附生候選府經歷馬忠謨
邑貢生中書銜候選布政司理問石文鼎
邑貢生賀會圻
邑監生張至善
邑附生宋孟元
邑監生汪文清
邑監生舒紹徽
邑優附生魏慶餘
邑廩生馬繩武
邑附生徐本霖
邑附貢生陳星煜

採訪
邑附生錢選一
邑附生葉時華
邑附生熊煥周

邑附生張培元
邑廩生石琇
邑附生歐可元
邑貢生侯光燦
邑附生周鳴岐
邑貢生談鴻儒
邑附生張鳳樓
邑職員楊雯光
邑監生魏春芳
邑增生羅亨楨
邑監生鄭謙益

邑庠生王家瑞
邑庠生馬名驥
邑附生程宗藩
邑附生洗昌錦
邑附生姜壁臣
邑監生鄭賓臣
邑附生章　集
邑附生錢福昌
邑監生葉達夫
邑監生彭人齡
邑監生雷發春

邑附生任嗣恭
邑武生鄧聯芳
邑附生賀聖華
邑附生李　焜
邑附生饒友蘭
邑附生賀世琦
邑附生周善述
邑州同銜陳渭澍
邑庠生龔傳鈞
邑貢生江自餘
邑附生賀靖南

邑貢生周應芳
邑監生鄭蘧卿
邑附生袁益謙
邑武生熊兆吉
邑附生葛大受
邑貢生聶清華
邑監生雷敬修
邑監生饒福初
邑監生雷朝宗
邑監生李文華
邑貢生游　龍

邑附生賀復初
邑庠生雷輝春
邑貢生張　仁
邑監生魯顯璋
邑庠生江　漢
邑附生陳時夏
咸貢生謝甘回
邑監生劉若霖
邑監生任嗣治
邑監生任嗣源
邑附生任傳禎

選用訓導 馬士彬
邑附生 宋瓊林
邑附生 袁華國
邑廩生 祝登瀛
邑監生 程其美
邑監生 易步瀛
邑附生 張登雲
邑監生 楊承培
邑監生 魏文煥
邑監生 劉倚功
邑 宋步雲

邑武生 吳清源
邑廩生 宋文定
邑 宋雲峰
邑附生 黃雲燦
邑監生 汪俊清
邑監生 李澍
宋清安
魏近道
張斌
邑附生 王德治
邑附生 鄧守衷

邑附生 鄧夢蘭
邑附生 任超萬
邑附生 馬承祖
邑附生 廖毓芳
邑附貢生 張蔭棠
邑附生 畢克念
邑附生 魏金城
邑增生 鄧汝霖
邑廩生 徐雲稀
邑生 舒肇恬
邑附生 田煥垓

選用訓導 陳光澤
邑附生 陳鴻
邑副榜 但翀
邑廩生 但根臣
邑副榜 覃廷楨
邑附生 胡日集
邑監生 李廷熺
邑附生 李震
邑監生 童賓殿
邑附生 覃彝仲
邑監生 曹秉鈞

邑　監　生　王頎修
邑　廩　生　王孔章
邑　監　生　湯文閣
邑　監　生　陳玉振

蒲圻縣志

目錄

蒲圻縣志

疆域一　星野　沿革　山川

先王眾建諸侯大國地方百里犬牙相錯者疆域蓋井井然秦漢而還侯國析爲郡縣百里僅雷封耳然而觀天象則有星野所屬按地圖則有山川所主稽朝代則有沿革之異瞻民物則有風俗土產之不同舉凡城郭鄉鎮古蹟橋道方隅之內若列眉焉

聖朝聲教廣被罔間朔南蒲圻爲荆楚望邑經畫顧可畧而不詳與志疆域

星野

紫微垣北斗玉衡星主楚按春秋緯文耀鉤布度定紀分州定象北斗七星主九州大別以東至雷澤九江荆州屬衡星

星經云玉衡星主荆州常以五卯日候之乙卯爲南陽己卯爲零陵辛卯爲桂陽癸卯爲長沙丁卯爲武陵蒲圻屬長沙當應癸卯

太微垣上台第二星主荆揚按論語摘輔象兗豫屬上台荆揚屬下叙

宋天文志云三台六星爲天陛太乙躡以上下上星主兗豫下星主荆揚

天市垣西垣第二星名楚按天文圖兩垣共二十二星

東垣首宋終魏西垣首韓次楚

宋天文志云天市東西各列十一星東垣曰宋南海燕東海徐吳越齊中山九河趙魏西垣曰韓楚梁巴蜀秦周鄭晋河間河中由此觀之十二次分野皆屬諸星

五星熒惑星主楚按漢書吳楚之疆候熒惑

星經云熒惑主揚州荆州交州史記天官書云雖有明王必視熒惑所在

二十八宿屬翼星按晋書江夏入翼十二度

班固云楚地翼軫分野陳卓云自張十七度至軫十一度蔡邕云起張十二度至軫六度皇甫謐云

自張八度至軫十二度一行云初張十五度中翼十二度終軫九度

十二次舍屬鶉尾按周禮疏鶉尾楚地大唐六典巳爲鶉尾楚之分

史記天官注云翼二十二星軫四星皆爲鶉尾在巳楚之分漢天文志云自軫十二度至氐四度爲鶉尾玉海引周史云楚重黎之後此鶉尾爲荆州星土也

沿革

歷代沿革表

兩漢　三國吳晉　宋齊梁陳　隋　唐　五代　宋　元　明

沙羨縣
沙羨縣地

沙羨縣
吳赤烏二年夏五月城沙羨嘉禾三年權令呂岱屯陸口後徙縣於西良湖側曰蒲圻

蒲圻縣
太康初置屬長沙郡今崇陽縣晉時皆蒲圻地

蒲圻縣
初屬巴陵後屬江夏郡梁屬上雋郡

蒲圻縣
隋治屬江夏郡沙陽下雋省入蒲圻

蒲圻縣
屬鄂州天寶中分置唐年縣今崇陽通城縣

蒲圻縣
南唐保大中分置嘉魚縣

蒲圻縣

蒲圻縣
屬武昌路屬武昌府

蒲圻縣

漢江夏郡縣十四次九沙羨前漢書地理志

後漢荊州刺史部郡七縣邑侯國百一十七江夏郡次入沙羨後漢書郡國志

吳孫權十五爲沙羨長建安四年權進討黃祖於沙羨二十五年權自公安都鄂改名武昌下雉尋陽陽新柴

桑沙羨六縣爲武昌郡赤烏二年夏五月城沙羨嘉禾三年權令岱領潘璋士衆屯陸口後徙蒲圻權乃分武昌爲兩部岱督右部自武昌上至蒲圻 三國吳志

晉武帝太康元年平吳分置郡縣并荆州爲一長沙郡次九蒲圻縣 晉書地理志

宋江夏太守領縣七蒲圻男相晉武帝太康元年立本屬長沙文帝元嘉十六年度巴陵孝武孝建元年度江夏巴陵太守文帝元嘉十六年分長沙之巴陵蒲圻下雋江夏之沙陽四縣立屬湘州 宋書州郡志

齊鄂州鎮夏口舊要害也分十五郡江夏郡領六縣次蒲圻 南齊書州郡志

梁武帝起家巴陵封臨湘侯後督郢州諸軍事 梁書 梁置上雋郡又有沙陽縣置沙州州尋廢平陳郡廢蒲圻有石頭山魚嶽山鲍山 隋書蒲圻注

隋分荆州爲二十郡江夏郡統四縣次四蒲圻 隋書地理志

唐鄂州江夏郡緊土貢銀礦貲布有鳳山監錢官領縣七次四蒲圻 唐書地理志

唐末屬湖南馬氏後入南唐置嘉魚永安通山三縣 文獻通考 又通考注蒲圻吳縣有赤壁嘉魚縣本蒲圻縣地隋之鲇漬鎮以多生鲇魚爲名唐天寶三年本道以鎮界所管懷仁宣化三里合爲一鄉屬鎮徵科楊吳陞

爲嘉魚縣 寰宇記

宋鄂州統七縣次四蒲圻 宋史地理志 按宋置荆湖南北路統二十四州郡屬北路至道二年改武清軍爲武昌軍紹興二年改荆湖北路嘉定十一年置沿江制置使十五年陞武昌軍爲壽昌軍

元武昌路統七縣次四蒲圻 元史地理志 按元世祖南伐自陽邏洑至鄂州白鹿磯命伯顏攻沙陽堡至元十一年改荆湖南路安撫使

明武昌府 元武昌路屬湖廣行省 太祖甲辰年二月爲府領州一縣九次四蒲圻 明史地理志

國朝因之

按縣治吳黃武二年置在蒓江口隋開皇十二年洪水泛溢縣遂漂流就鲍口權立唐武德四年使人王宏讓刺史周和舉權在陸溪川中爲縣貞觀七年移還鲍口 寰宇記 鲍口即今治也 湖北通志

山川

縣治

金叠山 舊志 祖金紫宗鳳凰自西南叠叠而來巃嵸崖爲萬峰之會按前有狀元峰中有雙乳石旁有小池出墨水曰翰墨池

叠秀山一曰射圃嶺 按舊志通志東支爲學宮中支爲縣治屈曲而西爲梅隱岡金臺岡迴龍岡雲盤岡跨雉出循河而止有縈洄不盡之致又按學宮有蛟竄縣署有石笋金臺岡側有紫竹坡

縣治東

豐財山 南鄙 按通志舊志 形如覆釜對縣若堆貨然上有天池旁有荆竹坡洞虛敞可容數十人石面有朱書元至正字爲前人避兵處其陰有逆鼓洞初入石道磵磴歷三關始空濶中有石牀石鼓諸勝上有塔旁有地藏菴西麓有石突起東洲曰蕭堆一曰龍家山俗云水激蕭家堆蒲圻出大魁

靈應山 南鄙 距縣三里 舊志 岧嶢東峙與豐財山相望上有仙雲觀旁有靈應寺舊址

黥筆山 南鄙 距縣七里 舊志 在靈應山東形似黥筆

天燭山 南鄙 距縣二十里 舊志 下有石泉洞有太平寺

南山 南鄙王橋 石鑿古嶺界距縣二十五里 通志 一名大壺坪頂平方前一峰突起謂之石榴尖其陽爲迴龍潭其陰爲天馬峰峰下爲楂林畈按峰下爲南鄙畈

石榴尖 舊志故望鶴樓餘詳上

雪峰 王喬 距縣二十里上有雪峰寺 舊志 唐咸通二年建其山奇勝險絶旋盤迤邐而上約三四里許忽平衍邱壑宛然寺處其中遠望江山若襟帶焉

了髻山王喬距縣十五里舊志雙峰如髻晉勾漏令葛洪修煉於此有祠

幽蘭山王盈南懃界距縣二十里按通志總志府志舊志山產蘭故名上有幽蘭寺有石泉有趺仙石
石上有掌形按山下有石林巷有蓮花塘

祥雲山石鑑距縣三十五里由葛仙山迤邐而來岡巒峭拔爲羣峰冠川原天清遠瞰長江若匹練按
舊志山麓有丈人石崎立高四五仞邑人張開東鐫嘯雲二字於其上石下有木蘭寺

木蘭山石鑑距縣三十里在祥雲山前舊志山產木蘭故名通志逕石層叠古木參差

黃葛山石鑑距縣三十五里總志葛稚川修煉於此通志上有黃佫湖盈涸無定舊志頂有丹泉有有
山頂瀦水曰黃佫湖

落石巖石鑑距縣三十里壁立河岸下有二石對峙河中曰龍門石舊志有潭岈爲落石奔岩欲墜嘗
有猢猻出沒其上每擲石與舟行者戲

洪口山石鑑距縣三十五里通志兩山對峙洪石中貫即爲雋水所經

燈籠山雙坵古崙界距縣三十八里舊志前有金雞坪通志坪在縣東二十里其陽爲渡頭其陰爲石
子岡

石尖山雙坵距縣四十里舊志上有玉樞觀

留雲山雙坵官塘界距縣四十里舊志今鳳山有降山寺

青龍山天貴距縣六十里北出爲黃沙畈爲洪口橋南出爲阪嶺爲洋泉自洋泉而北爲西衝又北逕
白楊畈達於汀泗橋

石屋山大貴距縣六十里

天星山天貴距縣五十里

鏡面山天貴距縣六十里舊志故天真山有大名寺

泉洪嶺天貴洋泉界距縣六十里舊志有曇華菴

大泉山天貴洋泉界距縣六十里舊志有道安亭

仙人洞洋泉石鑑界距縣四十里通志唐道士劉元靖遺跡舊志中有石榴其下深澗飛瀑旁一小巖
可入相傳宋陳求道避兵於此

老虎岩洋泉距縣七十里按舊志上有葛仙丹井有崇仙觀

東泉嶺洋泉距縣七十里舊志在老角山南東泉出故屬崇陽上有石涼亭通志山在崇陽東北有龍
岩龍洞有泉二一入崇陽界一入蒲圻界

分龍嶺古崙距城三十里舊志在石塔嶺西有石子岡舖

石塔嶺古崙官塘界見上

縣治東南

金獅山荊沙距縣十里舊志蹲踞如獅上有金獅觀下爲鏡潭

鎖石嶺荊沙大田界距縣五里舊志有靈鷲菴

荊泉山有洞荊沙距縣十二里一統志洞有石臺石田淸隧悉具居民歲視其燥溼以占耕穫自
洞門入可百步別有門甚狹好事者裹糧入信步趨出則在崇陽之葛藤坪相距百餘里

玉巖山荊沙距縣十五里按舊志有上方寺

青峰嶺荊沙距縣十三里通志卓立直上勢侵雲漢舊志爲學宮正衙

桃花峰荊沙距縣十里舊志三峰特秀形若筆陣與金紫相望

羊子嶺荊沙通志在縣南十五里輿地紀勝嶺勢聳拔有桃花泉穿石飛流

縣治南

闞山大田距縣十里東麓有花路亭黃墩廟明知縣曾栻死難處

黑石嶺大田距縣六里舊志有玉皇閣

五洪山大田白石峽山界距縣十里舊志突然特起如卧象然上有泥壺坪下有溫泉

金紫峰白石距縣三十里通志峻聳入雲高出諸峰之上總志毎晴霽嵐光如畫

白石山白石距縣二十里舊志俗稱獨角麟總志山多白石通志山之下有白石廟祀三顏公其泉潑

之輒
雨

羅峰來山距縣三十里通志接崇陽界舊志豐隆高峻其南麓爲崇陽縣之東巯鋪

茶安嶺來山距縣三十里總志其陽爲石羊洞其陰爲水口畈舊志西有雲臺山產棗有洞拔產沙

雲臺山詳上

竇巖一曰百巖港口距縣五十里府志羣峰簇翠舊志龍宮虎穴人跡罕到列有八景曰方丈洞錦屏石撲月峰烟鎖溪雙乳泉問天臺留雲坪睡仙洞

望夫山港口距縣五十里府志山木盛夏中斷如剪裕謂望夫婦人指爪所掐菴祀望夫七娘按總志有石如婦人

羊樓洞洪石距縣六十里產茶舊志羣峰岞崿眾壑奔流有松峰有分畈出洞口爲港口驛通志東有石人泉西有蓮花洞

石珠山洪石距縣六十里府志西有蓮花洞洞下有蓮花寺

吳城山城西距縣三十里舊志下有太平城三國時孫吳所築一統志吳孫權遣魯肅征零陵於此築城至今基址尚有存者

鸞瑞山城西距縣三十里舊志有雪林嶺亭斗拔山嶺蜿蜒起峰其陽爲鸞書塘花園山其陰爲大塘隴

縣治西南

鳳凰山白蒓大田界距縣三里舊志吳黃龍間鳳集於此故名三峰層秀山半平衍有泉有池有洞下有寺初山分三支中支爲鳳凰山起於縣治爲金鳌諸山落脈按山有巨石長十丈有奇橫卧山腹中空如橋通人行名天橋

淩巖白蒓距縣三里舊志備諸奇勝別一洞天上有白龍寺府志宋廖正一明作瑜讀書於此通志巖即鳳凰山西麓骨立嶄削中有平地數十畝旁皆峰巒拱秀最爲幽勝有白龍池朝冠石普陀巖諸景

長崙嶺峽山距縣十五里通志山口有大壺嶺小壺嶺總志嶺在公安山前舊志山有八案廟址有靈鷲菴

峽山峽山距縣二十里總志西山相夾

木蘭嶺峽山距縣二十里

馬坳嶺馬坳距縣三十里舊志有牛泉寺寺中有泉從石牛口出因名

黃茅山楊林距縣三十里通志其陽有黃泥岡其陰有龍泉府志綿亙巃嵸脊如浪湧

鐵峰楊林距縣三十里舊志一曰茗溪東有洗心洞

八山楊林距縣三十里舊志以形似名

石門山新興距縣三十里總志山有雙石對峙如門舊志有靈泉寺有古碑

竈山新興距縣三十里舊志馬之鵬所居

仙芝山新店距縣四十里舊志山有東嶽廟有萬歷四十年玄治三年二鐘

蒲首山新興城西楊林界距縣四十里總志蒲圻首山舊志有燕子岩故碧岩寺府志上有岩明魏觀

建亭讀書處

縣治西

馬鞍山白蒓距縣二里通志雙峰壁立西控河流舊志山爲一邑之關上有峨石下有瓶潭有石塔有觀瀾閣上展亭下展亭三峨書崖道光十六年知縣勞光泰建有記刻石

高嶺山白蒓距縣一里按通志舊志相近有王家山其陰猪首山老虎坡和尚嶺嶺更名青雲有吳王廟廖道南更名瑤圖祠有玉虹橋

鐵山白蒓距縣三里咸豐五年粵匪踞蒲方伯羅澤南勦平駐兵於此知縣李炎立有紀功碑

公安山白蒓距縣八里總志公安泉出

茅山白蒓距縣十五里旁有黃峰在青峰右舊志上有雲洞有青閣書屋張開東築朱琏序有觀音石張開東記通志其陰爲風潭爲麟趾嶺其右爲牛安石爲官田爲車埠

青峰詳上

麟趾嶺白蓴官田界餘詳上

黄峰白蓴官田界距縣二十五里舊志有青山菴龍塘閣牛安石互詳茅山

五經山官田距縣二十里舊志有五經堂

神明山官田距縣二十里舊志下有獨石壠有一石立於壠中故名

獨山蕭橋白蓴界距縣十二里府志通志孤峰特秀其陰爲横岡爲蕭橋

香山蕭橋距縣二十里舊志在偏髻山東有寺馬練建有香鑪古跡

雞冠山車埠距縣三十里舊志前有廖氏鳫頭左有五顯廟

郭公峰車埠距縣三十里舊志相傳郭璞駐此

感山斗門距縣二十五里舊志有勝水寺

芙蓉山斗門廣輿記山距縣四十里峰巒秀麗如花

偏髻山斗門距縣二十五里舊志形如偏髻通志上有玉蕭諸峰下爲斗門畈

玉蕭山詳上

盧山斗門距縣二十五里舊志在小羅湖上

平樂山黄土距縣四十里

作解山楓橋距縣四十里舊志作瑜所居

范包山楓橋距縣五十里通志在盤石湖西西北臨黄崗西臨大羅湖南臨黄蕃湖其東南相連者曰月塘山舊志一作飯包山

王子山楓橋距縣四十里

九龍山楓橋距縣四十里舊志有司鼓山九隴水所出俗謂九龍口

大名山楓橋距縣四十里

伯公山龍坑距縣五十里舊志有廟有三义港

小柏山小柏距縣六十里有塔張覌國黄文詔黄裥昌倡修

雞冠石小柏距縣六十里舊志在松柏湖中

瑞雲山洪山距縣六十里通志其陰爲東港爲樓下畈

獅子山洪山距縣六十里通志平畈特起形若騰獅舊志一曰天馬山

騎龍山洪山距縣六十里舊志東有東港橋滙鹿軸橋水

縣治西北

望山黄龍距縣八里舊志或曰望高山通志與縣相望故名

大坡山黄龍距縣十里

黄龍山黄龍距縣十五里一曰畫山舊志其下爲黄龍鎮

釘銅山劈精距縣十五里

椰山白駒距縣四十五里舊志其山循江壓河而來形如旋旆

月塘山白駒距縣五十里形如偃月互見范包山

縣治北

白嶺清樂距縣五里舊志其下爲霞落

茗山清樂距縣十里舊志宕嶤迤邐中穿長峽宋陳求道死節於此通志産茗嘉蒲通衢

香石山一曰轎子山清樂距縣十里舊志山有石鼎峙似香鑪故名香石其側有石如乘故又名轎子山

白楊山清樂距縣五里總志産白楊

周畫嶺清樂距縣五里

黄岐山泄江方橋界距縣三十里通志左有明水洞其陰爲石口爲畢家河舊志下有琵琶洞以洞門形似名

野鷄坪方橋距縣三十里舊志有白衣菴在石門上

青雲洞方橋距縣二十五里通志洞在山腰中架樓閣可登眺舊志洞如獅張頭崇禎間建菴其中

穿巖洞方橋距縣三十里通志作穿山洞洞橫山腹高數十丈石室朗然前後見日月按洞在丁卯山之西有前後二門前門有小渠清澈如鏡中石壁高十餘丈上透天光石筍倒垂形狀怪異左有小洞可俯而入右有浮石面平而中空扣之其聲大而閎艮入乃巳巖之半腹各藏小洞後門高濶倍於前門村聚環列居人往來取徑洞中因呼曰穿巖洞

障山方橋距縣四十里總志嘉魚界形如屏障

丁卯山一曰丁畝山方橋上畤界距縣二十里舊志其下有觀音堂其陽有石馬洞洞中有石如馬通志石馬山懸崖一石闕出如馬

竹山安豐距縣三十里通志一名西泉山山多產竹有洞名竹山洞舊志中有石傘石甕石像龍牀諸勝旱禱輒應按洞中有游泉漱月石刻宋蘇東坡題

它嶺安豐距縣三十五里

大龍山安豐距縣二十五里

月山安豐距縣三十里

石壁山坪下安豐界距縣四十里舊志有港經廟下橋出張王廟東

蟠龍山坪下安豐界距縣二十五里

三峰山坪下距縣五十里舊志在北門洞左

福緣山方齋距縣五十里

打鹿嶺池江距縣五十里舊志東北有伏虎山張仁齋墓

伏虎山詳上又馬獅有伏虎山

神山池江距縣五十里舊志在西艮湖上有張睢陽廟通志蜿蜒如蛇盤踞湖上

黃霸山舊志池江距縣五十里上有黃霸祠

觀口山馬獅距縣七十里舊志有鴨掌洪在西北

觀山馬獅距縣七十里通志或曰道觀山故道院

牛頭山馬獅距縣九十里總志以形名與馬首山對峙西艮湖

伏虎山馬獅距縣八十里舊志有唐平原將軍墓將軍姓覃名國艮隨唐許遠守江淮城潰殉難家人得其屍於江中歸葬

御屏山郭連距縣七十里舊志有郭家潭上有皮鞋山黃子澄墓在此

平頂山郭連距縣七十里

烏石嘴官橋距縣七十里舊志在衙門嘴左又有小烏石在大灣南烏石泉出

馬首山官橋距縣七十里互見牛頭山

鵞峰山官橋距縣七十里

西艮嘴官橋距縣九十里舊志有石徑港湖水所出經大港進賓嘴入江

縣治東北

龍翔山按舊志宛委河岸拱衛縣治如屏障舊名能堂山或曰小翺川有六友山房通志在縣北里許上有雀樽石石方平五六尺中一口如甕可注酒上刻熙甯癸丑上巳等字

行將山南懃上畤界距縣七里通志下有洞陰晦時嘗聞鉦鼓聲

磨盤山上畤距縣二十里以形名

唐山上畤距縣二十里舊志在五里界北有寺名少龍興

紫芝山上畤距縣三十里

望江樓上畤距縣二十五里山勢聳拔

慧林山一曰擂鼓尖上畤距縣二十五里通志前有池曰馬王塘有溪曰馬家坡

官塘山官塘距縣五十里其下爲官塘驛

桐岡官塘距縣五十里舊志故社學

獨山汀泗官塘界距縣五十五里

淨苑山官塘汀泗界距縣五十五里

蒲圻河（舊志）按水經名曰陸水發源三山（總志）發源江西甯州修水合本府通城雋水北流至崇陽縣會桃溪水折東而西過荊港經治南繞東北復西北至六溪口方出大江（通志）陸水一名雋水源出通城縣上雋鄉東北流遶城西經縣北合秀水又東北經柘橋入崇陽縣界名崇陽河至縣西南會桃溪又遶城東會大東港徑壺頭及崇陽洪入蒲圻縣界名蒲圻河自縣東南洪下灘西北流至縣城東南會荊港繞城東過浮橋又西北流入嘉魚縣界至縣西南七十里陸溪口入江

洪石灘（通志）在縣東南一名洪下灘蒲圻河上流係源縣林斷誤謝所崇陽蒲圻至此分界有石屹立水勢若建瓴（舊志）奔駛而下砰碕礮磕有瞿塘灩澦之意

走馬灘（舊志）石瀨奔激

方石潭

落石潭（舊志）淵渟泓蓄瑩然如鏡互詳落石岩

芭蕉潭

木蘭潭清泠瀠洄滙木蘭港水

魯家河滙塘灣港水

石鐙渡舊作石坑渡滙雙坵港水（舊志）其上爲石鐙鎮水漸清泚循山西行

璃碧灘

龍廻潭（通志）在縣陸水中有石絮盤渦旋洑水勢險絶

洋港在土橋團入河

倒流潭

焦潭（舊志）澄碧可愛溢然有聲

梅子灘

王師潭

石孔潭

石牛潭一名石魚潭（舊志）中有巨石如牛隆冬大魚常伏其下

聶師渡

樓閣港在荊沙團入河

鏡潭（通志）在縣東南左岸爲金獅觀右岸爲鮑家洲

荊港（通志）在縣南源出縣西南白鹿山東流滙諸小水爲鏡潭又北入蒲圻河（名勝志）荊港發源荊泉洞有泉六合流數里入於鏡潭又西泉山麓竹山洞有潭水逆鼓行將二洞俱有潭水皆會荊港流入蒲圻河

鸕鷀潭（通志）在縣陸水中峭壁對峙（舊志）峽口中流爲縣治天關

蘇家堰

黃城阜（舊志）邑孝廉黃城築室潭岸下有釣臺側有懸壁蛾鐫大士像其上後士人祠城於此自鏡潭水折而北至此轉西繚繞學宮爲外泮池

東洲（舊志）廣野平疇嵐光水影相爲掩映

蒲圻洲（水經注）亦曰擧洲又曰南洲洲頭即蒲圻縣治也晉太康元年置洲上有白面洲洲南又有溮口水出豫章艾縣東入蒲圻縣至沙陽西北魚嶽山入江

赤馬港在南慈團入河

龍翔潭（舊志）控東南上游春漲廻瀾今人作濠濮閒想

比河有浮橋義渡

西洲

淺潭故營里潭知縣勞光泰更今名題石（舊志）中有學士洲爲邑中關峽

大沙洲（舊志）洲平如砥二水中分上有大士閣竹樹參差殷廡莊嚴爲東南關鎖

霞落港在清樂團入河

黃龍潭（舊志）岸爲黃龍鎮巉石磊落

風潭通志在縣陸水中有巨石出水中高十丈名曰海船頭

紅菱港在劈精圍入河

繫龍埠俗名鱘魚埠

鼓潭一名鼓笛潭

潶灣舊志環繞曲旋故名

竈坑港在官田圍入河

栗柴港在劈精白駒二圍界入河

顧縣石舊志有石如山回瞰上流

七里汀

車埠舊志嘗爲車埠鎮明嘉靖中廖道南修碼頭濟渡康熙間廖恒八重修後廖壽耆王稻秉國等補修

小沙洲舊志上有金粟菴縹緲波心與大沙洲隱隱相望

皂潭舊志潭上淵渟爲水族窟宅漁舟畢集棹歌款乃甚有佳致

荷塘灘

宜公堤舊志河勢至此漸逼江湖汛漲多爲澤國宜公築堤禦之綿緲十里垂柳紛披不減西湖蘇公堤之致

黃土潭

龍坑潭

接里潭

觀山灣

梛山灣舊志循江壓河而來形如旋螄江漲浩渺與洞庭君山爭勝

界石潭舊志湖河咸注恠石當闕自北出陸溪口達於江

右蒲圻河原委入河港附

郎當湖在縣西北二十五里

磐石湖在縣西北三十里岸爲宜公堤

王家湖在縣西北三十五里

湯家湖在縣西北三十五里

高湖在縣西北四十里

大湖在縣西北四十里

梅湖在縣西北三十五里

錦湖在縣西北五十里

接里湖在縣西北五十里

沙陽湖在縣西北六十里

螺螄港湖在縣西北六十里

真湖在縣西北五十五里

右諸湖在北岸逼蒲圻河下游入江

西門湖在西關外

蘭草湖在縣西五里

殷家湖在縣西二十里

流霞湖在縣西二十里

黃泥湖在縣西二十五里

陳家湖在縣西三十里

南塘湖在縣西四十里

鴨兒湖在縣西三十里

大羅湖在縣西四十五里

小羅湖在縣西四十五里

活湖在縣西四十五里

黃土湖在縣西四十里

龍坑湖在縣西五十里

東港湖在縣西六十里

松柏湖在縣西五十里

滄湖在縣西五十里

左荆湖在縣西五十里

梛山湖在縣西五十里

楊林湖在縣西六十里

右諸湖在南岸逼蒲圻河下游入江

新溪河（通志）在縣西南四十里古名大嶓水今名新店河亦稱新店湖（元和志）蒲圻縣大嶓水西北流於江（舊志）發源港口望湖橋及龍橋諸泉而白鹿雷公橋雲臺花林橋大壺夜珠橋水咸注焉又合臨湘萬峰洞諸溪滙於灘頭折而西入馬蹏湖繞泉坑渡磨刀石將軍灘東港湖龍鬬嘴黃蓋湖板岸嘴出石頭口入江

馬蹏湖（舊志）在新店入新溪河出石頭口入江

黃蓋湖滙新溪河馬蹏湖入江

汀泗河在縣東北七十里（府志）汀泗河瀦於西艮湖又有桃花港賀勝橋河瀦於黃塘湖與西艮湖水倶瀦於江夏之斧頭湖出金口入江

西艮湖在縣北七十里（總志）蒲圻湖即西艮湖以湖多生蒲草吳置蒲圻縣於側（舊志）發源咸甯峻水嶺及白泉梓潭諸溪滙西江山門池口大橋丁家湊郭家潭諸水合流於西艮湖湖中有洲曰浮臺泉曰鳥石其南岸爲衙門嘴即古蒲圻舊治又逕流曰大灣曰老阬曰騰徑坂曰東港池曰尾劉灘曰倪家灣曰羅德灣由金口磯入於江

山臺湖過董塘池入西艮湖

馬獅湖東北流入西艮湖

大灣湖入西艮湖

泉塘附

荆泉洞（通志）名勝志有泉六合流數里入於鏡潭互詳荆港挾（通志）舊志有泉在洞旁初出幽黝無聲名秀水半里許始震撼如雷

桃花泉（總志）南山下泉小而深合荆泉

掤泉（舊志）在縣北三十里禱雨輒應

雷破洞（總志）西五十里有洑泉源出蒲圻入本縣界數里下注大石竇中聲如萬鼓遂伏而不見（舊志）洋泉在咸甯界爲洑泉發源處

湯泉（一統志）在縣南五里冬夏常沸寰宇記在龍頭山可以愈疾

白石泉（一統志）距山里許有泉出岩中流下爲白石港（舊志）經嘉嶺橋入大田

神山泉（名勝志）發源神山瀦水環繞泉湖湖中其深莫測

蓴塘（通志）在縣西舊產蓴

黃沙塘（舊志）在縣西南包山爲基

蓮花塘在南鄉圖距縣二十里前爲蘭芹畈後爲古塘畈

蒲地環山錯湖陸水逕其中出陸口羊樓港水逕其南由新溪滙黃蓋湖汀泗水逕其北滙西艮湖由金口均入江而縣內諸山並多石出泉其陂池塘堰附見各鄉圖（舊志）

蒲圻縣志

疆域二 城郭 鄉鎮 橋梁 道路 坊樹 廟宇 古蹟 風俗 物產

城郭

在府治西南三百六十里東七十里至咸甯縣界東南七十里至崇陽縣治南四十里至崇陽縣界西南一百五十里至湖南岳州府臨湘縣界西四十里至臨湘縣界西北一百里至嘉魚縣界北四十里至嘉魚縣界東北七十里至咸甯縣治城週迴七百丈高一丈七尺磚堞萬五尺城廣一丈六尺城樓凡六南曰迎薰北曰拱極東曰聚奎西曰寶成又西曰豐樂北曰通淮萬歷三年知縣胡其高築三十八年知縣張光前修崇禎三年

知縣林增志重修有記

國朝康熙九年知縣張圻隆重修南北譙樓十年新建東西二門譙樓雍正四年知縣張朱霖毛之琇繼修嘉慶二年知縣丞保重修更石城道光二十四年邑人王鍾瑞補修六城譙樓咸豐四年北樓燬於兵狂一鍾瑞捐修四升備繳盝

林增志重修北河城垣記附九封如蒲所稱三里之城也僻居萬山衝當西達營惟本邑庫獄重大即巨室盍藏之箸單門妻孥之依咸爲城以完其有余戊辰冬受事歷週遭見譙櫓圮廢甚矣隨申請上臺發帑錢修繕敗者葺之缺者完之毀者新之毋一麗譙工竟輒詣閱諦觀犒匠役有差惟北河一帶當千溪萬泉之衝而崇通二邑朝宗之水復取道于此凡春夏之交雨溢流漏汎濫奔騰而下其執撼岸激石非至堅莫抵舊垣自趾而上率以小石和土砌就築者繕者遞相因仍苟且完局不爲經久計一遇狂瀾如枯朽當廉利靡不摧拉數仞幽芥之累下受齧而上傾隕是以屢築屢壞徒糜帑銖之費庚午春因水壯復圮余思唐顏魯公守平原當祿山未叛之先逆知其不軌潛爲之備陽託霖雨增陴浚隍厥後二十四郡望風而靡平原金湯巋然得之預也况今國家戒嚴而全楚有紅旗之纍僻懸一蒲儻暴客橫發而城適訌于水何以守禦則綢繆于北垣者可不懷永圖乎同攻戎廳金君素負幹當具晉心民社分

猷宣勞克祗厥事因以董築之役專屬君毅然力肩其任焉其慮莫垣之趾非巨石窖累不能鞏扞趾之杙非斷木深致不能持郎命工入山斷石闢林伐木身以單騎先之材既庀而工舉穴城基深入尋許下長厚條石斲嵌整甃埏灰膠之而坌其鍱崇五弓二尺廣二弓三尺上下如一計延二十弓有奇崒若斷岸矗如凝雲怒濤無能肆其暴矣蓋展一時勞費而利收永逸覘曩之歲事稽作者其樽節不已多哉君之經畫調劑井井有條運斤操築之匠石荷畚秉鍤之工作時稽日省間以酒肉勞其勤者而惰游則斥之冒炎率作卯出酉入爲地方致其賢勞雖戴星之勤不加于此矣故功集甚速

始役于慕春八日竣役于孟秋七日凡四閱月告成事費凡若干緡崇墉屹然爲山邑防範之計預矣足以潛消溪峒萑苻覬覦而閭閻帖席余亦得藉君手而不墮守土之職君之茂績與玆城俱無斁也因志其事然君之能其官敷政之善指非一僂此特爲修城而書云

鄉鎮

蒲圻縣鄉四團四十四　城内置城廂團

東鄉　有南鄴團　有荆沙團　有土橋團　有石鏗團（向作石坑）有羊泉團　有雙坵團　有大貴團　有占崙團　有官塘團　有汀泗團

南鄉　有大田團　有白石團　有來山團　有馬坳

團　有楊林團　有新興團　有新店團　有城西團　有港口團　有洪石團

西鄉　有白蒓團　有官田團　有蕭橋團　有斗門團　有車埠團　有白駒團　有黄土團　有楓橋團　有峽山團　有龍坑團　有小柏團　有洪山團

北鄉　有親樂團　有黄龍團　有劈精團　有方橋團　有上寺團　有安豐團　有坪下團　有池江團　有馬獅團　有郭連團　有官橋團

市鎮六（通志）

黄龍鎮　車埠鎮　新店鎮　石鏗鎮　汀泗鎮　泉口鎮

里三十有一七都上　有一七都下　有二四都　有上三都　有下三都　有五都　有六八都　有九都　有十都　有十一三都　有十四都上　有十四都下　有十五都　有十六都　有十八都上　有十八都下　有十九都上　有十九都下　有二十三四五都上　有二十三四五都下　有二十六都　有二十七都　有上三十都上　有上三十都下　有下三十都上　有下三十都下　有三十二四都上　有三十二四都下　有市上　有市下

勞光泰團說附團者何也韻會訓曰聚隋書禮儀志騎兵三十爲團團有偏將一人唐書兵志三百人爲團團

有校尉宋史元豐元年修開封府界保甲勅成等上之三年詔立團教法以大保長爲教頭教保丁凡一都保相近者分爲五團即本團副都保正所居空地聚教之蒲邑自孫吳置縣呂岱屯西艮魯肅屯陸口巷交是有皆屯地正韻屯聚同團邑舊有三鄉西南吉陽鄉統七里東北長樂鄉統二里西南沙陽鄉統四里宋元祐初以長樂益咸寧明洪武中分爲四十三里永樂十年併爲三十八里宣德七年併爲三十里嘉靖間編置稍殊萬歷間仍宣德

國朝因之增爲四十四團統於四鄉康熙間續修邑志通改團爲鄉較前鄉數且十之殆非古法而鄉民至今稱

圖不改故仍志圖

里說附

漢世十里一亭亭有長東漢志有里魁北魏李沖上言宜準古五鄰立一里長明洪武二十七年設里老

朝制百一十戶爲里里統十甲爲一圖甲繫於里里繫於鄉蒲圻不然入編數戶分繫數里而鄉地不得而繫之原其故始患官司之橫暴而率爲畸零其後豪猾之戶利其飛灑詭寄隱匿包收諸弊而因緣胥吏以爲奸胥吏亦利其弊而甚之而舊籍蕩然矣常欲令各鄉田著爲魚鱗細冊坐圖還糧而應者皆有難色豈知此冊成而諸弊可除里制可復保甲可行盜風息而訟獄衰其利爲無窮哉今三十里總著於篇并爲之說以俟之

橋梁

乘鵰橋在縣治

浮橋在北門河造舟爲梁名濟美橋明正德元年縣丞焦貴肇創六年提學蔡翔增修萬歷二十六年知縣倪斯蕙三十五年知縣汪有功三十八年署縣葉文懋四十年知縣張光前崇禎三年知縣林增志康熙九年知縣張圻隆重修嗣是照糧出費三年一修乾隆三年知縣王雲翔捐俸重修不派里民乾隆丁丑年王良聰之妻余氏同子婦賓國妻馬氏捐田十石零七升呈叅縣官收租以作修葺浮橋之費其田一在楊坪莊抑坵三斗方坵式斗五升長埂坵一斗壠下二斗壠口一斗五升甘家灘三斗墻兜坵一斗二升塘塝下三升塘塝上山脚下七升丁公嘴三斗又三斗又护坵式斗壠內四斗又塘塝上山脚下八升屋後嘴五升五斗垻三斗又壠內式斗五升禪礎坵四斗以上共田三石八斗一在大田莊老嫗坵四斗團七斗一坵七斗一目三斗一坵三斗七升律且三斗塝上五升團四斗一坵四升鴨兒二斗坵東頭一斗楊樹坵四斗黑老虎坵四斗禾場坵式斗余家灣一坵八斗費家壠鴨兒式斗坵西頭一斗窄坵東頭

一斗又西頭一斗塝上內邊坵三斗屋場坵二斗圳上三斗軟頸坵一斗二升五合又塝下一坵一斗五升又塝下一坵五升以上共田五石式斗四升一五合一在荆港莊大塘塝上五升油榨嶺馬人門首一斗洞庭廟嘴上三斗五升馬鐵坵三斗荆港中嘴一斗二升又式坵一斗以上共田一石零二升三處共實存田十石零六升五合正米弍石九斗五升八合五勺在上三都三甲立戸北河橋向章擇紳士中般實老成者四人爲橋長經管親收秋後具實報縣糶獲之錢除完條糧外餘俱憑公覈算報縣核數具領生息總不假手經胥亦不許私收私糶如遇旱潦公同踩看不許佃戸侵漁當河水漲時岸闊橋不能渡另設渡船二隻南北分泊太平寺僧遠範施田九石作渡工領食及造船之費不取行人錢文向歸該寺經管致彼盜賣道光十六年清出泮泉黃泥莊田三石三斗又一石六斗三升東港田五斗礀泉嘴田一石八斗金泉三斗萬壽橋一斗五升立有渡長經管今併歸橋長綜理渡工聽橋長招雇

萬壽橋南一鄉

樊師橋南鄉

懿懃橋南懃
下隴橋南懃
龔家橋南懃
杉樹橋南懃
金阮橋南懃
荆港橋荆汊
紙舖橋荆汊
桃花橋荆汊
蘆閣港橋荆汊
廣福橋土畬
土橋土畬

三三橋土畬
繩先橋石鏗徐在邦重修
七眼橋石鏗
汊橋雙坵
雙鳳橋雙坵
方秀橋大貴
小林橋大貴
上橋占崙
禹門橋官塘
雷公橋官塘
汀泗橋一曰丁師汀泗咸甯分界於此一統志通志俱詳咸甯橋頂圯章心唐重修

廣便橋汀泗
永豐橋汀泗
南溪橋汀泗
板坑橋泮泉舊志章心唐創修
新田橋泮泉舊志故東泉有青水擋
雙路口橋城厢大田界
大石橋大田按舊志邑人參政王台彦建僧濟齋刺血書金剛經爲鎮國朝乾隆三十五年知縣安洛德重修邑人陳士雲葉騰芳捐尊經兩部爲鎮有碑竪橋旁
五洪橋大田總志縣西南十里五水合流通志元皇慶初曾嗣昌同里人鄭國寶建橋劉光輝有重修五洪橋記
嘉水橋大田白石界

蘭港橋白石來山馬均界
雙港橋白石
鴨拱橋白石
豐樂橋來山舊志乾隆年間賀惠迪建道光十二年賀名顯重修子繁焓置田築堤
七寶橋來山前有扶家橋宋文友捐修咸豐八年孫文宇孫孟愷芳補修
龍王橋來山水經筆雲橋
斗門橋來山水經花林橋
如來橋馬坳周泉浦姚寶明等重修
青石橋峽山馬坳界
櫟木橋峽山水出保安橋出白蒓
高橋楊林舊志沈高橋建

楊城橋楊林

益陽橋楊林舊志水經李公橋至新溪河

熊家橋新興新店界舊志明正德間熊伯珍修國朝嘉慶八年廖宗漢補修其下畈港水灣環形如太極

龍會橋新興舊志僧見空重修

永興橋新興舊志熊漢廷倡修

新橋新興舊志明正德間熊伯玉修

合流橋新興舊志明萬曆中袁昭文修

灘頭橋新店

永安橋新店舊志道光己丑年邑人曾永清倡修

利涉橋張家橋新店舊志乾隆間張清其張式旃兄弟建

大姑橋新店新興界

小姑橋新店新興界

夜珠橋新店城西界舊志宋嘉祐甲寅年周子才建

永興橋城西舊志邑人劉惟縉建并捐四斗收租以備補葺

皇華橋港口舊志故龍橋灘雷家橋水入河鏡殿元修

萬年橋故望湘一曰瑞鸞洪石港舊志瑞鸞嘉鳳二橋明崇禎二年縣林增志修

嘉鳳橋詳上

松田橋洪石舊志署縣葉文懋修

茅家港橋洪石舊志賀貴修

白璧橋白蒓舊志橋在白水畈張鸞鳳築子光裕復築

瑤圃橋白蒓舊志康熙六年張琛光重修

苦竹橋白蒓

金龜橋白蒓爲濫洸橋仙姑橋保安橋標木橋水所經

李公橋官田

七星橋官田滙老橋新橋三星橋水出大陂口入河

白馬橋蕭橋合冷水畈蕭橋水出陳家湖

蕭橋詳上道光二十二年任家遠重修

雲璧橋斗門舊志明宋時魁建

羅田橋斗門合趕山橋斗門橋合流橋劉氏橋水入大羅湖

三板橋斗門車埠界

萬壽橋故車埠橋車埠舊志明萬曆三十六年知縣汪有功舉創

白駒橋白駒

恩壽橋黃土舊志合楓橋斗門水入河

白雲橋黃土

程茇橋黃土

上下楓橋楓橋

栗木橋楓橋

龍坑橋龍坑舊志乾隆丁酉年吳安國倡修

新橋洪山會蕭畈橋余家橋老屋橋水入東港湖

上鹿軸橋洪山水經一屋橋入東港湖

老屋橋洪山舊志道光乙未年宋姓修

洪山橋洪山舊志副使何思登修

余家橋親線

樂兒橋親樂南懃界
黃龍橋黃龍
紅綾橋嘐精廖南英等同修滙太玉橋紫王橋新橋栗木橋燕家橋水入河
栗柴港本橋嘐精馬棟有記
何家橋方橋滙劉家橋歐家橋水經新橋隊家橋羅家橋問家橋任家橋出太橋
畢家橋方橋滙鍾家橋方家橋福綏橋水經蔡家橋黃家橋出大橋
神童橋方橋
八斗橋方橋咸豐十年王鍾瑞修
合善橋上崎舊志小泉港水所出經傳家港至中朧橋
蛟龍橋上崎滙中朧橋水出下朧橋
上崎橋上崎水出梅霞橋

洪口橋安豐舊志合赤岡水會高橋經銀橋遝揭家橋出三眼橋
廊下橋安豐
南溪橋坪下
王家橋坪下水經新橋永豐橋和尚橋曾九斗橋永豐橋二水出泉口
臥虹橋泄江舊志道光十年章應韓修
大橋方橋泄江界水出西畈舊志嘉慶間章萬爵章太初修大橋修堤道光八年章應璜復捐貲修橋
鳳凰橋馬獅
集賢橋馬獅
鐘鳴橋鄢連舊志水出田家橋
官橋官橋徐家橋官橋

道路

治東北由驛至汀泗抵咸甯界
五里沙子嶺南懃圖五里彭懃舖南懃圖橫繞西北十五里可至洪水舖十
里夏壠舖南懃圖五里五里界南懃上崎占崙三圖界繞正西徑高朗橋月山灣余家橋可至黃龍鎮五里占家崙舖占崙圖五里洪山案占崙圖五里
石子崗占崙圖十里官塘官塘圖八里雷公橋汀泗圖七里亭
塘汀泗圖五里汀泗橋蒲圻咸甯界
由汀泗橋至洪下五十里由咸入崇有長石路邑人章心唐築五里亭塘汀泗圖繞東行十里石壁坪界大貴五里沙橋界大貴五里寒、湊坳雙垅圖五里雙垅畈雙垅圖五里石坑渡石鏗圖過河五里八
角樓石鏗圖十里洪下石鏗圖入崇陽界
治正東至洋泉抵崇陽界

渡河五里石家涼亭南懃圖三里聶泗渡荊沙圖渡河七里潭
頭山橋荊沙土橋界八里大梅畈土橋圖七里石鏗渡石坑圖渡河由
石鏗鎮山行八里伍家嶺石鏗圖十里張家坪洋泉圖十五
里板坑洋泉圖由石鏗鎮沿河五里塘灣石鏗圖進山五里
仙人洞洋泉圖五里下壋洋泉圖十里板坑均入崇陽黑橋
由石鏗鎮至埠頭四十里件鎮繞東北八里泗落嶺七里斗門嶺五里祝家壠二里石門嶺八里它嶺十里埠頭
治東南至洪下抵崇陽界
治南一里雙路口驛路繞東行二里大石橋大田圖五里闊王
廟荊沙圖二里荊港橋荊沙圖五里桃花嶺荊沙圖嶺險峻五里皂
角灣五里東流舖石坑界十里東流港石坑界五里洪下蒲圻界

崇陽界

治正南由驛至洋樓司抵臨湘界

五里鳳凰寺大田團　五里五洪舖大田團　五里嘉塋橋大田白石

界　五里白石舖白石團　十里蘭港橋白石來山界東繞白石劇陟中心坪徑包

公嶺達崇陽界山峻路平　四里來山舖來山團　六里七寶橋來山團繞西六里徑

花亭橋至楊林　五里楓樹嶺港口團繞東十五里至洋樓峝繞西十里至新店　五里皇

華橋港口團　八里港口驛洪石團繞東十五里陟分水坳達崇陽桂花樹界繞西二十里

經城西土城達新店　五里蓼坪舖洪石團　十里洋樓司蒲圻臨湘界

治西南至新店抵臨湘界

十里公安泉白蒓團　五里長崙嶺峽山團　五里青石橋峽山馬坳界

五里磐山塘馬坳團　十里彭家舖楊林團　十里新店渡河入臨湘界

由新店至洋樓峝二十七里　五里崩坳城西界　七里黃

土坳　三里楓樹嶺港口界　五里雷家橋　七里七里冲

三里洋樓峝循峝而入陟佛嶺嶺高數十丈達崇陽界係江西崇通商旅要道

治正西一至烏口陸溪口出江一至龍口出江

三里馬鞍山白蒓團　七里白塋橋白蒓團　五里茅山白蒓官田界南

行經蕭橋亦十五里至車埠　八里周家涼亭官田團　七里車埠鎮車埠團

由車鎮至六溪口陸路四十里渡河北行五里四顧台十里黃梅畈五里馬家

舖五里大橋五里仙人坡五里龍岸腦五里六溪口出江　由車鎮至烏口四十五里

沿河西行五里荷栗塘五里黃狗尾五里活湖口五里龍坑港十里小柏山十里方家舖五里烏口出江

由車鎮至新店三十里八里宋家涼亭七里斗門背五里官士坳五里蒲首山十里新店

治西三里馬鞍山白蒓團繞西北行　五里望山白蒓黃龍界渡河　五里

黃龍鎮沿河七里劈精廟五里栗柴港五里自駒橋十七里馬家舖出六溪口路　由黃龍鎮

北繞八蛇畈　十里鮑家橋嘉魚界　十里李朱港劈精團　二

十里龍口出江

治西北至洪水舖抵嘉魚界

河北街首繞西北行　五里周畫嶺清泉團　五里月灣舖過舖前行二里兩山

相夾人烟稀少行旅病之　五里洪水舖東行四十里徑方橋達嘉魚縣　五里楓樹嶺

嘉魚界　五里舒橋嘉魚界　五里米埠嘉魚界崔船徑嘉魚縣至老觀背晉省

治正北至埠頭神山晉省

三里獅子灣驛路繞正北行　四里桐梓嶺清泉界　八里高朗橋上寺團

七里烟墩上寺界　五里涼亭舖竇甕團　五里它嶺竇峯團　五里廊下橋

繞西北十二里神山大池江團繞東北十二里大塘入郭連團十八里鍾鳴橋十里烏蛇嘴抵西艮湖

七里埠頭崔船徑神山湖西艮湖出京口江

由蒲圻河出江路程自崇陽洪下起

十五里石坑渡　三十里縣河　十五里黃龍　十五

里車埠　十五里荷葉塘　十里活湖口　五里龍坑

港水漲由龍坑渡繞南行五里雞冠石五里周郎嘴五里麻河五里烏口　十里接里　八里

錦湖　七里柳山　三里黃石灘　五里界石　七里

陸溪口出江

由新溪河出江路程

由任家堤十里馬蹄湖　十五里黃蓋湖二十里烏口

出江

由汀泗河出江路程

汀泗橋五里太平菴　十里烏石嘴　三十里進寶嘴

一由池江泉山五里郭家潭五里烏石嘴一由池九埠頭五里神山湖十五里西良湖十五里進寶嘴

一百五里出金口

坊樹

興賢坊在治南　毓賢坊在治南

阜俗坊在治北　仙遊坊在治北

仁美坊在治北　使星坊在治北

甘露坊在治北　澄清坊在治東

積慶坊在治東今作鍾慶坊　育才坊在治東

梅隱坊在治西　登瀛坊在治西

忠信坊在治西　忠孝坊在治西

沙陽保障坊在縣署左　巖治承宣坊在縣署右

騰蛟起鳳坊在儒學　學士坊魏觀建

宫九坊王愷建　擢秀坊王文修建

傳桂坊龍霖建　聯桂坊廖俊建

折桂坊余禎建　攀桂坊黄鉉建

桂林坊王瑩建　登雲坊梅瑄程鏞建

登第坊李溥廖傅建　登俊坊周鑑建

登科坊石鈞建　進士坊盧中魏銘汪洪汪師古許紳建

解元坊許瑜建　父子進士坊許紳建

父子侍御坊謝三訓建　賓興坊宋奎建

賓賢坊廖清建　飛騰坊王璧建

飛鷄坊黄顒建　蜚英坊徐澄建

鍾英坊劉滄建　文魁坊朱璽建

文奎坊王璽建　鵬舉坊孫暹建

柱史坊鄭之亮建　三鳳坊鄭宗儒李典賢游紳建

三麟坊魏頌魏裕周廷俌建　繡衣坊龔晟建

青雲得路坊龔晟建　金榜題名坊龔晟建

會魁坊廖道南建　太史坊廖道南建

世美坊廖佐建　世聯魁璧坊廖漢建

龍門世躍坊江晟建　司馬坊謝存儒建

褒封三代欽使存問坊謝鵬舉建　兄弟進士坊謝師啓建

三世侍郎總督部院坊魏說建

孝子坊在白石園李維松建　百歲坊在南勢園

七世同居義門坊舊志成化間爲李玘建秦國夫人曾孫李德潤居蒲守墓至玘凡七世百餘口同居知縣葛鳳儀申請

廟宇 祀典別詳祠祭

延壽寺〔舊志〕在縣治疊秀山〔府志〕唐永正中僧威公建有藏經閣嘉慶十五年知縣鄭家屏重修咸豐二年兵燬

金臺觀〔城廂〕〔通志〕〔舊志〕在縣治金臺岡下唐貞觀中掘土得石有金臺字故名明洪武中驛丞王嵩建觀德亭於其上咸豐二年兵燬

長壽觀〔城廂〕〔舊志〕在金登山康熙庚午年重修咸豐二年兵燬

觀音水月閣〔舊志〕在郭南邑人黄圖昇建嘉慶中僧本如建道光二十二年兵燬二十四年知縣蕭蔭恩與邑人捐貲修景致幽雅足供觴咏咸豐四年兵燬

官山寺〔南勳〕〔舊志〕在二王廟前萬歷十八年建乾隆二年僧銀波慈若重修

潮泉寺〔南勳〕〔通志〕在道士坪〔舊志〕明成化中雍正十五年重修

古塘寺〔南勳〕〔舊志〕在古塘山僧慧澄建山口前有萬壽堂

侯王廟〔南勳〕〔舊志〕在仙雲觀下祀吳鎮牧魯公子敬呂公子明陸公伯立初創無考

石林菴〔南勳〕見〔舊志〕

石相寺故實參宅〔南勳〕詳古蹟

太平寺〔南勳〕〔舊志〕在天獨山僧慧路建

地藏菴〔南勳〕〔舊志〕在豐則山後山頂平坦菴隱其內幽冥鐘聲高送城中發人深醒

仙雲觀〔南勳〕〔舊志〕在靈應山南奉真武明嘉靖中邑人廖道南建順治中重修創有石星高丈八尺又爲石砌曲折歷三十六級而上

龍岩寺〔南勳〕黄圖昇王鼎彥題有詩

靈鷲菴〔荆沙〕〔舊志〕在鎖石嶺邑人謝正先修

關王廟〔荆沙〕〔舊志〕在荆港萬歷中邑人謝師啟建

聽默菴〔荆沙〕〔舊志〕在荆泉禪僧觀初余迦貫山開基邑人鄒應錫助修有記結搆莊嚴林泉最盛

上方寺〔荆沙〕〔舊志〕在玉巖山唐僧道馨創明萬歷中邑人御史謝師啟重修有詩吳董王鼎彥張一于陛俱有題詠

荆鄉觀〔府志〕在荆沙鄉明成化中建雄踞山巔俯瞰河流古木蓊蔚觀隱其中

蓬萊菴〔荆沙〕〔舊志〕在荆泉

荆泉菴〔荆沙〕見〔舊志〕

雪峯寺〔玉喬〕〔舊志〕唐咸通二年開山七年造佛像宋元祐七年重修明景泰二年重興明末燬於兵康熙七年僧松雪募建馬淑昌有重修記

石泉寺〔玉喬〕〔舊志〕在幽蘭山

葛仙祠〔玉喬〕〔舊志〕在丫髻山晉勾漏令、葛洪修煉於此王鼎彥題有詩

木蘭寺〔石鑿〕〔舊志〕明景泰七年開基圓山明萬歷中徙建祥雲山

大雲菴〔石鑿〕〔舊志〕邑人王九貞建

南悅菴〔石鑿〕〔舊志〕在洪下

石峯寺〔石鑿〕〔舊志〕明嘉靖中建與南岸三清殿對峙

玉樞觀〔雙坵〕〔舊志〕在石尖山明成化中建

降山寺故留雲〔雙坵〕〔舊志〕在鳳山王夔張東園題有詩

經堂菴〔雙坵〕〔舊志〕有包山塘

甘露寺〔大貴〕〔舊志〕在石壘坪中明洪武九年建

大名寺古泰明〔大貴〕〔舊志〕康熙二十五年重修

蘆塘菴沙塘菴〔大貴〕〔舊志〕俱在苦竹畈

圓山寺〔大貴〕〔舊志〕在天台山東北有二郎殿

廻龍菴曇華菴〔大貴〕俱見〔舊志〕

隨陽菴在老鸛嘴同治元年僧宏義募建

青龍寺天貴舊志在青龍山府志明景泰中建寺存刻史袁昭文所書金字金剛經魏樸如張東司與題有詩

洪山廟古凿舊志一曰洪山冢

泉洪寺古凿舊志

羅眞人廟古凿舊志有龍井掘泉出

天妃廟官塘舊志唐建明景泰三年潘憲鄧重修崇禎四年知縣林增志復修有記

元明觀官塘舊志在獨山

岳台寺官塘舊志在摩苑山

吉祥菴汀泗舊志創始李唐康熙甲戌年重修

關聖寺汀泗舊志在泉口鎮

太平菴汀泗舊志在土夫嘴

崇仙觀洋泉舊志在老虎岩上明嘉靖中建上有葛仙丹井

五岳觀大田舊志故山川壇通志南門外宋端平間道士陳洞觀於金豐山之陽明改山川壇爲之按舊志觀在東岳廟魏說修張忠烈祠謝師啟修有記鄒應錫讀書五岳觀有詩咸豐年間兵燬

鳳凰寺大田舊志故靈鷲與黃龍間鳳集於此更名通志唐廣德二年都峰和尚建明洪武初修舊志歸玉巖重修黃廷堅魏裳劉光輝程嘉鳳黃宗榮俱題有詩按鳳凰山爲縣治來龍歷任知縣禁開穴取㮚有卷

白雲寺故黃沙寺大田舊志明崇禎四年知縣林增志增修寺西楹有柏大二丈餘高十餘丈相傳宋天聖二年植

玉皇閣大田舊志在黑石嶺明崇禎邑侍郎魏說建

古巖菴白石舊志在木魚山

普菴寺百石舊志明嘉靖中建

雲臺觀來山舊志明天順中建

羅峯寺來山舊志在花紅山南明嘉靖中建

八案廟峽山舊志在長嶺北有靈鷲菴

選佛社峽山舊志在青岡壠所順治中律師曦如建

岫雲菴峽山兒舊志

淨覺菴峽山舊志僧印青建

牛泉寺馬蚴舊志明嘉靖中建

張王廟馬蚴兒舊志

顧顯廟楊林舊志在乾壠坡東邑人但明志熊心會倡修

泉塘廟楊林舊志在楊林畈周姓基址眾姓公修

九宮廟楊林舊志在皂角蚴中

福應廟楊林志東有洗心洞嘉慶十年周麗金游應善倡修有塔眾姓公修

明王廟楊林城西界舊志在瞰家嘴

師古菴楊林舊志在水口畈

摩尼峯菴新興舊志有普陀岩邑人葛吧陽凈室葛玉峯修岩

白石寺新興舊志在泉坑渡上

靈泉寺新興舊志在石門山有古柳明宏治中建

眞覺菴新店舊志在古台山乾隆戊午年重修

燒香廟新店舊志創始無考

泥灣廟新店舊志乾隆甲午年重修

社學廟新店舊志改新溪社學乾隆二十一年僧俊慧黃興萬等建

東嶽廟新店舊志有萬歷四十年宏治三年二鐘

碧潭寺城西通志唐廣德中僧照公建
白雲菴城西舊志在木彤山東
百巖菴港口舊志僧大雲所建
普月菴港口舊志在綠豆尖山
七星菴港口舊志敀紫衣
石珠寺洪石舊志唐時建在蓮花洞下因名明萬歷間邑人魏說重修互見石珠山
小源寺洪石舊志在鐵爐坪有大福山係岳州員通寺分建
萬年菴洪石舊志在港口驛董其昌題額寺有旃檀佛明崇禎三年知縣林增志建雍正五年重修法堂有歇心處三字董宇伯視學湖南所題近爲無知者毀去吳士王囑蒲圻令張君修整之并題有詩後樊艮樞亦題詩其上
如是菴白蒓舊志在西門外三里馬登源再建

是蒓菴白蒓見舊志
觀瀾閣白蒓舊志在馬鞍山祀文昌知縣勞光泰捐購官田園田六石三斗馬文杏獻荊沙關王廟前田乙石八斗八升謝澤逵獻官田園田乙石九升陳光偉獻石坑園田二石四升劉倫錦獻高腳畈田乙石
大士閣白蒓舊志在西鄉大沙洲有丈六金像
白龍寺白蒓舊志在鳳凰山初創無考明宏治中夢感楚端王因鑄金像大士供奉邑人廖正一作瑜胡堯元廖道南謝鵬舉何思登魏詔魏說多讀書刹中天啟四年魏詔重修
三官殿官田舊志在風潭壁立河岸順治中僧霞光募修下有巨石名滴船頭右有石室可以安禪
青山菴官田舊志在黃峯
法澍菴官田見舊志
鼓笛菴官田舊志敖一瓚有記明馬登瀛建其孫宗訓等置香火田三石零後九案重修
伯公廟官田舊志在高欖山

香山寺蕭橋舊志明嘉靖中建互見香山
桃花菴蕭橋上有桃花井泉出不竭明萬歷中饒若蒙致仕歸隱居於此故址猶存
勝水寺斗門舊志明宏治中建御史黃玹建爲士人所侵裔孫黃圖昇復之
觀音寺斗門舊志在黃茅山明宏治中建右有永鎮菴失創始康熙三十年重修
心山社斗門明季熊提行馬履昌熊瓚武袁伯孚熊騰潘之楨王祚垣彭大章李世紀潘之砥石孟黃圖昇馬熙昌葛德積李應泰周世輔馬宗呂熊釋武祝爾臧熊泰來熊應芝李汝衡曾伯英廖憲臣熊乾資廖師臣熊文成田日鼎田日昊張璟光蘇文楷周天民盧逢垣熊賠孫熊爾臣于鳳來楊炬菴左旦若等三十八人講學於此歿仍祀於社後以兵燹廢熊泰來裔孫潔齋領袖重修
長泉寺斗門舊志通志在芙蓉山
白衣閣斗門舊志在偏髻山邑人熊大來等建
盧山廟斗門舊志在小羅湖上廖姓盡建於祖山

五顯廟車埠舊志在雞冠山前明知縣林增志建嘉慶戊寅重修
天符廟車埠舊志即祖師殿萬歷中建嘉慶十八年重修
心菴古申明亭車埠舊志在三板橋宋元祐中建嘉慶十八年重修
丁王廟車埠舊志在萬壽橋
金粟菴車埠舊志在小沙洲上康熙中建嘉慶壬戌年敀復亭倡修有文昌閣
福慧菴官駒與大士菴相近
靖江王廟黃土舊志在荷葉塘
九龍寺楓橋舊志在九龍山
靈濟觀楓橋龍坑界舊志在大山坳
蓮池菴龍坑舊志在活虎口
伯公廟龍坑舊志在伯公山

普濟菴〔小柏舊志〕在窖嘴故建小柏頂康熙五年徙於此

大祭寺〔洪山舊志〕作大濟寺〔通志〕距縣四十五里其陰爲東港爲樓下畈宋甯宗勅建以祀秦國夫人

洪山寺〔洪山舊志〕宋嘉熙間建明萬歷間邑人何思登修

廻龍寺〔洪山舊志〕在騎龍山寺創始無考道光乙酉年宋姓重修

永壽菴〔洪山舊志〕在冷家湖

永興菴〔洪山舊志〕在畈田畈張姓修

香石寺〔觀樂舊志〕明初寺名井邱古刹嘉靖中邑侍郎謝存儒重修金列侯遊觀有詩

月盖菴〔觀樂舊志〕知縣林增志建邑人教諭羅晃同修

湧蓮菴〔觀樂舊志〕謝永璜建

石來寺〔黃龍舊志〕順治二年建謝允璜有文

金雲菴〔黃龍見舊志〕

新昇菴〔劈精舊志〕在銅山

黃岐菴〔方橋見舊志〕

桃花菴〔方橋舊志〕在東山往省捷徑施茶利濟之所

青雲菴〔方橋舊志〕在青雲洞崇禎間建

白衣菴〔方橋舊志〕在野雞坪石關上

善慶寺〔方橋池江界舊志〕在福緣山近畢河明嘉靖中魏翼如建

觀音寺〔方橋舊志〕明嘉靖中僧虛和建萬歷十八年僧性覺重修順治十七年僧海濟募修

穿巖寺〔方橋舊志〕寺以洞名互見穿岩洞

桃林廟〔方橋見舊志〕

玉皇菴〔上畤舊志〕在丁畝山前有侯王廟

白板寺〔上畤舊志〕明嘉靖中僧慧鏡募修

甫壇菴〔上畤舊志〕邱甫壇畈昔人禱雨于此因名或曰洪石鄉道垣尚有上有金魚塘

官林寺〔上畤見舊志〕

龍興寺〔上畤舊志〕在鳳隱山明永樂中僧法正募建胡堯元詠有詩又少龍興寺在唐山

慧林寺〔上畤舊志〕在慧林山捕鼓失唐時建寺有樵人從岩間拾得長劍隨成厥

竹山寺〔安豐舊志〕故竹山堂寺爲普菴祖師卓錫於此互詳古蹟竹溪書院

南泉寺〔安豐舊志〕在大龍山明宏治中建上有觀音閣江家堂在東

天池菴〔安豐舊志〕在茂樹山西

西林寺〔安豐舊志〕在縣北龍蟠山

蟠龍觀〔坪下舊志〕在石壁山

華嚴寺〔坪下舊志〕在三峯山

方山菴〔池江舊志〕在西江畈

黃覇祠〔池江舊志〕在黃覇山

神山寺〔池江舊志〕在神山郎張睢陽廟

净寶菴〔池江舊志〕在來山

曹溪菴〔馬獅舊志〕西有茹來閣

西竺菴〔馬獅舊志〕在馬獅湖西南

岳台寺〔郭連舊志〕在渡頭嘴

聚信菴〔郭連舊志〕在柏林畈中

蓮塘菴上寶寺〔郭連俱見舊志〕

海潮菴官橋寺〔官橋俱見舊志〕

古蹟

吳城山在縣四十里孫權常築城其下遺址尚存湖北通志

呂蒙城在蒲圻縣西南八十里孫權以蒙爲横野將軍於此鎭守元和志寰宇記屬觧瀆鎭今嘉魚地

太平城在縣西南孫權遣魯肅征零陵於此築城寰宇記

疊秀亭疊秀山上洪武中縣丞王綱改爲射圃湖廣總志

岳公城縣東北宋岳飛征楊幺築此屯兵明一統志

沙陽城縣北城傾舊址畧存今張巡廟基是湖廣總志

祭風臺赤壁山下相傳漢孔明祭風處湖廣總志

寶花臺受澥里湖廣總志

蒲磯山在縣西南一名蒲圻山蒲圻縣初置於此通志

蒲圻亦名隱圻按宋書到彦之討謝晦退保隱圻綱目注云隱圻即今武昌蒲圻

赤壁山在縣東北江濱

按水經注赤壁山在百人山南去烏林只二百里自元和志以赤壁與烏林相對新志遂以爲在今縣西南蓋誤以古蒲磯山爲赤壁矣又按江夏縣東南七十里亦有赤壁山一名赤磯一名赤圻非周瑜破曹操處也一統志

嘉魚西七十里曰赤壁山烏林磯天下郡國利病書

鄂都自赤壁鏖戰吳人能以弱制强此有天幸非人力也天下郡國利病書

李白赤壁詩云二龍爭戰決雌雄赤壁樓船掃地空烈火張天照雲海周瑜於此破曹公

杜牧之赤壁詩折戟沉沙鐵半消自將磨洗認前朝東風不與周郎便銅雀春深鎖二喬

李壁赤壁詩云赤壁危磯幾度過沙羡江上鬱嵯峩今人誤信黄州是猶有水經能正訛

魏裳赤壁詩崔嵬風雨一登臨落木蕭蕭萬壑陰賦裏不須疑赤壁尊前應自見烏林東風共羨回天力西蜀堪憐報主心忠武芳名垂宇宙將軍千古未沉淪

蒲圻洲在縣西南蒲圻山北對蒲圻洲亦曰擎洲又曰南洲洲頭即蒲圻縣治上有白面洲洲南又有蒲口水

出豫章艾縣東入蒲圻至沙陽西北𣠾山入江水經注

蒲圻湖在縣西北湖多蒲草　吳大帝立蒲圻縣因蒲圻湖爲名元和志

唐竇參讀書堂在河東街通志載在寶相寺參未第時肄業於此山神以他日當富貴果如其言因捨宅爲寺名勝志

宋馮京讀書宅在縣西頭村省志

宋趙葵宅在縣治西梅隱坊省志

宋廖明畧讀書軒在鳳凰山

宋周登仕讀書齋在新溪

宋蘇軾書竹溪堂額在竹山洞

明魏觀讀書臺在蒲首山

宋濂序附濂與太常卿魏觀先生遊甚久知其爲孝敬人也先生嘗謂濂曰余家鄂之蒲圻有山曰蒲首焉巉然而起如雲旆翠麓蕩摩空濛間對峙雙石檻直上如筍中敞碧千尋嘉葩靈草雜被之紛紅駭綠儼圖畫中先人愛玩不忘日支節步其下或濯纓澗底咏詩坐磐石上或望雲出沒崖谷悠然忘返遂以碧巖自號時異事遷層巖絕壁雖蒼然不改於舊而先人則追逐羣仙於風馬雲輿中弗能見之每過其下不覺潸然出涕故於宦遊所至揭碧巖之名於楣間所以志之思夫親也雖然名之固寓也而言之則

尤寓也曷若親履其地而求先人之遺跡乎當今聖人在上方以孝治天下他日築亭山麓仍以碧巖名之當風日晴美與二三子遊其間指而言曰彼清泉瀏瀏而斜出者此先人濯纓之處也磐石纍纍而可坐者此詠詩之地也巖谷沉沉靈氣之宣通者此望雲出沒之所也一俯一仰精神參會非惟慰其遐思抑將藉是以勵夫所學期克肖乎先人乎雖耄矣此心敢忘子幸爲辭濂曰傳有之舜食則見堯於羹坐則見堯於牆古之上聖若斯況下焉者乎夫子之於親遇事觸物無有不可感勵者況親所遊歷者乎斯亭之建當與甄氏之亭並稱其視崇臺芳榭以騁遊觀者何如也先生字杞山觀其名也學問富德行修踐揚中外其善政蓋章章云辭曰巖之雲兮英英其升巖之木兮欣欣其榮悵仙人兮何之飈風薄而上征豈降精而委祉兮發爲休徵三秀之茁兮膏露之凝渺長思於無窮兮視一夕於千齡金可銷而石可泐兮又焉能爽吾之精誠

虞帝廟通志載至元間監縣帖木兒創建在龍翔山西相傳舜南巡嘗駐蹕於此又云在縣治有斷碑載及二妃事其字漫滅不可讀今廢一統志

竹溪書院在蒲圻縣東五里宋建蘇軾書額今廢一統志

鳳山書院在金叠山今廢

王　儼鳳山書院記截附蒲圻縣學西有山名金叠唐縣學基也宋遷學於縣治南地遂就荒有老氏者流募材建張忠烈祠于其上藉以冢爲而族日侈大正德辛未天台蔡公巨源典瀏蒲教事期崇正學論以善端老弱欣躍請公毀之公以初按部攷較日勤姑未暇及又明年爲甲戌公自衡襄駐節於蒲遂遷其祠于南郊山川壇地仍錫以白金二錠命撤其舊材竪爲八無怨言乃取扑刑之贖暨士夫之助命署教諭事內江辛懋總其出納命庠生分理之造坊于前曰鳳山書院次門曰靈峰叠翠改蓮座爲樓曰集雲取多士之義也翼以小軒左曰無邀右曰務斂取

書之勸戒也左旁之堂曰頤賢右爲文會先養而後教也左右前後爲椽數楹先德行而後文蓺名義攸在也山之顛屹爲亭曰仰高最後一所曰游息繚以周垣踰月大就

廖道南鳳山書院賦附蔡潮字巨源別號霞山爲湖廣督學爲蒲肇修鳳山書院時道南爲諸生蔡公乃命作鳳山書院賦其辭曰霞山先生仰謙山之巘嶬俯涣水之洸洋背艮軸以枕陰面晋旭以賓陽于是爭經野覘土訊日擇吉鳩工聚材測景平臬伐巽木以爲宇拔泰茅以爲堂隆大過以爲棟建書院於鳳岡蓋以植人紀樹天綱考法象陳典常而承垂丕休

之烈於無疆也爰有三湘公子九嶷丈人馭黃鵠之猋輪驂繡麟之雲輿抗𦐇搖以遐征指攝提而上馳躡巉巖而眺望睇懸河之修詞公子曰竊伏湘湄遐哉邈矣不圖今日院斯落矣青青子衿于胥樂矣且吾聞諸蓬萊之陽扶桑發稍遊轂揚彤襪蠡映波其屈縮栒杖搖曳其青葱乃有青陽之宮綺疏繁星藻棁宛虹安期涉咸池而洗日羨門登暘谷而凌空崑崙之西嵎淵泱漭泑澤淪漪冢遂嵂崒其中震泰器欽崟其巀嶭乃有素灝之居晶宮栖魄璇題納曦容成據沙棠而逍遙韓衆依于桐而栖遲大椿之南麵緲丹垠紆廻紫嚶育燧暘薰風之韻軫巖懸火德之曜乃有朱門之垣金枝通牖玉菱照筵祝融司祇而開宇甸赫胥御紀而懲天田瀚海之北氣凝霜竈精結冰嵴吉艮產千金之駿騶吾具五色之質乃有元景之室閶家九關磈礧萬壁嘯叟制長鯨而揮搖任公跨巨鼇而負贔先生益用驅朋革乎豹蔚睎青陽之瞳曨飫素灝之瀲灩服朱明之陸離被元景之赫奕無乃窮四荒超八極於焉栖息爾矣乎先生曰繇遠遊者疇與近取諸身務外觀者疇與內求諸心子言博矣曷載陳之公子又曰太昊乘震執規司春玉衡秉信珠斗回仁蒼龍駕而協氣和鳦鳥巢而條風溫於斯時紅藥翻階朱槿蔭庭靈運賦池草而冥機

自觸孝綽感山櫻而雅韻攸成炎帝乘離執衡司夏赤鷩鳴晨丹艮燭夜於斯之時蘿烟裊帷松風入樹江淹懷綺樹而與慨皐蘭傳元思秀麥而宣謠田稼少昊乘兌執矩司秋悲臺蕭瑟哀蟹颼飀鵲翠迴而津橋橫蟾桂芬而月殿幽於斯之時竹君萬箇木奴千頭左思睇翔鳳而金飆初動潘岳咏歸燕而玉露方流顓頊乘坎執權司冬同雲聚霰寒澌凝淙日陸旋而昴彙藏星紀周而象緯從於斯之時令屬元英律應黃鐘穆王躋平圃而白雲縹緲梁王遊兔園而素雪玲瓏先生漸儀鴻羽鼎食雉膏煦春元而熙熙茂夏亨而陶陶廣秋利而肅肅孚冬貞而昭昭毋乃

順四時周六虛於焉若諸爾矣乎先生曰善言天者必徵諸人善言古者必準諸今子言近矣願終陳之公子又曰粤稽有漢西雍是京𡹮峩虎觀蜿蜒鳳城麒麟焉昇而芙蓉披鵷鵲翹㬎而椒蘭榮乃有承明之廬著作之庭銅龍承宇金爵標門方朔占歲星之色象更生招太乙之威神粤稽有晋江左載作鍾山龍蟠石城虎躍顯陽犨炳而亘赤烏永安離奇而延朱雀乃有華林之囿昇元之閣江貫浮波山范吐萼陸機詠芳藻以敷文謝眺賦青山而尋樂粤稽有唐起於晋陽萃清毓秀興慶薰香勤政通天而接熊耳飛山凝碧而起鵲翔乃有結璘之樓鬱儀之堂虬澌

宵沆鈴索雲霰李白摛辭而焜煌龍掖韓休抗疏而飛翥鸞章粤稽有宋國於汴京渾河爲池嵩岳爲城嘉慝嘉祠以延宏慶純和熙和以聯邇英乃有徽猷之製寶謨之幾十閣叢起兩制並名易簡承恩而御書飛白丞叔視草而史策垂青先生節以制度頤以保貞紹漢賢之高躅步晋哲之芳塵追唐臣之逸軌播宋儒之光靈燕乃兼四代冠萃英於焉浚明爾矣乎先生曰載事者存乎史載道者存乎經子言羨矣吾何能爲九變丈人喟然嘆曰於乎槃噫子知其一未知其二也夫北人見布而疑麝越人見罽而疑氂拘乎藝也奔蜂不能化桑蠋伏雞不能伏鵠卵泥乎

類也若公子者未免馳志藝文之末而或遺其本遊精散殊之博而靡得其約也已乃若先生之登茲鳳山也其東則有豐財靈應幽蘭點筆蕭堆倚雲雪峯丫髻河抱石牛而掩映星河溪洞赤馬而虛涵天日其西則有鐵山壺山蒲首瑞雲感山盧山芙蓉石門湖出二羅而澄潭瀦蓄水趨六口而長江吐吞其南則有桃花白石月山梅岑金紫五洪雲臺荆泉鹿洞鉛錫而林陰夕合羊樓峙嶼而巖花晝妍其北則有龍翔行將鳳隱石盆雷壇天馬明水山門北渡浮舟而窪罇懷古西艮遺堞而烏石藏靈是故鳳凰于飛維石巖巖三峯層巒五水縈灣金疊石筍金臺雲磐

陰岡秀起而趨巽南門平原衍夔而廻抱西關是故其爲書院也其中則有聚雲之樓峥嶸繪綾崔嵬絪繆飛甍特起叢桁孔修若升元圃之邱爛瑶宮森貝闕朝扉入而暮靄浮其左則有無逸之所堂曰頤賢麗澤輔友齋曰六行慎修恪守若窺瓊林之牖辨商彝測姬卣煇璧月而燦珠斗其右則有務敏之軒堂曰文會刻鼎鳴絃齋曰六德仰高鑽堅若升石渠之筵庇廣廈覆緗旃羅寶典而肆璚篇其前則有疊翠之門靈峯矗立河流吐吞蛟騰虎變鵠舉鳶騫若排建章之閣金支簇朱旂翻浥仙掌而迎朝暾其後則有六峯之亭仰高游息耽幽會冥窗草交翠野竹揺

青若入華林之園采芝秀紉蘭馨杳鶴渚而廻鳧汀是故山以鳳靈院以山名先生之建茲院設茲教也而豈徒哉昔者鳳凰之爲世瑞也軒轅臨元扈而受圖佮倫適嶰谷而協律高辛聆音而捬鞞少昊名官而纂歷巢於阿閣堯命羲和以授時儀於簫韶舜察璇璣以齊政翔於紫庭文王占景緯而游歌止於岐山召公陳卷阿而諷詠茲蓋傳之道統納之世軌昭之人文章之物采示之賢規約之邪紀所以淑斯文者懋矣望諸生者厚矣視唐之集賢麗正含象光順宋之嵩陽白鹿石鼓嶽麓蓋異世而同符焉爾矣先生閧之有睟其容有盱其衡喟然嘆曰有是哉九嶷

丈人乃歌曰惟九嶷兮蒲山之宗仁者壽兮靜斯同三湘公子亦從而歌曰惟三湘兮尊水之深智者樂兮動斯同先生乃賡載歌曰九嶷巍嶪兮君子以崇德三湘溦渶兮君子以廣業吾與吾徒期大同兮承貞吉

龍門書院在東門今改驛館

黄曰洙龍門書院記附耐菴王先生宰蒲之二年政舉民安亟興學以造士於治之南搆龍門書院延名師厚餼脯聚邑人士課業其中己未夏余來署篆訪以記見屬余避席而興曰先生建學之意何居將使諸君子吳吟雒誦以馳聲於藝苑歟抑欲其懷文抱質相率爲有本之學以漸進於古之君子歟夫楚才雄博楚風彬雅左倚屈宋照耀千古其文章無俟爲諸君子進惟是鄂渚衡陽爲南軒考亭過化之地而濂溪周子紹絕學之傳實生乎其間流風遺韻至今深入景慕故岳麓書院與吾江右之白鹿並垂不朽今蒲接壤衡湘又山川靈秀所鍾知必有豪傑之士上接濂溪之心傳者其去岳麓居隣地近爲學之要一一具在特人往風微振興乏人士每抱殘守獨悵悵而無所依先生之意殆欲正其聲利之失而亟返之於正心誠意之學則書院之設洵哉其知本者矣抑吾尤願諸君子之善承之也記曰三王之祭川也

先河而後海或源也或委也此之謂務本君子務本本立而道生學者果能根柢六經存養心性本周子主靜之旨而以朱張二子存誠主敬爲入德之門使身心閒粹然醇然未發而中常存已發而和不失將見修齊治平之要皆裕於一室講習之地而全體大用亦無不具足焉千以紹絕學之心傳而先生振興之心庶可以無負余衰矣不能杖履從遊與先生討論晨夕亦如朱張二子往復質正于岳麓書院倘當時與起成就之功復睹于今亦惟先生勉諸君子于有本之學以其鄉先哲之前言往行爲法而相與以有成則理學心源不難上嗣周子豈僅以雄博彬雅

稱楚才楚風哉先生曰善夫微吾子亦不能爲此知本之言也因次其一時問答之詞而爲之記

王雲翔示龍門書院諸子詩附　靈府洞六虛神明於此宅立關虎豹蹲狰獰羣魔劃　澄徹源頭水涓涓石上流何須爭涇渭三峽巳沉浮　水不生波濤舟師艱上下輕帆御風行天槎窮海汭　窗虛能受月樹老不生風性地漸瑩潔理道乃融通　物理本易格人心不難測誠明無障時月上梅梢雪　浩瀚大江流朝宗赴東海源頭復源頭龍雲結煙霧　空靈只一隙芥子亦能室澄徹拓洞虛倒吞雲夢八振衣千仞巔高視俯一切我從太虛遊超然忘絕巔

饔飧扶桑葉文繡被古今吾人枕書籍蘊藉當復深　錢散能歸貫繇紛抑自眞頭緒把握時滿懷都是春　筆花原有種種向空靈匯根蒂自深固五色光榮敷　善根不可拔日沃以詩書充腴潄芳潤華實自紛披

楚志樓在縣治魏裳居

先生隴在東半雞鳴港舊志港產白蓮佳菱採者最早故名隴相傳明宋濂魏觀游蒲濂處此因名先生

大宗書院在縣治東北明崇禎間提學高世泰同知縣曾栻建

任家河巨石總志石係吳孫權磨刀處

果老石在鳴兜湖舊志湖上煙墨石相傳張果老煉丹於此

風俗

火耕水耨民食魚稻果蓏蠃蛤食物常足故呰窳偷生而無積聚飲食還給不憂凍餓漢書地利志　人多勁悍決裂隋志　士子以文辭相尚有六朝體宋柳拱辰郡守題名記　鄂俗計利而尚鬼病者不藥而聽於巫宋劉清之傳　正月一日雞鳴起於庭前爆竹以辟山臊長幼悉正衣冠以次拜賀　正月十五其夕迎紫姑以卜蠶桑并占衆事　三月三日士民出江渚池沼閒爲陳杯曲水之飲　四月有鳥名獲穀其名自呼農人候此鳥犁杷上岸　五月五日採艾爲人懸門戶上以禳毒氣是日競渡採雜藥　七月七夕牽牛織女會

婦女結綵樓穿七孔鍼陳瓜菓於庭中以乞巧　七月十五日僧尼道悉營盆供諸佛　九月九日四民並籍野飲晏　歲暮家家具肴蔌詣宿歲之位以迎新年相聚酣飲荆楚歲時記　岳鄂間田野小人例只養二男一女過此輒殺之尤諱養女以故民間少女多鰥夫初生女輒以水浸殺其父母亦不忍率常閉目背面以手按之水盆中咿嚶良久乃死東坡集　俗尚質樸不事繁華一統志　蒲爲鄂之壯邑居郡上流山川清淑科第代不乏人總志　武弛文張民日趨於禮樂之域元明善武昌路學記　蒲圻負山帶河湖拱內滙外爲長堤　戶尚詩書士安誦讀武昌府志　田里小民半習

攻木遊藝四方尚血性事親病多刲股舊志　民安儉樸士重廉隅

李　標詩附蒲土由來瘠蒲民自昔閒桑麻全不稅山澤半於田樂歲供三月謀生及四川近來王事急還上洞庭船

又

周順倜蒪川竹枝詞附三月春風長嫩芽村莊少婦辭嘗家殘燈未掩黄粱熟枕畔呼郎起採茶　茶鄉生計即山農壓作方磚白紙封別有紅箋書小字西商監製自芙蓉每歲西客於羊樓司羊樓洞買茶其磚茶用白紙緘封外粘紅紙有本號監製仙山名茶等字芙蓉山在西鄉六水三山郄少田生涯強半在西川鋤官城裏花如許知說春闈幾少年艮思堂詩集

物產

稻類洸白早　金璮早　陵江早　無名早　無名遲　麻赤穀　馬宗糯　柳條糯　鰕鬚糯　桂陽黏　鄖陽早　西湖穀　鐵脚糯　烏脚糯　紅殼糯　撚麻線

勞光泰蓄畬說附蒲圻多山而爲田長陰寒又畏旱久雨輒復過水故麥少收宜種三稻早稻六月熟遲稻七月熟晚稻八九月熟皆以石灰糞之使暖早稻與遲稻同時播種而惟遲稻備歷炎暑多養一月倍結實故收獨豐種者十之八焉然苟六月不雨收亦歉一也舊志

麥類來　牟　米麥

黍類黄黍　黑黍　高粱黍

粟類早粟　寒粟　糯粟　黏粟　觀音粟

菽類黄豆　黑豆　菉豆　紅豆　鐵豆　豌豆　刀豆　扁豆　姜豆　兎兒圓　羅裙帶　道人冠

蕎類苦蕎　甜蕎　南蕎

麻類芝麻　胡麻

蔬類王瓜　冬瓜　青菜　甜瓜　菜瓜　絲瓜　北瓜　蘿蔔　莧菜　白菜　芥菜　萵巨　甜菜　芫荽　菠菜　葫蘆　白花　薺　蒜　葱　韭　山芋　水芋　油菜　芹　荇　荳蔻

菓類桃　梨　梅　李　棗　柿　栗　橙　橘　櫻桃　銀杏　石榴　木瓜　金櫻子　圓橘　苦櫧　菱角　藕　蓮子　芡實

木類松　栢　桂　杉　檮　椰　株　朴　楓　桐　柘　桑　檀　槐　白楊　夜合　皂角　苦楝　柳　檉

竹類水竹　白竹　寶竹　金竹　斑竹　紫竹　箬竿　叢竹　南竹

花類木犀　玉簪　金鳳　罌粟　海棠　薔薇　鷄冠　紫薇　荼蘼　鹿葱　山茶　梔子　剪春羅　月月紅　夜落金錢　印山紅　菊　瑞香　紫金　蓮花　菱花　牡丹　木蘭　夾竹桃　鐵梗海棠　秋海棠　洛陽錦　狀元紅

草類蒲　芝　艾　蓼　蘭　葛

藥類半夏　菖蒲　山藥　白芨　白芷　蒼耳　蒼朮　茯苓　香薷　苦參　牛膝　細辛　荆芥　薄荷　枸杞　澤蘭　葛根　玉竹　地骨皮　車前子　益母草　金銀花　五味子　骨碎補　夏枯草　何首烏　烏藥　山梔

羽類鷄　鵝　鴨　鷺　雉　鵲　鳩　鷹　鷂　鸛　鴉　鴿　布穀　杜鵑　山鵲　鸜鵒　鵁鶄　麻鵲　鷓鴣　啄木　白頭　鳧　鸊鷉　鴛鴦　黄鸝　鷗

毛類牛　馬　羊　豕　犬　騾　驢　虎　豹　麞　鹿　麂　兎　貛　豬　香狸

鱗類 鯉 鯽 鯚 鱤 鱖 鮎 魛 鰱 鱔

介類 龜 鱉 螺 螄 蚌

昆蟲類 蜥蜴 螳螂 螻蟈 蟋蟀 蜻蜓 蜂 蜾蠃 蝙蝠 蜩螗 蛇 蠶 螢 蝶

雜植類 茶 綿花 苧蔴 苘蔴 蓼藍 木藍 落花生

蒲圻縣志卷一

縣境總圖

閣縣

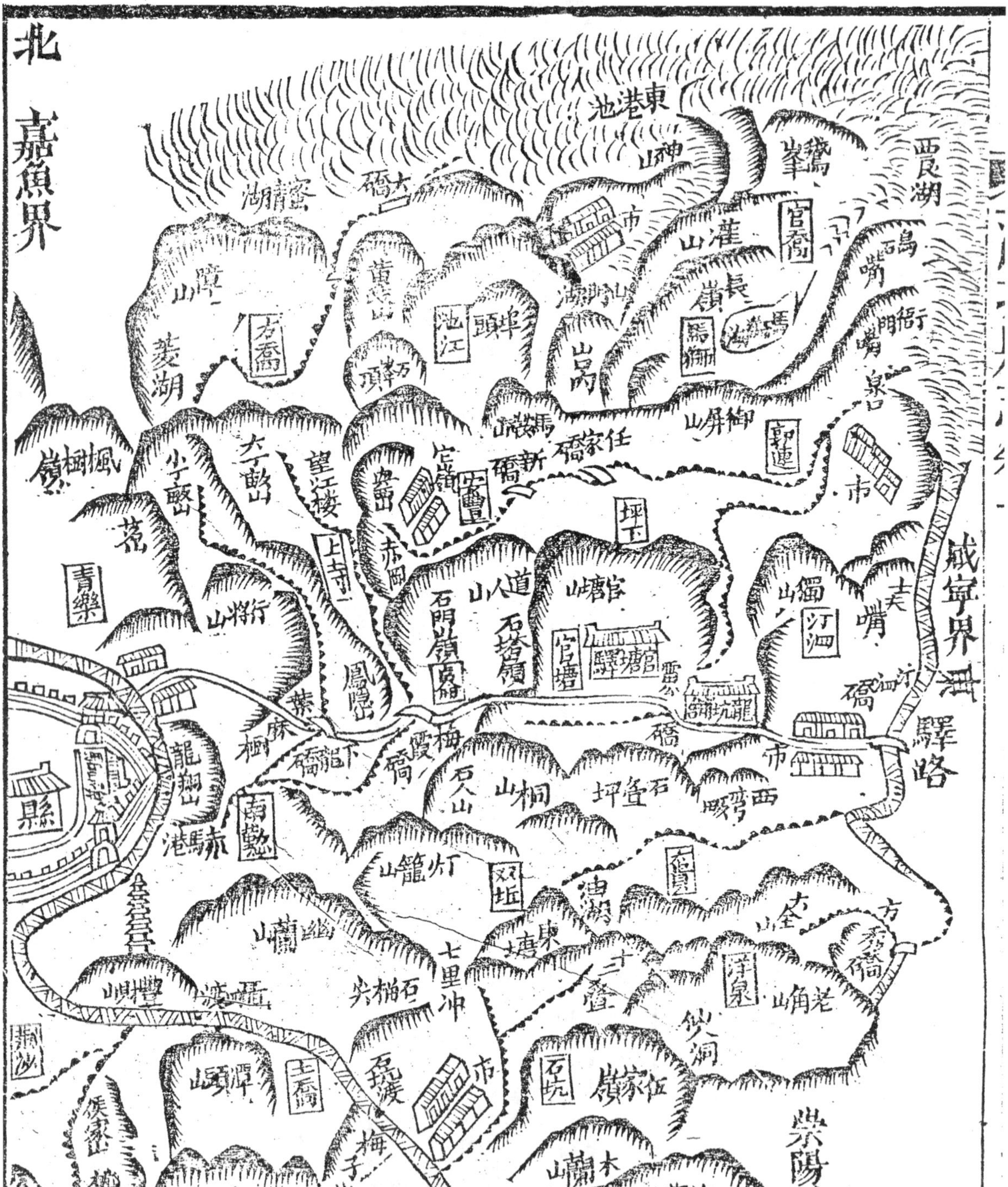

總圖

蒲圻縣志卷一　縣境圖　二

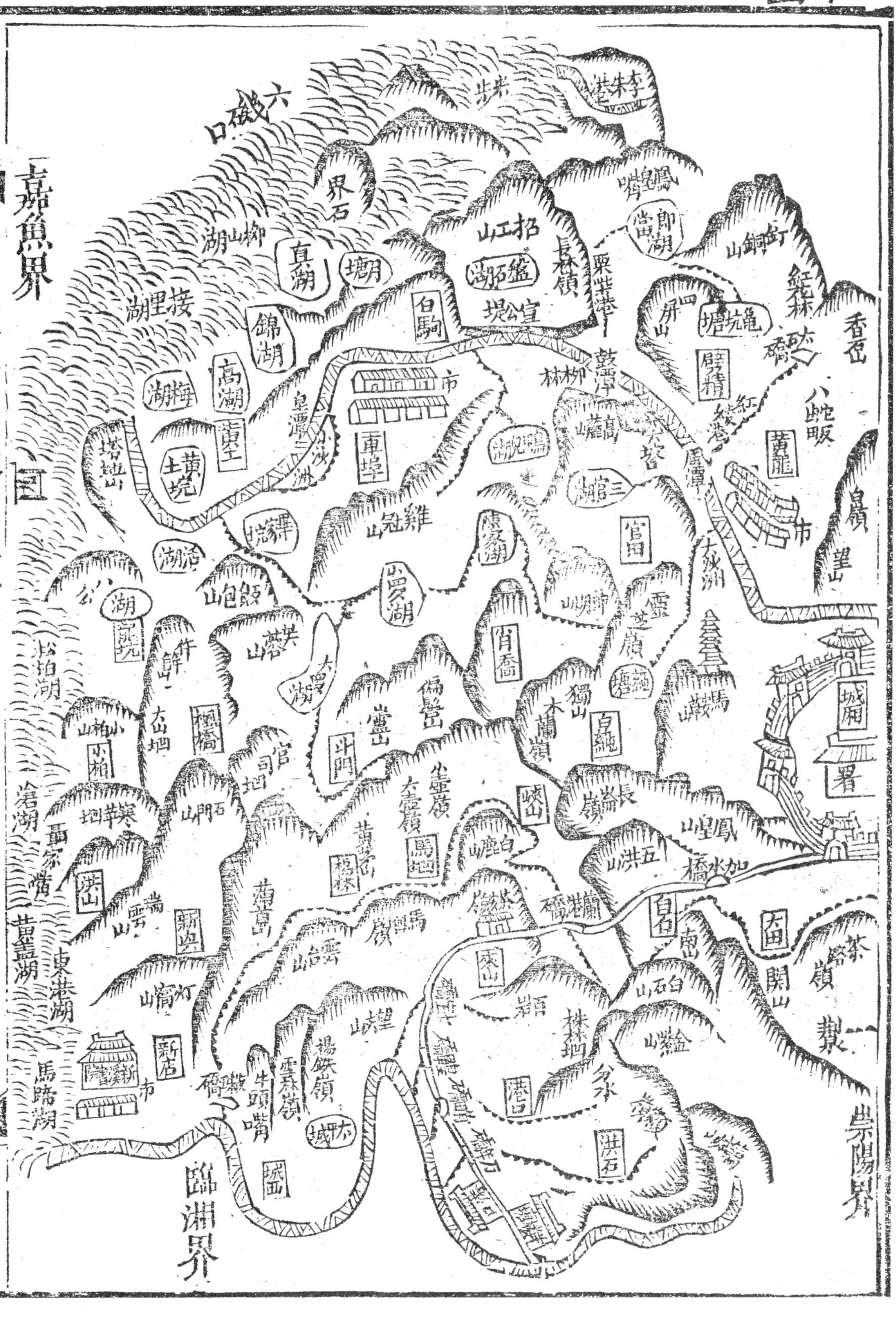

蒲圻衢通八省壤連四邑 王志 東西廣一百一十里南北袤八十里 通志 鳳凰蹲其前龍翔峙其北東則豐財矗勝西則馬鞍關鎖川巖縈繞靈傑攸鍾 府志

蘇州夏宏蒲圻八景集古詩附

石筍凌風 通志載秋風 立馬橋邊客去遲 李洞 徘徊石筍巳多時 張思賢 葛陂孤杖形相類 楊璘 湘浦雙娥影正隨 謝宗可 凍雪不消棲鳳幹 [illegible] 秋風離折化龍枝 賀鑄 千年肯毀冰霜節 史浩 一寸堅貞自不移 婁大年

荊泉靈貺 曉色潞潞一泒清 李仲淵 仙家元不隔滄溟 張翥 水通太液知源委 薛元儀 日轉東華覺地靈 虞樂 鳳女傳香函御札 張伯違 龍君施澤注清泠 吳元清 尋源我欲窮奇覽 王廷衍 擬泛星槎入杳冥 錢宗

蒓塘夜月 季鷹去後

幾經年曹子貞存得純池思惘然李集十里晚香生沆瀣鄭元祐
一泓秋影浸嬋娟戉豆日金莖無復當時美陸直行寶鑑
空懸此夜圓衍道原相對清光照今古陸木秋飄零孤客不
成眠陳民富、蕭推春漲通志載春水西山積雪勢崔嵬劉滄二
月春融凍始開向防激石驚湍隨岸轉艾性貴洪流高瀉自
天來許渾曾聞覓渚通幽絕元明善幾見龍門出俊才邵崇約
我尋源訪仙隱袁定隨劉阮到天台陳鑑疊翠晚鐘翠
擁雙峯萬仞高陳益稷靜開蕭寺吼蒲牢曹松驚囘旅夢霜
中起盧全響逼禪扃月下敲程文海風度餘音猶杳杳申屠駉
酒醒涼思正飄飄張翥景陽昔日曾聽罷宋本環珮琳瑯候
早朝張昜豐財夕照楚王宮北正黃昏杜甫物是人非景

尚存端元叟衰艸夕陽江上路陸宣漁歌樵唱水邊村上官伯青蚨萬鏹堆墟市楊鵬冀長笛一聲歸島門潭用偶為登臨發悲嘯劉因澆愁莫厭酒盈樽吳穀霍鐏懷古無處登臨不繫情許渾山亭開宴酒如澠艾性志一罇春釀蒲萄綠李材滿甕秋香竹葉清孫逖未數流觴新典故元宣還同席地古儀刑燕敬當年人物歸何處宋廉感慨遺蹤尚有名張山石

北河晚渡颯颯西風古渡頭李隼落霞孤鶩水悠悠莊子敬借歸黃葉林邊寺張奇以人候夕陽江上舟王翊斷續殘蟬聲送雨參差寒雁影橫秋陳盎稷誰歌桃葉滄溟外唐崇尚有客思鄉起暮愁宰上熙

城內置城厢圍距府城三百里

城厢團圖

城廂

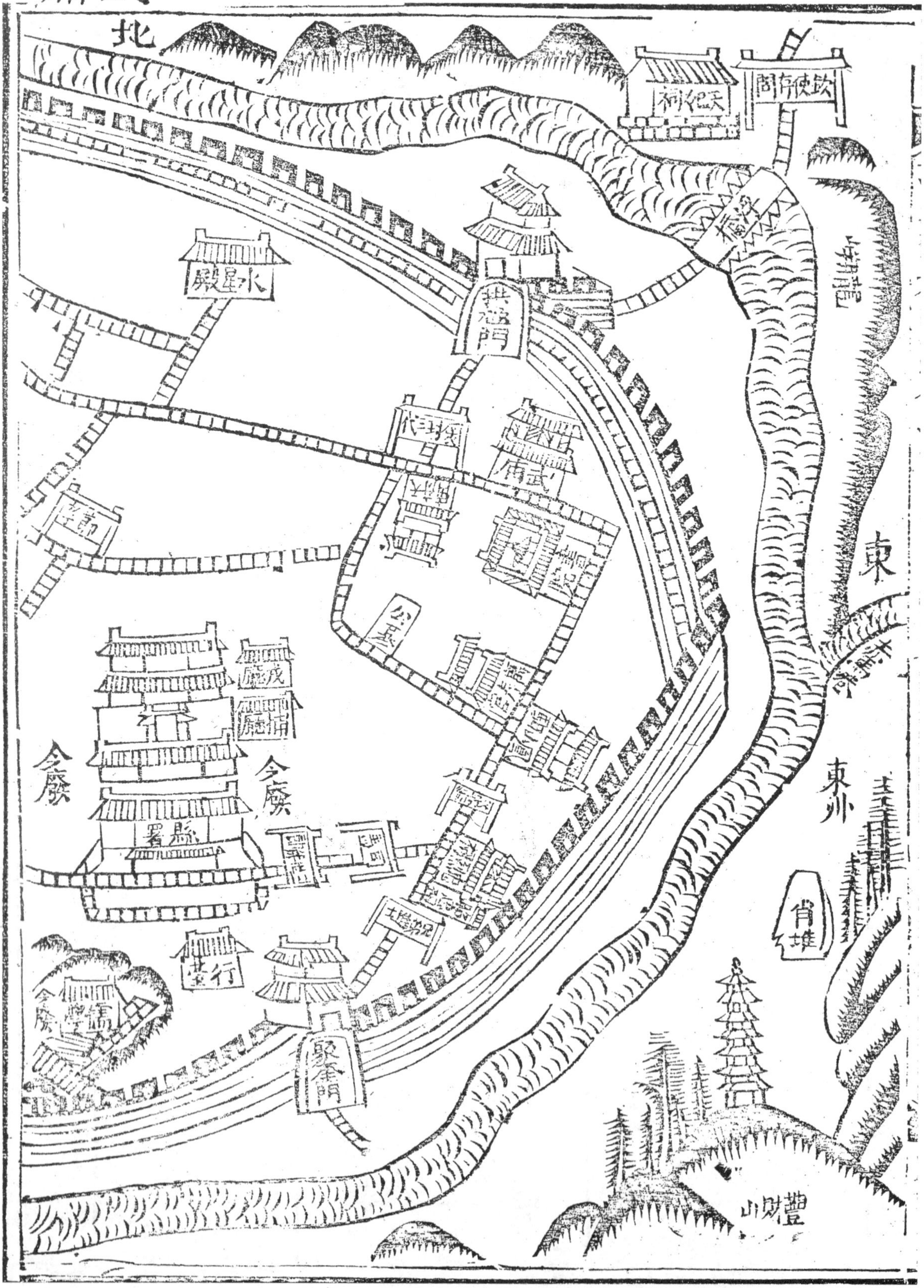

青元縣志卷一 城厢 三

西圖

存問謝鵬舉謝恩表附原任南京都察院右都御史致
仕臣謝鵬舉爲恭謝　天恩事茲者恭遇　皇上
以　皇孫誕生尊上　慈聖宣文明肅貞壽端獻恭
熹皇太后徽號　詔告天下因而推　恩在籍舊臣如
臣鄙陋亦在　詔書條款文官二品致仕年九十以上
差官存問之列　臣原籍湖廣武昌府蒲圻縣人本年九
月十一日據蒲圻縣官吏奉院司道府勘劄行　臣知會
臣聞　命自天措躬無地伏思存問乃　朝廷之盛典
臣子之至榮也　臣犬馬之齒雖踰九旬然樗櫟之才素
無樹立雖小廉曲謹曾蒙獎賞甚皆臣子職分之常何
至損辱　朝命至此哉是以戰兢惕厲寢食不安踧踖

徬徨罔知所措也至十二月二十三日該　欽差禮部
王事袁宏道賫捧　詔書到臣又該本縣知縣汪有功
備辦綵幣羊酒一同到驛該臣具服扶掖出城迎接到
家臣萬感涕零汗流浹踵焚香叩頭祗領望　闕恭謝
外伏念臣一介草茅竊祿十八年遷轉一十三次徒荷
皇上天地高厚之　恩未效狗馬馳驅涓埃之報
徒尤日積瘝曠日深伏蒙　聖恩容臣致仕自萬歷
庚辰回籍迄今又二十八年衰病之軀苟延九十歲獨
幸歸田之後際遇太平河清海晏盜息民安雖間値凶
荒蒙　恩賑恤雖大工鼎建額賦未加雖地方豐歉稍
萌隨卽撲滅臣雖蹤伏林泉如在春臺玉燭每蚤夜自

思以爲遭逢若此卽旦暮風燭老有所終可以含笑入
地矣詎意瀕死之年復又欣逢慶典普天戴德率土騰
歡日月徧照乎溝渠雨露不遺乎枯朽況臣已廢棄多
年又遠在江湖之外乃亦蒙遣官存問之恩賚綵幣多
儀之賜山川震耀蓬蓽生輝此又臣分量之所難勝夢
想之所不及者也是以使臣入境通邑父老子弟遠近
走集夾道聚觀莫不舉手加額以爲邑中二百年來僅
此一見不知臣何修而蒙此殊　恩於垂斃之日也此
臣所以聞　命自天震驚無地萬感涕零罔知所措顧
臣衰朽龍鍾朝暮入世神魂已逝軀殼徒存奚能啣鐶
結草以酬萬一之報哉苟一息尚存惟有日夕焚香祝
聖壽萬年與天無極子孫萬億應地無疆而已臣
感激　天恩爲此具本專差孫男生員謝堂抱賫赴
闕奏謝冒干　威嚴臣無任戰慄恐懼之至謹具
奏謝以　聞

馬練重建北河浮橋記附載

蒲川有渡在縣治之北當驛
路之衝川之源濬於通而其流經於雋馭且深先時嘗
濟以舟舟不勝載墮溺隨之宏治末蒲丞秦典焦君始
作浮橋冀可繼而可久也正德辛未臨海蔡公以督學
按此輿爾旣廢而宏大其規嘉靖丁未南海崔公以進
士尹此新爾再儆而協濟其美邦人至今誦其德不置
嗣之有司視簿書覲官資不給又遑恤此哉於是奔渡

爭先覆舟相蹋甚至一日而溺及三十八死者固過而
生者坐視其變不爲之所亦何忍也乃幸我劉源泉公
來式茲土夏中而署厥篆秋旣而成厥梁籍舟三十虹
亘櫛比維以鐵絙護以周楯置守者防其觸檥而時其
斂放兩岸樹有坊北阜構有亭不惟民得履坦免爲魚
鱉而山若劃而增明水若瀰而增妍是誠蒲之壯觀也
邑士大夫民父老慶幸而相賀曰其涉川偉績乎夫拯
溺濟人務孰先是費鉅工殷事孰難是急其所先先其
所難不沮不撓不猛不却此可以觀誠夫必鳩工必庀
材必乘時時以掄材材不廢材以聚工工不弛工以趨
時時不妨此可以觀才用人公董役者勸察奸明腋削

者惧親在規督惰者奮頑者畏欺而隱者毋或逞此可
以觀政夫道仁義而已矣仁義之發和於事宜於民橋
益宜民之謂也

魏　裳濟美橋賦附歲在著雍辰次涒灘月臨仲呂日
旋離南肆我濟川君橋六水拯民艱爰有何廉逸翁方
壺仙子胥與驂白螭駕元鯨渡赤馬之清流躡龍翔之
碧岑訪霍尊之往蹟飈紫虛之幽恭放浩歌于岌業抱
瑞靄于空冥句廉翁曰粵稽遂渾澤溢九濱河圖效乾
洛書流坤陽侯舒靈于島嶼力墨負拔于滄溟時則有
若乘龍之聖陟荆嶺而抵天津姬運肇啟敷德閎休川
祇錫美海若呈幽燭夜光于跳沫燦明月于蜃樓時則

有若釣璜之叟載後車而鳴箬球炎劉嗣祚罪莫蔚華
郎官澄綀東井緋霞嘉士沉幾于授履神人韜采于星
槎時則有若乘駟之儒含珠玉而闢奇葩晉陽紹統鳳
翥蛟翔昆鄰濯異咸泄浴光陸子擊廻湍而厲志羅公
擲柱杖而徜徉時則有若酌泉之彥甘冰蘖而漱瑤芳
神君濬有熊之璿源沛徇父之膏澤渙司馬之懿文操
隱之之奇節乃茲懋績于斯橋也不有嬿美于若人者
乎濟川君曰子之言古也非今也方壺子曰吾聞曲阿
朏明衡陽熙煥榮若華于晻嗑爛扶英於蒙谷乃有飛
沙走石風馳電逐宛雲龍之夭矯架仙梁於海屋緊若
望舒營魄纖阿騁靈挽倒景於桑榆炳宵燿于西冥乃
有霓裳舞刻羽衣遐征曉精光而奪目恍銀橋於廣庭
粵若雲英之遇符合纖連晨餐沆瀣夕奏鈞天阿毋發
瑤川而獨運青童馭寶婺以爭妍酌元霜兮清儁神嘉
會兮泰元亦若廣陵之景流丹泬寥浣衣星瀨滌玉雲
濤肆神珠之弄蘂暨玉田之生苗迺元極兮無埌陳燈
火兮逍遙神君旭海岱之青陽萃巨闕之灝氣昭雲英
之貞符顯廣陵之嘉際乃茲赫靈於斯橋也不有潛達
於至理者乎濟川君曰子之言物也非我也於是何廉
翁方壺子莞然而笑喟然而嘆曰噫嘻天乎吾闕孰提
其扃地乎吾翕孰測其貞何道非古何古非今何物非
我何我非神乃若利涉之淵也其水則三山源淨龍潭

湍瀠上黃漄流壺頭溪交宣父泣川而興嘆孺子濯纓
而怡神若君子之邃學思淵泉其靜淙其濟則馮彝艷
日江妃麗霞姚黃芬馥魏紫夾加挺挺乎彭澤之柳灼
灼乎河陽之花若至人之育物恩浩蕩以無涯其下則
隋珠含珍和璞澄輝蜃珧綴玉驪龍示璣符公輿蘭陵
之詠雍伯顯天授之奇若髦士之摛藻照太乙之青藜
其上則屬玉棲煙珍禽鬱翠止者忘機飛者奮翼振翟
聲於重泉播鴻勳於孝義若懿政之懷思擁行車于非
類乃茲厥功之成也經始兮則痌瘝而衷軫念而人弔
伍子于胥濤泣三閭於湘魂裁制兮則官無攸費民無
攸厲廓孟津之嘉謀敷刺史之康濟襄猷兮則富者捐

貲能者効勤邁趙老之鴻績廼楊令之忠貞樹烈兮則山靈顯瑞河伯降祥詠垂虹於南極昭遺愛于洛陽若夫危樓拱北結搆康莊厥覆眈眈厥基堂堂東枕豐財西連蒲岡南眺金紫北望龍翔沉桂盧涵乎天日黃龍蕩漾乎星芒鳴宮商于鼓角匯峻彩于西艮豁江山之一覽傳美惠於無疆在昔包公振揚風紀拯茲黔黎錫之繁祉爰有焦賢矢心贊理險阻既彝流光青史粤若蔡公宣化茲土奠麗輯和貞石不朽爰及張侯憂勤綏撫德化旁敷人獲我所神君紹貞栢之遐軌嗣徽禁之巖音濟景倩之鋒鍵負紫芝之奇珍乃橋斯域而濟厥美也不將視古今於一息胥物我於兩忘矣乎言畢句

廉翁歌曰三變兮恢懷光凝兮巍巍於嗟拱北兮雲漢昭回方壺子亦歌曰陽曲兮汪汪渤澥兮湯湯於嗟濟美兮江漢悠長濟川子賡載歌曰拱辰獨峙兮鳳山之陽作德高明兮長發其祥於嗟此心兮承無負於明艮

王世貞譔魏　裳外傳附魏裳字順甫從仲父遊太學則已讀周禮左氏國語及唐李杜名家言矣居恒謂生當以三尺素豪于古人間安能吾伊學官語耶十六試諸生高等是時廖太史鳴吾家居觴諸生而太史雅自負博而辨又貴倨也所引說經史連柢諸生中獨裳避席奏對不窮又所請益時時出其表太史自失曰何物少年乃爾足三冬耶諸生亦大喜謂阿游胡渠使五鹿少府折角也蓋又十餘年而舉鄉試又四年而成進士授刑部山西司主事請急歸復守故官始與王元美及李於鱗輩遊而好爲古文詞裳自以才不稱諸子益自刻苦晝從曹中治司空城旦小閒卽開卷幷夜分弗釋也而會母李恭人疾裳廢寢食而侍者月餘摶顙籲天者無數以是亦羸困而李恭人竟不起裳痛哭不欲生一夕亦絕且而蘇時同年李師孟吳明卿視之裳張目曰得從先恭人地下無恨以後事累二子二子曰咄嗟不有而翁在耶裳乃稍稍就粥飲杖而起服除當補官三月餘不報人或謂裳不當有所造請耶裳笑曰我一欵段馬不數步而僵且歸矣亦不知何門可造請久之

復補山西司裳凡三爲其司主事同舍郎皆後進据其上而其于推案文法無害咸拱手矣已稍遷員外郎郎中最後爲濟南知府時于鱗已棄官里居一切謝客裳三及門而不見以一蒼頭報謝人或謂曰與君部民胡倨也裳益往候之于鱗不自得乃出飲談詩甚懽裳性高簡古所過從所過從必于鱗卽非于鱗亦無他客也以是竟其在時或謂裳文章士心易之然其爲刑部甫涖事而寬大同叅議獄爭于其長及執政莫能難也決大獄江左詧其情稍有間者卽爲讞語著于牘以授御史故于守濟南益敏練有聲是時寇蜂起齊魯間裳晝策誘誅其渠率數人而散其黨使歸耕曰汝第爲善不

汝讓也所屬邑獨章丘腴而其人最苦徭賦則皆爲豪所侵裳奮身往悉逮豪賓之理于是伏田盡出而小戶大要得足食無困徭矣于是裳以最滿遷爲山西按察司副使分廵冀南道裳爲濟南三歲所得臺史薦凡六最後一不當其意竟以指摘去副使歸久之有外艱而其毀加于哭李恭人時汪伯玉鎮楚念欲搆楚史不就亡能當之者以聘裳既服除乃郎家開局集諸郡邑博士掌故手裁定之而先上其草伯玉伯玉讀敘傳雜論而喜曰班荀儔也所爲楚史凡七十六卷數十萬言而是時楚人何某亦爲楚史成俱上之臺或言二史當合者裳意不懌曰五色有可合也者而淄白不可合也毋

已則寧毋吾史乎及裳疾所繇心血耗則以楚史故既屬纊謂其次子彬如曰數盡矣夫吾詩與文孰傳哉其屬之元美遂瞑得年五十八裳爲人溫溫長者湛于濂洛之學志在力行而性特介于取予辨毫髪不苟所善如于鱗明卿及吳興徐子與裳皆兄事之所最莊事于鱗裳所習自經典性理子史諸天官卜筮龜筴地理家言靡不精究其詩最善近體沈鬱勁壯有河朔風于文尤精刻刱法森森立不以藻競夫冶飾贍辭侈靡爲市門粃者見裳可愧死已著有雲山堂集子樸如中嘉靖辛酉鄉試官至徵江守次子彬如萬歷壬辰歲薦官耒陽教諭孫說中萬歷戊戌進士官戶部侍郎裳以孫說

贈如其官

黄廷堅延壽寺詩附積雨靈香潤晚風紅藥翻盤手散經帙烹茶洗睡昏野僧甚湛古養拙貴卯園風懷交四境蓬藋底百椽山林皐壤歟可爲知者言而我與人樂因之名此軒孟夏煦萬物草木紛郊原隔墻見牛羊定知春笋繁我初未覺爾宴坐嗽靈根諒知岑寂地竟可安元元

袁宏道奉使存問詩附一行旌節萬人從爭看前朝老卧龍杞梓楩楠俱朽盡就中留得兩髙松公號松屏畢鏘號松坡是年存問二公

謝公伯子京兆君時年七十趨走膝下有若稚子兒

謝公拜起俯仰皆京兆君扶之

碧瞳紅頰照霜明尚父前頭倚杖行七十老翁猶膝下爲人爭不羨爲兒

黎公弁石筍詩附山骨如龍形觸地露雙角纖纖茁筍芽苔班劚錦籜扣之玉長鳴其聲清以越誰知貞白姿肯爲風霜落

廖　漢石筍詩附我有雌雄劍寶匣藏精光儵然震雷電化作雙龍翔神氣燭地靈突立石勢剛貞節永不改昭文遑彌彰伊昔媧皇遺補天五色章至今雲錦成斗牛星輝揚請君看雙石萬古流禎祥

李德庸石筍詩附卧龍角出邑庭西疑是媧皇補煉遺

雲雨塘時如有籜蘚苔班處欲生枝金莖月冷蛩依早
華表年深鶴到遲信是根株生獨穩巖泰驅逐總難移
廖　俊廻龍岡詩附緬惟龍岡勝叠秀佳山水水繞桃
溪紅山映尊川紫樓臺金碧間城郭丹青裏幽色日夕
佳天翠聯霞綺觸石膚寸雲夭矯神龍起霖雨滿商巖
霑渥均遐邇吾當慰山靈援筆磨崖紀
何景明信陽州人北河渡詩附向晚蒲圻渡遥聞雞犬喧斜
光入深巷疎雨過閒門縣而渾依水人烟只類村蕭條
燈火夕沽酒共誰論
盧　標九日北河泛舟詩附九日之登高閭自桓景起
如何萬斯年相沿靡停止採菊與囊萸騷人爲濫觴我

獨泛清溪愛此碧流水浩瀚有波瀾澄鮮無渣滓欽之
可清心掬之堪洗耳孰謂動静殊好樂同一理鼓枻歌
中流不妨從我始
知縣勞光泰紫竹墳詩并序附墳在縣署西廳之西漢
御史中丞駱瀚墓舊志未晰注但言歐駱父老按歐遷
蒲在建置鳳山監之後既置監不應復有墳駱遷蒲在
未設鳳山監之先故當以墳屬駱特作詩表之墳前紫
竹枝不改建安時藏者中丞瀚休將疑冢疑
教諭陶英鴻詩附馬驤從今識漢官衙西徙倚復盤桓
依然紫竹留清影只有時平與建安
訓導吳直鈞詩附中丞辭漢歸小築鳳山麓身後墳亦

芳千年有紫竹　竹繞衙廳西莫識中丞在椽筆樹碣
標令君今南海
陳樹賢坐水月閣詩附城郭人烟抱碧流望中飛閣與
雲浮緣溪盡處行誰到幾箇漁郎夜泊舟　黃鵠磯頭
水接天移來光景畫欄前好將一曲梅花笛吹入塵途
醒客眠
陳　濤坐水月閣亭上詩附坐看沙汀泛泛危全跏趺
與半跏趺椰州若是今還在不把南亭紀七愚
賀斐觀北門浮橋詩附盈盈一水漲晴河幾度臨流嗔
奈何錦纜自牽青雀舫紅橋偏穩白鷗波舳艫接擬連
環妙輻輳來如折葦過依樣周行平似砥勝他溱洧濟

人多叔造人曾矢柏舟依然砥柱向中流填河志不隨
精衛阻客風知恨石尤止水情懷勞結構澄波心事尚
勾留月明水静寒烟鎖惆悵靈魂古渡頭

東鄉南勲團名以鋪距城十五里

南勲團圖

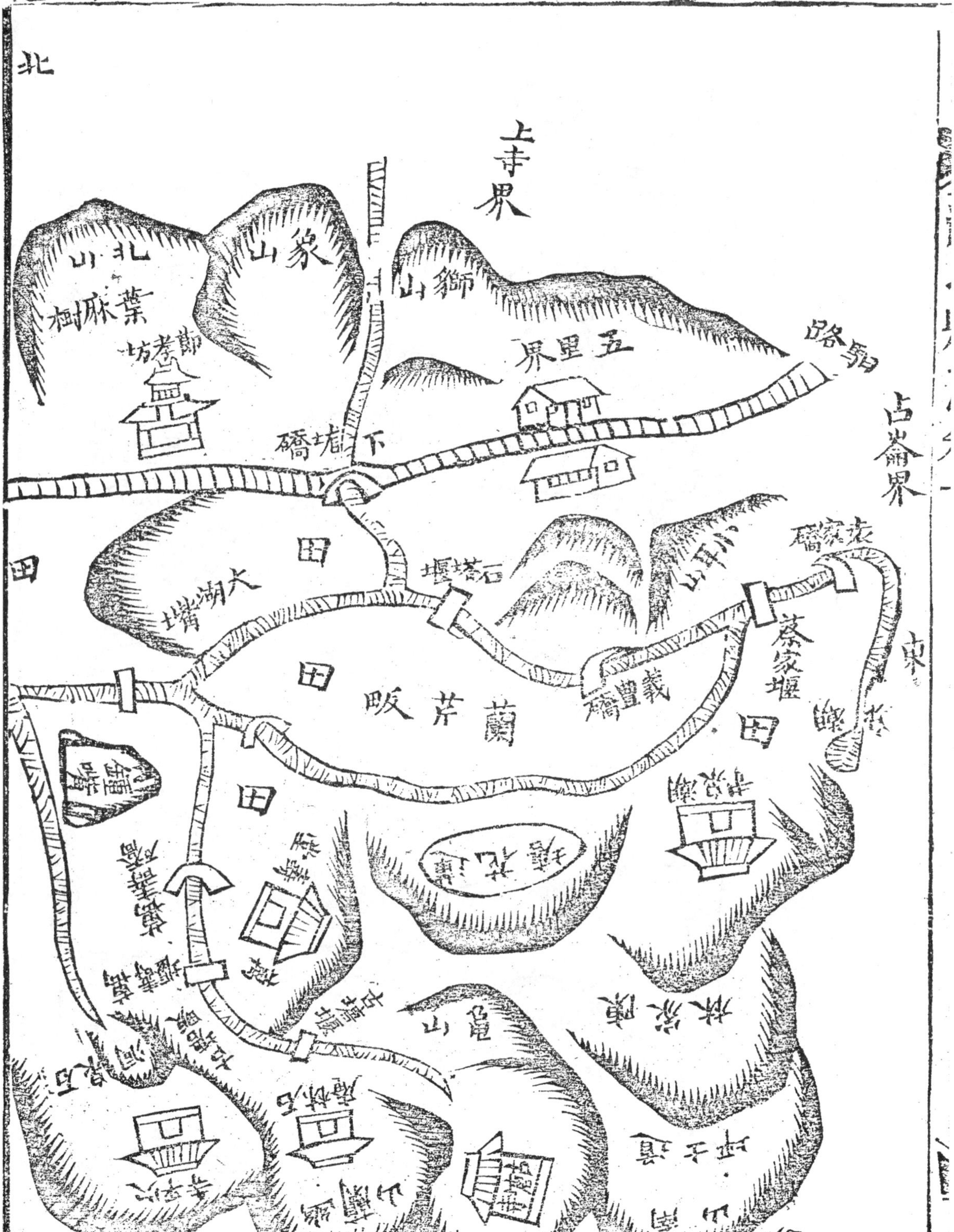
北
上寺界
北山
象山
獅山
葉麻樹
節孝坊
五里界
驛路
下埗橋
占畲界
田
大湖塘
石塔堰
小耳山
袁家橋
蔡家堰
義豐橋
蘭芹畈
東
南

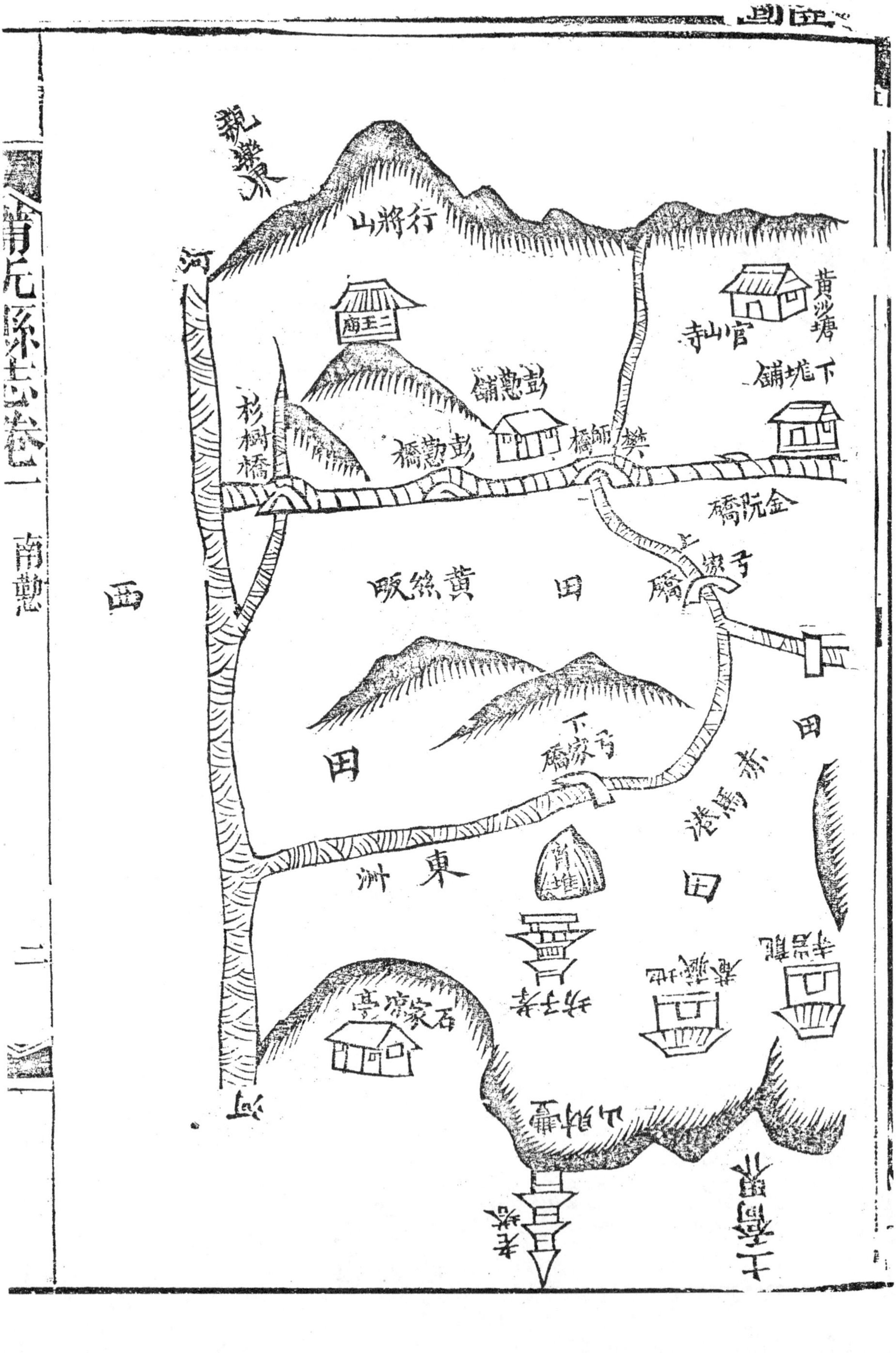
行將山
河
二王廟
彭懃舖
彭懃橋
杉樹橋
金院橋
黃沙塘
官山寺
下堤舖
黃絲畈
田
西
東洲
田
田
田

黃中適九月五日靈應山即事詩併茲期何事廢前盟
別有幽懷不在名雲物三朔知幾變登高萬古卻同情
遠形取次來端倪近勢依規失縱橫半瞬眼光周太始
後余誰肯誌斯行

蕭子棖蕭堆賦附景泰二年重光協洽彝則應律金氣
颼颸言方訓廸諸生於文會之齋講論乎六經子史已
而餃觀瀾之亭矚盼乎高山流水維東有峯狀如覆釜
下有蕭堆勢若抔土巋然如伏屹然若起巍嵲若斷崔
嵬其崎崇雖不踰數仞廣亦不盈數里然蒲邑之偉觀
獻芹泮之佳致四川噴屼恍若驪龍之戲珠一水滸沆
下滙赤馬之江汜固非君山之在洞庭鞋山之在彭蠡

亦非蓬瀛之泛滄溟金焦之砥揚子要諸名勝曷足以
擬厥植斯生厥動斯止惟土地兮潤澤肆卉木兮輝光
彼蘭芷兮差伍蕭艾有檜栢兮相閒松篁槩檉桐兮蒼
蔚蕃桂菊兮芬芳若鄧林兮鬱鬱騈阜蔽兮蒼蒼貿日
兮鳳若斯鳴譽露兮鶴引圓吭食苹兮鳴鹿呦呦在谷
兮白駒彭彭予聽茲方心曠神怡不自知其手舞而足
蹈諸生乃摳衣趨進拱手而相告曰先生傳經庠序於
茲有年效仁者樂順性之天曷不登疊秀眺豐財躋白
石躡雲臺又曷不棲鳳隱陟龍蟠瞻浦首躍馬鞍廻區
區蕭堆之是覯乎噫先生之所樂者不在乎山而以其
名爲蕭耶抑亦必有獨得於心而若是其囂囂耶盍先

生徒知其可樂而不知其所以可樂之妙也予既駭然
而聽之復喟然而應之曰其然豈其然乎盍爲我言之
諸生對曰茲山雖小鍾秀孕傑巨浸一瀲大魁斯出前
乎漢唐羣英濟濟後乎宋元碩人俁俁調和鼎鼐則有
趙葵甫列官諫議則有費師古與夫何純溪之喬梓齊
鳴宋文齋之詩文獨步入我皇明混一區宇雲與從龍
風生從虎歷顯要而終祭酒者魏公杞山倚青宮而任
瀋泉者王公時舉或登第兮撞破煙樓或聯科兮繩其
祖武司風紀兮激濁揚清寄名社兮庇民尊主職武學
兮閑韜略敎文學兮施化雨是山靈之降神致吾邑之
鄒魯予曰噫嘻子之所言可謂驗矣然不知所以進修

則甘自棄而徒羨夫人天爵苟修人爵斯見在諸生之
自勵庶所生之不忝諸生唯唯而退皆曰先生之言甚
善

黎公弁蕭堆詩附蕭堆倚河干春風雜花木雷雨漲春
流巨浪相奔觸金鱗奮赤鬐龍門輕一蹴魁擢遺讖言
重爲邦人卜

黎公弁赤馬港詩附赤馬飲河流因之名赤馬山横石
壁斜奔流逐其下洄洑起波濤信非無本者漁翁欸乃
聲明月秋淸夜

謝允璜元日出遊仙雲山詩附忽露逢元日新開隔去
年同人于草野秣馬稅桑田累幣慈王側心空劫相前

平涉歸騎晚烽堞靜無煙

黎公弁讀書堂詩附丞相祠堂古飛甍光奕奕綵
林翳道旁紅葉多秋色邦人慎景仰桂樂歆遺德淸風
江上來千載無今昔

東鄉荆沙團以荆泉距城十五里沙田名

荆沙團圖

荊沙

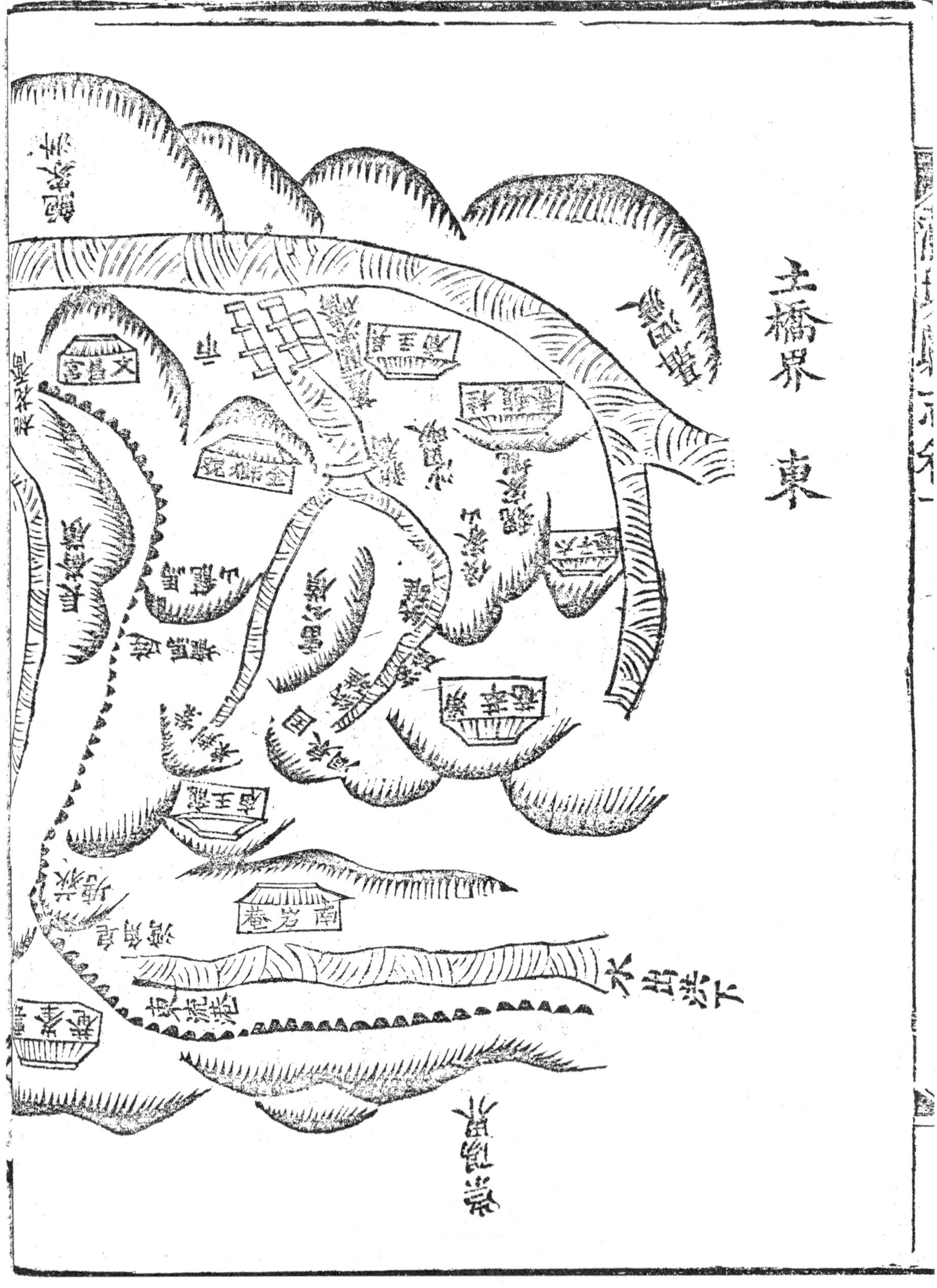

圖

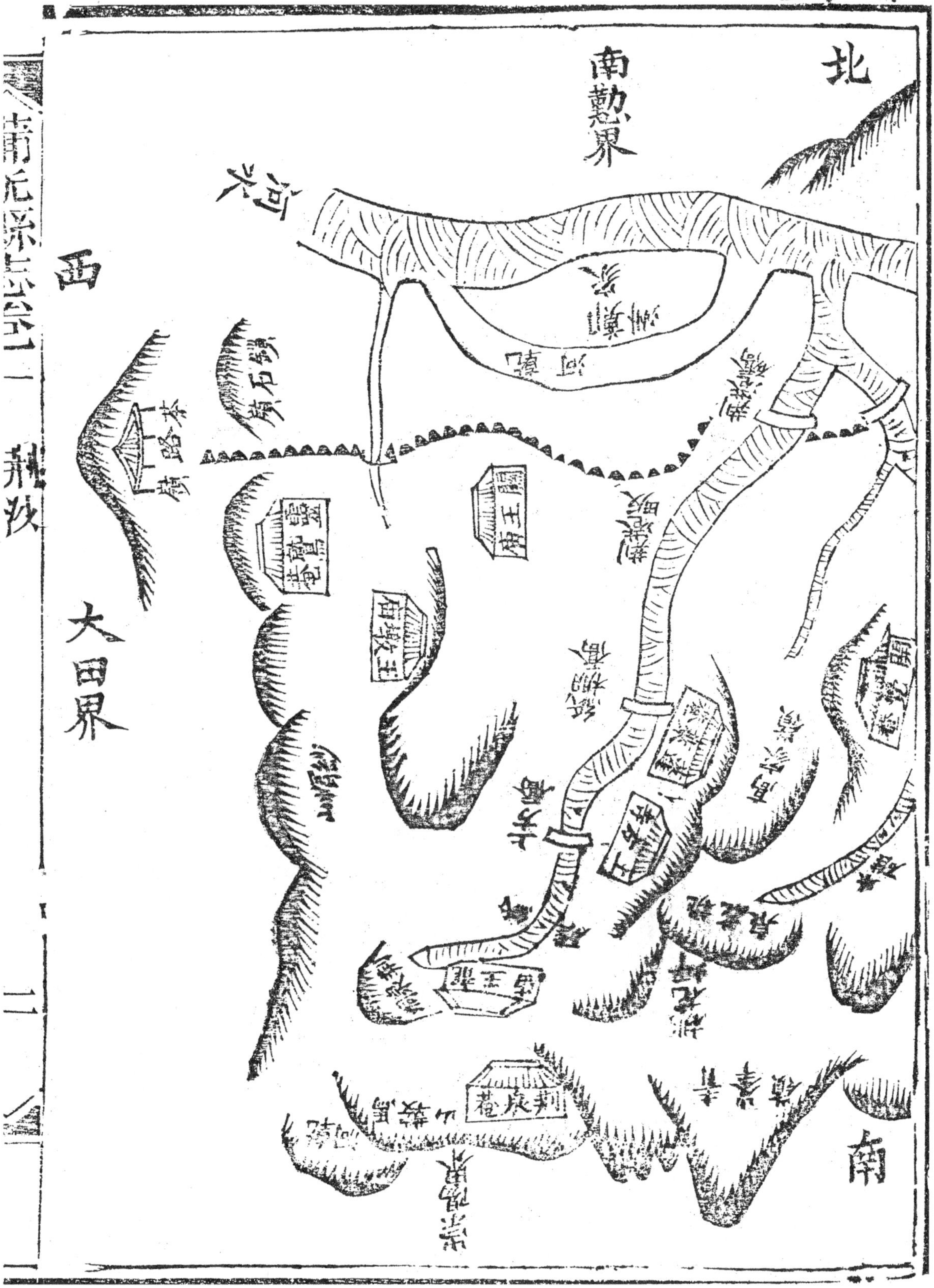

謝先璜新修上方寺記附載上方寺創于唐興于明康熙甲午春備洞山元潔和尚出山往浙道經蒲余倡募同學諸君子具書幣迎師於黄龍堂上請住上方師以洛佛日受請遂踰分寧來余同張子霍岑魏子來復迎諸虎巖以五月十三日至蒲入城時比戶咸炷香敬禮上堂于延壽首刹聽法者緇素數千人自建邑來曠見者師以城市喧雜小憩于湧蓮菴許時六月朔九日同學迎師入上方師傳洞宗三十五代雲門湛老人之孫弁山瑞老人之子于上方爲開山第一代寺爲他年祖庭矣寺有田十數畝山地十數區皆師及同學置供佛香燈者遂以爲上方常住

魏方復荆泉洞記附載荆泉洞一帶荒榛耳無奇峯怪石恣人登眺亦無古樹蒼藤供人賞玩惟山中野老樵夫鋤雲往來其地寥寥爝火過遺三兩里不十餘家故人跡罕至山不甚高從乾洞循途以入草蔓茅芊無徑可覓行里許巖石嶙嶙如螺旋蟻曲若不知有洞者攀條捫石牛嶺巖懸則洞也先達廖公顏以玄素蓋郎以其集名名之亦贅矣洞外軒敞可坐或酒或琴各適其興惜無一旃檀地待遊人憩息耳下則陡瀉欹傾雖杖不爲力僮僕挾扶得免驚怖顛躓至則坦若平原是處天光微射向不幽暗然冷風淅瀝寒氣森嚴不禁毛髮畢豎燃炬十餘束令土人先往隨光所照彼此相視亦不

甚清切左右四顧如殘螢向導而已少頃兩巖對峙側立如垣中開一竇可容十餘人聯袖而入土人曰此頭關也予笑曰洞門無鎖鑰設此欲何爲得毋椎詩人記賦者乎內有龍田數十畝疆場井然淺水漾漾似堪耕作鬪歲之豐歉於其水之有無驗之多亦不爽誌載石田占歲者此其是也二關平坦如前愈進愈深廣不可測而火無光矣惟巖水滴滴入地有聲一或咳笑過宏則萬籟齊鳴莫識喧哤叮咚之何自龍境層疊如萬里孤卵無疑後人因其相似而名之吾欲從此旁行搜求以窮其奧然窅窅窠窠莫知所向間有石壁亦千竅萬穴無可摸索處興遂止而所謂三關者凜然排列矣關

之巖肅峻峭無殊于前至此聲不敢揚足不敢放同遊少年忽爆竹于斯石裂山崩四週叫號魂散魄消不知措身于何所良久方定入關數十步龍牀一坐上下前後無一不具四柱從頂直下列置牀楹水痕凝結積歲成文一切龍蛇虎豹草卉禽魚奇巧精工之妙不可言傳任人爲之擬似亦差別不逮徘徊久之旋抵黃泥嶺嶺高不可度惟微水茫茫從嶺而下陡如側壁滑似懸冰無能劳足邑乘中載有好事者裹糧而入行七晝夜至崇陽葛坪由予則未敢信也洞內石筍如細柳營中森羅劍戟凜然不敢犯然脆軟可食似嚼水咀雪出則堅同石骨矣憶二十年前有西域老僧一杖一盂獨坐

于此後有信善山人置小蓬居之三載而去常爲予言洞有三人紅綠黃袍者歲必屢出彼此目擊後似漸相親洽然終未接一談其言如屬虛誕切思古來仙子多亦遊戲人間彼妄言之予亦妄聽之而已矣從洞下山行二里有奇爲泉泉在山足水漾靜無聲者百餘步名爲秀水下則汩汩滔滔灌田數千畝盈科而進直抵長河先代有崇陽巫人以取水來茲地竟溺于內不得出後有祈求必先于彼地齋醮用茅船一隻載表文于上置之泉門下其船自水上旋流而入若發水卽有洪流湧出汲之卽應若不發則船自吐出不取遲來二十年中亦親見之此事邑誌未載或以其怪妄而置之然天

下無其理而有其事者亦大較然也姑述之以補其闕

鄒應錫遊荆泉記附識

吾蒲山水多奇麗而荆泉爲最勝余以某年月日戒徒御從郭南路馳十餘里皆錯行阡陌草徑迂回將抵山下連山如拳石如疊丸行者盤其間倏兩山東西立千仞直下流水驚石潺鳴悲激割斷之爲關山爲雁嶺奔巖絕壁接以石橋渡此不數武有聲從草木蘢鬱中出蓋上方古寺堂殿鈴鐸鳴風颯颯又竹樹摩擊水石吞吐聲泠過于琴筑已非人間之境矣稍進爲郭尚書遺址無所稽過此則頑石橫塞如無道路沿溪而南四山忽合礧礧大石寄山顛者翔欲下湧山半者森欲鬬山隨石額如虎豹驚走山下水聲悲哮色沸白如珠簾捲旁巨石忽如卷蓬怪蔓壽藤翳不能出披視其下潦洄隨晴雨而石頂所鐫數字已風雨摧披如鳥跡文諦觀爲洞野二字蓋邑先生廖太史也山泉至此其源㕘分有二折而東則爲梅泉爲雁嶺之陰路險絕折而南源又分有三爲荆泉爲蘆泉爲荆泉洞路平遠是日就午余輩皆搴裳東渡水不沒趾路從澗中皆沙石積約里許見梅泉僅涔蹄水旁爲小菴無奇也遊者皆倦老僧云每雨後高山懸瀑盈眼皆銀河天落山川顛倒雨大更奇蓋巉巖環合皆萬仞或斷或續如列屏障水石爭怒自致奇觀也雁嶺之陰小菴二山中多琪花異草不可識山腰一勺水可千人飲詢知

爲昔禱雨于此照人影如聞空中音遂掘得古銅器一爲前代鐘制時爲僧有僧布袍躡履來邀宿是夜山高月近仰視星斗如適在頂光可手摘白氣油然山半不辨雲嵐自覺冐曼青玉中晨起從故道反從者皆帶香氣復搴裳南渡寒泉迅流夾岸皆欲飛舞可二里許水忽深碧經百餘丈抱清懷潔俯視皆身在鏡中毫髮可數土人名爲秀水其上大石覆之如蜂叢蘿蒙嵜附石無根禱者從水中入謂中空有淵得淵中水出即大雨如注其神人往來事語奇無可據石巖之陰爲蘆泉初極狹側足縈紉而下如石屋層樓容萬人可建丈旗三里許無隙而止石巖之陽爲荆泉洞石穴顯敞容千人旁隙皆躡蹐入側石下垂或橫出者多如環戟皆無根欲動最瘦者則玉筍欲折土人所謂龍牀椅皆白痕黑裏前人題識久摧剝水氣不可認深入則河流斷之傳好事者索死一在從鄰邑葛山出直百餘里寒天洞氣常暖此中微和耳出則連山多小竹石清氣猶可沐其修竹雜樹皆藏人家曳之能道洞中諸勝過此則危峰層巒前分者復合噫水山之無題品而湮沒者可勝言哉以茲山泉之勝而登覽寥寞豈山水亦有德而隱乎彼貧賤者以隱人而禍山水以千古不能隱之名故令萬世下無知 所謂貧賤者然則就使名人題品又何足獲山水之 心也余輩但得角巾鹿衣逍遙其中見月

于夜半羃雲于暇日質此生厚于天也余志以十年後
與結生緣荆泉洞山水聞余言
又荆泉別記附藏吾蒲山奇東南水瀚西北若健兒角怒
若冶女爭妍者乃水之山無鬧而山之水如桃花白石
荆泉皆水出石中鳴雷飛雪漸成溪澗故東南奇秀甲
于西北而荆泉又甲于東南諸勝余兒時已竊竊望嚴
蓋據余懐者二十年不置矣昔買舟南下與馬雪峯謝
紫山約持一月糧盡觀諸勝歸復不果又閱歲余始得
一過問之其緣哉余遂許以十年後來此乃不三月冠
火燬天奔伏者爭此 如歸寥寥無侶之山泉倏忽往來
成市村畦之婦復閣之女騷人之侶田疇傭賈之流如

貫珠如雁落沙山巖雜沓余亦泰亂就我桃花路遂築
室山中每風鶴來輒一冡遊飈石額水皆有余衣屐跡
焉嗟乎何不遲我十年作山侶也哉余同友生弟姪輩
過荆泉友人盛稱昔人窮乏則投黃紙劵于水水瀾不
見紙須臾紙中所貸皆出金錢亦所不惜者酬之則復
從瀾中出不壞嗟乎余今年不西成無托鉢處其從此
此乞一飽乎友人曰神爲無全璧者誤今不復昔嗟乎
崑崙玉山有木禾長五尋大五圍望之者不可療苦饑
茲泉有靈不可乞嗟乎不可饑猶玉山也不可乞猶神
也今之貯巨萬而漠置王孫者其鬼哉余對友人朗誦
李青蓮詩曰歸去來兮人閉不可以托些吾將採藥于蓬卽

鄉應錫聽默菴記附癸未避兵山中得便探東南勝槩之
從亂石叢莽取淨白地一區今聽默菴是也菴之修建
强半出寺貲及耆衲觀初師與其上足寺迦捐衣鉢告
施諸長者其設像制器堂廊庖湢如叢社規制既成師
徒瀹茗招余山中請菴名名之曰聽默迦曰默可聽耶
聽在默耶寺郎應之曰若謂聽在默能所爲兩墮若謂
默可聽不斷根塵用我從亂石間松風如相觸羣籟閒
寂時無諸一切擾不離一切處當樂清淨身見星流鳥
喧無默無非默汝但如是聽卽應如是聞森然衆竅具
無默無聽者茶話已仍書是語記其事迦如有得俟異
時再證焉

黎公弁荆泉洞詩附流泉出荆洞靜深杳莫測青山百
丈高六月寒威逼人言水有神主茲靈異跡祈禱致懇
祠浮沉任拋擲
廖道南詩附抱疢嗜幽壑宜懷訪名泉犖峉簇靈境列
巘攢仙壖石峭躡飛寶溪迴涉澄川捫蘿絲篠密攀葛
丹梯懸筆燈照岩扉灑墨濕沙田方疑兕虎伏倏詫鳶
鸞騫蓬島埒茲勝桃源詎能先馭風臨八極乘景凌九
淵安得同心侶晤言思賦元
謝師啟詩附乘興探奇壺筍輿清溪數里歷縈紆仙家
蓬海空三島人世桃源自一區古碧重雲開玉宇虛巖
寒雨滴冰壺尋幽不怕迷歸路應有龍眠照夜珠　宛

轉仙源入更深風泉雲壑正陰陰只疑蛟室遥通海誰
謂龍宫不隔林列炬未能窮勝蹟臨流頓已滌塵襟此
中靈物升沉異莫擬飛騰迸作霖
黄圖昇詩附一路晴峯生紫煙芒鞋踏𠫭眺名泉守關
龍母翺行雨對局仙人動隔年咫尺雲漈靈窟遠躋蹻
秋老勝情偏有緣再作尋眞約定逐桃花入洞天
王鼎彦詩附翠壁丹崖鳥道通飛深奇似玉玲瓏祠官
歲請潭龍雨山叟將占石燕風何代仙人棋跡古前朝
遊客字痕蒙分明指點尋源路流水桃花向此中
蔡　潮荆港舖詩附涉水緣山百里程驅馳晉是爲逢
迎停驂屢謝難爲淊負笈周遊只此情言教自慚非盛

節面從何致薄羣英芸軒不厭湖湘綠借取流光六第
行
韓宗堯詩附午度桃花第一峯顧瞻何處覓殘紅道人
也是尋春客山鬼休嗟馬未驄
知縣張·瑈詩附曉汲桃溪水夕渡桃峯雲誰云種桃
者花發忽逢君
陳汝楫桃花泉詩附溪南松樹綠如雲飛瀑時從絶壁
間不用荷亭消暑氣一樽留客醉斜曛　桃花流水合
荆溪夜雨春波拍斷堤偶爾今朝出門首平疇雉雊麥
初齊
廖道南詩附泉石如桃花花開石更佳石懸多紫英花

落如丹霞何人采石蕋飛去到仙家
黎公弁鏡潭詩附空潭碧如鏡明水澄清秋倒浸廣寒
影疑是嫦娥遊蛟龍怪珍重側視不敢謀獨憐魚拋尺
擊破黄金甌
謝師啟上方寺詩附上方塵不到静境客相依澗響清
幽榻雲漈冷薄衣鳥問歸樹早僧老出山稀俱得安禪
意聽經掩竹扉　泉近水聲幽香臺隱上頭月明松嶂
夕風動石林秋衆壑煙同暝諸天雨半收一燈還照客
清磬復悠悠　諸峯寂歷月初懸鍾磬泠泠雜澗泉僧
在山中依樹老客從雲處借牀眠綠蕉夜滴空階露翠
竹涼生古徑煙漸覺此心能出世不妨巖戶任經年

吳　童詩附秋山黄葉寺與客宿氛氲禮佛諸香遍参
禪半偈分夜泉喧過雨晨壑塞歸雲寥亮中峯磬人間
總不聞
王鼎彦詩附諸峯環野寺一徑静傳燈鐘定泉聲落廊
陰壑氣蒸雲迎幽訪客鳥悦晏眠僧飽飯雕胡罷還期
捫紫藤
謝允寅將之任西江留别上方寺詩附尋幽幾度入稀
微二十年餘半衲衣泉乳分來茶竈近山嵐落處雨花
肥庭荒漸喜開生面石笑應知露活機師力佛恩何以
報西江吸盡可言歸

東鄉土礄圖以礄名距城二十里

土礄團圖

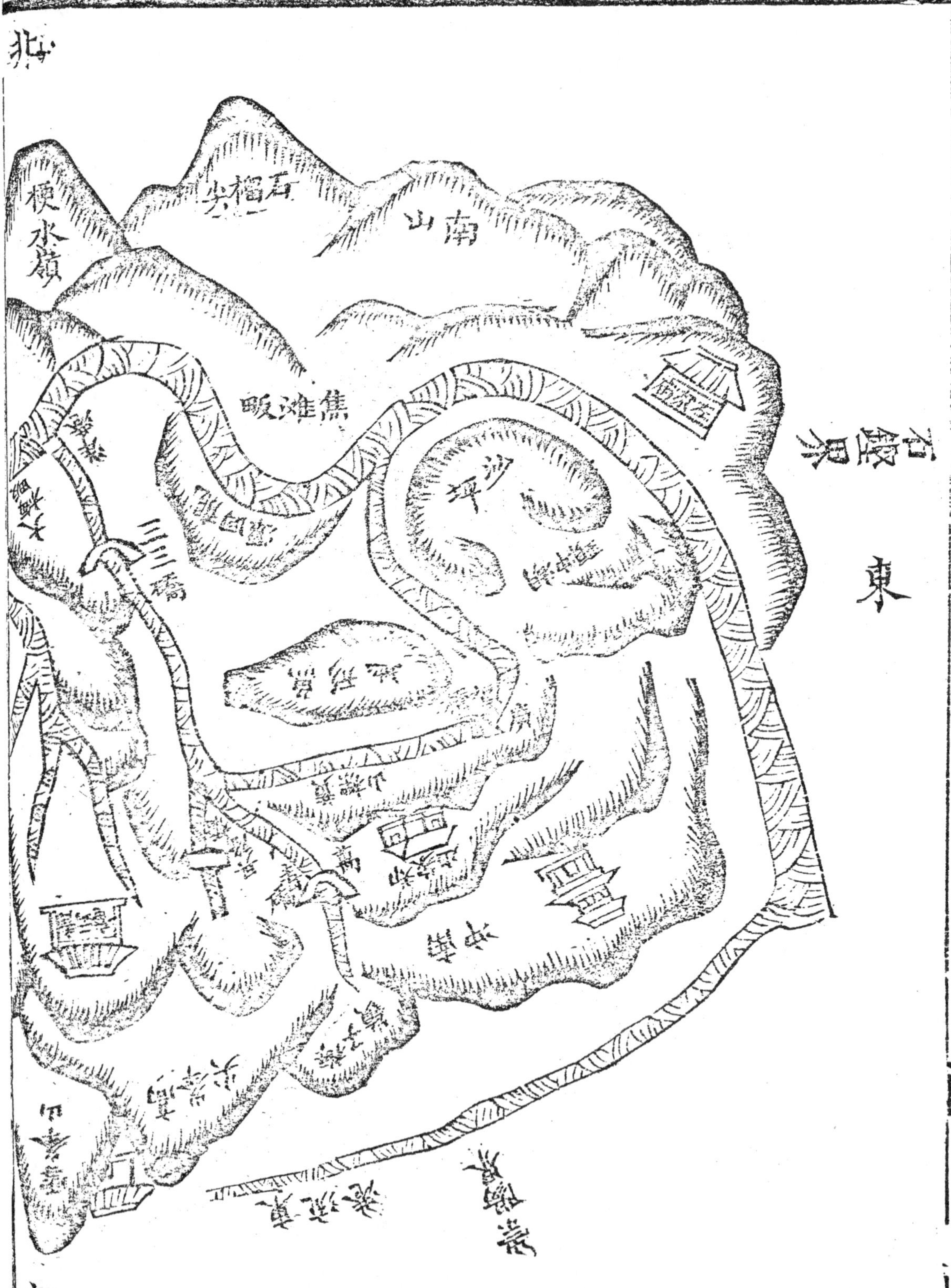
北
南
東
石榴尖
南山
梗水嶺
焦灘畈
沙坪
三橋

圖

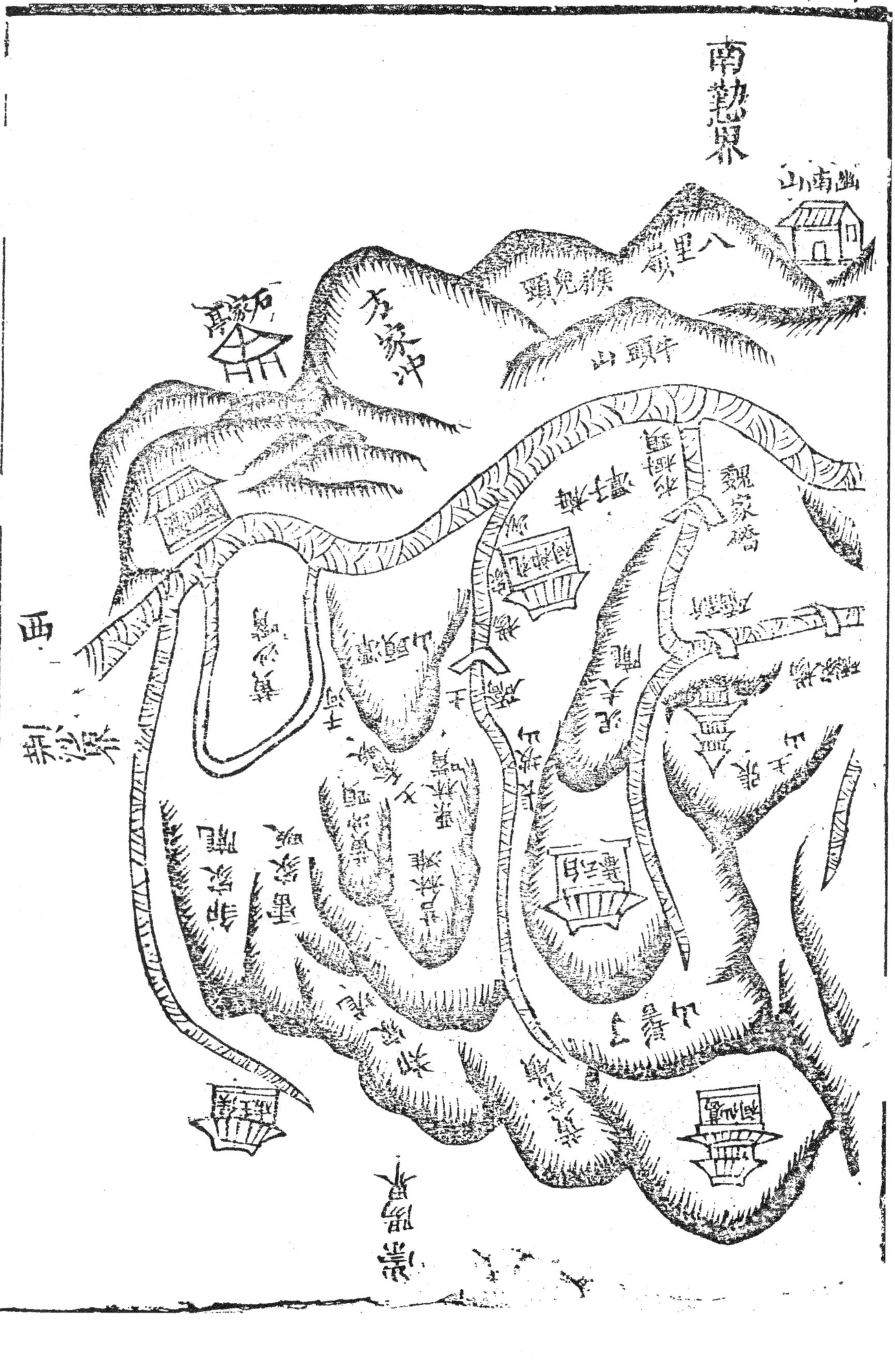

馬淑昌重修雪峰寺記附雪峰寺舊志未詳落落無聞與衆寺等今康熙七年冬重修工竣謀新佛像乃始見佛藏中書此寺昉于唐咸通二年開山七年造像宋元祐七年二次裝金明景泰二年復修之嘉靖十五年三次裝金逮至崇禎末兵火焚蕩梵宇鐘鼓殘在昆明池刼灰中住山諸僧各鳥獸散適有古洞山元老人卓錫上方僧雪松與其徒惺一　師事之因受戒與此山香火從此願力堅猛與在家諸同參爲初發心菩薩誓古佛前不了此重修願不休也茲山奇勝險絶不減匡廬衡嶽在昔諸先達及後來者遊覽所到禪藻如雲然未有鑿鑿爲雪峯開生面者雪松點染十景余爲增訂更定

及諸同參偕和成帙行將壽諸梨棗流通叢林山靈藉以不孤矣自康熙元年迄于八年西川聞城仕父臺捐俸倡助紳士善信聞風樂輸殷庶告成另石鐫記修理費若干山僧所募化所自捐所稱貸若干檀越諸君子所佈施若干鳩工集事所終始人若干各名具在可考也記不勝述述其希有者助人讚嘆焉歲辛丑六月余方有事松楸顧望茲山而悅之偕同參魏子疊秀周子松濤及姪檜亭遊與勃然夕陽未下蟾蜍初吐攀蘿拾棘旋盤迤邐而升焉爰陟其頂爰造其宮爰禮其足迄山犁鳥無聲唄響不流解衣袒裼定息凝神敗垣殘墉間忽現半規光影晃晃逼余眉睫呼諸同參有見有未

見參差不齊或疑爲月光斜落低照門扉或疑爲琉璃燈及門外天燈映照倒景乃撤滅琉璃及天燈寶月輪亦西墜依然以濯魄氷壺凝空不散如是越七晝夜踰年與歷太師見與余同著有光說云甲辰季夏諷吉經始梨棗本日佛前盆盎中突開瑞蓮一枝從蓮房疊吐瓔珞關傳遠近走而觀者數千人豈古佛以是蓮爲飛來標耶功成不日締造一新諸同參謂余是舉也君不可無記余曰此一大事因緣古佛之歷刼不壞放寶妙光漏出四華于斯山洞泉巖之奇秀蒼崟獅嘯龍浴咸于斯老衲戒子之薰修無退轉不稗敗如來不忍苦衆生咸于斯從前先達名勝暨後來長者身之筆花舌香堅心猛力如彼敢愛一片石使人天供養當無世而懸沒空山耶此製裝地大雄再振衣鉢儼在其何敢謝不敏謹記諸石

吳　童了髻山詩附雙峯聳翠外孤日大荒西去海江流渺摩天雁影迷仙人留廢井雲屋有鳴雞秋與逢搖落長朋喜並攜

王鼎彦雪峰寺詩附絕巘開清梵花宮峙雪峰麥田雲外種蘿逕雨餘封鳥韻沉朝翠泉流答守鍾憑高似馭近松鶴解相從

王鼎彦葛稚川祠詩附勾漏何年度此山海仙何日駕雲還馴龍守戶人稀到野鶴巢松僧自閑常有局聲聞

岫裏猶存劍跡隱池間彩霞歲歲封丹竈隔岸長流帶碧灣

王　霖葛眞祠詩附聞道仙翁是稚川了峯拔聳跡猶傳霞蒸古竈丹疑熟風靜蒼松鶴穩眠苔隱棋枰懸石壁波搖劍影拂寒泉八知抱樸長千古流水高山不憶年

東鄉石鏗團以渡名。舊作石坑，作石坑。距城三十里

石鏗團圖

石鏗

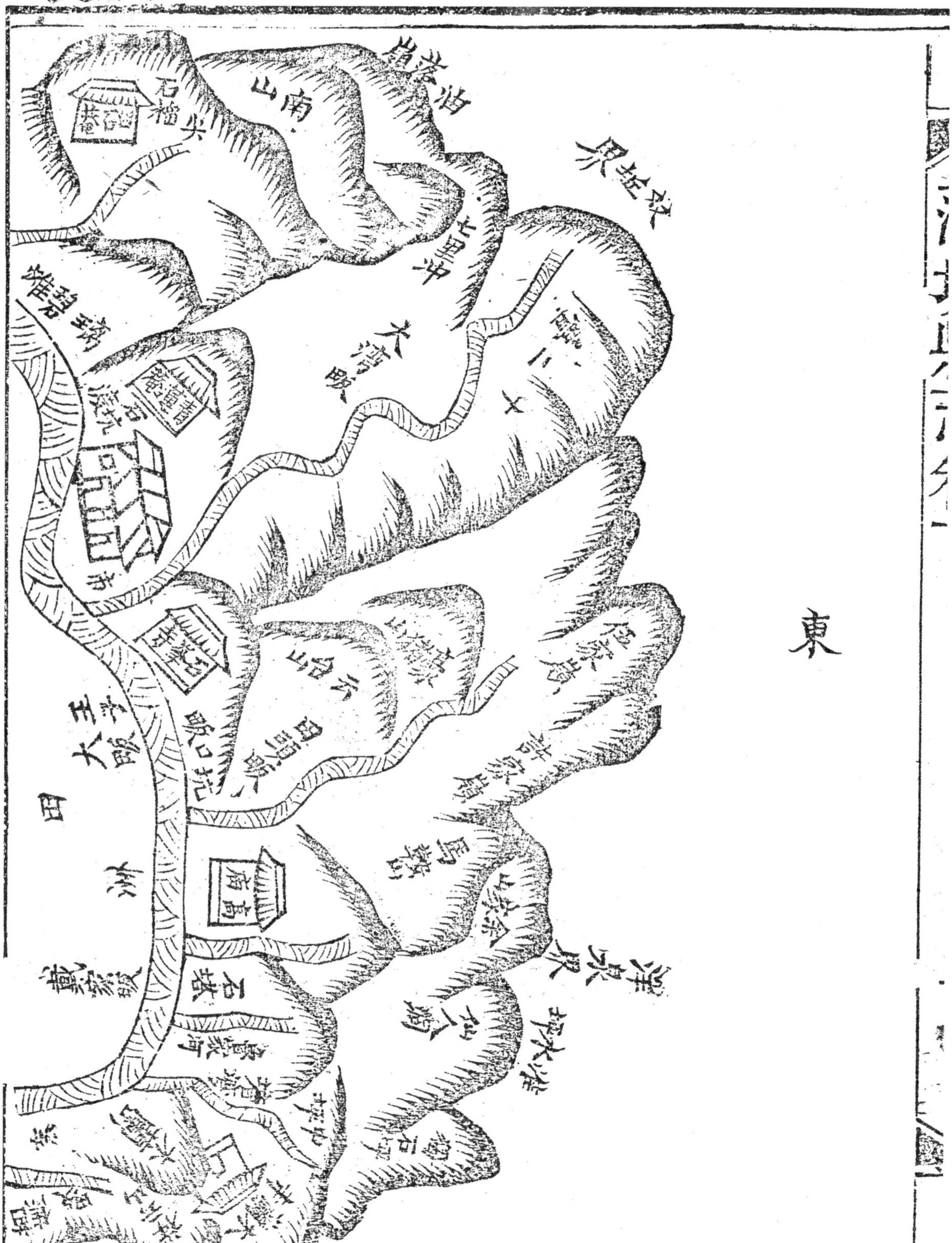

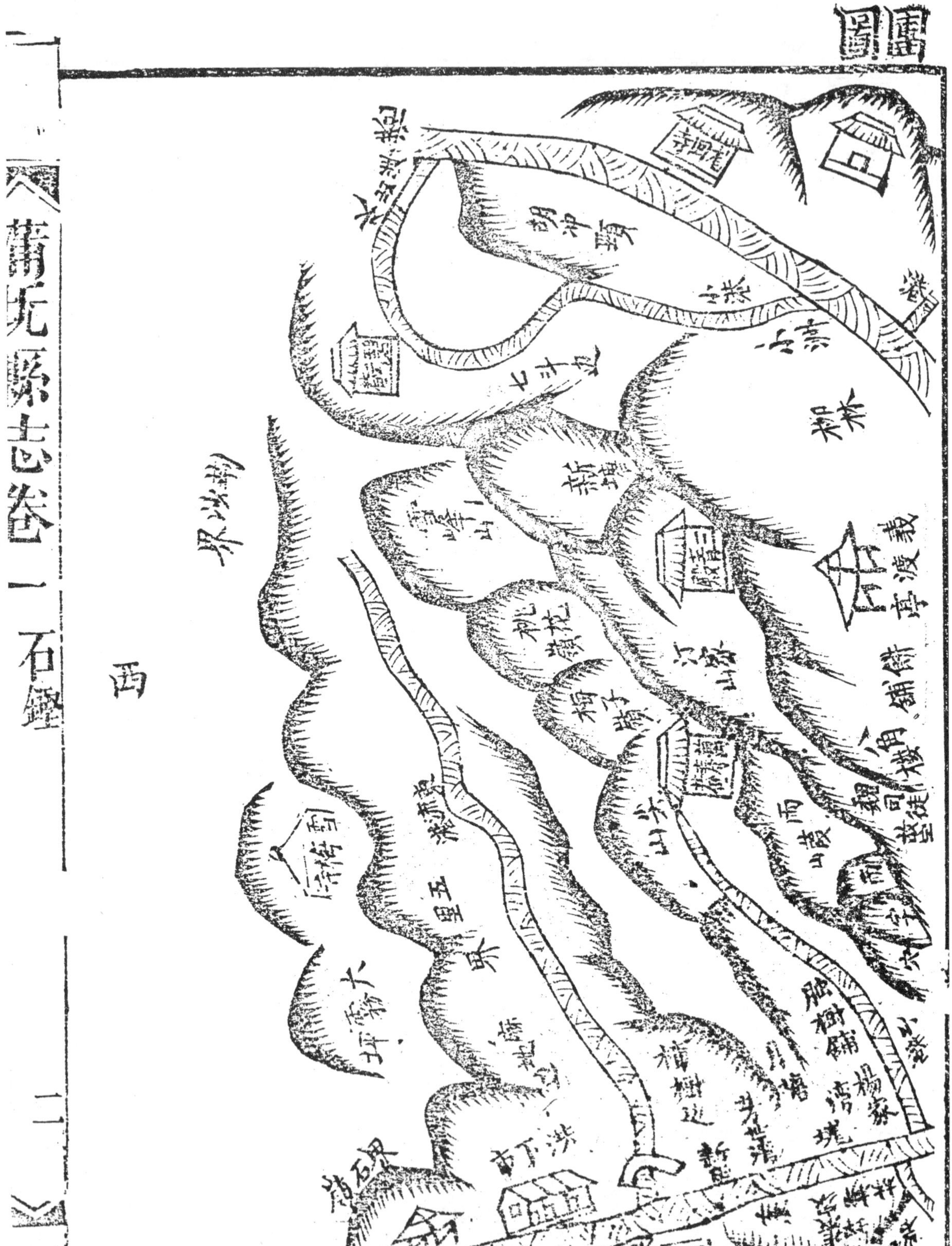
蒲圻縣志卷一
西

張開東紙棚記附邑南山之東有地曰紙棚左有澗右有泉其居人曰鄭氏凡四十餘戶除數耕者外悉以造紙爲業其法取稻藁漬而舂之暴於日而以爍水簡其穢惡復漬於水乃去其筋絡而存液采構樓叢和而滙於石窠延江南工人批竹篾如絲爲簾如其紙之式置於木匡以手紉石窠水中水之精浮結於簾上者皆成紙胎覆於板叠而累之如其數乃榨去其水而搧之以分布於焙既燥則又叠而累之亦各如其數其棚在宅之外泉之下或覆以瓦或以茅夾澗而處凡造紙之具悉咫焉埼以竹筧乘泉而瀉於石窠不用則去之朝夕治棚下者約百餘人每歲值可獲五六千金凡此數十

戶一切食用皆取給於此夫吾蒲之托業以遊於外者重趼走千百里別父母妻孥終年不一見而取本地之息者或鑿山以燒或析木爲薪或裂石爲砌爲坊爲柱礎及礫而爲灰又多戕賊其本生之質而耗其氣孰若茲泉出之不窮用之不竭因山川自然之性而順人物固成之材且免於跋涉險阻之勞使家人翕然聚首無復有流離悲惻之意則紙棚之爲利也豈其微哉雖然蒲故有名紙見於傳記余不及見久矣今乃爲此褸粗而色闇者豈嘗非其地歟抑其法故不傳歟否則用是物而知者希歟是可慨也已余過其處始得見其人備述其事童子復導余至洞口深入數丈其下皆水有魚

浮沉不可測蓋與泉通或曰其中有龍然居人牆屋皆偪臨卒不爲害去年有龍從山脊出問其名皆未有余乃標其峒曰涵濤泉曰漱穀并敘而爲之記

龔　璋石門灘詩附谿惡舟不進坐石聊相守奇哉此灘石二氣融妙有一一盤漩窩如斛復如臼或如蹲黿躍或如鐘磬翹或銳如假山或卧如椰肘尋思此機彀理幽難遽剖石性有剛柔水力無暫久水石日交戰石石還撞剖剛者轉不化柔者紛能受以此聽雕鏤留作煙霧藪我來印苔痕水落寒江後千古雲濤心一夕遊人趣

余宣楚黃葛峯詩附高峰崒嵂插天浮載酒新登風日秋百折長河沙渚闊千層複嶺石林幽楚江浩浩瀟如練鄂蒲瀠瀠偪似甌薄暮倦歸尋小憩銜山滄海意中收

魏　樸如木蘭寺詩附古寺秋山裏空林木葉顛月明僧定後鐘響客來年流民漸返故斥鹵總爲田朋酒時時祝長歌七月篇

張達倧題木蘭寺後丈人石詩附嶙峋峭立嘯雲巔萬仞空山年復年苔結袈裟經雨濕藤垂瓔珞任風旋隻身天地冰霜骨滿目烟霞水月禪恰似秦朝圯上老挾編欲待子房傳

魏方復登玉蘭巷詩附夢裏蜂臺古玉蘭綠雲深處放

毫端送春雨過經初歇含笑人來花已殘有鳥若呼林外曉無魔可伏此中寬借寮茶火家常事待月重過興未闌

徐美大登洋雲岩詩附入山苦不深山深春色窈徒步謁洋雲茆簷挂縹緲松逕轉幽邃苔壁晴煙遠低耳聽潺湲置身在天沼羣山如積石不覺乾坤小鐘聲響超超樵歌長婀娜麋鹿忘其羣啼猿不知曉舊蹟依然存舊人日已杳俗累爲近名書聲留樹杪顧言托此山萬物仍雲擾

東鄉雙坵團距城四十里

雙坵團圖

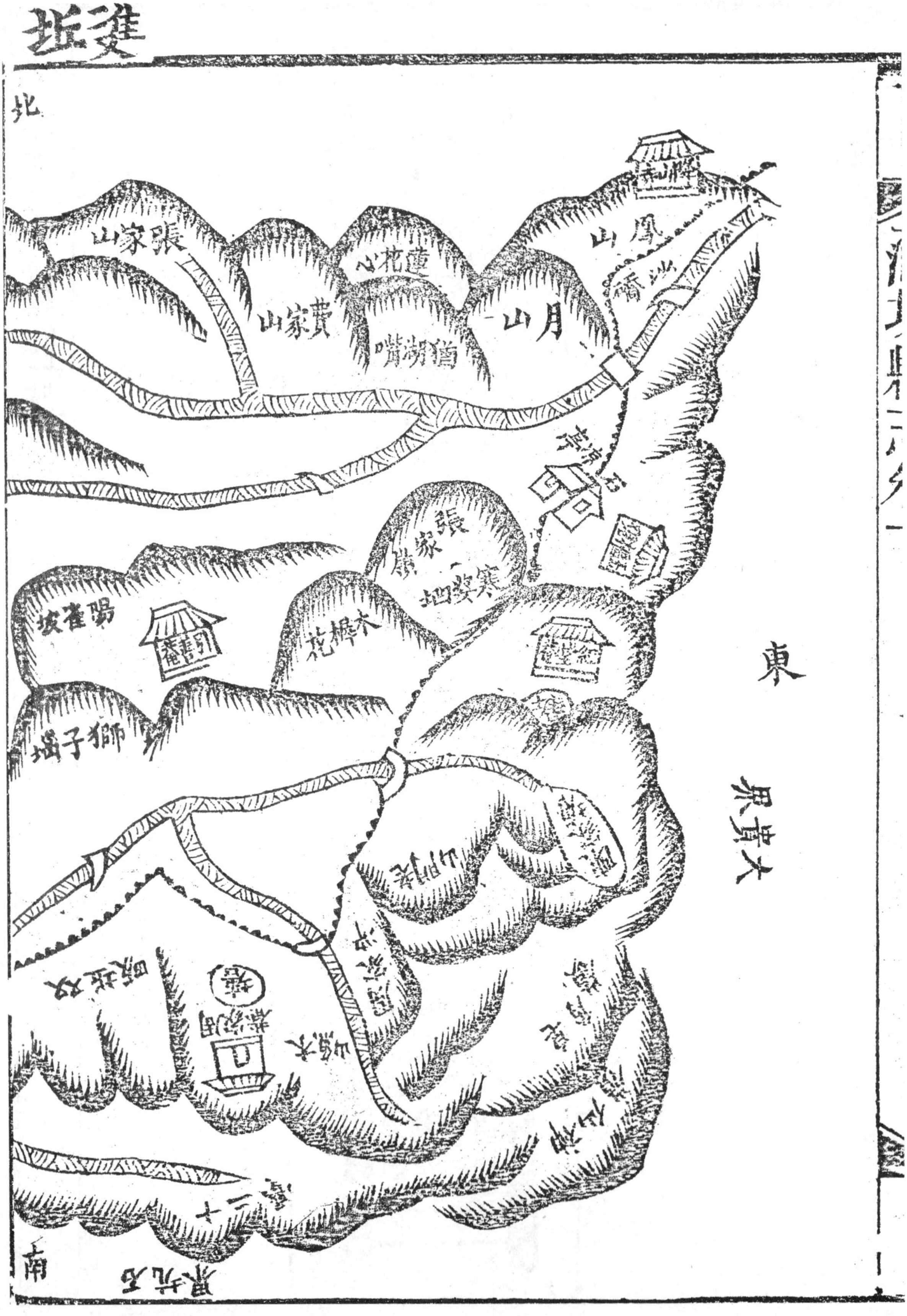
北
張家山
蓮花心
費家山
月山
鳳山
張家嶺
寒婆坳
陽雀坡
獅子垴
東
大貴界
南
石坑界

輿圖

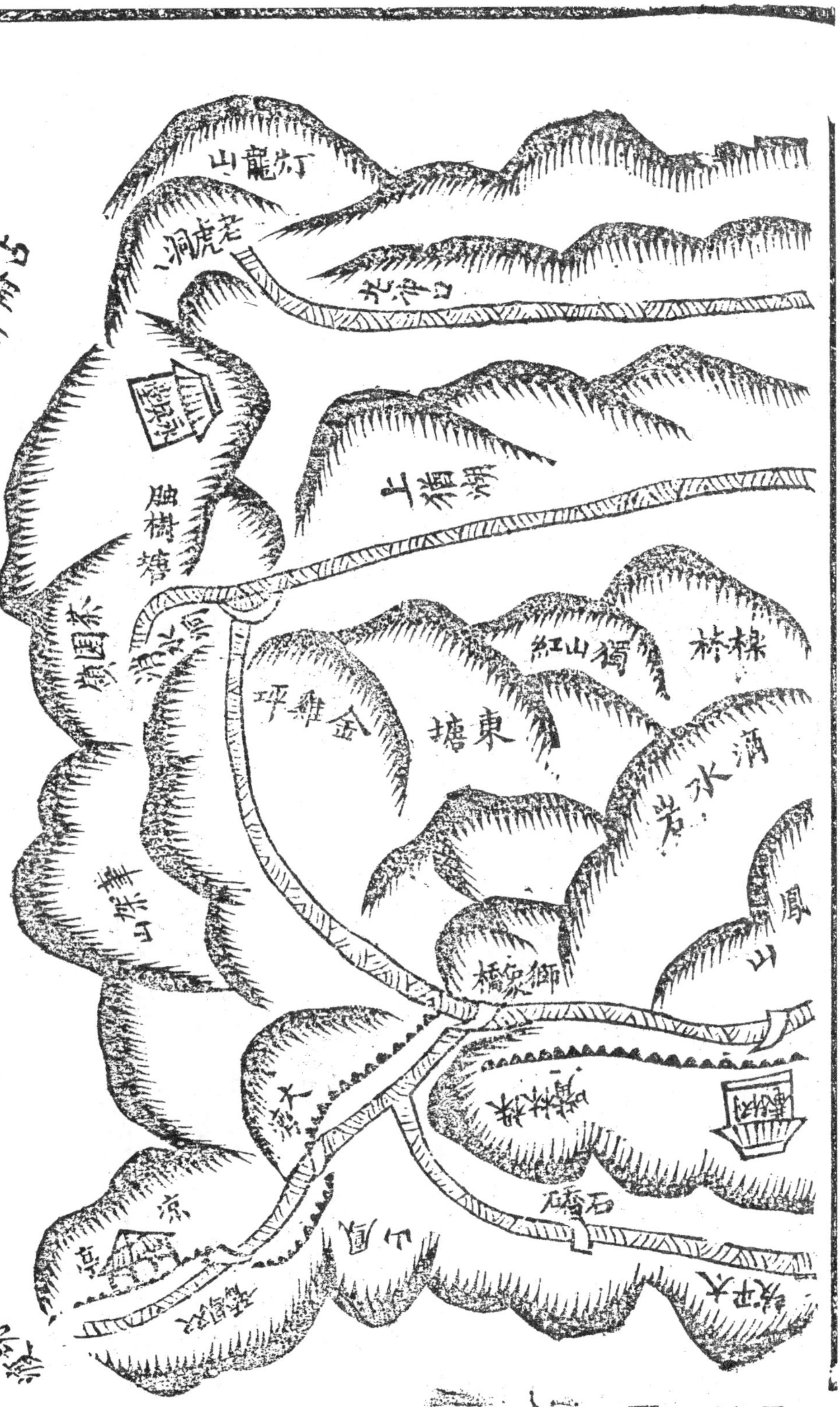

王　蔓降山寺詩附愛此清幽寺茅菴近碧岑路疑行不到房覺坐來深明月空中影浮雲世外心人生不滿百能得幾登臨

張東周早後遊降山寺詩附疋馬秋初歷上岑生涯十里九氛祲望門惟是松杉影入寺空聞鐘鼓音桑柘楚田貧入骨風煙荆國怨傷心幾回欲上希夷啟揆路相知淺未淺

東鄉大貴圍距城六十里

大貴圍圖

大貫

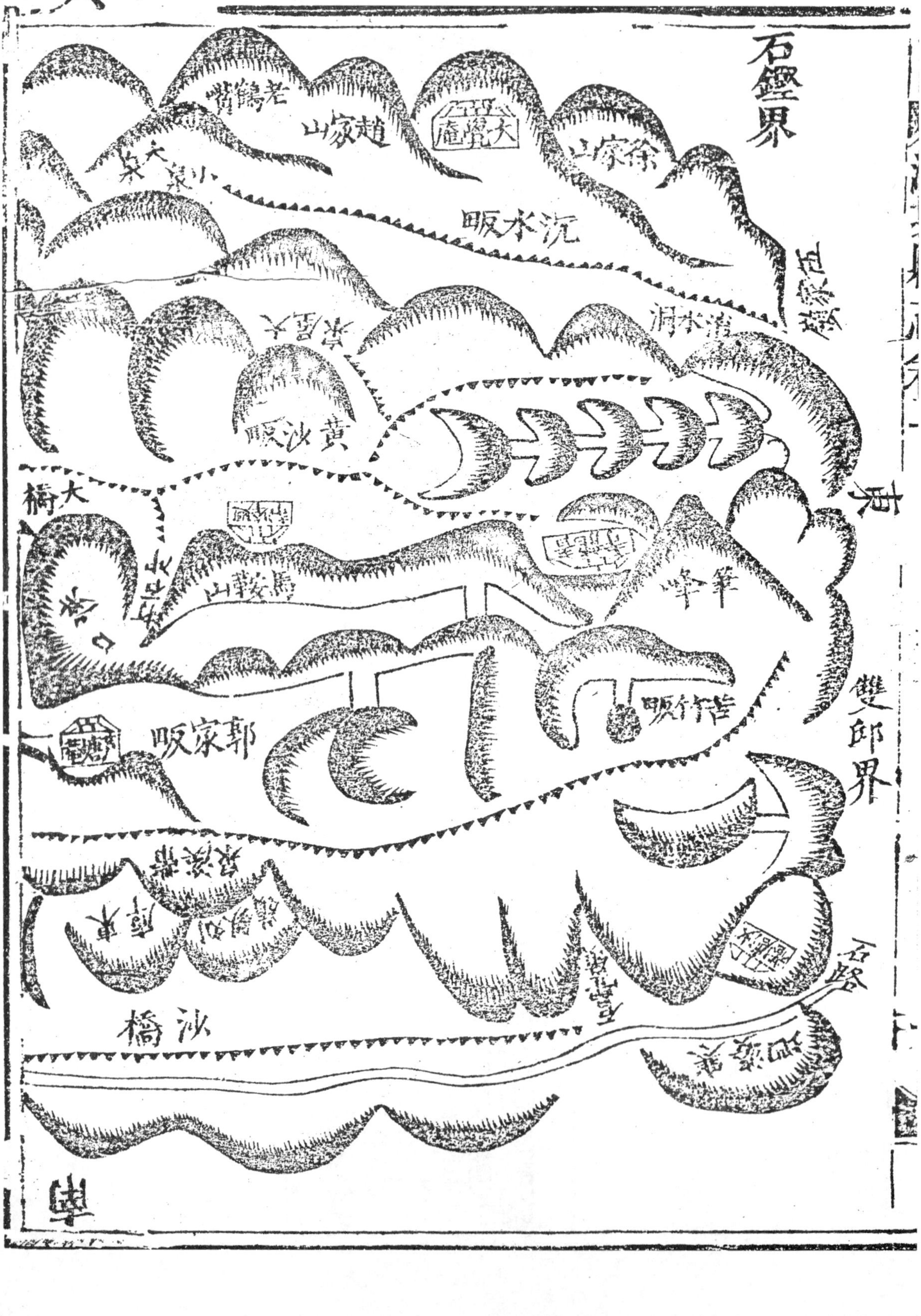
石鏗界
老鶴嘴
趙家山
大覺庵
徐家山
大泉
小泉
沉水畈
清水洞
黃沙畈
東
大橋
馬鞍山
筆峰
雙郎界
郭家畈
苦竹畈
石路
沙橋
南

大貴

圖

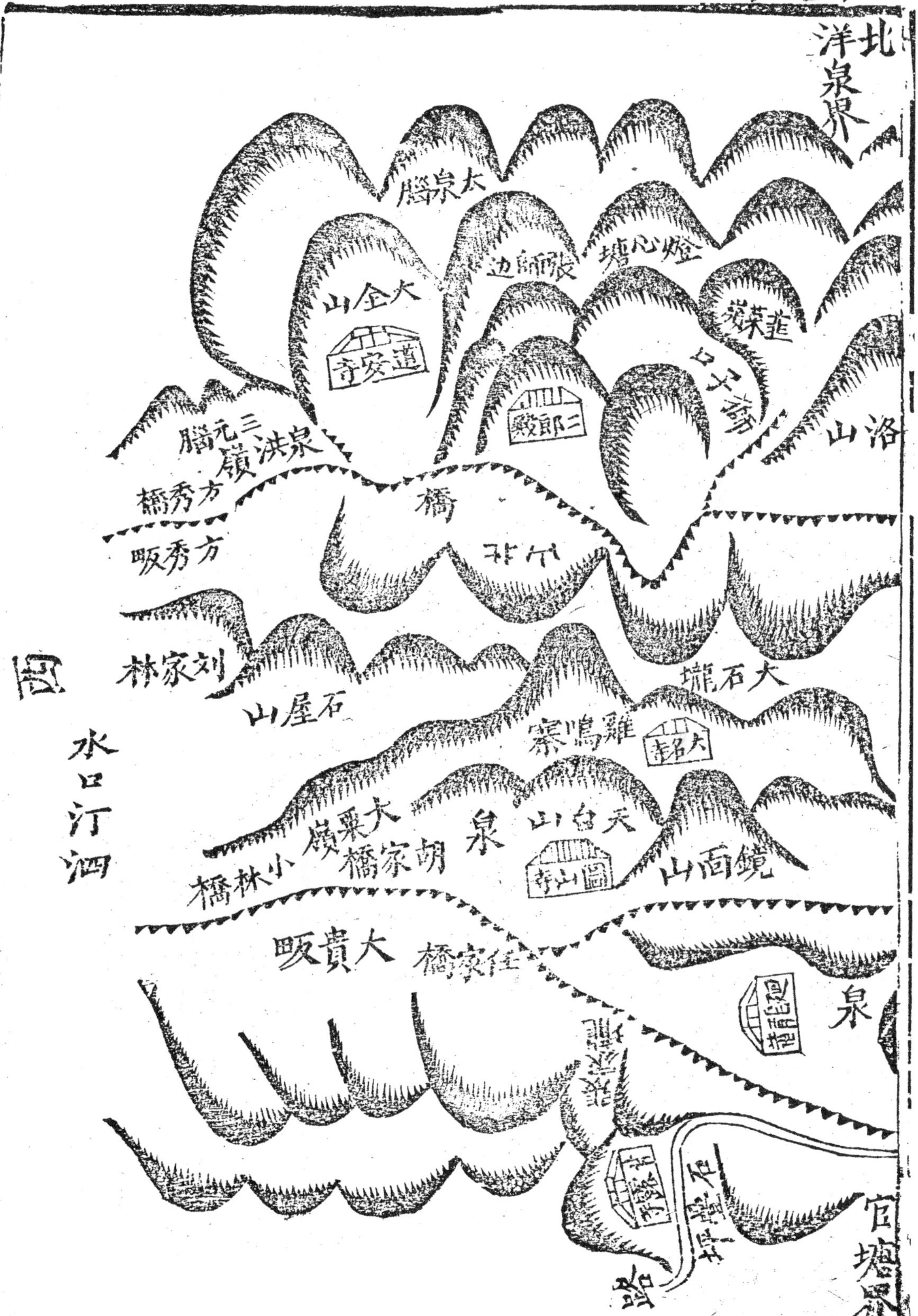
北
洋泉界
太泉腦
燈心塘
張師邊
大金山
二郎殿
洛山
三元腦
泉洪嶺
方秀橋
方秀畈
橋
劉家林
石屋山
大石垅
雞鳴寨
大名寺
天台山
鏡面山
胡家橋
小林橋
泉
大貴畈
任家橋
泉
官塘界
水口汀泗

二

魏樸如青龍寺詩附龍宮丹堊照山隅神物飛騰事有
無檻外秋聲黃葉下尊前寒色白雲孤上方說法逢支
遁舊舍留詩憶大夫手澤百年塵壁在不勝酸楚罷操
觚

東鄉占崙團以舖名[illegible]距城三十里

占崙團圖

古崙

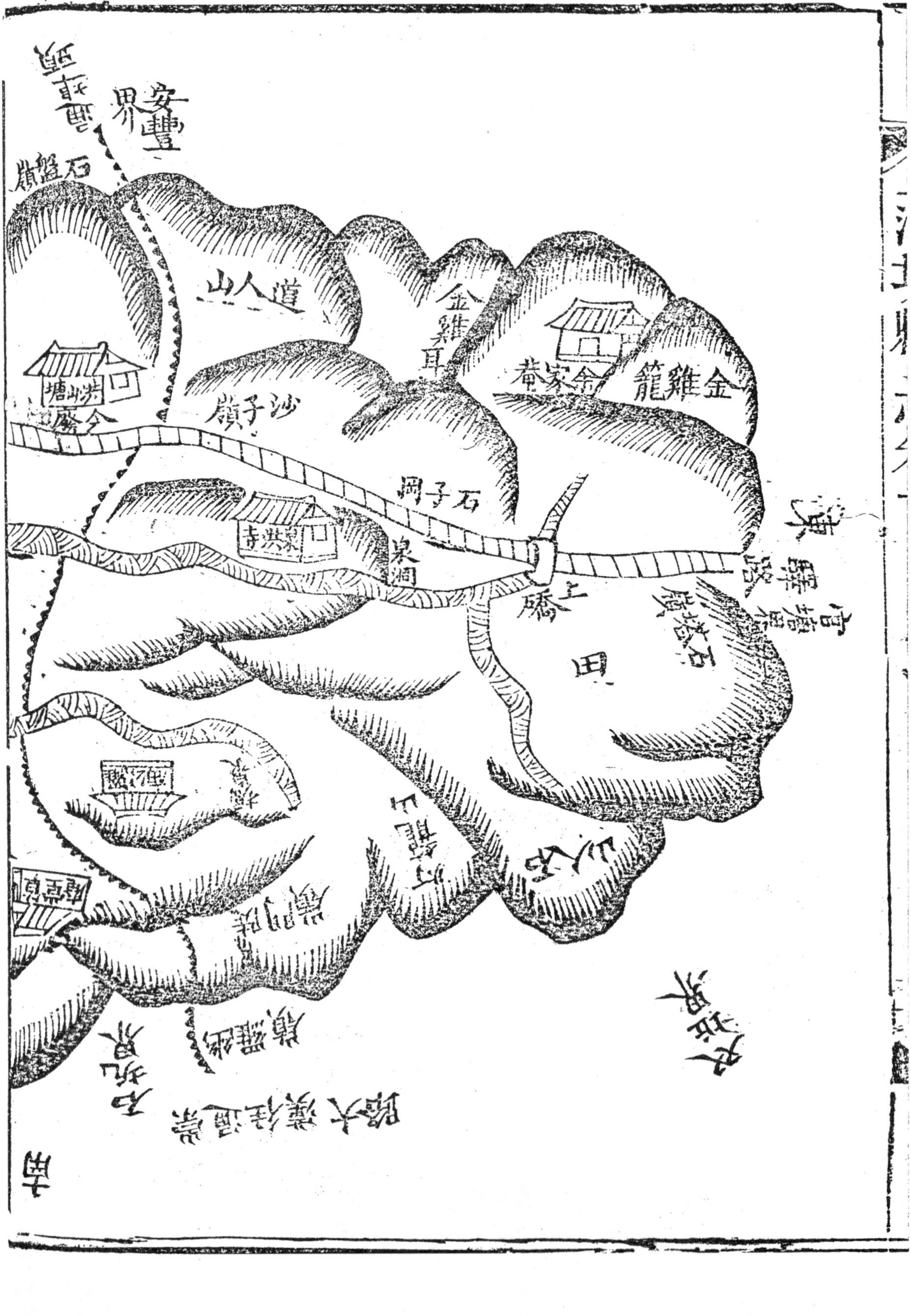

圍圖

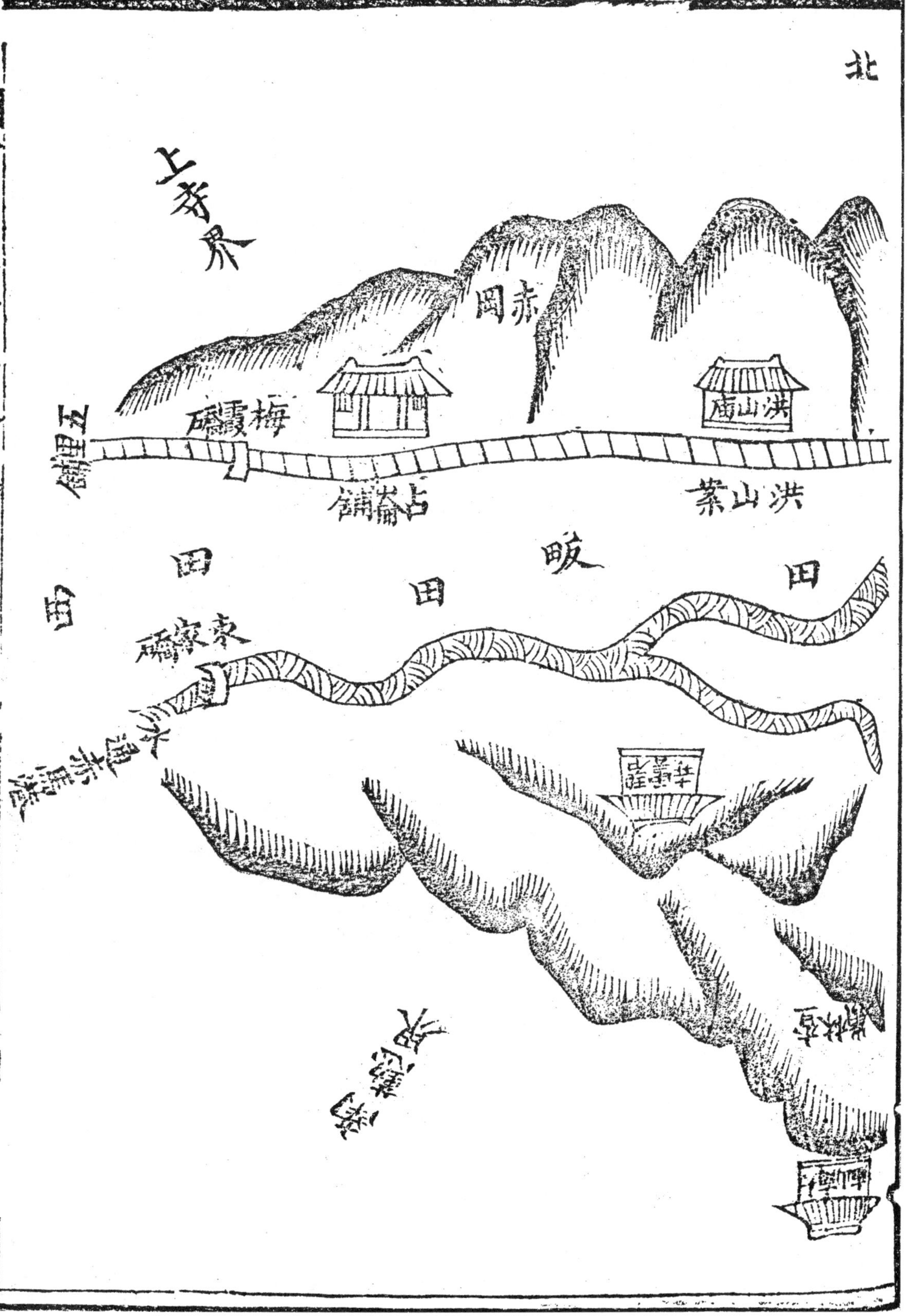

王雲翔掘泉羅眞人碑記附傳曰有功德於民則祀之能禦大災捍大患則祀之古者鄉先生生而有利於人歿則祭於其社凡以崇德報功酬庸展敬也去蒲城三十里而遥有泉曰掘泉上有羅眞人廟向傳其地多旱眞人就土阜之旁掘泉以資灌溉既恐其易涸也奮投身其中龍隨竄焉即今所稱龍井者是泉可半畝許水色澄碧中有洞望之窅然而深水出是出凡歲旱多相率禱於羅公并籲於龍之神允所請即有沸水出其中甕盛以歸甘霖立應其眞所謂有功德於民而爲一方禦災患者歟廟而祀之宜矣歲己未蒲自春徂夏雨澤愆期四境之内如惔如焚余蒿目心憂思所以回天心

而慰民望因徧禱於山川壇壝之神咨有以禱龍井諸者余初難之既而請者益衆姑勉從焉先謁羅神祠復至井禱於龍以疏投水輒從水面層折而下篇幅遞展由端竟委宛若有諦視之者約食頃始汩入於洞滯水即自洞湧出土人曰神與龍賜水矣器貯之陳諸城隍祠時五月之四日也至午日夜半果大雨遠近霑足人益以爲神嗚呼陰陽鬼神之說儒者多弗之信余竊以爲天地之大何所不有志壹動氣理固宜然眞人欲澤被一鄉一邑故甯捐其身於蛟龍之窟用以捍災禦患使民人賴其功德迄今百餘年來肹蠁猶新原非窃渺至於龍本天地間神物故能噓氣成雲司一方之雨

澤靈應昭著所在皆然然必藏諸深淵大澤中非可以禱而致也而茲泉之龍獨能夾輔乎羅神興雲雨以惠此一方感應之捷若火之於燧斯已奇矣余尤異夫文初入水不遠濡韈轉而達於洞土人因言心或不専文即流出復還諸原所夫非有物焉司其出入者耶昔歐陽文忠譔瀧岡阡表文成倩山谷老人礱石而大書深刻舟載之由洛以抵於豫章未半道風雨大作石竟沉龍夜見夢於山谷曰吾水府之神愛茲文佳甚取歸以鎮幽窟黃乃表諸龍神力爭之越日而岡畔雲蒸霞蔚碑自地湧出漬水淋漓有爪圖處則祭而豐不如養之薄二語也此載之紀册當非臆語然則龍之靈非直能

興雲雨而已併能知文字而嗜好之若余之文焉足以寓其目亦惟是環蒲數十萬家川竭井枯民命誠在呼吸吏痛心疾首奔走哀號言雖拙而意殊殷神與龍其或默鑒於冥漠而一爲施其利濟若乎今者　聖天子宵旰在上四方之水旱時勤凡有能捍禦災祲以無貽一人憂者每每隆其祟報眞人與龍其益出雲與雨以被一鄉一邑者廣被乎天下則有功德於民者日更隆盛其廟褒揚當益弗替甯惟蒲之吏與民感其休而致頌禱哉是爲記

張開東掘泉記附邑東北五十里有泉焉曰掘泉以靈稱何以靈以禱雨輒應故也何以禱雨輒應凡邑有大

旱不禱於白石明王則禱於此宰官率其屬先齊戒宿告於城隍廟卜日步行詣其所命巫者前導官拜跪祝陳辭讀畢浮於水面已而卷牒層折逐波下若有諦視之者誠則少頃泉翻出巫取褁納以歸途中風雷作大雨如注官吏櫛風沐雨不乘輿馬隨其後田禾皆起否則泉不湧出其祝辭不受卒無雨故稱靈焉明陶公嘗建石坊於泉上其西岸有羅眞人祠乾隆中王公有碑置祠前述其異余幼時聞老人言昔有眞人過茲土乏水憂其女汲之遠一日與女約曰吾翌日將逾山南大泉篤龍穿山來雞初唱汝亟持鋤往掘之及期女寐不覺雞已三唱寤而驚索鋤不獲乃取舂杵從之搗其地

得泉眞人遂莫知所在越今四十年余始遊此其里之童叟所傳與昔不少異然則披視辭而君諦視之者其即斯人與抑又聞之其泉之側吾遠族人世居之謂眞人乃其舊婿而雙邱李氏又曰吾先祖也蓋李本羅姓故木王皆書羅彼所謂生爲李死爲羅者是也卒不可考夫山川社稷風雲雷雨之神以爲民佑載在祀典世受祭享廟或祈禱不應而眞人僻處荒榛蔓艸中與人欣戚相關呼吸不少離又能鑒有司之誠否輒應之如響眞人其可謂靈也已獨其名莫考深爲可恨然古之有功德斯民而姓字湮沒磨滅不傳者不可勝數眞人享廟祀殆數百年勅碑碣官壇祭而民尸祝之冥冥中

已有隱相投合者又何必拘拘求其名實之以彰於人世哉爰記之

魏　頤詹家崙鋪詩附聞說張騫泛海槎幾年飄泊在天涯道宗鄒魯誰真到詩傾乾坤自作家窗外好風鳴古木草頭零露濕寒花馬周去後常何遠數遍郵亭月正斜

東鄉官塘團以驛名距城五十里

官塘團圖

官塘

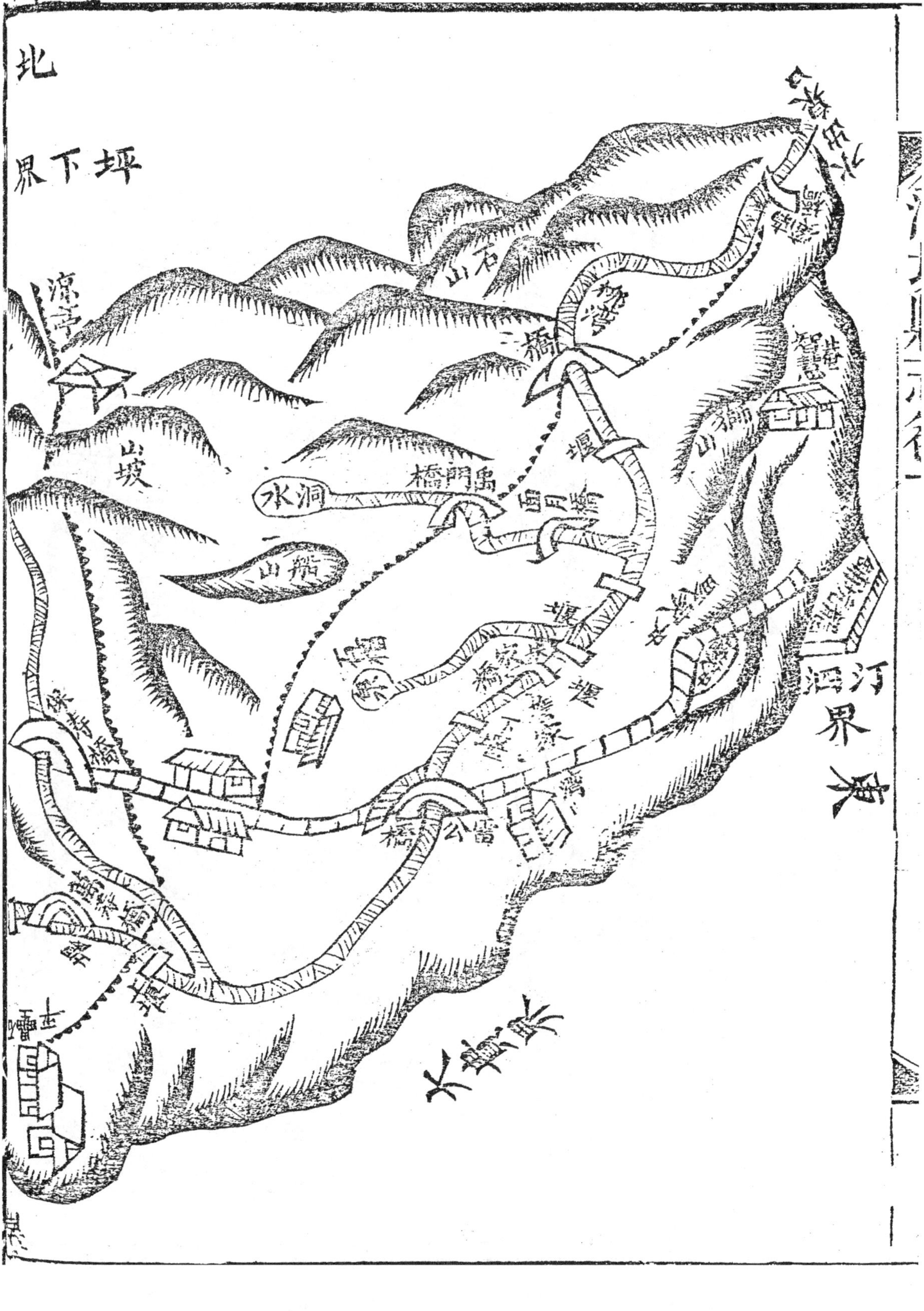

團圖

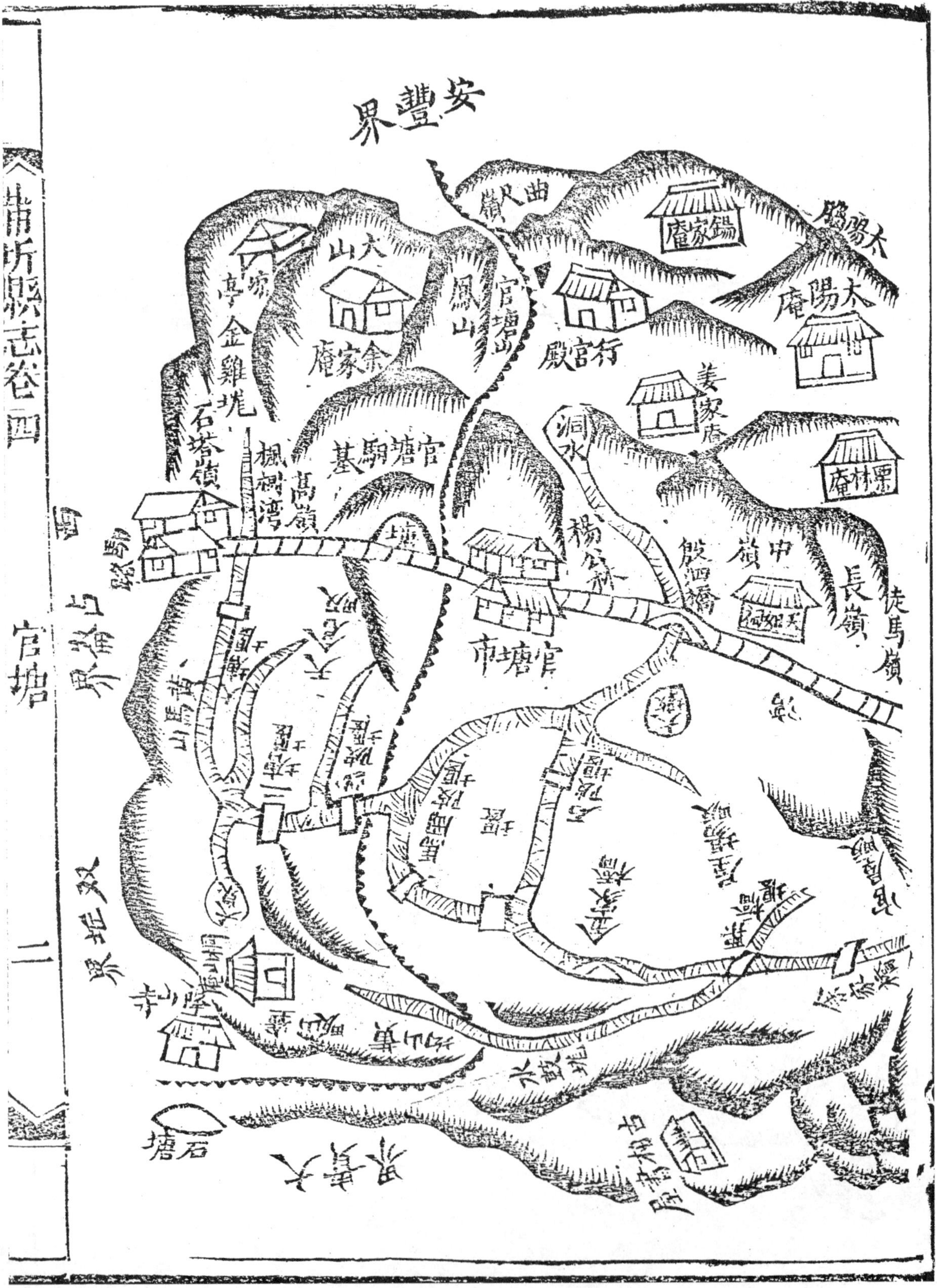

蒲圻縣志卷四
官塘
二
安豐界
曲尺嶺
錫家庵
太陽嶺
太陽庵
大山
余家庵
鳳山
官塘山
行宮殿
金雞坭
石塔嶺
楓樹灣
高嶺
官塘驛基
姜家店
洞水
栗林庵
楊公橋
般四橋
中嶺
長嶺
徒馬嶺
官塘市

廖道南官塘桐岡詩附桐岡蜿蜒通天聚萬疊參差翠千巖蒼仙宮嵯峩白日暗石洞黝黑清泉香玉樹琪花紛旖旎湘妃猶存畹蘭紫山空無人鳥欲栖滿庭華月煙如水我來正值秋暮晴東籬黃菊何離披息駕登堂對雙鶴蚪龍夭矯盤穹蝸大笑臨池分紫翠鬱葱萬疊浮佳氣乘傳何人數驛程魚符總爲蒼生寄蒼生蒼生爾君何桑麻十里官租多王人遵利布上下洋洋父老聞謳歌我將祇役還燕關山壹前驅戒明發涼颸落木洞庭波彩鷁翩翩溯江月地歎乾坤自古今關山如舊物華新轡軒使者問斯語爲遣陽和福我民吁嗟乎爲遣陽和福我民

東鄉汀泗團以橋名距城七十里

汀泗團圖

汀泗

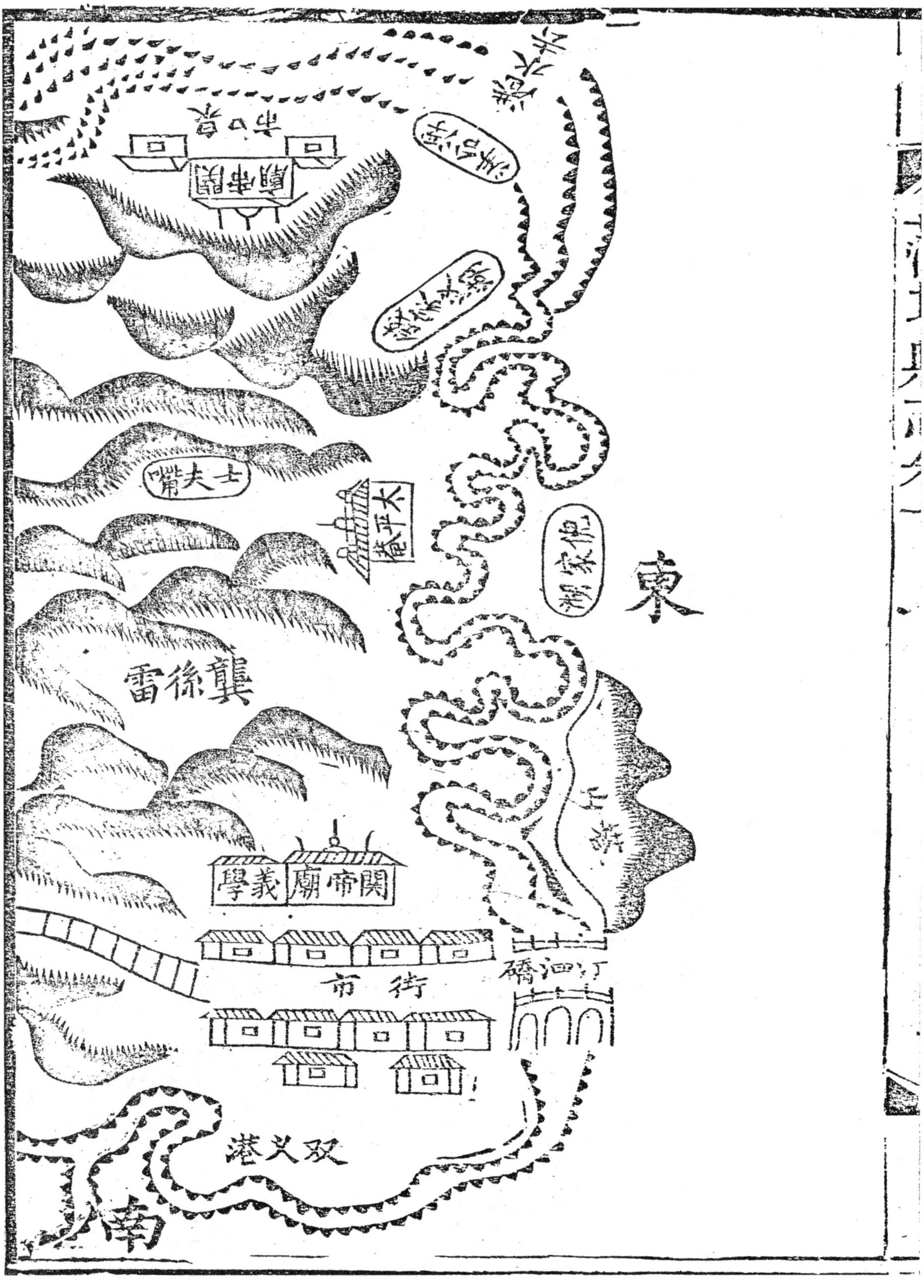

輿圖

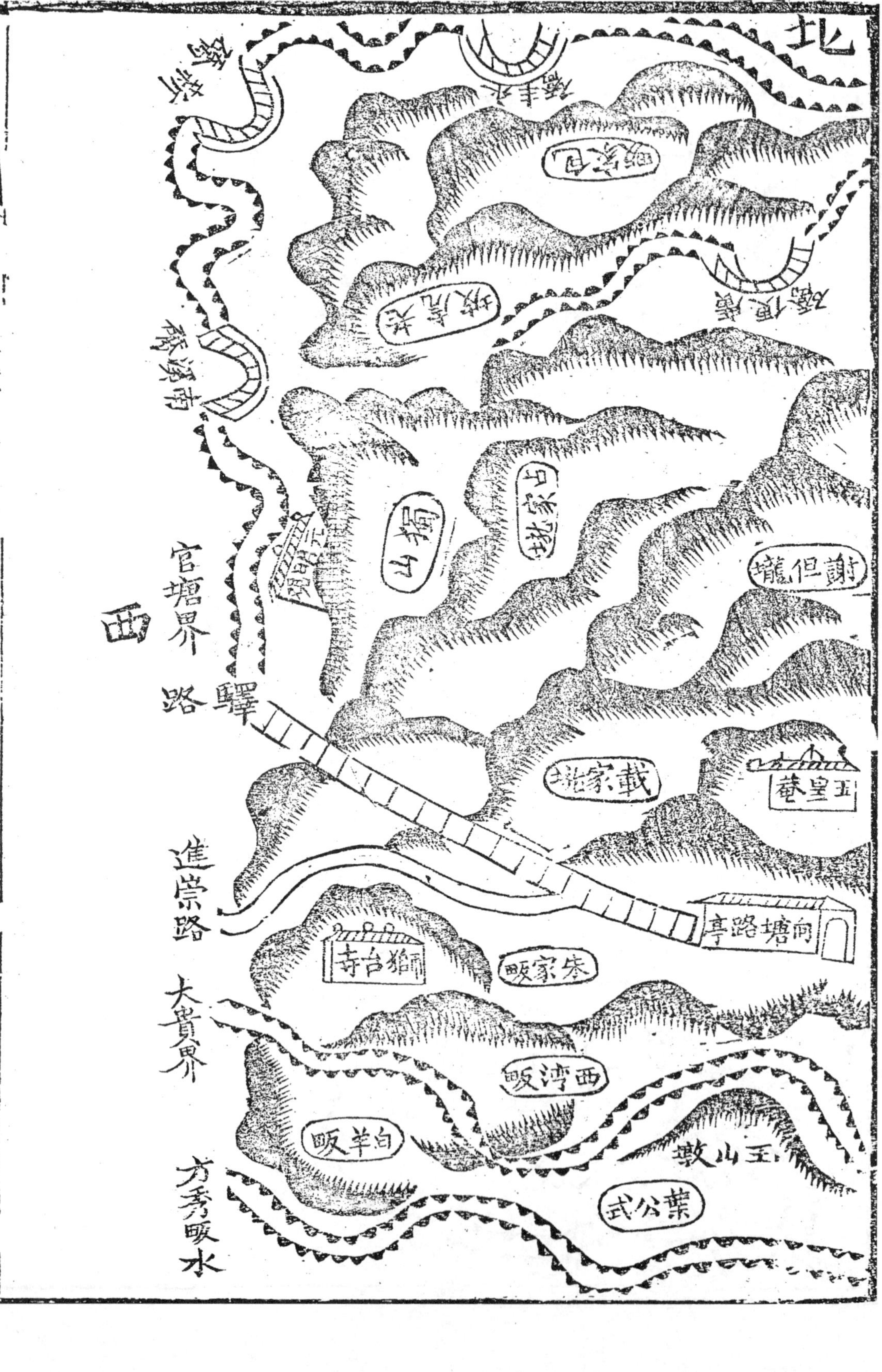

武進袁秉亮舟抵汀泗橋詩附卧聽蓬窗淅瀝聲起來忽見雨初晴一溪驟湧千山漲寸步如登九折程舟子問途迷遠近野人記里欠分明卻看僮僕欣然喜遙指前村有吏迎

東鄉洋泉團距城七十里

洋泉團圖

洋泉

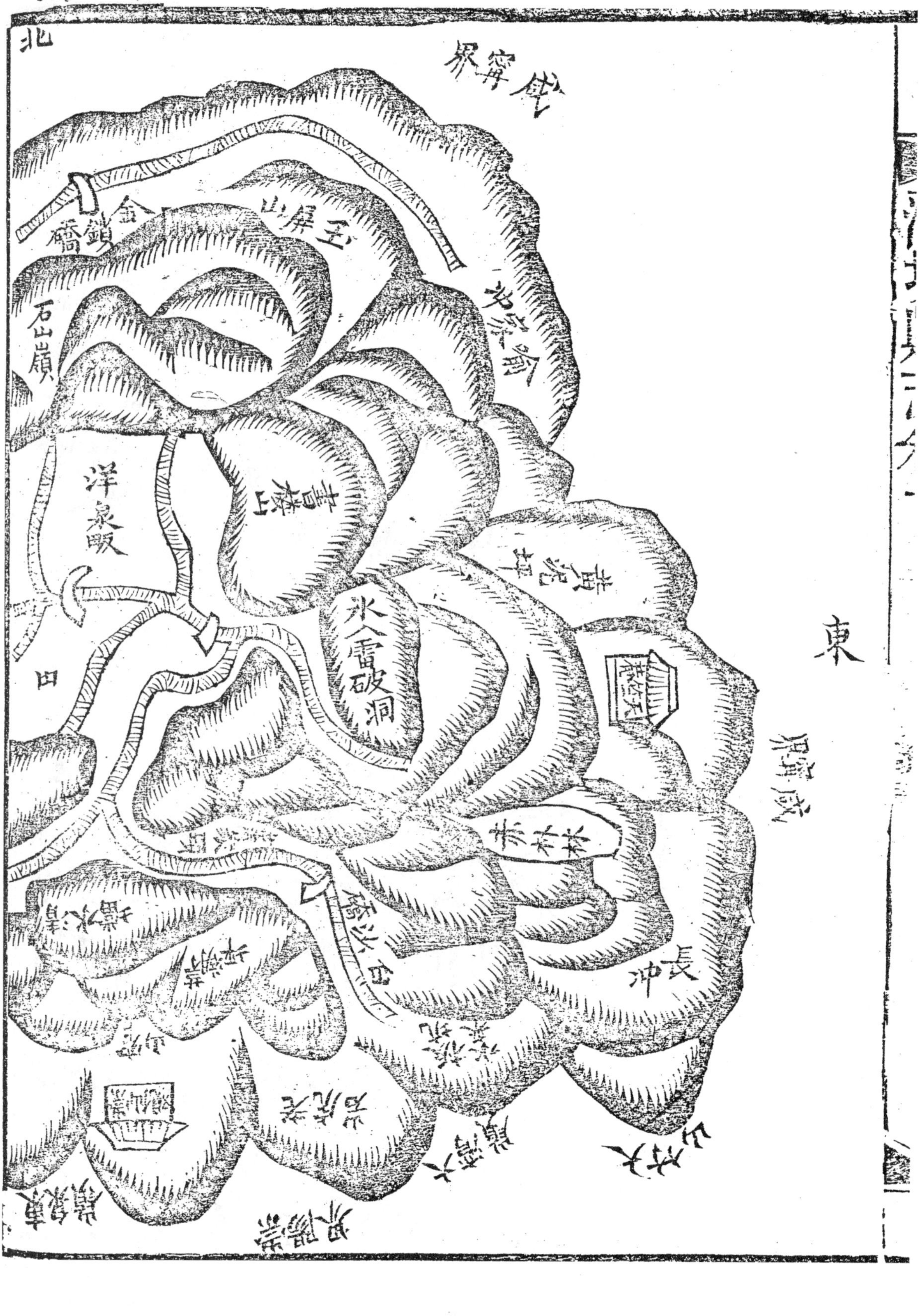

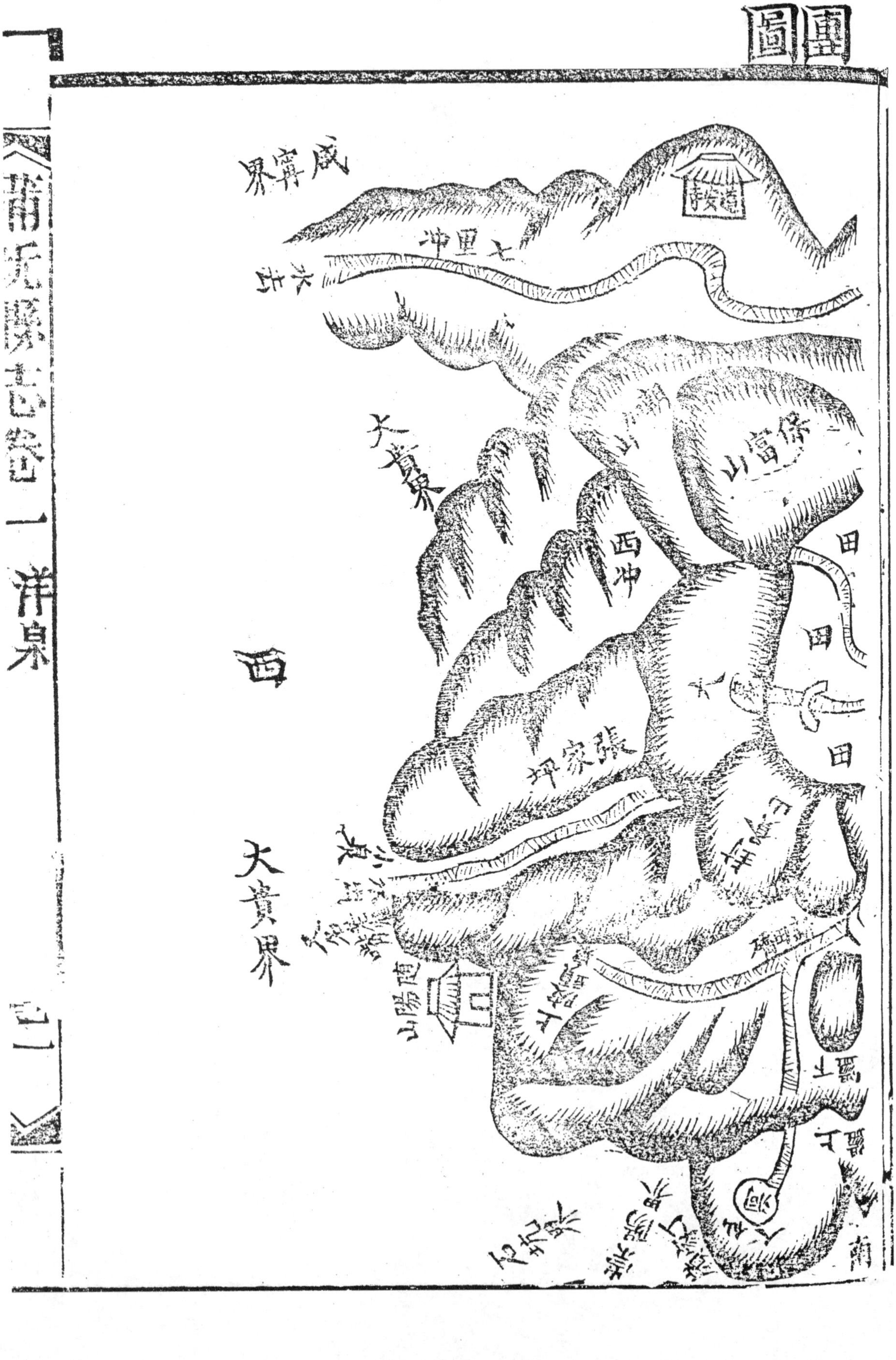
咸寧界
保富山
西冲
張家坪
西
南

吳　童仙人洞詩附石洞懸雙竅龍湫鎖一橋丹成遺
竈冷世往斷碑凋幽澗寒流咽空山野火燒桃花無處
覓雞犬白雲遙

南鄉大田團距城十五里

大田團圖

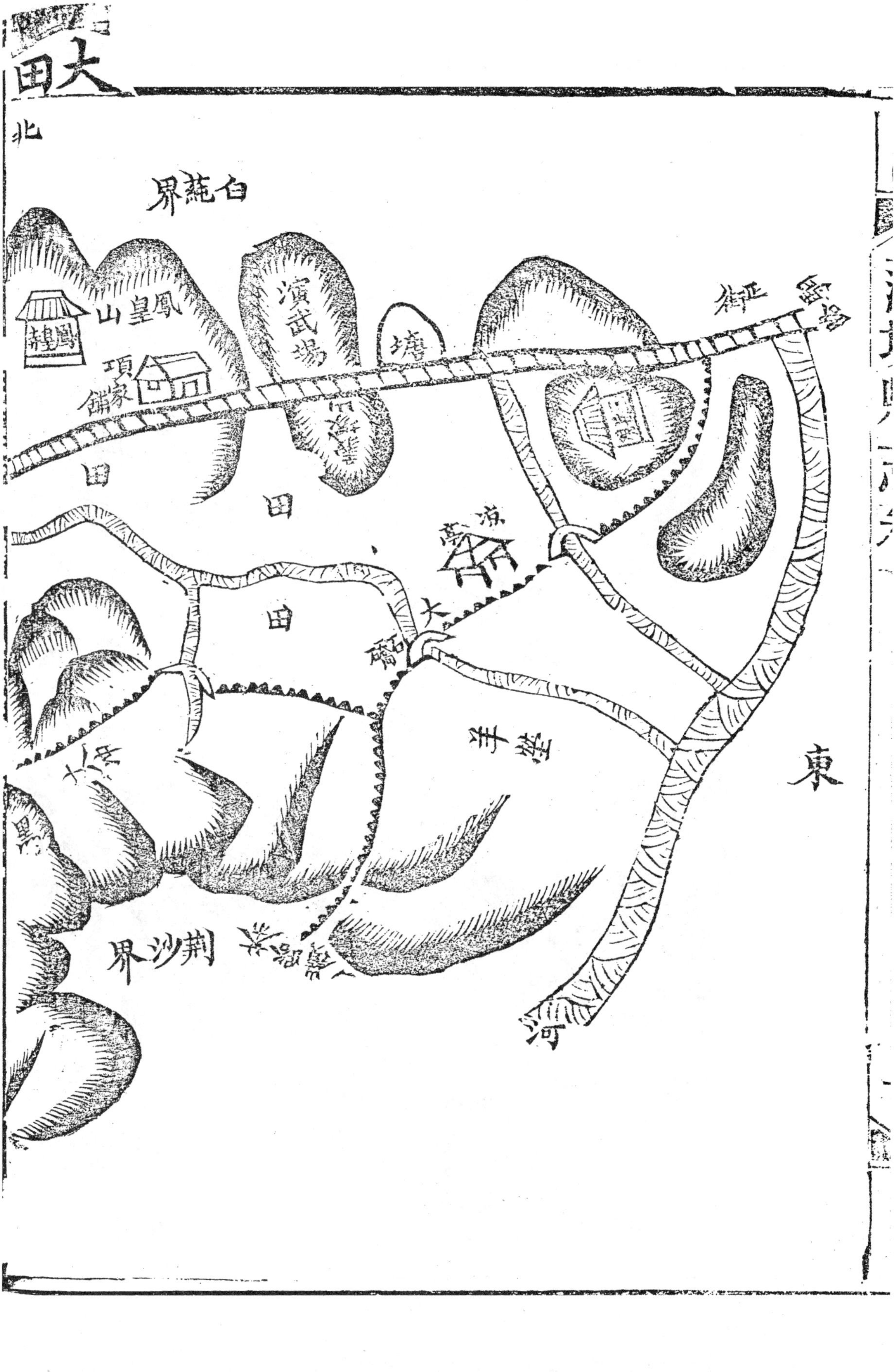
大田
北
白菰界
鳳皇山
項家舖
演武場
塘
田
田
田
東
河
荊沙界

團圖

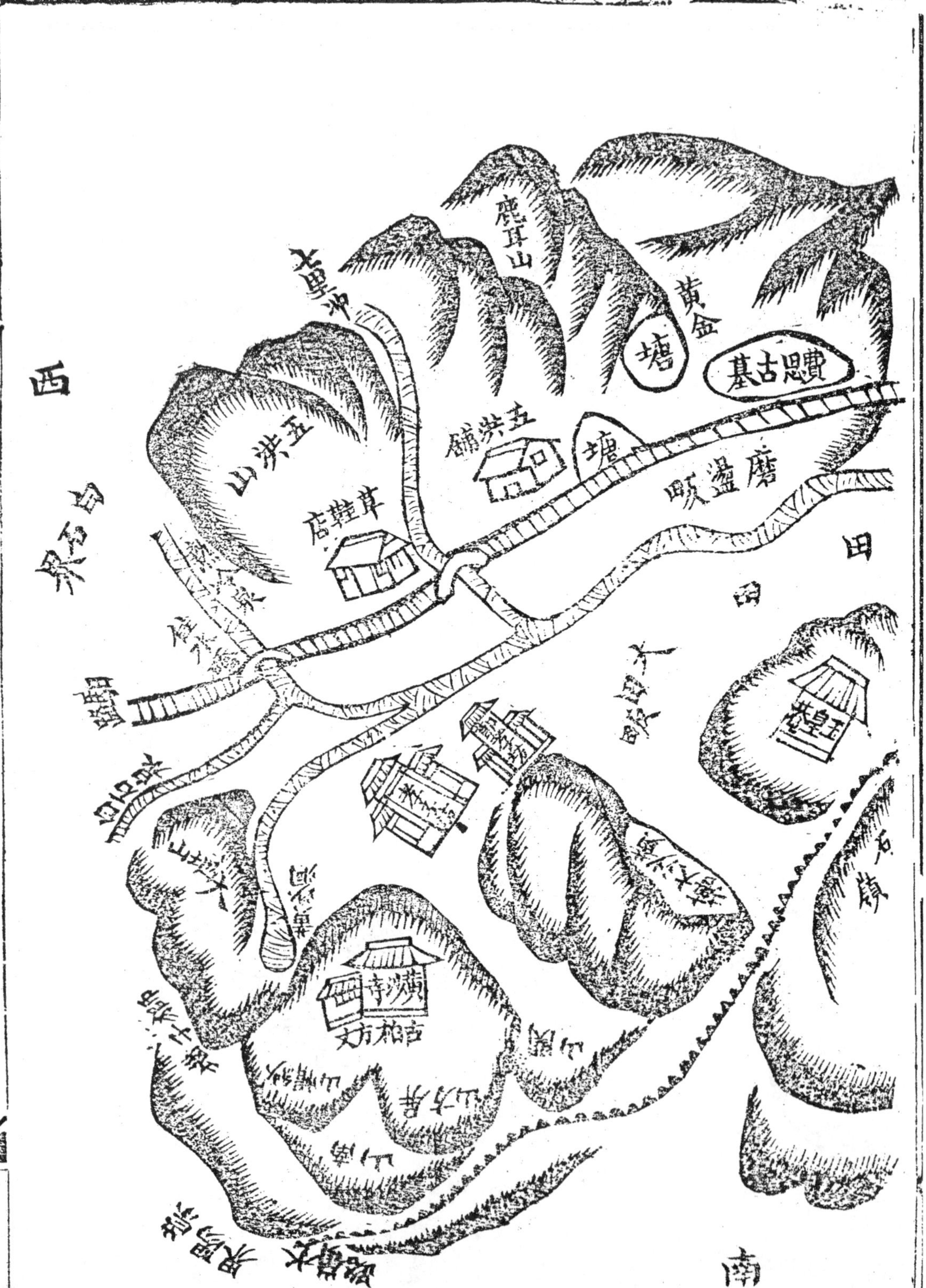

謝師啟張忠烈廟記附載蒲邑祀睢陽張公自祀顏平原常山兩公始公威靈無處不著而特顯於蒲故蒲人士祀之亦最嚴祠在邑治南五嶽觀之左規制迫狹余自諸生時已歷之萬歷己丑祠災余過其遺址低徊久之卜庚寅季春八日鳩工庀材重爲建廟至其時而余仲子自怡生越七月十七日置修建始末于其臟遵俗例也則曩爲公建廟者即邑龔氏亦前庚寅七月十七日也異矣

劉光輝重修五洪橋記附載邑之南有橋名五洪者盍上下數省津梁也橋創于元皇之初程學士記于延祐丁巳之十一月檀越顧力評哉其言之到今三百餘年閒

世多矣迴來水勢衝激磷磷者忽焉解裂來過客之悸驚動居人之扼腕發願者雖慈悲而力楠有力者復慳貪而願溥余不佞假道感慨間雅意于言願言力也竟以奔丕王程間關歲月未暇與之言願言力也邑中謝上舍草塘係御史叔蒙先生之弟也取與纖毫不苟正大有願力者而肯言願言力也遂捐貲若干先二三臭味者而言修遂有二三臭味者亦捐貲若干而言修以致十方人斗米文錢一夫尺布各各効涓滴恒河沙數以贊成今日之役若似乎衆人亦有願有力到今而都言願言力也則願力不旣多耶余不佞因感于程學士之記而續記之也

黄　煜鳳凰山賦附戊寅之秋重九之日與客攜壺窮高縱陟追孟嘉之往事訪長房之遺蹟於是紫萸簪帽黄菊泛甌几雲案石詩酒賡酬攬蒲山之秀色挹蓴水之清秋忘形爾我其樂優游客有問曰登斯山也意氣軒騰山巒屹立極乎高巽山洞幽陰入乎杳冥際窮蟠壤亘古迄今山以鳳稱胡爲乎名余乃停卮揮藻爲客陳之自昔鴻濛初判高厚肇昏神禹懋績地平天成山嶽挺峙品物流形雨暘時若協氣駢臻是故鳳依山而呈瑞山以鳳而顯靈乃若春風浩蕩淑氣春融升亭亭之扶桑茂蓁蓁之梧桐鳳輝木德而來鳴兮喈喈雝雝乾精曜曦時當溽暑亢大塊以蘊隆徯南巖之霖雨鳳輝火德而于飛兮翽翽其羽風高氣肅斗轉箕旋仙管過雲而嫋嫋銀蟾皎夜而娟娟鳳輝金德而翺翔兮亦傳于天朔氣栗烈嚴飈淒凛蒼鸰森玉而蕭蕭自不倒璞而菡菡鳳輝水德而審視兮亦集爰止客曰子樂矣乎子誕矣乎於乎噫嘻我知之矣虞韶盡美來儀于廷周德至盛岐山來鳴惟我皇明道泰時和値茲美景賭彼卷阿我車我馬且馳且多炫九苞之焜煌象茲山之嵯峩吾豈效楚狂之避世而吟哦將以述召康之納約而咏歌也客乃笑曰有是哉歌曰山兮山兮彼高岡鳳兮鳳兮於朝陽時兮時兮登虞唐

袁　昺溫泉說附寻邑燠泉有二其一著者五洪山下

之泉其一不甚表表者在五洪橋之畈中山下一泉何以獨著以司徒魏公先隴在焉凡留心形家言者無一不身履其地見之者衆也其燠等沂水探之未嘗以冬夏少異此中疑義從古未剖郎歷稽史乘如歙如宜春等邑耳目到處所在而是俱能狀其燠莫能言其故寻每叩之名堪輿祗謬以地脉旺氣對了無確解且託爲海以內第一稀奇事尤堪捧腹寻曰旺氣宜翕不宜張詎堪再洩耶洩於水山寧能鍾靈耶且凡水源清則流潔源濁則流汚理也溫泉寒泉其流暖冷亦應若是乃此等水燠處俱僅斗大其源其委何以多不然其人語塞而退以寻所睹記此無他總之下有礬石流經此自

溫也盖礬陽石也凡數種有着者白者青者紫者有紅
皮桃花金星銀星特生諸名其實一物但以形色異稱
又一種出漢中者外色紫赤內白如霜中央有白狀形
類齒者亦有色白粒細若粟者其性皆毒且熱竝可毒
鼠制汞醫家間以蒼白二色入藥用服者宜慎之然諸
礬生于山則草木不生霜雪不積生于水則熱似沸湯
臭如硫砒溪澗有之即成溫泉其氣之熱可知矣其毒
不可試也在先哲或有著其害者昔王子敬靜息帖言
礬石深是可疑凡喜散者輒發癰盖散者寒食散也丹
房及黃白術多用之中有此石性最毒熱故云深可疑
也劉表在荆州與王粲登障山見一岡不生百草粲曰

此必古冢其人在世服生礬石熱不出外故草木焦滅
表掘之果有礬石滿塋又今洛水不冰下亦有礬石人
謂之溫洛是也取此石安甕中水亦不冰又鸛伏卵取
石置巢中以助溫氣其性如此豈可服乎兄文安公鎮
金陵秋暑減食醫者湯三益敎服礬石丸已而飲啖日
進遂加意服之越十日而毒作衄血斗餘自是數數不
止竟至精液皆竭而死凡若此者非其寒食散之害最
彰明較著者耶方士乃假此爲沖　之藥以愚人可誅
也

黃廷堅鳳凰山 贈廖明畧 詩附江淨明花竹山空響管
絃風生學士塵雲繞令君爐是肱三折官當歲九遷
老夫看鏡罷衰白敢爭先

魏　裳鳳凰山 聽儀象賢琴 詩附讀書臺倚鳳凰東搖
落高秋握手同愁裏舊懷青玉案歌前上客紫芝翁設
論雙眼塵中白貪數諸天覺後空一曲陽春聊進酒萬
山林木起悲風

劉光輝詩附晴來曉氣步郊原古木深山古寺門巖前
蘿煙蓮座濕風披荷葉石泉暄鐘傳禪定三聲佛鳥送
笙歌四月村行到峯頭通帝處憂時有策亦須論

程嘉鳳暮春偕同官遊鳳凰寺詩附問道追歡自洛賔
相攜載酒共尋春千山樹色晴當席十里鶯聲遠趁人
詞客風流高白雪使君意氣重青蘋到門僧舍鳴金鼓

疑有鳳凰出世塵

黃宗榮暮春黃使君招集諸同官陪遊鳳凰寺詩附聯
鑣郭外喜晴暉上客尋芳興不違緑樹祇園堪避俗青
天佛日總忘機一尊涼倒舁東閣滿路謳歌動步微不
是諸君能下士春光猶自掩柴扉

廖　漢五洪港詩附一溪流水半山雲懶時坐看閒時
行相逢野鳥還飛去不問人間陰與晴

王　堉溫泉詩附萬斛名泉沸似湯波搖山影共蒼蒼
崖懸怪石蒸礬氣岸老疎桐映碧光太液月澄尋古字
丹爐雲繞憶仙郎洞若有伊人在紅樹花開鶯半粧

南鄉白石團以山名距城二十里

白石團圖

白石

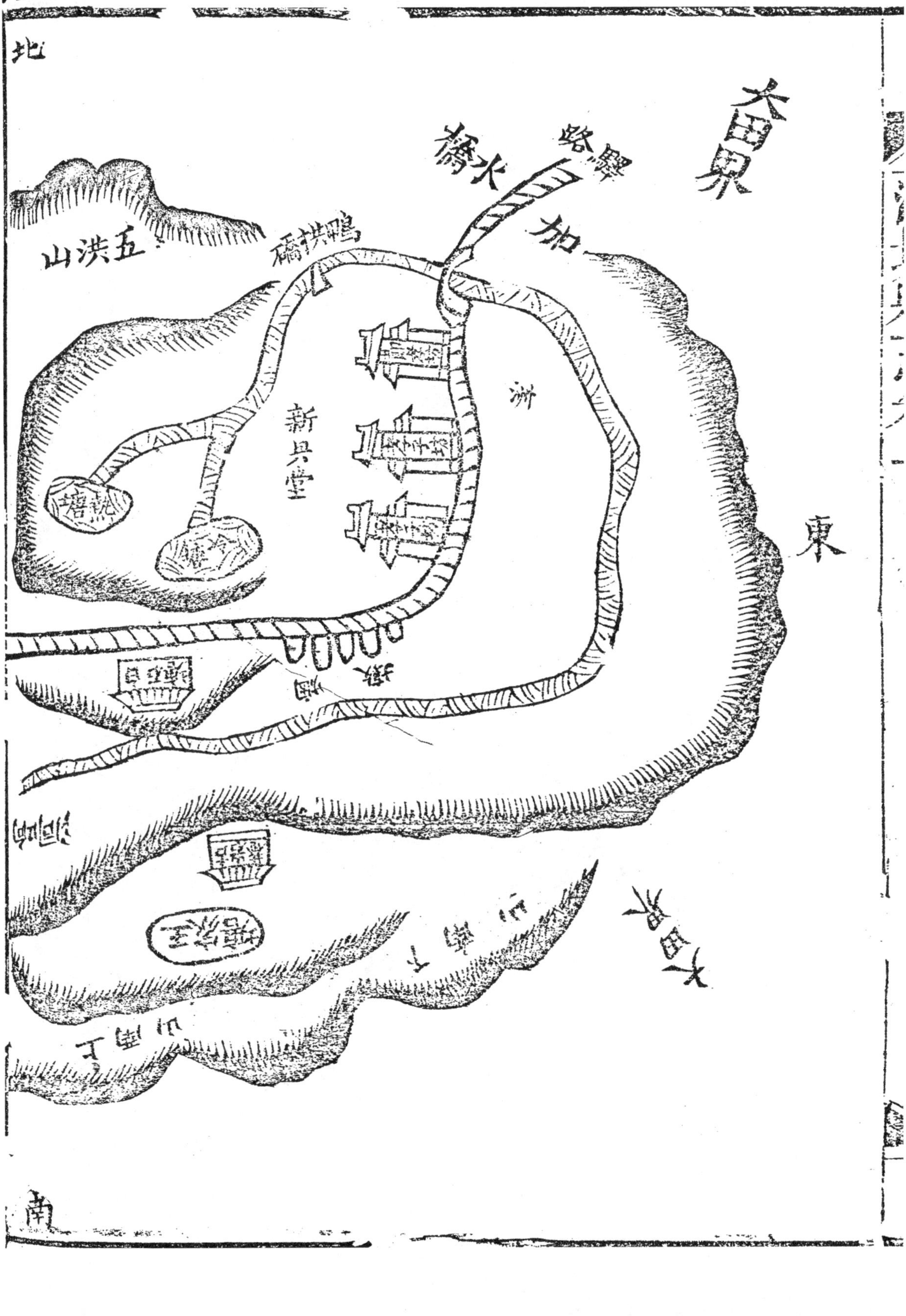

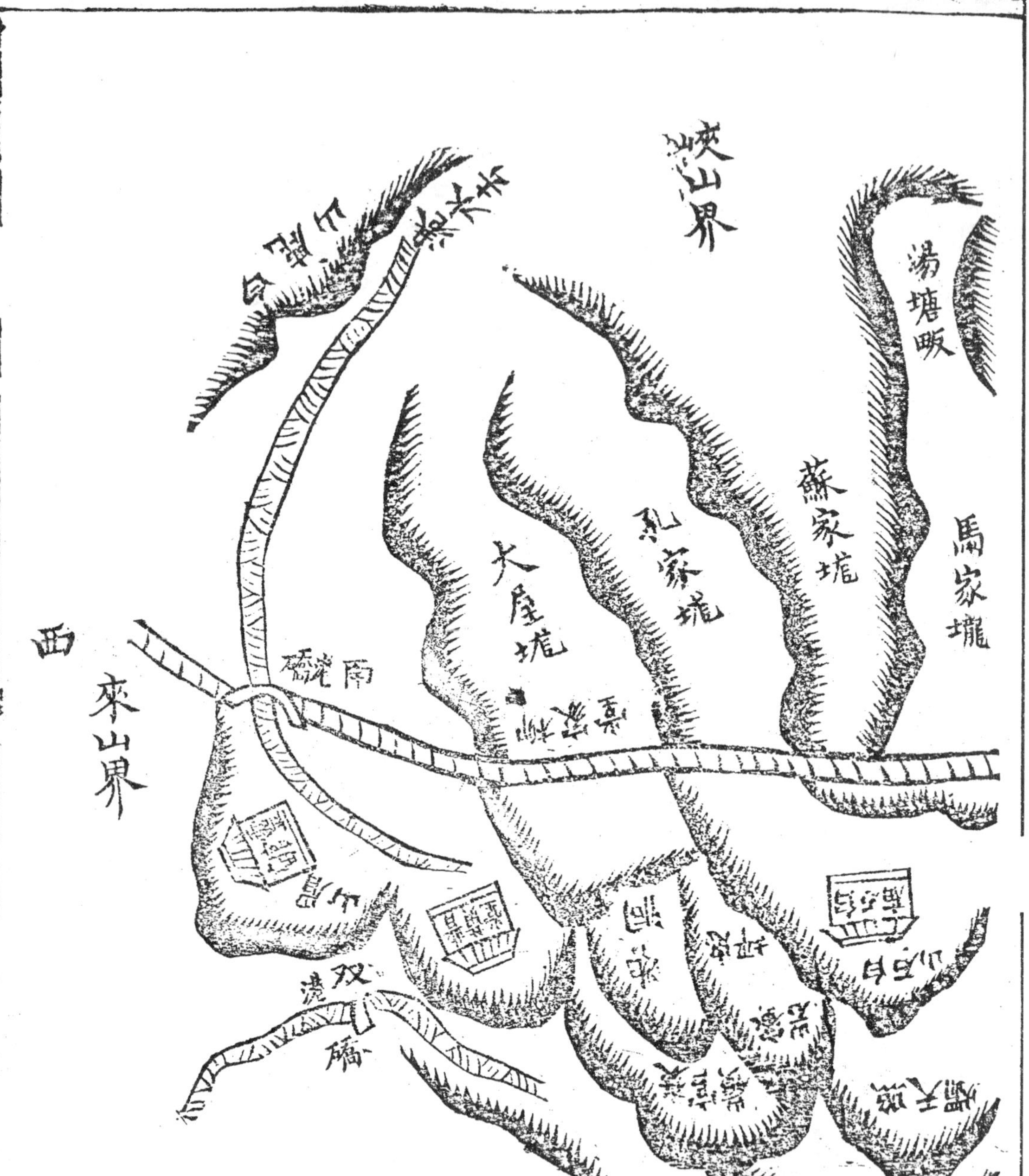
峽山界
湯塘畈
蘇家垅
馬家壠
大屋垅
西
來山界

何夢星唐顏公兄弟廟建門題辭附邑白石之祀顏公其來最古其泉奔而石裂亦若非是莫可祀公者今讀魯公所與盧面宰相語大不能抹英雄淚也曰嗟乎古忠義有若公之一門瑰烈者乎余觀古之殉國者或爲神劍怒濤長虹野火與夫哭咽之屬意公不然公必出而爲世之正人君子者也則其神或不在是然往往有禱則應有夢則告每斜日寒天使人不欲近然則其神果在是乎乃居人每夜或聞車馬鉦鼓之聲又疑其神無不之則或如唐人謂其爲仙或憑人而爲癘或時出爲正人君子皆理之不可知者是公以其精光靈動者置人心而人以其思慕想像者爲公則是固鄖公也已

矣惟廟在山根不職孔道匆星使羈客但見幾點青山數聲流水不獲瞻拜余甚悵焉乃集僉議建一門坊于驛路庶倉皇忽馬亦得一向拜而去而其得見公者雖去矣猶復低回留之其亦可也至夫治其賦以說于衆又俟門成後識之願同心者竟此舉矣

蕭　鎡顏忠烈廟記附蒲邑西南二十里有廟曰白石所祀之神顏氏蓋唐太子太保杲卿司徒眞卿與其弟春卿也太保司徒之忠人皆知之而春卿蒲圻人相傳至孝其曰三位明王者宋所封爵有司至今春秋祀之其靈應異甚正統戊辰春二尹王君斌廬州六安人謁拜祠下顧瞻庭宇頹圮黝堊漶漫慨然有撤而新之之意適其夏旱禱于祠刻期而雨歲以大熟王君于是率諸父老修治之經始於是歲之冬而落成明年春之三月不弛前功無改舊貫寢堂門廡煥然一新蒲圻之民咸相慶幸以爲神將永福茲土也至是京衛武學教諭黃君珒屬余爲記

廖道南金紫峯詩附日月歲云改山堂對金紫金紫何岧嶤突兀煙霄起或如登崑崙元圃聯霞綺或如面泰華龍首接熊耳或如嵩降神巨靈崇刻旐或如登日觀東望滄溟水或如猿狖巢或臥如虎兕或馴如羣羊儦俟如鹿豕懸石如瓔花千朶金精蕋飛泉如瀑練萬丈銀河駛嵐光變日夕態狀弗可擬永懷靜者心郎之悟

元理今夕復何夕造化自終始土鼓歌豳風聊以暢幽旨

廖道南白石山詩附白石層巘阮清泉響潺湲閒雲抱幽石倦鳥巢空山野老相對酌寒宵相與還

龔逢祥顏忠烈白石廟詩附創成一片石萬古白粼粼素壁纏雲霧空祠集鬼神陰風低半樹殺氣戾邊塵血染流泉碧苔依斷碣新三良瞻異代完節重千鈞父老爭投謁春秋薦藻蘋峯巒標梃直日月抱嶙峋郤止堪長歎那能贖百身

黎公弁顏忠烈白石廟詩附顏氏有遺廟白石山下旁歲時躬報祀撾鼓羅旛幢烹羊擊豚豕椒桂惟馨香神君謝我去冉冉雲飛揚

魏　銘顏忠烈白石廟詩附峻壁嵯峩削似峯般庭清晝白雲封生前殺賊精誠盡死後封王爵位隆萬古千秋嚴廟祀皇天后土鑒孤忠曉來拜謁靈宮下簷鐸鳴風玉燭紅

賀斐觀謁睢陽祠詩附南八男兒與未終頭顱環射寶刀紅殘兵偏撤江淮守大將難言郭李功馬革脂膏餘將帥蛾眉鼎鑊報英雄漢書雅信平生癖每有遺忘欲卽公

南鄉來山圖名以舖距城三十里

來山圖

山來

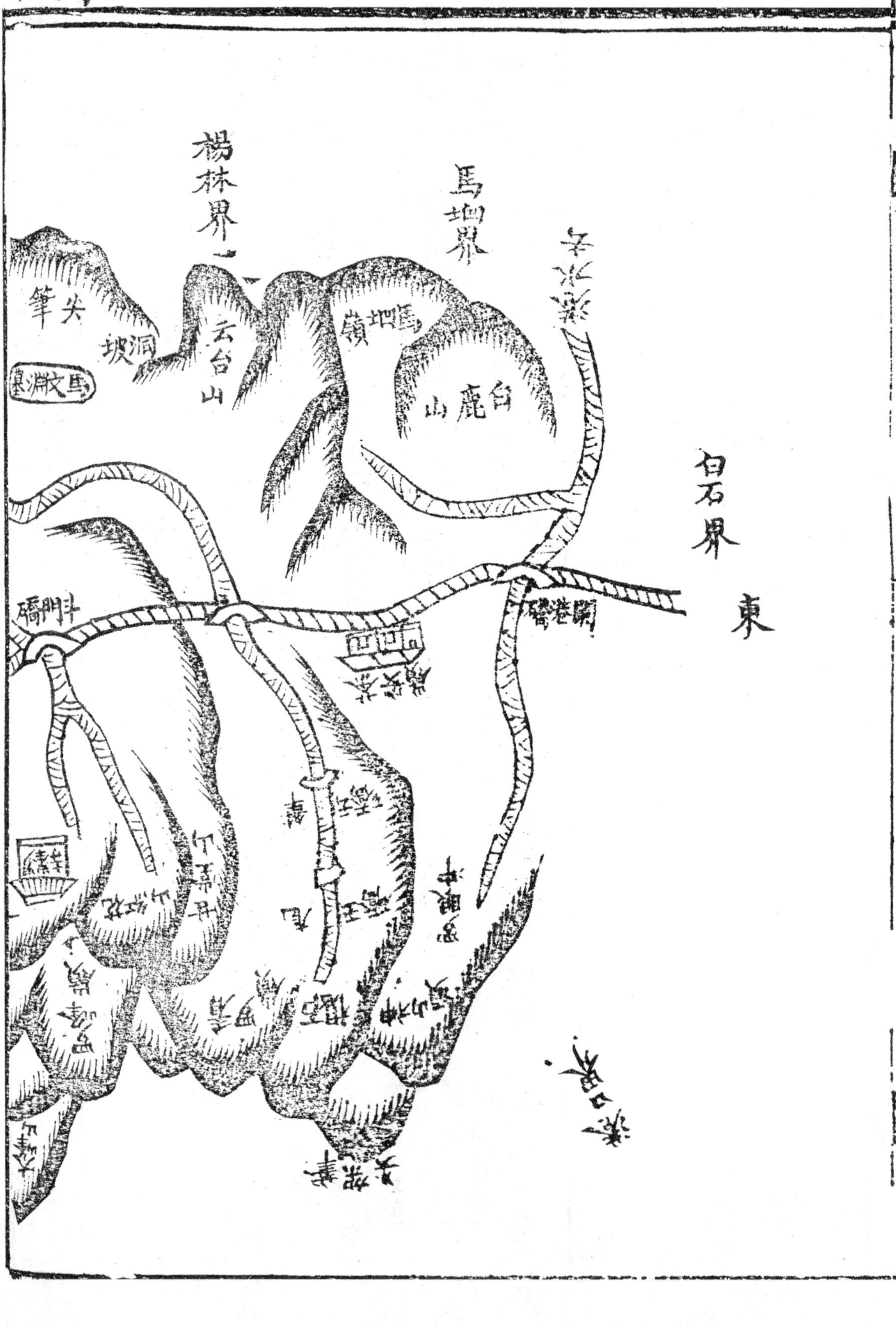

圖

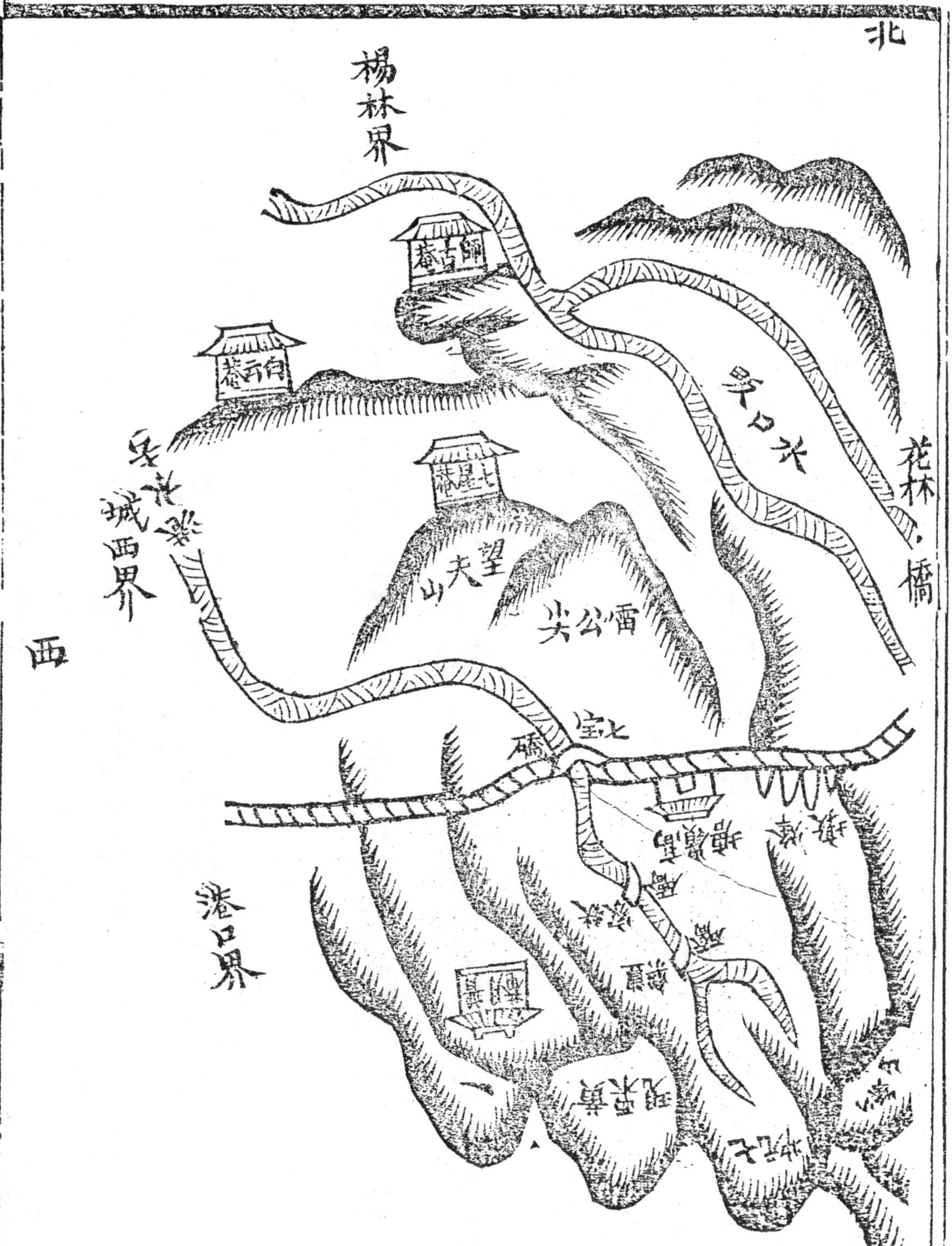

陳大壯來山舖詩附午坐松亭爨薜蘿楚籟晴喚鳥音和溪連山色虛沉翠水散春聲曲放河避石肩輿緣路滑吹風木葉向人多愁客爲許開芳興頻對長亭發嘯歌

宋孟元羅峯寺詩附羅峯千萬仞古寺兩三重地僻沙門靜禪空蝶夢慵月籠雙澗水雲擁六朝松猛省教人發晨鐘與暮鐘

賀會圻百崖懷古詩附萬壑峭崖中清幽一徑通地經高士闢人到俗緣空草色迷仙洞泉流入梵宮遥仰摸月舉手不肯拜長風

南鄉馬坳團名以嶺距城三十里

馬坳團圖

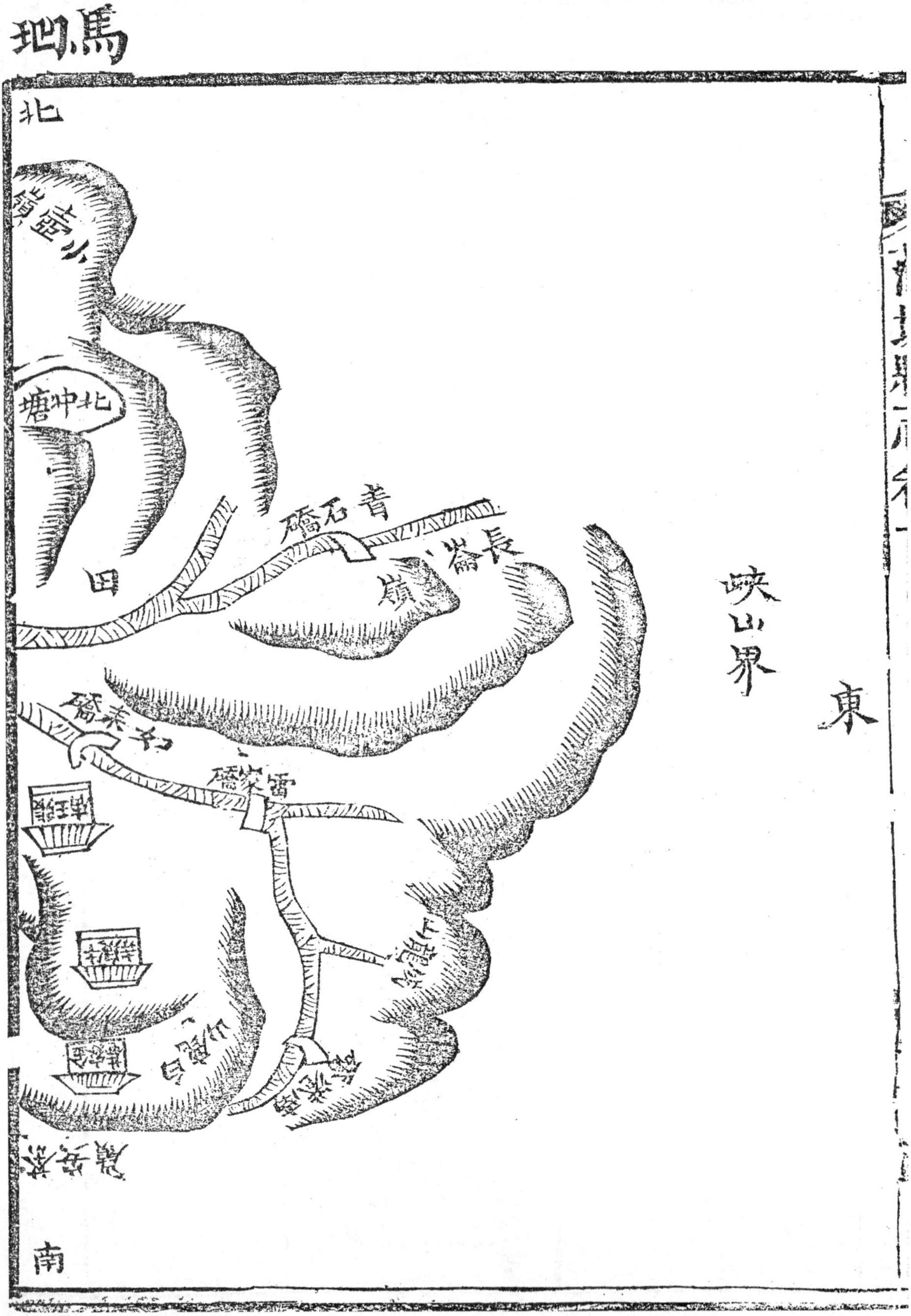

馬地
北
北冲塘
田
青石橋
長崙嶺
峽山界
東
雷家橋
南

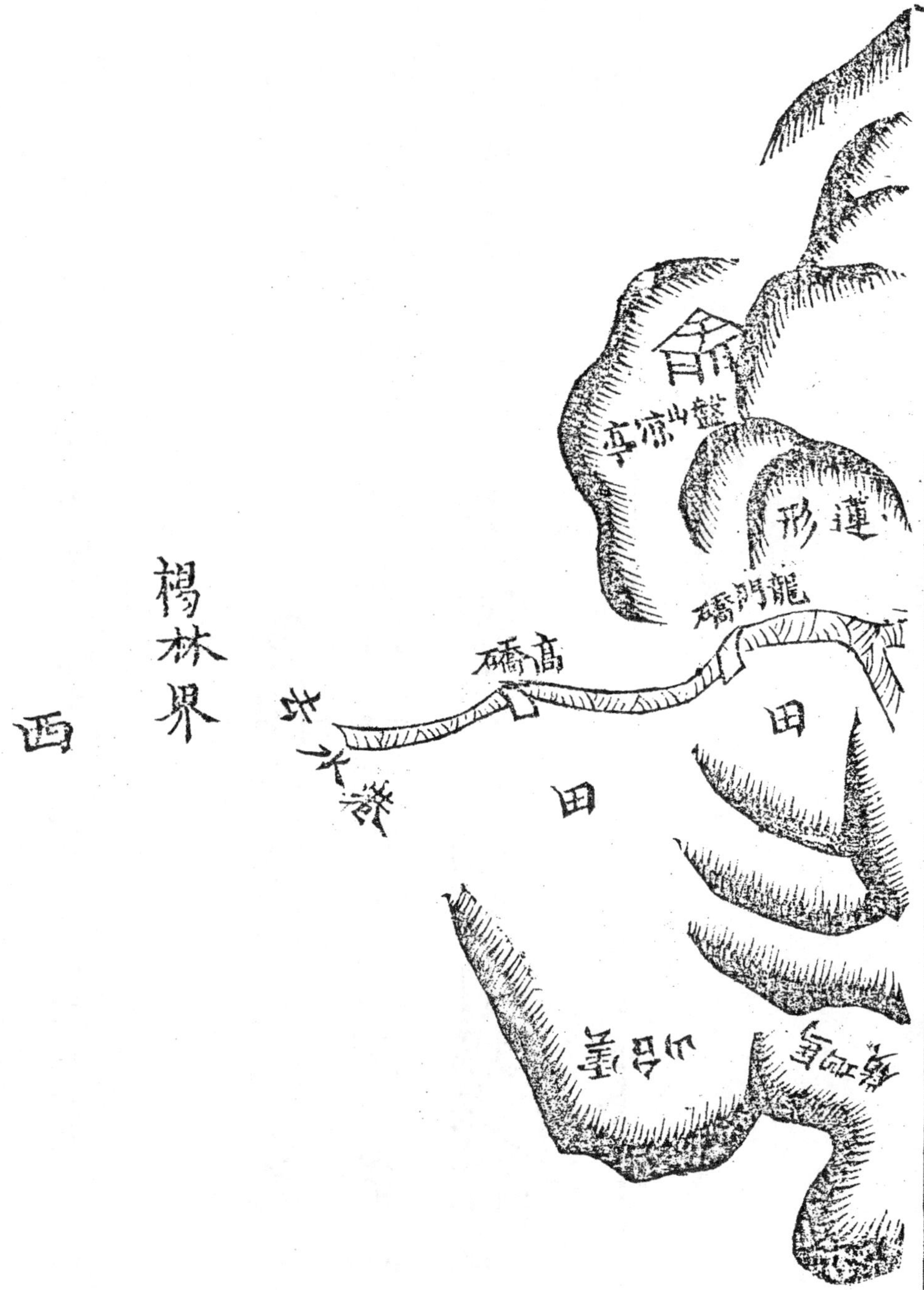
盤山涼亭
蓮形
龍門橋
高橋
田
田
長水港
楊林界
西

陸　鉞白鹿山詩附紫陽廬嶽爭名勝白鹿書堂春洞開學士碧山今地主仙人黃鶴幾時來巖間桂樹含丹霧階下泉花繡錦苔楚國懷賢歌七澤漢宮回首望三台

廖道南白鹿山詩附青閣匡廬白鹿洞今見雲臺白鹿山白鹿呦呦不知處白雲渺渺相對閒三峯矗立紫巖秀四水交流赤石環草閣獨栖松竹塢春深花發鳥聞關

南鄉峽山圖距城三十里

峽山圖

峽山

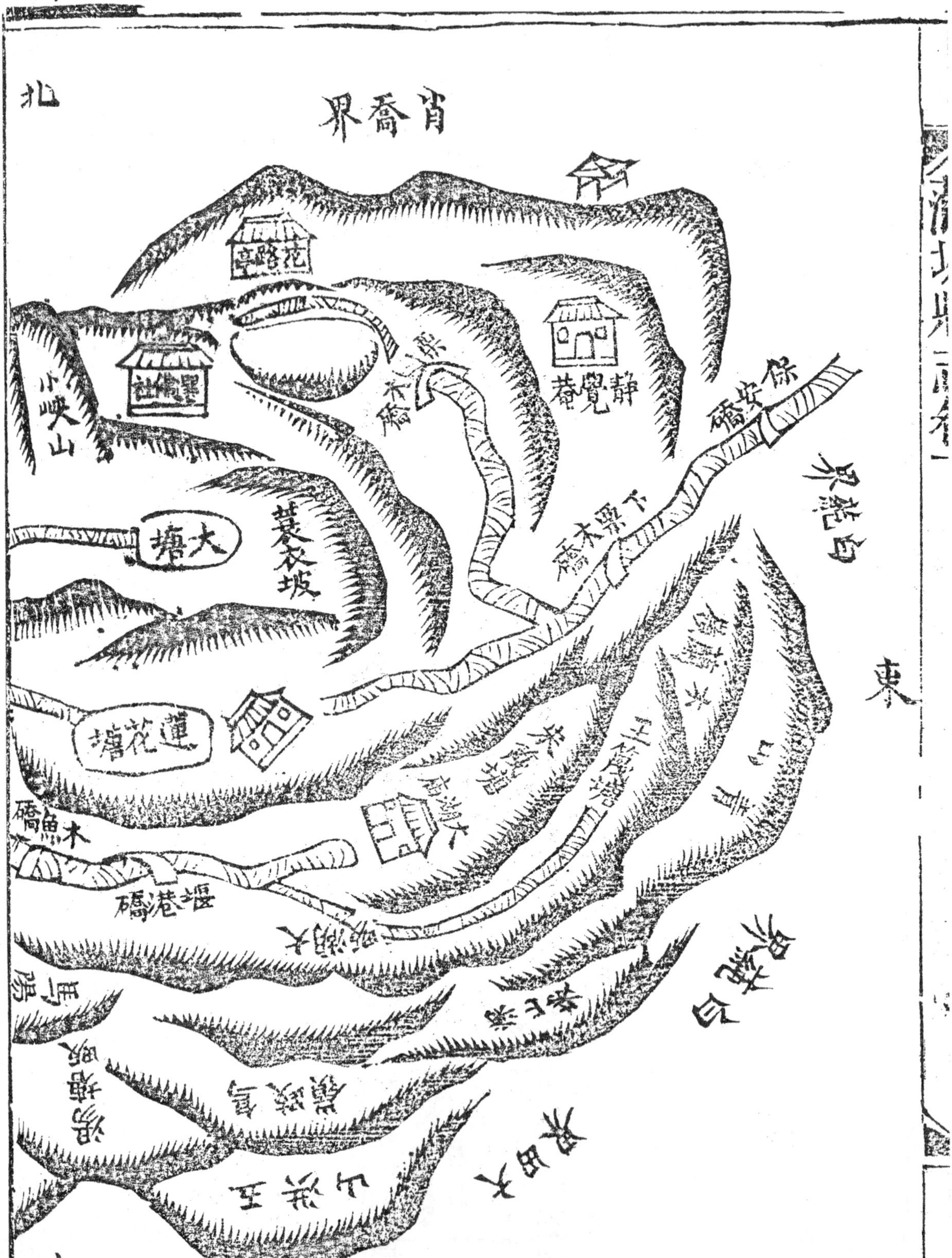

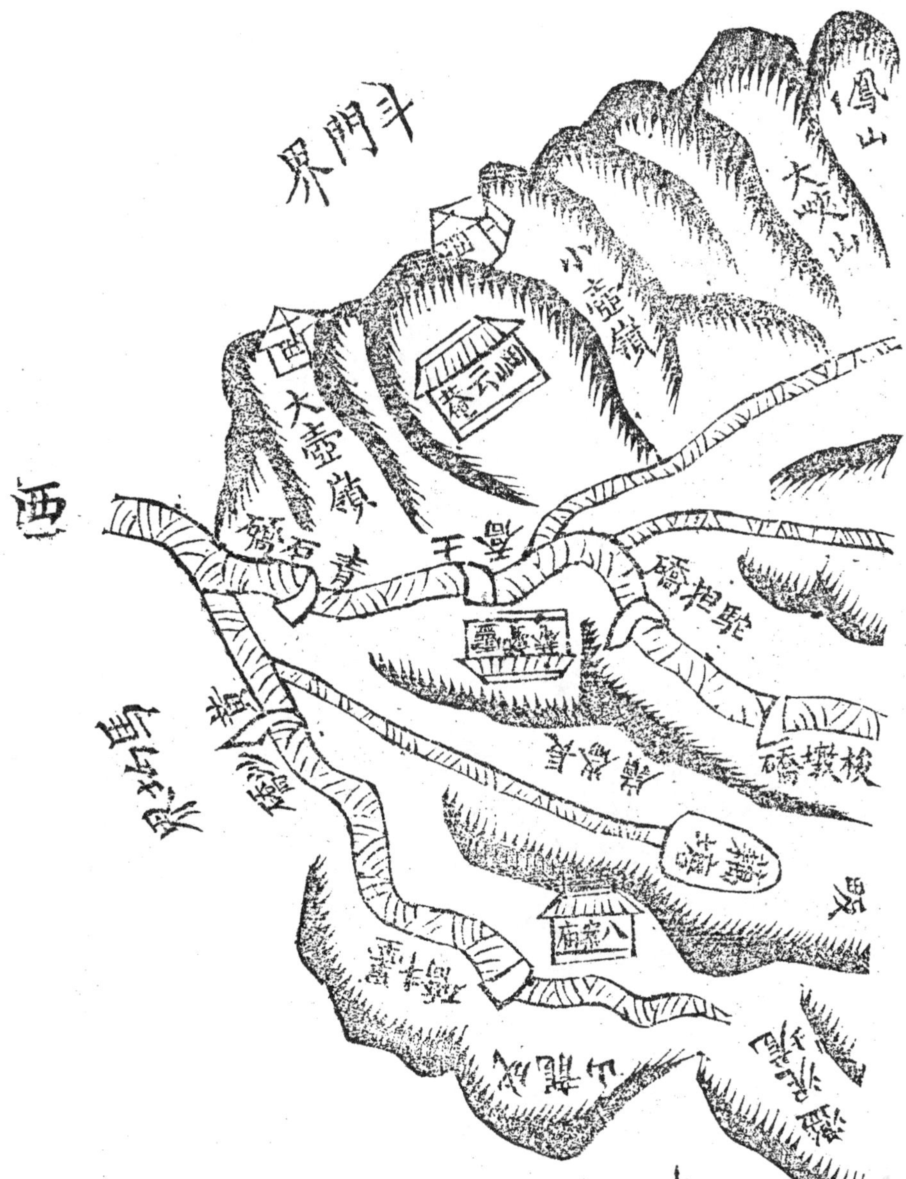
鳳山
大峽山
小壺嶺
大壺嶺
斗門界
西
青石橋
駝背橋
八家廟
白石界

南鄉楊林團故產楊因名　距城三十里

楊林團圖

楊林

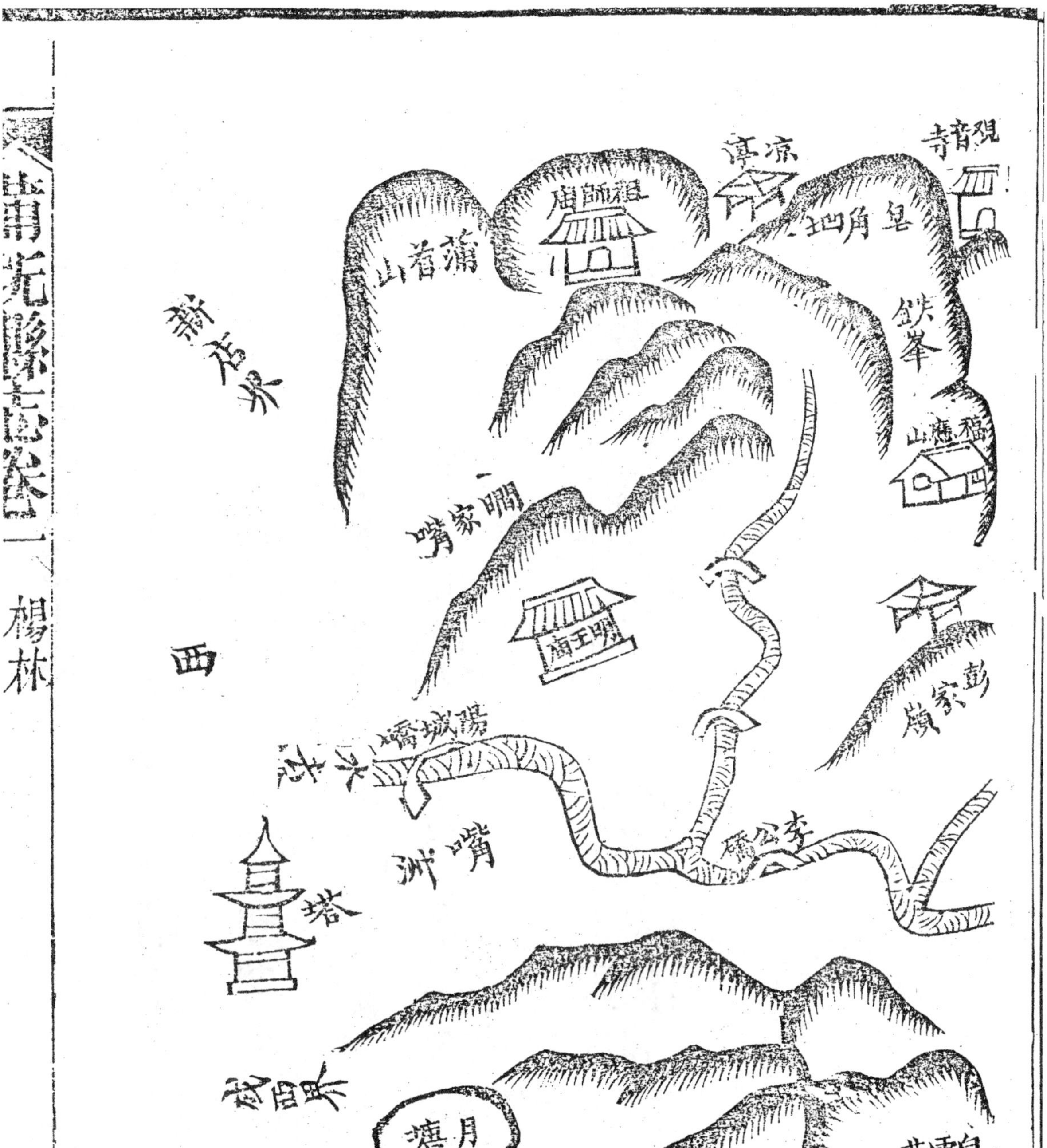

觀音寺
涼亭
祖師廟
蒲首山
皂角凼
鉄峯
福德山
新店界
明家嘴
明王廟
彭家嶺
陽城橋
西
李公橋
塔洲嘴
界田畈
月塘
楊塘
白雲菴

知縣勞光泰古驛詩并序

孫權既以蒲圻爲重鎭而於西南跨築城以攻零陵名曰太平城乃古驛路所經居然要之處今驛路已改而楊林諸山路迹尚存惟田間忽不見耳

楊林有古驛直達太平城城上見銜岳孫權此用兵

又

驛自前朝改傳聞信不空尚存人馬跡明滅夕陽中

南鄉新興團距城三十里

新興團圖

新興

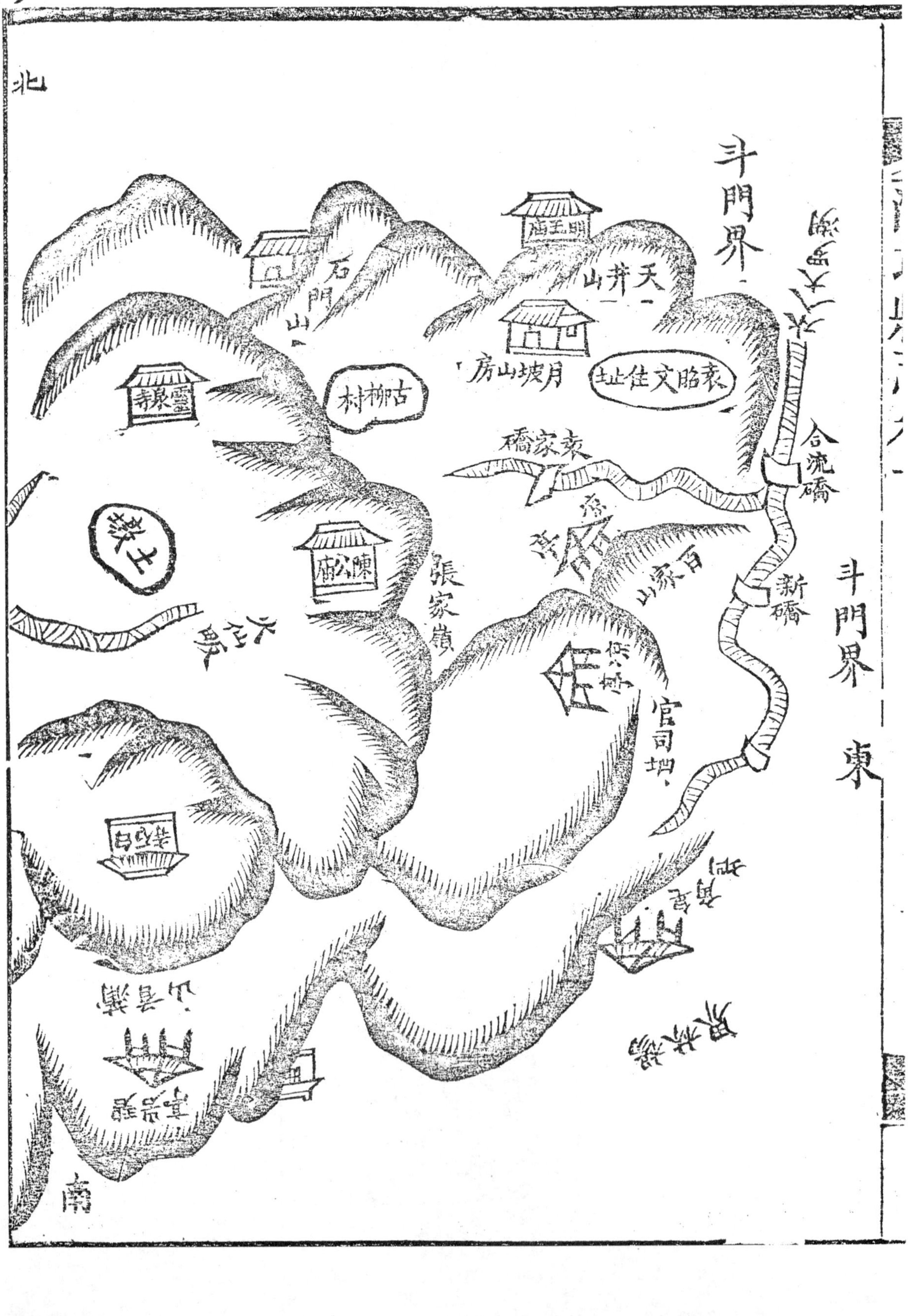
北
斗門界
明王廟
天井山
石門山
古柳村
靈泉寺
月坡山房
袁昭文住址
袁家橋
合流橋
新橋
斗門界
東
張家嶺
陳公廟
百家山
官司坳
南

團圖

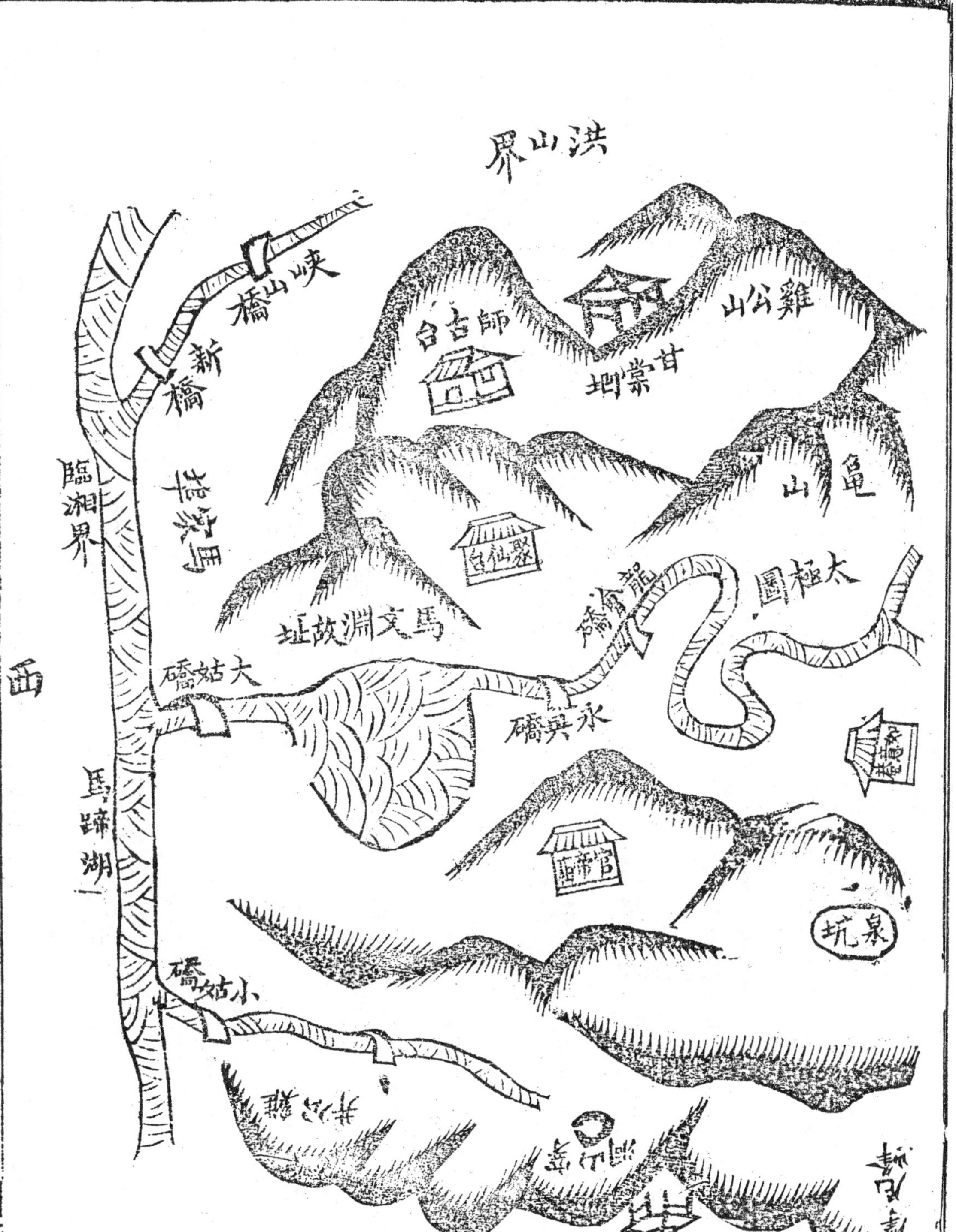

袁昭文修合流橋募引附截

距邑之西三十里以外爲天井山于先君承德公以父兄卽隴在茲山之麓移家是里所經有汜濛焉涓涓不息停泓成澗詎惟逝水發在川之嘆眞令人逢源有放海之思余偕與長子昺創橋以通行李昺題其楹曰發源不無謂也與相數里所謂新橋者盤渦廻旋其流至此分者忽合合里許出而滙爲大羅湖則綠湖而滙爲江綠江而滙爲海合而流之滔滔滂滂豈有涯際于每過之心目覺悠然俱遠也第當合流處政扼崇湘漢沔之要害溪漲旣高行李坐困嗟嗟衆生方流轉苦海中是當忽彼無岸耶長子昺議卽其地更創一橋易其名爲合流而商之於于曰源

之所發其息深深則沖而徐引易爲力流之所合其性勇勇則怒而騰濁難與爭夺逐自愚公移山大非一手一足所能辦自非與邑爲紳先生士民共成之甯有濟乎而當今宰官身爲世界大津梁者有明府尹侯在敬賞之以慕

祝世禄滄湖釣艇詩附何處問元真一葦江之涘直釣不受魚聊以弄煙水

南鄉新店團名以河距城四十里

新店團圖

新店
北
蒲首山
楊林界
凉亭
學尼村
太史凡
金欽坡
碑記塘
城西界
水
東
雨霖嶺
新菴
竹窪塘
走馬嶺
古塘壠
大塘
砂子嶺
般婆山
登仕臺
新溪書院
覺寺
夜珠橋
古井頭
古台山
燒香嘴
灘頭橋
洪家洲
泥灣廟
朱家營
永安橋南

圍圖

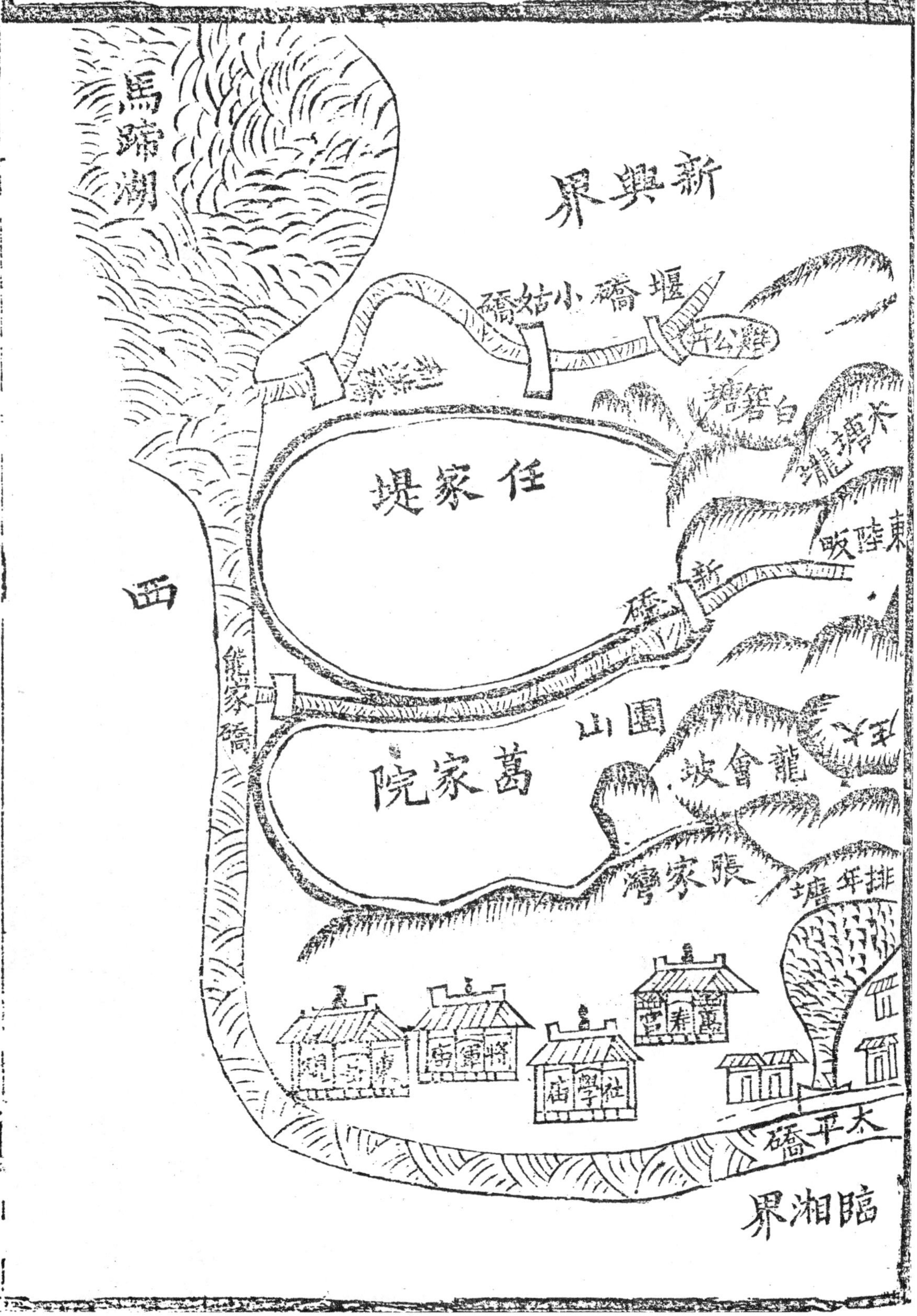

郎僧乾新溪古社詩附入交百室接薪傳好友徘徊勝蹟硏橋左倚堪環駟馬渾濱猶自集三鱣久湮舊址存今古誰振遺風譜管絃遊玩惟祈垂卜築莫教茂草每竿竿

南部城西圖以太平城名距城二十里

城西圖

城西

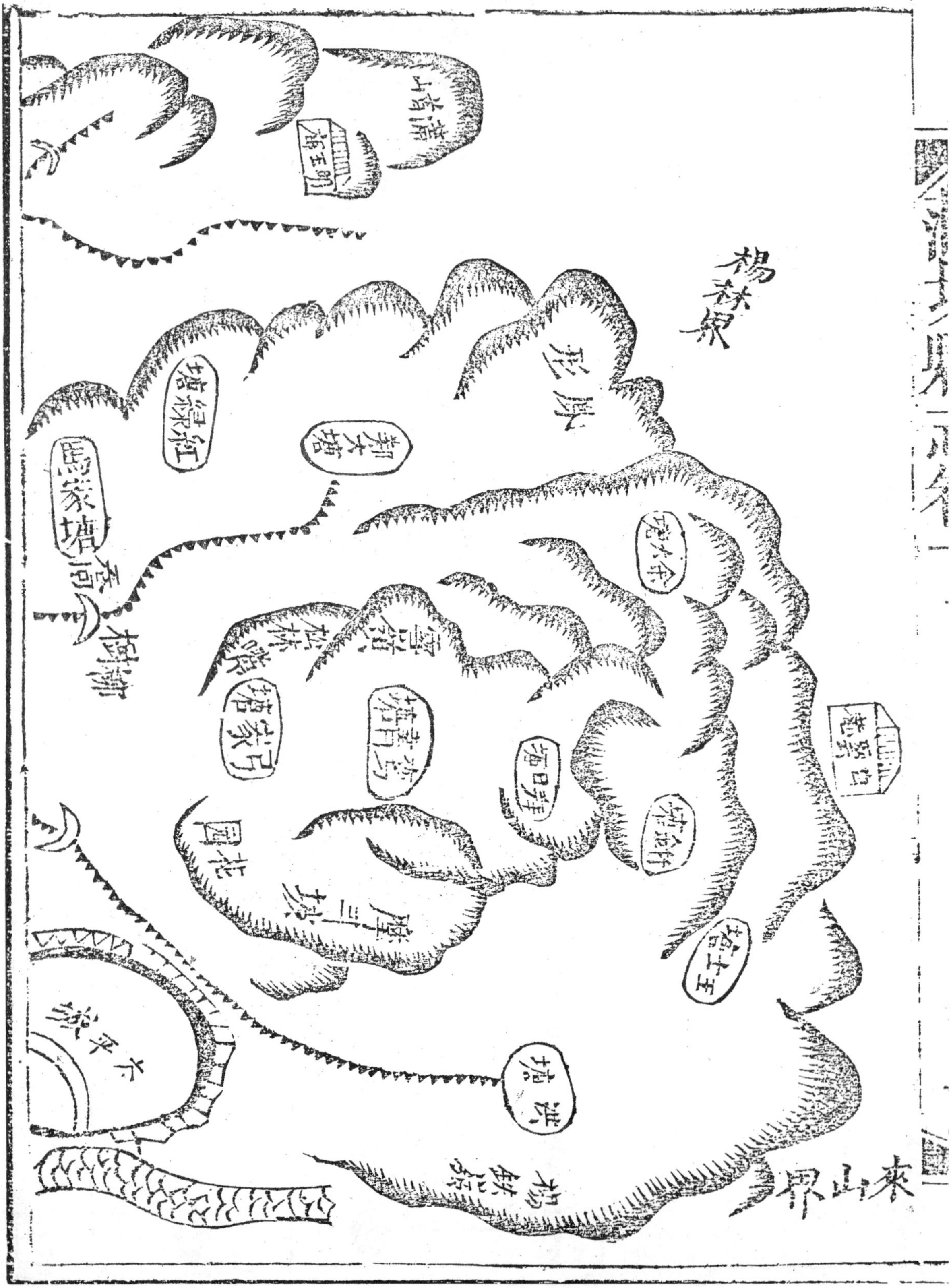

圖

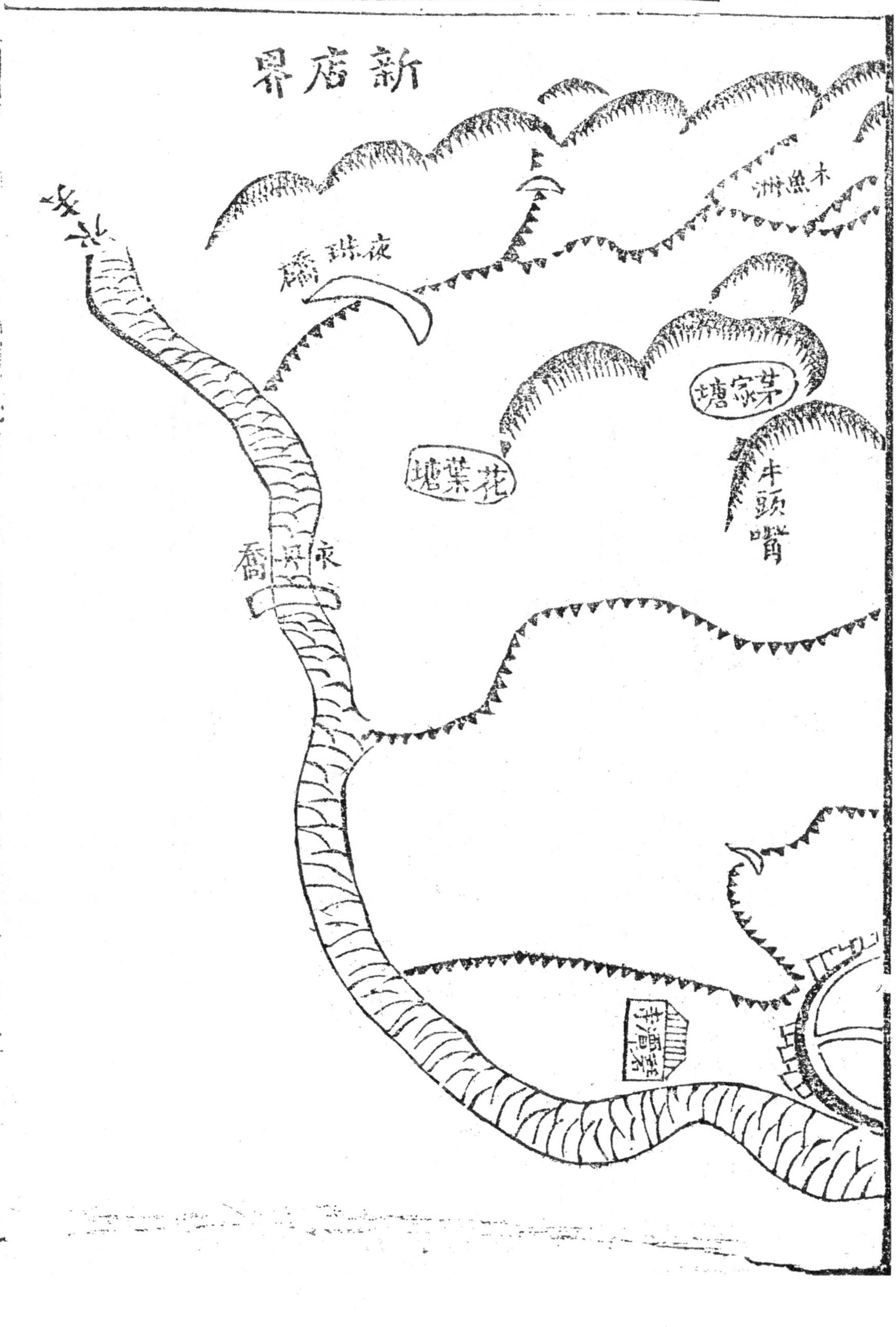

魏　觀遊地藏濱偶成詩附雲扉俯瞰尊湖濱風光適際新陽壓青蟲懸綠不到地黃鳥蹴花時近人酒爲得歡當樂飲客雖非伴且相親朝來羣小詫吾舅二老至今仍皂市

魏　觀都昌懷蒲首山舊隱詩附江霧仍爲雨山花故作容秋風餘鳳雀寒水落魚龍慷慨心多壯羈棲力正慵白雲飛浦上悵望最高峯

周順偶尊川竹枝詞附太平城蹟近南湖故壘蕭蕭半有無三國不知年近遠居民空自說孫吳　雨過涼生夏五初沿街聽得賣春魚呼童更買新溪酒月白風清一草廬晨思堂詩集

南鄉港口圖以鄉名距城五十里

港口圖

港口

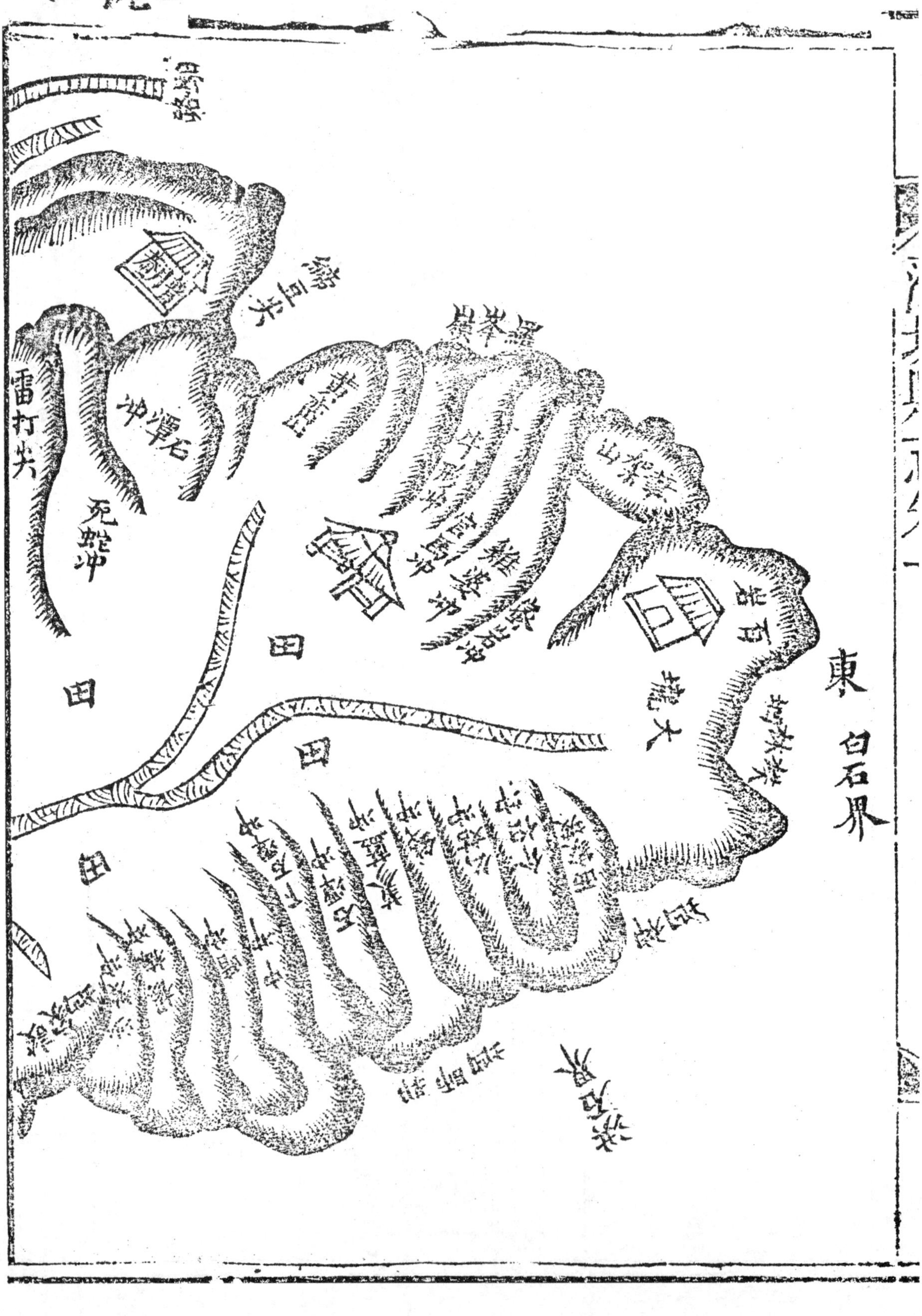

團圖

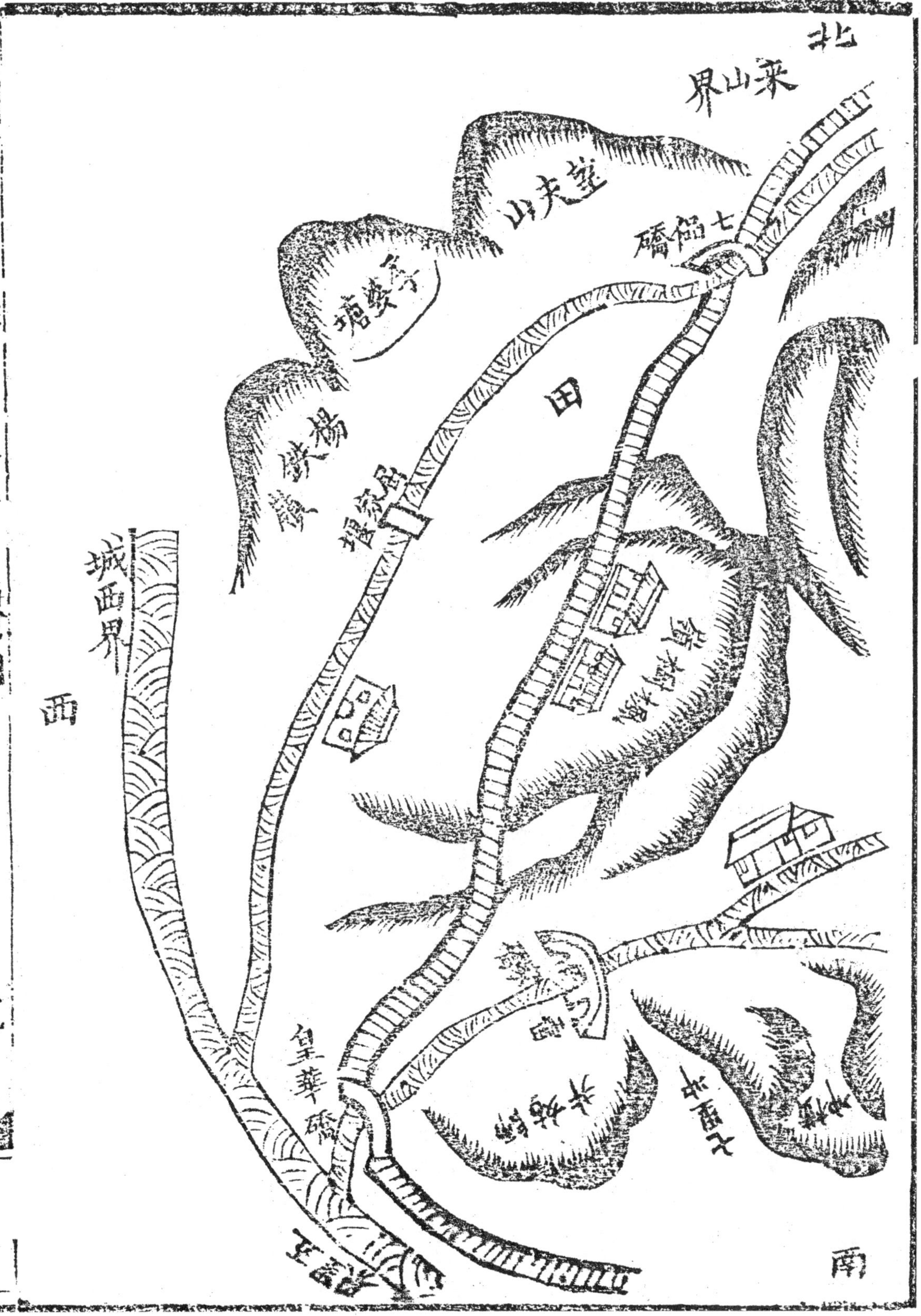

李曰瑚遊百巖記附浮屠師大雲和尚爲百巖開山祖余毀齔時曾面其人目其偈頌未趾其地也癸丑冬偕竹村誠齋往訪吳君松園松園指霄漢間霧雲幢幛奇峯隱現處語予曰此百巖也遂欣偕往走數里抵山麓有寺曰羅峯少息足焉由寺左循脊而上徑寬可尺餘兩旁陗壁邃壑隨行者之邇遠爲深淺俞高乃俞深余與竹村狼狽牽引頭膝相搏如戚施狀相與戒勿左右視目眩心悸毛豎氣喘側坐憇息者數十次始得至絕頂頂有凹袤延約百餘畝賀子曉來結廬在焉四山環匝如城墉水由石竅入山腹余曰此萬仞峯頭尾閭也已乃踰城而下扶樹爲杖時復上曲捫蘿爲綏如是者

不次四顧無所謂百巖僧舍者忽左腋深谷中竹樹翳閉有塔巋然則大雲和尚舍利寶藏也塔旁有石起立如屏高十尺廣倍之平削可鐫過此乃得庵趺坐山門望天如甕口左覆釜高聳為問天臺右鋭錐插空爲摩月峯前有谿如門戶嵐霧蒼茫白晝如昏爲烟鎖谿下視澗壑古樹如百尺樓上凭欄看池中蒲荇芹藻等物庵後危石千仞俯瞰如龜覆屋上垂垂如將墜者巖半有洞望之深黑則雲公卓錫時結趺處也少頃僧延入茶視方丈及故禪床杖拂環墻外泉聲四達如潮引流注釜誠齋松園援杵叩鐘噌吰既歇而谷應良久不散洵異境也時日浸曛擬返既戀戀不忍捨去及回思登

陟時情況慮難爲下迨至山頂賀子具酒餌以待心暢神發大浮十數白遂乘興掉臂聯吟近數十首竟抵山麓此遊可稱大快昔香山柳州諸公盛稱匡廬鈷鉧愚溪之勝而不獲覩此昌黎登華山不得下至作書與家人永訣時又無以酣飲聯吟之策揆之者不均足大憾哉是夕與諸君刻燭分賦以寵山靈而以記屬余故述之

蔡　潮港口鋪詩附夜雨長安路三年兩度過閱人松尚茂憂國鬢先皤故舊咨詢遍寒暄感慨多六峯亭自好奈我別愁何

釋宏濟百巖山居詩附白石以前住清泉之右居吁雲環竹榻引水遶茆廬古澗流新月小窗吞太虛應知藪澤樂盡是更無餘

南鄉洪石團距城六十里

洪石團圖

洪石

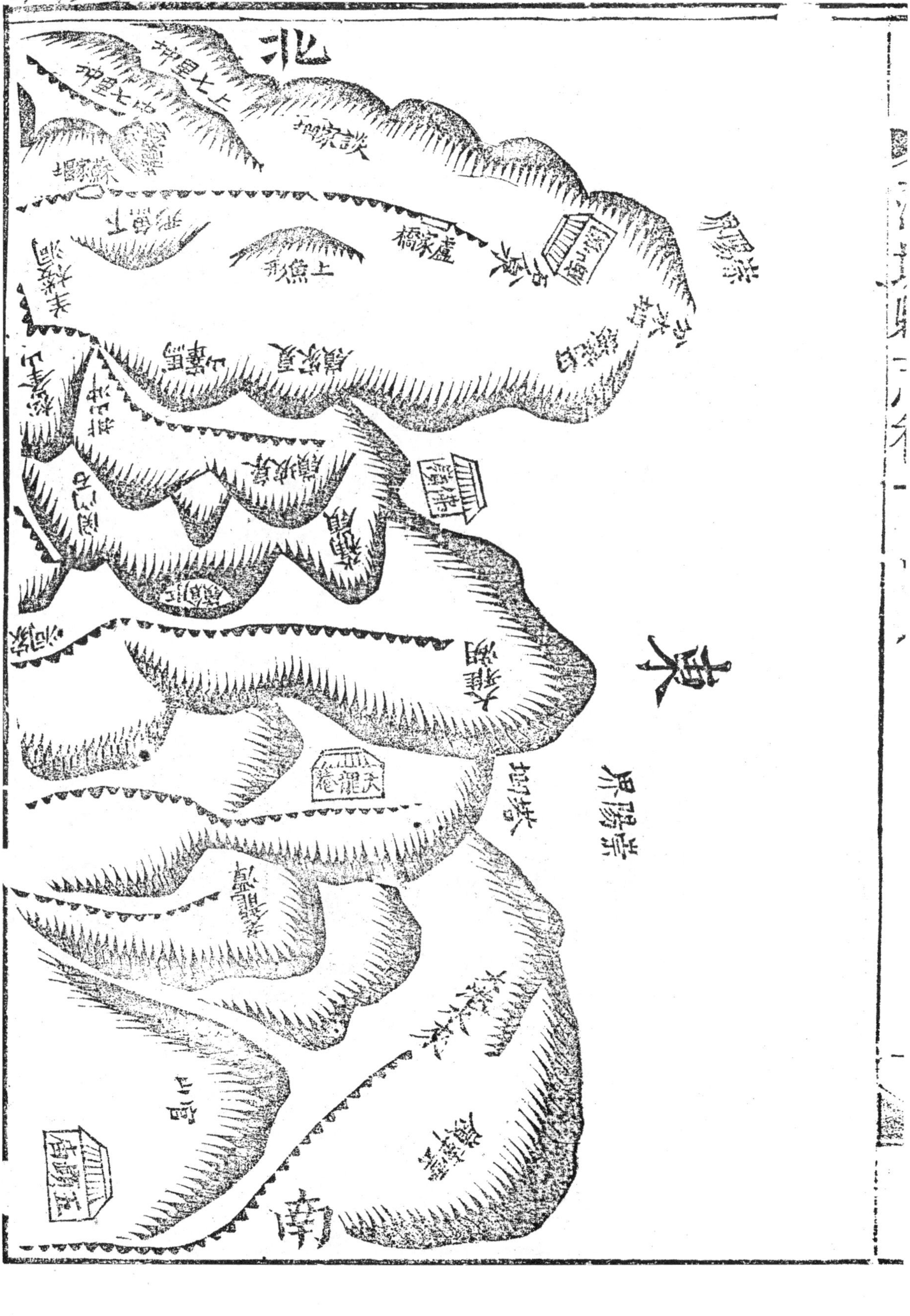

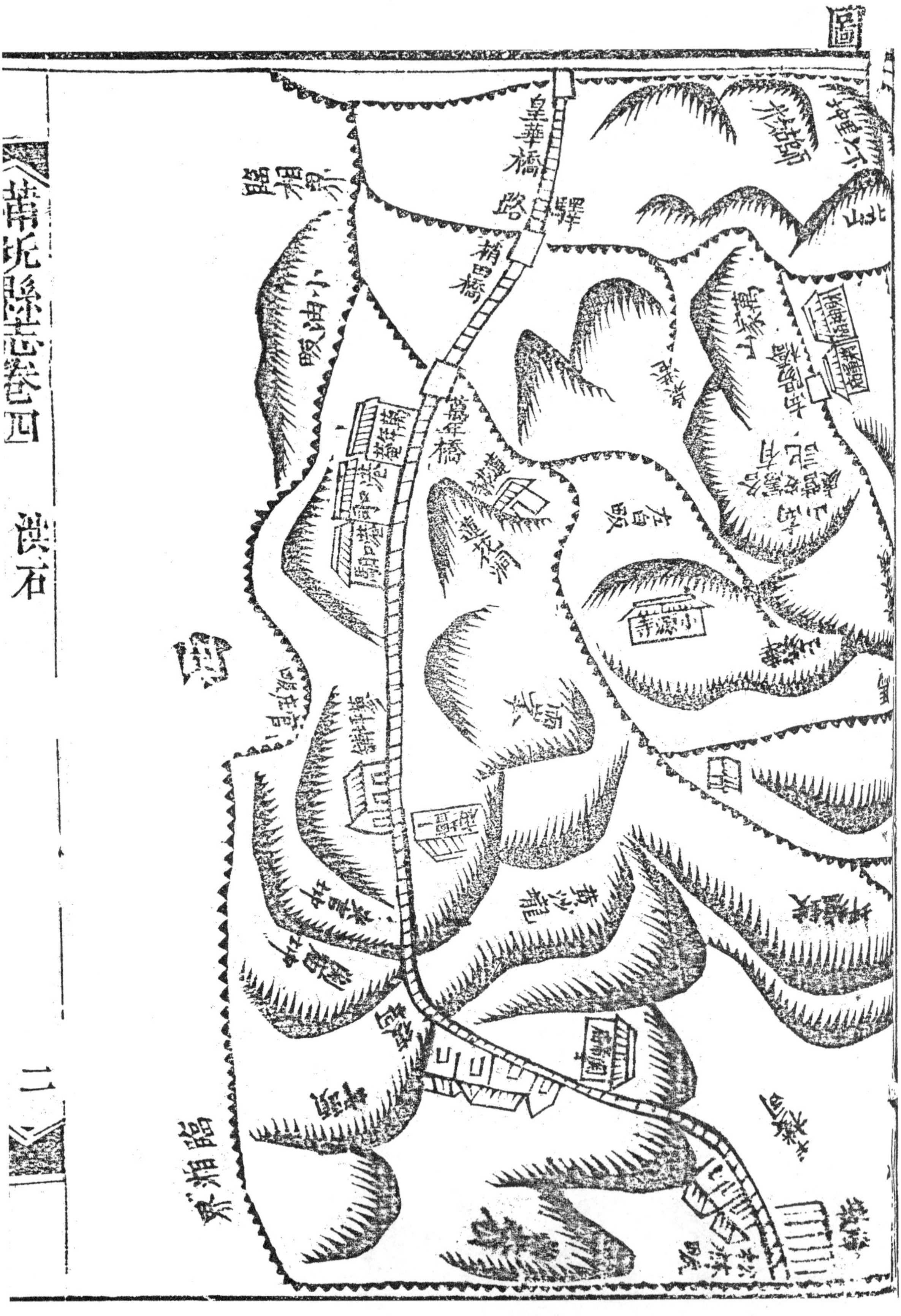
蒲圻縣志卷四
皇華橋
驛路
萬年橋
北山
小源寺

魏　説蓮花洞記附截蓮花洞亦小景也然自港口上下數十里内山之可以容人栽剪物色增飾成好者則惟此爲一石蓮倒垂洞之中左右相距崖數武内則又加數武而廣可容二佛塵外則寬然坦然可香案可拜臺可亭可門疑亦造物者之所設以待有心之人之物色之者然其由來亦不知幾千百年蘿封草没面目不見至楚南居士始一拈出之爲奉大士像然亦草昧未竟厥好余一日與崑岑楊丈約會于茲崑岑以先一日至一見流賞與洞生指點規槩當作何剪裁作何增飾不啻指掌余次日至其流賞與指點一一與崑岑不言而合焉余兩人是以共捐貲再加葺飾

鄒應錫石人泉記附載自羊樓洞遂上連山四合如衍玉山之北絕頂一石如寄飛舞欲來山之南一石據其腰如墩堭軍士延頸四顧此二石可望不能躋也名石人者卓可三十尺突起平野雖有根已斷若不相屬上復一石寄其肩土人謂有致之者語甚奇側視如羽衣道士長襟曳地旁一石薜羅宮覆從石人側橫視之又如將軍臨鞍顧盼又五十步始得泉周環可數武索水源不得詳視皆湧地出如沸鼎泥沙覆於其上頗混濁坐久偶如鏡者僅移瞬耳琹管聲皆從十步外流水中聞之從泉上復觀石人又如金仙氏前法立者以是爲石人泉云

魏　說港口雙橋記附載邑大夫可任林公以南宮大魁出宰吾邑其文章政事古之循良其慈悲利衆今之菩提種種懿美他日當有別紀惟茲二橋距邑六十里而遙環萬山之中開一線之路其上則滇黔粵蜀有事于二京各省凡從岳陽出者則以蒲之港口爲武昌之戶而入下則二京以至秦晉齊梁江浙閩廣有事黔蜀凡從武昌入者則以蒲之港口爲武昌之戶而出而此港澗水銜咽釃爲二渠秋冬爲觴濫之淵而春夏水漲有項羽破章邯之勢是二橋之作不可不炭炭者乃二橋之圮將近百年夫百年之中豈無動念者而何竟無成功耶迺公大慧力人大慈悲人甫行部至此遂油油動念此一念之動決如機發堅如金剛此一念之動乎地九仞人天共說問諸耆老耆老共此油油也問諸士衆士衆共此油油也金不募四方農不妨時務四月肇端十月告成

廖　漢羊樓洞詩附萬石如羣羊山光落天宇我來溪上月蘿陰滿巖樹　誰知龍角原更有羊樓洞溪水抱峯石日夕嵐光動

廖岐南詩附春洞倚雲開花溪入自來溪流繞巖壑何必賦天台

廖道南詩附春洞欝岩嶤山房鎖寂寥古松盤白石叢竹上青霄嵐氣長籠檻溪流半沒橋靜憐霞外侶側望

斗南杓　萬嶂入羊樓雙溪繞鳳丘天開珠洞曉月旁石潭秋翠入梧桐秀香來蕙若幽登臨一長嘯月夕紫煙浮

胡堯元九日登蓮花峯詩附嘉會羣英在躋攀上翠巒銜風吹帽急拂石坐雲安碧樹煙中小黃花洞口寒塵襟聊一放大地識吾懽

王　圻蓮花洞詩附巉峭古洞中幻出秋江玉花開不計年雲氣光如旭瓣瓣如可摘愛之不忍觸耶夜月明時蓮子滿山谷

劉觀海遊蓮花洞詩附遣興探幽勝扳崖踏草萊雲封仙洞古石幻寶蓮開斷碣悲陳跡中有魏楊兩公石刻荒龕問刼

灰蛟龍藏窟底蜃氣儼樓臺
蔡　潮港口驛詩附洞庭倚棹候南風憶得蕁川在眼
中草草三年江上別懸懸千里夢魂同新梅點水冬將
盡羸馬衝泥雪正融無奈長亭寒日短暮雲山寺起疎
鐘
吳士玉萬年菴詩并序附法堂有歛心處三字董宗伯
視學湖南所題近爲無知者毀去姓氏余囑蒲圻令張
君修整之　橋外雙溪合奔流觸石喧荒菴喜夜寂高
枕聽濤翻洗鉢持清課看碑識舊恩思翁題額在長與
鎮山門隨園詩話
錢陳羣詩附古寺依山徑惟聞鳥雀喧苔紋雨後長貝

葉風前翻覽勝回觀俗題詩爲紀恩竹床聊引睡清夢
到修門
劉　墉詩附蘭若人跡寂軒車避客喧淨緣來一憩塵
夢尚飛翻洗鉢龍依法棲詹鴿識恩勸師勤講誦莫倚
屬宗門
鄧今芳萬年橋詩附紺宇平開擁象王雙涵水玉水生
光虎溪清繞達官道鯨背高臨選佛場憶昔枯來蘆是
筏只今鞭得石爲梁駐聽鍾磬晴烟外幾度聲聲送夕
陽
樊艮樞過港口驛覩雙橋因隨喜萬年菴詩附稽首眾
香佛如在衆香國節節皆旃檀來自東海側是佛空淡

相眞空了無色云何紫磨身毫光現于額宰官種風因
十地布功德千歲發曇花前身是彌勒究攜萬年橋津
梁不迷惑菴亦名萬年那剎無所隔我生浩劫中常如
逆旅客轉刼未轉輪無智亦無得閔彼學道人宗教岐
南北守筏不登岸知見紛相格審諦既無言顯義那可
測願燃萬年燈長明照昏黑一滴大海波半芥須彌塞
現在即彌陀請觀樹子栢
王象晟石人泉詩附石人特立南崖麓縢繞清泉十千
斛澄光一泓四山圍矯矯其中萬古獨蒼藤倒拔肘半
垂朝聽黃鸝暮麋鹿忽將片詩爲公祝如許昂藏七尺
軀好攜清泉出荒谷

西鄉白蒓團（故產蒓因名）距城十里

白蒓團圖

白蒓

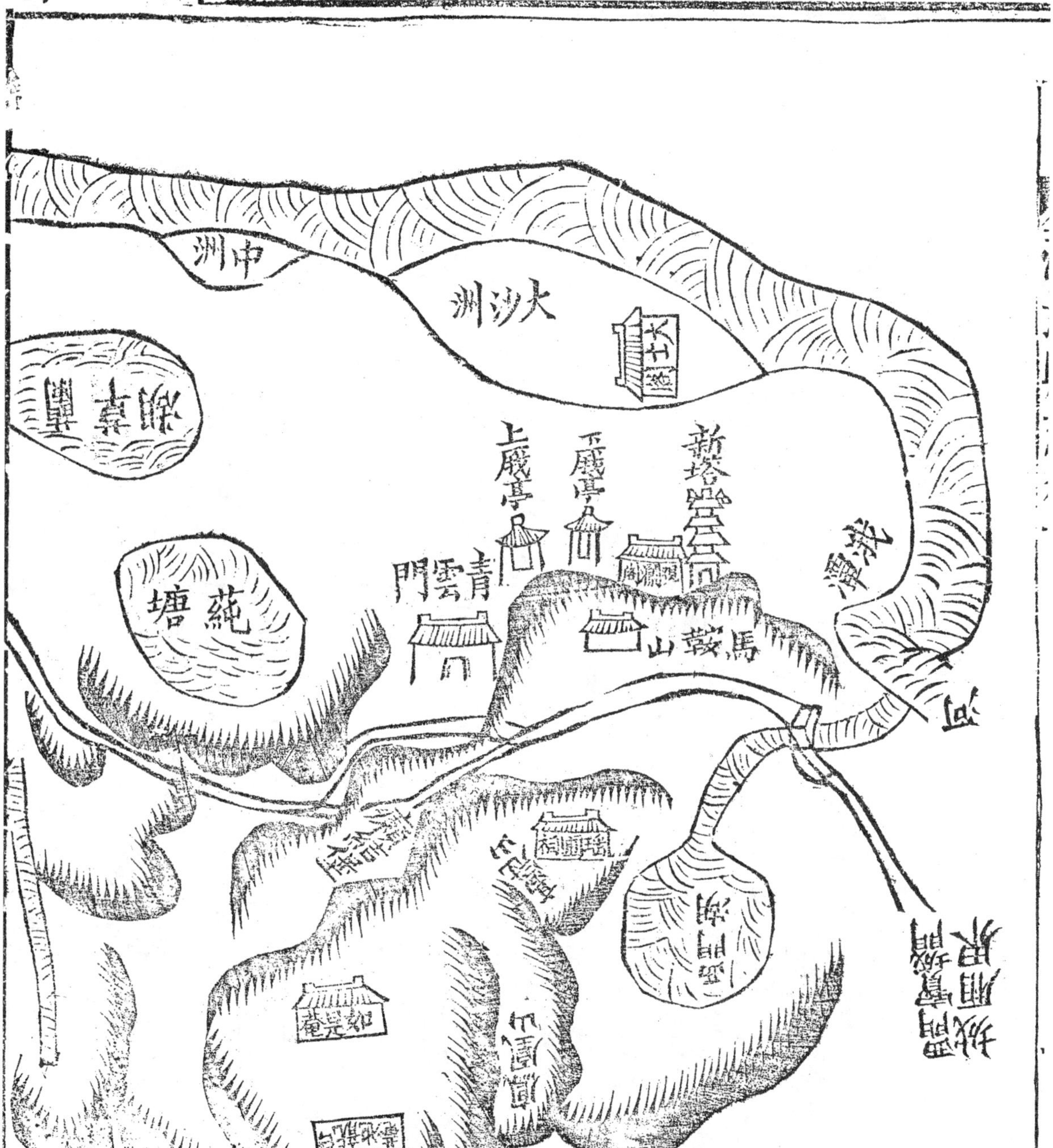

圖 圖

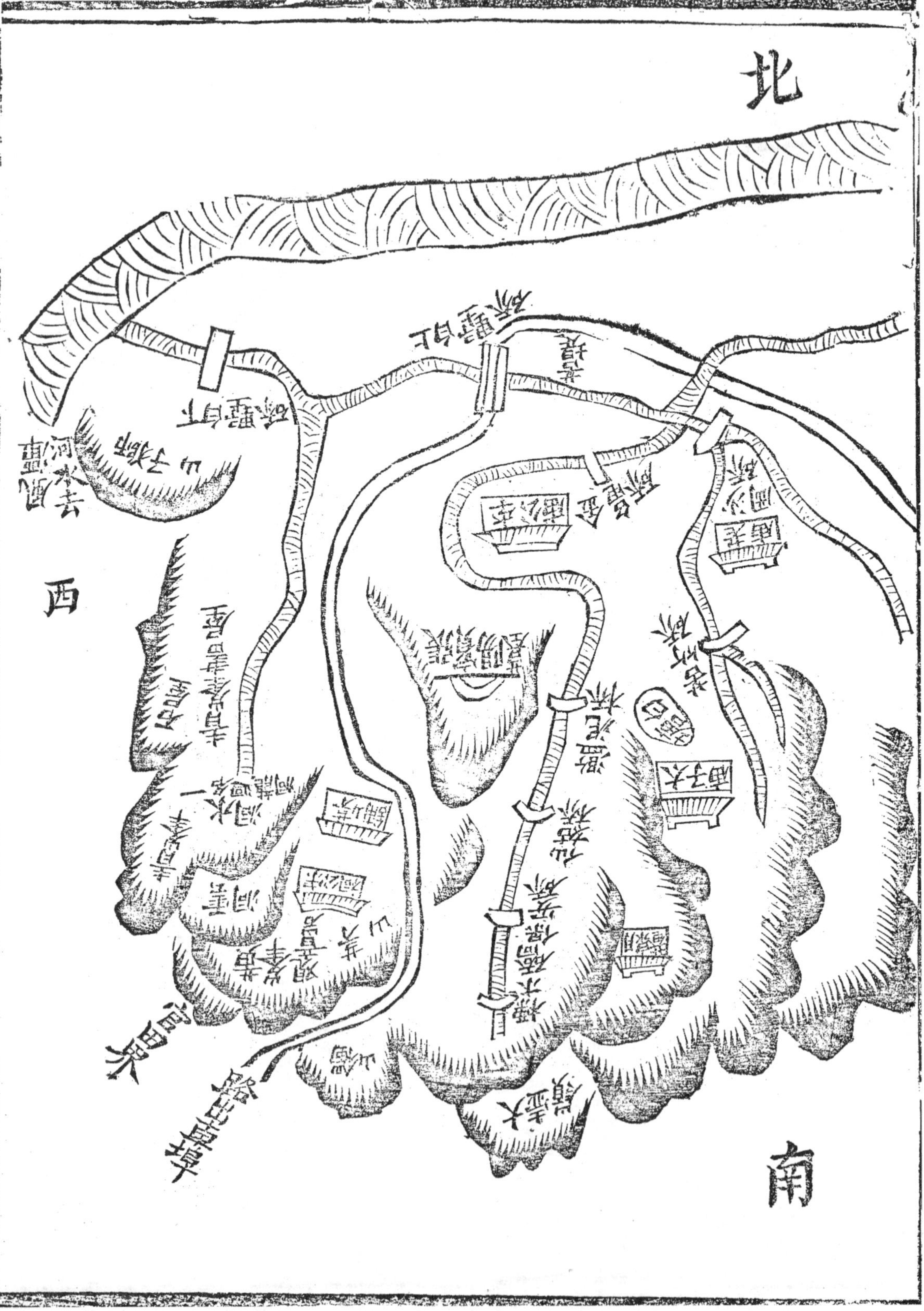

自苑

知縣勞光泰馬鞍山石塔記附去城西二里有馬鞍山由鳳凰山劈支爲西門之蔽人不知其可屋也而自城北門觀之陸水由城南來繞過北門折而西出馬鞍山横截其衝青鳥家謂之鎖水山然猶夫知其可亭可閣而復可塔也今東門靈應山有塔矣自前明建之中廢改嘉慶三年復建而位置不協則景物不妍蓋又越三十六年而余始至焉又越二年而者石塔於馬鞍山之凹塔凡七層高六丈五尺塔以南可閣則閣之爲觀瀾閣一可亭則亭之爲亭二可屋則屋之爲書屋三既又繚以短墻蒔以竹木中有露臺有庋有几皆因山石自然而成其位置則畫人之態也其增損則詩人之眼也

而樂捐輸効奔走則又邑人之深契於余而能相與以成也凡費六千緡有奇貢生陳杏昌武生謝上恩等職勸捐貢生游步雲陳光聯司出納監生陳脩榮武生謝得魁辦物料而謝上恩陳脩榮仍同武生陳逢清監生王明福視工焉是爲記

朱　珪青園書屋序附蒲圻白蒓張君讀書茅山之幽行窩而文深頡頏乎古人而兩忘萬物行隨雲氣棃然見其山川乃躋武當蹴祝融闞太少之室懸絙束腰西攀太華之尖北陟五台恒山東晞日觀江淮河海若鈎帶乎厥趾蓋有年矣嘗然嗒然曰噫是其瓌奇奇蕩不越吾青園之樊將皤然休乎故山朱石君聞之曰君之

游約矣至矣蓋仲舒三年不窺園而子長足跡遍天下鄒衍大九州而化人觀一芥自其外者游之將萬漏而一掛也自其內者游之則雲夢不足蔕也今茲屋也雲峒覆其上㘞然而白虹翔水洞環其下謬然而玉乳琤青黃之峯屹如雙闕千屏萬几攢環而駢列亘百餘里君卒鄉族之秀嶷者朝哦夕肄何跂乎草元之廬而遁德之里也雖然君攬江山之逸氣博涉數千卷爲文章翹乎一世而不一當於有司乃放乎汗漫之游而返乎泬寥之居方今羅羣雅搜逸書老師宿生蒲輪連車君雖逃空虛安得常羊乎蒓川而以青園老也乃作招隱之詩其詞曰青園之東兮連山硱磳君讀書兮畹初升春鳥鳴兮山丁丁山中人兮誰爲朋青園之西兮㵎塵瀿瀿秋風滔天兮擊桂櫂君讀書兮秋月縣山中人兮樂窈窕青園之陽兮喬松插天盛夏孔椒兮龍林爛爛君讀書兮搴芳蘭山中人兮癯而仙青園之陰兮般虎窟江漢滔滔兮白日汩君讀書兮映山雪山中人兮粲華髮青園之上兮雲濛濛洞㲉㲉兮梟空君讀書兮穿雲櫳山中人兮心冲融青園之下兮水活活洞繚繞兮鳴環玦君讀書兮枕且啜山中人兮忘飢渴

魏　詔重修凌巖山白龍寺記附截郭外三里以西爲凌巖山大士菴又曰白龍寺踞鳳凰山之左腋四向圍繞如帶石磴千盤而上忽入林谷間廣袤已數頃菴設舊

矣起自唐宋盛於國初泉源在左靜涵渟注初不知其爲異也成化九年歲大旱邑侯葛偶叩泉以禱經宿水湧泉出翌日陰雲四合忽覩白龍從泉出昇天霖雨連日嗣後邑人禱之輒應遂以白龍名泉并以名寺志異也先是大士像歲久弗飭僧思改塑昕夕頂叩早遇檀越一日遊郢中不意已蘐楚端王夢王徵僧至惟夢是符立捐貲命冶范金爲像越三百里遣瑠使昇至供奉至今傳有令旨云舊祠有漢壽亭侯名勝之地亦久爲靈異時萬歷四十七年歲己未適遭灰刼可憐焦土雖林壑異勢怪石幽泉映發清逵而茅屋數椽神容剥落不堪荒蕪也越六載爲天啟四年甲子余自江右歸與

邑大夫吳可先言之吳君郎起爲余言先是辛酉龍圖有獲事已念感鳩花因余言葢搴遂捐俸若干余亦捜橐出俸餘若干并邑人士鄉先生共捐貲若干余董其事朞年而告成殿宇三區垣墻四圍佛座最上大士宅中關聖臨前丹鏤飭其門楹僧寮環其左右噫嘻亦數百年來偉觀哉

張開東觀音石記附青黃峯之陰爲牛安山其山皆石甚峻傑其南有石屹然狀類觀音故稱觀音石余昔望之而作賦者也顧遠視茀識其槩今夏四月過之訪於野人曰此石佛明世供謁最盛其後風雨暴怒雷擊碎其首久矣及循谿徑攀援以登飛崖壁立薄人眉睫童

子顧之有難色輒欲返頃聞上有人聲趨而往則松間數婦人采蕈采葉笑曰君何爲至此遂告之故且問之彼仰而指曰此石是也手捋涼樹杪以解渴余乃立而熟聆其形全具無虧損下博上末鏡如削層髻似戴蓮花巾頸後髮如小束面西南向闔闢欲作笑語胸前白溜如帶高聳數十丈莫可狎玩余惟觀音書冊無考偶見於雜說俳優不可爲據唐吳道子所畫濵南石刻神采如生吾邑鄧君守馬湖得黃金萬觔鑄其像舟載出三峽立於大沙洲寺士女祀香帛迄二百年又南鄉蓮花峒石乳滴成蓮花花中有石觀音人爭題咏他若普陀崖在南海大洋好事走萬餘里往返經年不辭勞遠非爲是耶茲像寂寂老於荒榛無一問者昔之供謁者既絶跡以去野人日在肘腋惝怳不得其真而遠方游覽之士又畏險阻不至盍其所遭之地時然也或日當秋空木落樵夫猶拜祠之悲夫

張開東黃崒山賦附維彼黃峯之巽隩兮匪楮毫之可傳抒胸臆以奇構兮妙體勢之自然觸盤紆以蜿蜒兮氣蓊巃而上天羅列岫於在宥兮未可仰乎崔巍肇視融之蘊苞兮蒓湖亘以崪嵂擁層積而陘絶兮藐堂紀之特出砠碨磥以逼迮兮綴陬互以璇室菁芊芊而勅隮兮靄臙臙以夕入霎澹澹而空明兮影隆隆而鬱壘元理膠轕乎重基兮瑰瑋滋而孕生金銀醞以渥飾兮

賁若太阿之夜明濡天池之玉液兮仙掌直撐乎太清恣元暝而妖異兮駕虹霓其乘輿奧窔偃蹇而中虛兮緘寶籙與丹書浮曇沉沉頽不得升兮乃王喬之所居其陽多山其陰多水環窒經邱摩盪千里北枕大崖南屏金紫排以龍岑扶以亭止幽蘭望鶴雪峰連乎雲臺白鹿芙蓉華辦金桃溶溶爰有二泉鳳凰偏髻蕭育迆遭洪山王子直走西川莫不垂面俯首危如遁雉降如伏虎拔彩獻珍一空萬有背負牛鞍斜迤豐潭儼節耕其無儔嶢石脊之稜稜或似龍龜或類猷禽幽幽冥冥鬼疑神肅君紫塞環朔邊色愁苦又若萬馬千軍啣枚不語左脊石屋實維李公右廻玉枕兩洞祺徿重樓壘

闍莫殫其終石縫涷乳滴爲白雲鐘磬花卉靡不具陳若夫沅湘洶湧以入江兮大江如練而北飛瀦洒潗以俱逝兮夕陽時聽乎寒磯覽山溪其如遂兮沙粼粼以清碧海艄折以帶絡兮若北溟之抱碣石輕舫循岸而容與兮旋櫂蕁蒲之光澤値春陰之雺滂兮增隴滃衍而淵渟檻泉沸若星宿兮沫潼潼以湍瀨瀤濊濊而穿趍兮瀿百谷之交會汩汩滔滔伏行山底漱磨濯胃矗出廻龍之外若夫被睛嵐浥沆瀣嘉植羅生糾枝聯蒂歷歷兮崖間迎人多態唐棣麗葩華連英翹翹荊楚玉竹黃精丹楓駁梓赤樾著梧堇荼薇蕨茅如柔膚谷蘭春秀嶺菊秋揚散綺披靡戎戎煌煌不可勝采但聞藥

香若其虎豹嘯風豺兕戲羣貉眠狠跛麋鹿紅麏香貍九尾白狐千齡獵人求之不得托穴隙以長生華蟲朝雊子規夜鳴黃鸝睍睆載好其音鷹鸇鷊鶚啄木震林離鸞別鵠集止將翔鸛鳩喧噪乍陰乍陽雄雌相失獨呼達旦靜夜啾啾使人腸斷積暝日久雲蔚高陵迷離中原渾不見人靈隆搏樹蝬乃出騰昏蟄幽隧時生魑魅牧犢先歸草木清翠虹消新霽譪娟嬋娟清晨視之美女側眉朝旭未及照宿霧猶聚巒海涇風冷中有神仙遝乎俄景之將匿兮試披襟以獨立嗟江浦之浩浩兮西風吹予何習習朱霞爛天兮鶩暮雲空江波赤兮駭魚龍蜂揚揚而不息兮髮蕭蕭而爲遂日以下兮山

以高悄所見兮惟飛鴻炎飈馳於眉睫兮倏去來以絶踪寸心知不可奈兮御元化之無窮臨廣莫兮追遠道盱河湄兮傷靡草悼游子之不歸歎玉門以將老覇轢西戎王宅汾鎬盛年未逢壯首皆皓英雄賢聖荒縈蔓繞無故念之自生煩惱軒轅玉女隱耀雲間仙侶遨遊硎依徃還摘蟠桃之獻柈兮奉琅玕以沃顔青鳥信以報召兮答予甍以不閑須臾之頃流光濛汜四野人語清音入耳虛谷生聲湫兮如雨不見其底織柯擢吟若行若止萬籟齊作石噴泉咽嫠婦亡人灑淚泣血嬰兒求母呼號弗及送客離亭主人辭楫踟躕邱隅旁行太息太息未巳乃歌三終歌曰黃茅之巔帝子游兮婉如

清揚不可求兮零露溥溥悲日暝兮采彼蕙蘭懷之永兮再歌曰造化爲工山澤修容風雲魚鳥離合相攻至人遊藩撓挑無極張虛葆光蕩滌昏塞飲露餐霞神釆煥發被服六合與天不没用智不斲哀樂亡形朐肸八荒瑩若列星浮雲卷舒宿太乙庭靜攝靈樞以培天根物化長寧歌既闋仰天望推死生窺色相安性命志傺皀索尋大道超凡軼塵自古修德流風萬載以俟來人

張開東遊廻龍洞在雪洞下記附

洞既修水緩沙平冬且涸人可走丙辰春正月十三日將暮春潮未至和風盎谷予納伴侶各秉燭以遊衆咸畏之予曰往遂前往焉門僅高二尺餘俯而入又漸低衆難之予復前往越數十

武拳然一窩眉頓爽又徑徃得一闕處能容四五人石空稍高予曰可以伸腰矣眾咸聚是且憩焉又魚貫而入石若塞得一竅伏以行背齊石面目臨地予亦幾苦倏然大勢若長房中有沙洲清水環帶徹底無塵亦有石參潛游形影碧亮殘苔撲岸含濕欲生眾披肩坦行無所礙且迢迢不窮旋一曲而房始盡嶙峋嶔崎纍壓如垂中通小徑名曰元關元關者洞之重門也蜿蜒進入其關曠渠穹隆空如大廈一談一笑四廊響應古石鄰砌玉筍斑爛石乳涓涓滴滴而爲佛光怪離陸不可端倪環顧而拂此宮一截眾以爲盡予曰未也又俯首入其關有清溪小港彩石晴沙交錯道上此宮一截眾

以爲盡予曰未也又鞠躬入其關復有清溪小港彩石晴沙微風引浪周轉如輪此宮一截眾曰無復去予曰未也又匍匐入其關有兩石分列一石磬一石鼓叩之鏗然其韻各別殆太古之遺乎右有龍床平鋪如席予倦欲睡其側隔於小池不得遂左旋折路層級如梯窮然益幽望其右晧石懸空離地數仞予履危凹遂躍而過挈相挈提登其上復如平地仰其頂隱隱在霄漢之際歸其處若寒磯破釜若古寺撞鐘昔朱氏率其旅四十餘人避難於此蓋聳乎爲白雲樓矣復就樓下依前踵而徃此宮一截予亦以爲盡又逐空去得一嶺如水港泥滑不能躋予與眾攀援而上亦凛凛乎不自持眾

停以望浩然有退志忽有聲淋滴若河濱浣女砑砑隔岸之砧若黄昏野店空庭夜雨之綿綿予甚疑焉又然新燭且行行劃然暢曉容容其堂氣冷而雲迴異人世即而視之蓋水滴石音是也予從座石旁獨馳幾半里攝衣而立徑斷路迷視其下黑雲擁紫霖騰泥霧交沉怪風颯颯有神龍氣不知其幾千萬丈也予迅返駭然謂眾曰請君從此止

馬天錦凌巖志 即白龍寺　序附

吾邑以圻名而不乏山陰亡踰荆泉而陽亡踰凌巖荆泉以水勝别一洞天其於衡霍飛瀑則邾莒之賦也凌巖曾不啻卷石八無得而稱焉稱而志之自何次公始而屬序不佞不佞曰邑

於文學天性然也顧於仁智之好雅多茂先不解即蠟屐芒鞵了不省爲何物中有饒勝情者耳食荆泉便褰裳從之矣余倦遊歸頗厭帀廛晚家山陲恰如屋裏每見朝爽夕佳悠然忘言興至日輒逞作半山舉止或及翠微輒返厭勢不甚辟顏而地骨嶄嶄峆嶜蛇析非有勝具者不濟嚙膝棘踵岩𡾋若不能着不借何有一袈裟地久之忽得曠衍平若砥者可數十畒許遂爲叢林福區云周遭三埀後椒負扆而左右翼然前通一撥面受風潭諸遠峰隱隱几案間物其他修竹叢桂權在後天者置勿論大都龍勢甚歛而落脉甚平坐景甚隘而攬趣甚奢則茲山之勝也蕭志景有八凌巖擯不與焉

夫自荆泉白石蕁沼北渡三四而外餘俱湊拍湢得處
名領所標識乃爾凌巖之不諧里自固宜獨怪鳴吾先
生詞林祭酒讀書其中所留題四十字雅足爲山門鎮
而手勒邑乘棄若遺跡世界缺陷寧獨茲山之遭閒人
紕漏過亦合乎分矣不佞謂是叔敖寢邱念於峽嶂營
兎裘焉乃老不謂次公拈出輒移劄擊賞茲山茲志於
世法中功稱創業而說者至拾山川幸不幸餘唾判斷
荆泉凌巖不佞笑謂山靈出現有緣有數而又有待若
一之乎幸則宇內奇勝盡被古人拈出我輩當於何處
着眼將無矮人觀場而步步跟尋脚踪耶是山有補陀
巖體近自然後爲拙匠累石狀若城門景遂大減然則

茲山幸不爲時人目攝故作解事如拙匠累石狀而爲
我輩拾得了却此山一案惡在其爲不幸也故余以蒲
之景荆泉凌巖陰陽各擅勝場未可遽左右袒它姑存
而不論以俟鑒定可也不然余請以一丸封函買山而
隱次公其以此志藏之龍泉燕洞　何次公諱夢桂
吳　童蒓塘詩附陂塘煙雨淨千頃入虛無飛鳥落明
鏡遊人在畫圖紅疎蓮暫放翠密荇全鋪今日陪陶謝
高陽一酒徒
廖道南白龍寺詩附緊昔藏書地於今三十年燕巖棲
竹日龍洞貯蘿煙洗硯朝臨石焚香夜對禪問奇誰載
酒吾欲草吾元

魏　說詩附得鶴石室迴選地白雲幽酒爲聽鶯醉人
因看竹留林嵐籠笑語天籟答歌喉興洽淹歸騎山山
夕照浮
謝鵬舉詩附幼別禪林老再登躋攀無力怯嶒崚暗思
舊寓傷陳迹細指荒邱問故僧雨過園林聲淅瀝秋生
巖壑氣嚴凝紅塵奔走成何事欲學參禪悔未能
魏樸如詩附十里招提結伴遊紫萸黃菊坐高秋池涵
水石龍湫靜山挾雲霞燕洞幽眞梵暫依雙樹聽賞心
多爲一尊留興闌遲引巾車出明月千峰滿上頭
王鼎彥詩附晴煙生片石春色照清溪路入蘿陰合峯
懸竹影齊看雲隨鶴去坐樹聽鶯啼巖際開松院山僧

龍共棲
李光炳同邑侯江公式繩遊大沙洲詩附出郭尋幽勝
晴沙襯馬蹏年光新物候春色點寒溪平野隨洲濶輕
雲帶閣齊君侯頻載酒笑語動芳畦
胡　珪遊大沙洲觀音閣詩附聽經初罷恣嬉遊旛裊
諸天寶蓋流千頃碧波林外靜四圍青嶂望中悠漁人
網曝沙汀日村婦砧敲野墅秋清磬一聲梵唄動玉皇
香案吏忙摳
馬叔昌詩附幾年未暇恣郊遊今日重來俯碧流蕁水
練光看渺渺楓潭翠色望悠悠魚依釣艇波間靜鳥送
客帆天外秋指點疎林尋小徑禪那野服又頻摳

徐淑嘉詩附閣外林塘寬勝遊晴嵐遠靄碧波流澄瀍
綱集漁舟亂野岸僧閒雲水悠節過重陽誰送酒人借
靜侶莫悲秋歸歟城郭終何事且向三清學拜拒
李彙詩附一閣深寒疎柳邊蓼紅沙白雨悠然偶除榛
莽成花逕漸納雲霞見佛天山月到門將化水河魚聞
磬欲銜煙且教清梵低聲唱莫破鄰村野老眠
訓導曾繼蘭庚戌仲冬偕同事柳西浦登馬鞍山詩附
西北多高山奇氣鬱盤結茲山不甚高實當蒓河阨湘
帆轉九疑漢水障大別不遇開山手靈異何由泄美哉
嘆始基足補造化缺一塔矗雲表山勢遂超絕磴道窮
螺旋犖峰覦蝗埋凌空樓觀飛拔地屏障列書屋臨澗

潭俯瞰波澄澈峭巖石龕平路跌雲棧折招涼啟別館
觀瀾倚層閣展亭閒峨石高下殊錯落苔徑相勾連寒
翠交竹柏風月無不宜琴樽意俱得爲塔助精神爲山
尊品格震澤林屋澗瀛海蓬萊闕潛溪差可擬鑿舟詎
云竊吾儕矜風雅選勝尤高潔峰節泰岱崇徑畦終南
捷流覽萬象低縱談千古傑太白謫仙人昌黎文章伯
當不負此游相與提復挈浩歌驚狂飆捲起大荒雪
教諭柳先庚丁未仲秋同夏卓亭游馬鞍山醉後放歌
附會稽詩人補天手播弄造化無不有蕭蕭蒲城風雨
多笑向天宮借重九設具城西第一峰乘興招來落帽
偶其乘尊川尊我愧柳州柳作記雖無才遊興偏抖擻

出郭輕陰護筍輿憑闌秋氣生戶牖一川飛來斯如斗
清光撲入詩人口浣滌肺腑塵垢山石礫硌矜老醜
掉頭直挾犖山走鎮以靈威秘笈之朱文篆欲蟠蜿攫
掇作龍吼亭閣位置具文心取徑紆迴巖峭陡浮圖高
矗凌天風環視峻嶺俱培塿濛濛烟樹低覆城郭與郊
藪爽氣入懷與倍豪共把金樽傾菊酸鬬殘險韻劇談
心敲罷楸枰仍戰捐我是名場屢北人間局何容爭勝
負芙蓉江上秋已深九陌春風忍回首身世蒼茫那足
論莫孤名山與勝友此日登臨愜素懷遊山之興貯已
久茲遊得山眞精神山不甚高魄力厚挽回羣山推樞
紐能使山中都領母山名馬鞍勢騰驤房駟精靈蟠蚴

蟉我欲騎之汗漫遊鳳凰前驅黃龍後以下多蒲邑山名驂乘
振振獨角麟瑞鸞獅象峙左右天燭列炬鼓笛鳴沙帽
丫髻排隊偶恍若路過五嶽經蓬壺嫏嬛福地探二酉
歸來習靜規中守幽蘭紉佩大竹帚紫芝白尊芼作羹
桃花爲飯窪樽酒玉屏石筍大小壺羅列几案傲鼎卣
紙棚筆架揮雲烟著書萬卷藏之此山傳不朽此想愚
過愚溪愚未識山靈許我否惆悵無言對夕陽拈花還
問會稽叟
縣丞夏守立詩附涼雲閣雨變陰晴遲我登高望遠情
棋局間敲人語靜茶烟微颺竹風清灣環山色全排闥
曲折溪流半繞城蒲眼悠悠春樹晚豪懷惟向酒杯傾

教諭杜浩漂乙丑立春後一日同頎鹿坪明府暨諸同寅遊馬鞍山詩附入春幾一日萬象已妍媚殘雪猶未融天時喜晴霽駿馬邀出遊並結尋山思路滑身尚安水淺溯猶利行行馬鞍山直上不停轡雲門占始登於焉下馬憩上有梧桐枝賢侯親樹藝鐫詩望栽培直與甘棠倒縈紆入觀瀾字存閣已廢旁有膏腴田云是勸農地始知勝蹟修匪徒遊觀計末俗競宴娛幾人重民事卓行有勞公頗識先王意可惜黑山賊一炬無遺制遂令賢侯心省耕莫由寄善哉顧建康早蓄重修志舉念閭民物即此契良吏迴身望浮圖高具凌雲勢握衣試一登天風拂面至四顧羣峰環相向如拱衛一水繞

山麓山爲鎖其孤絶頂建浮圖實合形家義聞諸父老
言是年益科第賢侯造士心千古留佳話望久寒氣生
拾塔趨山寺上人早獻茶七椀投所嗜小坐即下山瘖
峬幸無畏願侯既風流復饒英雄氣爲恐髀肉生平原
騁名驥聲控隨所之一往真無滯念自戎馬紛干戈等
兒戲儒官守堅城賊來先自棄小醜遂跳梁半隸糾武
備況此彈丸邑蹂躪凡幾次及時習鞍馬亦足充吏治
我亦喜馳驅追風借一試夕陽並轡歸郊野共酣醉爭
話山游樂雲氣尚霑袂

西鄉官田團距城十五里

官田團圖

官田

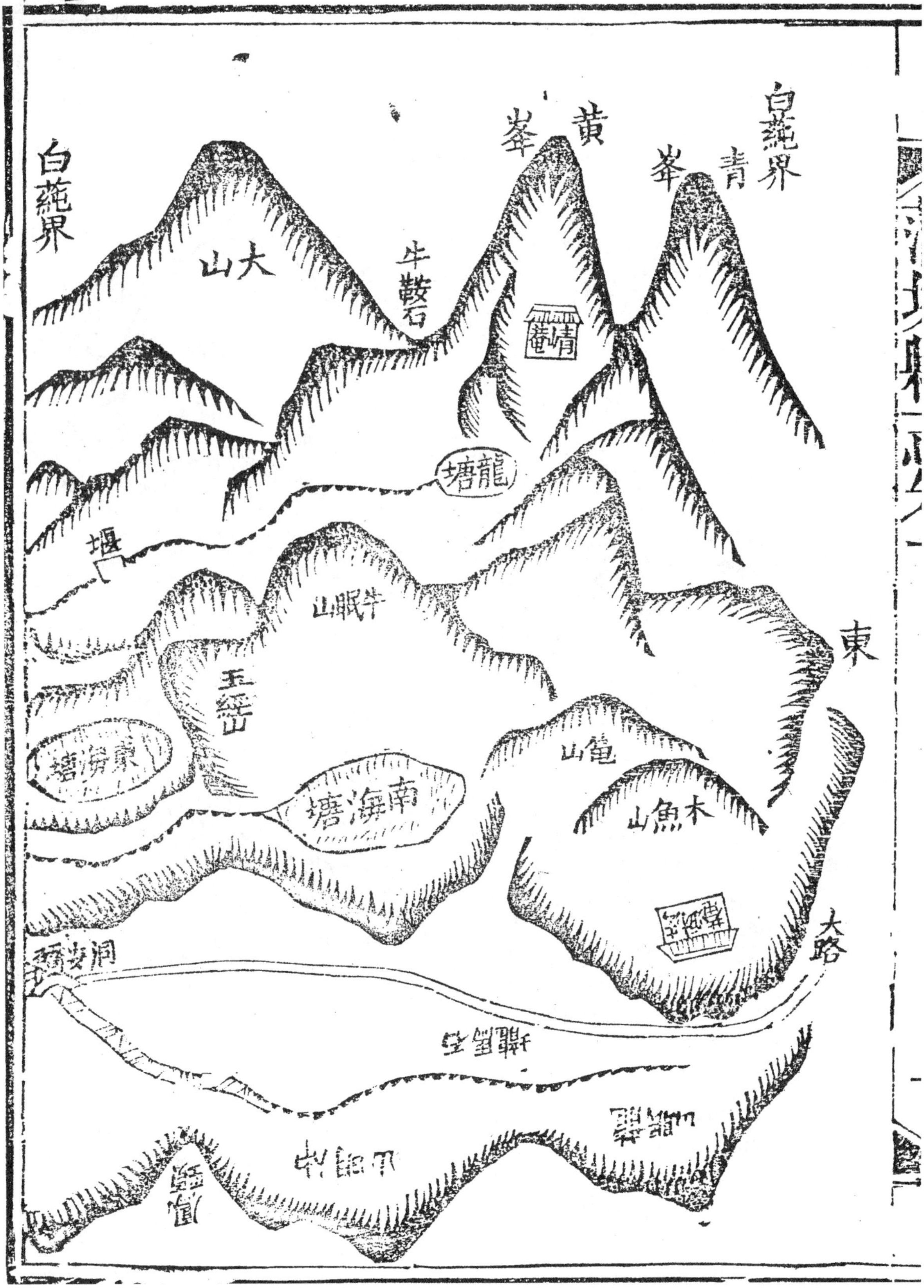

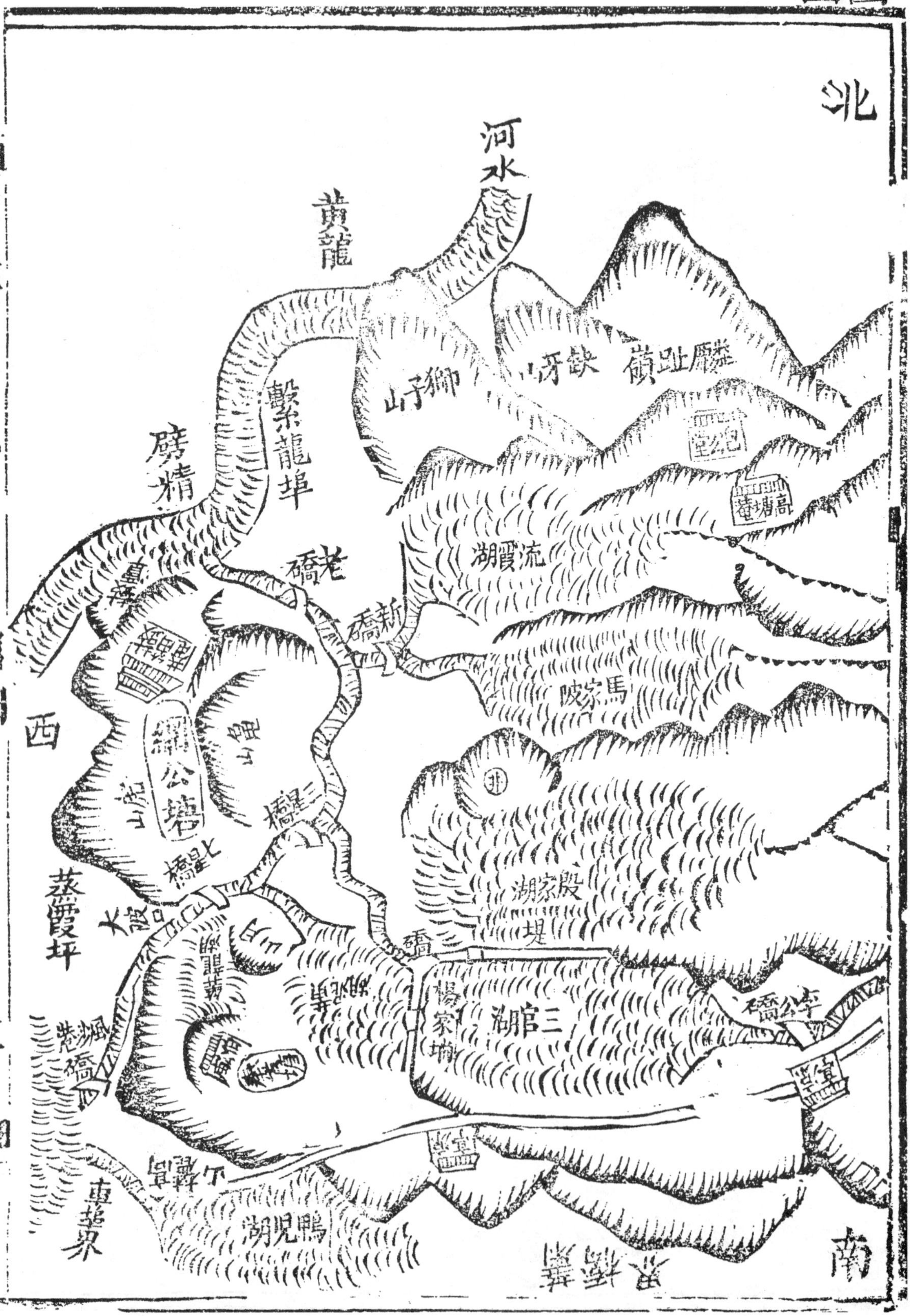
北
河水
黃龍
獅子山
麟趾嶺
繫龍埠
流霞湖
老橋
新橋
馬家陂
西
三星橋
七星橋
殷家湖
堤
橋
楊家塘
三官湖
李公橋
蒸霞坪
鴨兒湖
南

謝長慶五經山記附窮經將以致用也詎曰博取科第哉顧自專經取士而窮經爲登進之階登進卽以顯窮經之用家司馬公明正德間以詩經中嗣是昆季祖孫相繼登第者凡七人惟余不肖匪伯兄列明經抱先人殘編搆塾斯山陽友教子弟從遊者各授一經已而猶子登庚暨生徒王祚垣馬之鵬輩以詩以易遞登賢書僉嘆經術果不惧人而爲之顏厥堂曰五經堂命厥山曰五經山是山也面伯公坪腋對眠山襟二海（南海塘、東海塘）帶三湖（流霞三官鴨兒）麟鳳龜龍效其靈（麟趾嶺鳳頭、龜山龍眠山）虎豹牛馬壯其威（虎山豹兒嶺牛眠山天馬山）俯挹流霞（湖）蒸霞（坪）之瑞郤承青峯黄峯之雄左列法澍庵之森森大木右聽鼓篋

庵之冷冷清音星辰焜耀乎二橋神明山顯赫乎西案山扶輿之清淑環集瀰嶽之靈秀特鍾從玆人文蔚起登斯堂者窮斯經得毋流連乎斯山

敖一瓚鼓笛潭記附莆川自洪溪而下滙成二十四潭西流百餘里至六溪口始出大江余嘗從石魚潭一路看其波折黄龍接壤處有風潭突起雙峯如日月懸於天半五里至鼓笛潭孤峯峭立與河北龜山遥作拱揖之勢斷岸石磯插出波心而水撞石竅錚錚乎如湘妃鼓瑟淅瀝斑竹之聲浩浩乎如塞上鳴笳風音悲切時有揚鬐大魚曝腮石上以游以泳間聽好音乃知昔人以鼓笛名潭爲不虚且岸南建一佛寺高倨峯巔青松

蟠刻掩映白波若天寒雪飛而層崖深護暖氣生焉及當盛暑又覺涼氣襲襲入袖山間四時潭前萬頃造物之貽人者遠矣有詹坪高士馬孟𤳇隱居潭上三十年前余小艇過此聞石窟中有高吟之曲恍與鼓笛潭聲相間而作遂泊舟見先生披鶴氅持釣竿繫紙筆於鉤竿之下藉魚錢爲詩資余同坐石臺酬談竟日薄暮邀至家烹鮮魚出新詩一卷名鼓笛漁歌自是先生願訂交吾亦樂得滄江釣客牟綸持贈義諾千金先生有王艮高風而吾非陽明之學顧何以偕於大道也今再過此山是舊壑水是舊音釣客獨不見於山重水複之間悲夫吾思潭稱鼓笛非真鼓笛聲也天下惟真可久而虛聲不足傳然鼓笛器也有器必有毁敗則真鼓笛反不足傳而似鼓笛者足傳矣似鼓笛之聲而不必藉鼓笛之器是山水清音出乎自然也釣客以性情實之而又借山水之音以實而虛之人知實者爲實而不知虛者之更實矣此之謂詩卷長留天地間

張開東二月登青黄二峯因遊青山菴詩附雨雪連三月晴光見二峯緣溪聊曳杖隔嶺有鳴鍾靡蕪含烟嫩林花釀酒濃老僧無個事日夕倚高松

張開東過老蓋堂贈謝十丈璜溪詩附老蓋千齡含霜枝瀟疏芳高談春草夢猶憶五經堂老蓋在五經堂左峯季文章伯朋從詩酒狂不登先達堂誰識澤流長

金羽侯海船頭詩附石室安禪憶道林蒼藤翠壁自陰森船從海上何年到菊向崖頭此日尋烟渚白蘋來遠雁人家紅樹響寒砧同遊且作隆中賞高卧龍岡寄慨深洞門有卧龍岡三字石刻

西鄉蕭橋圖距城二十五里

蕭橋圖

喬蕭

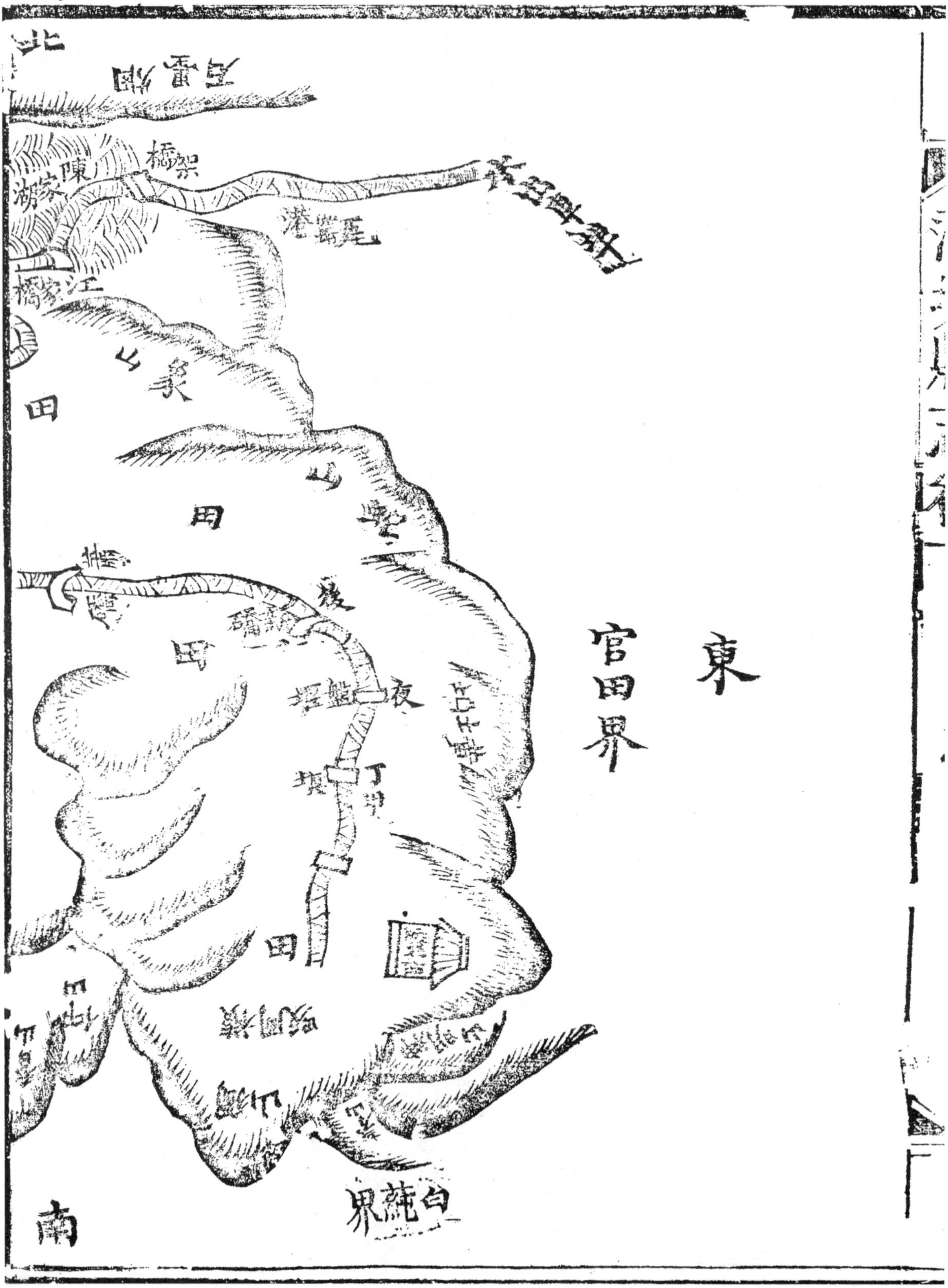

圖

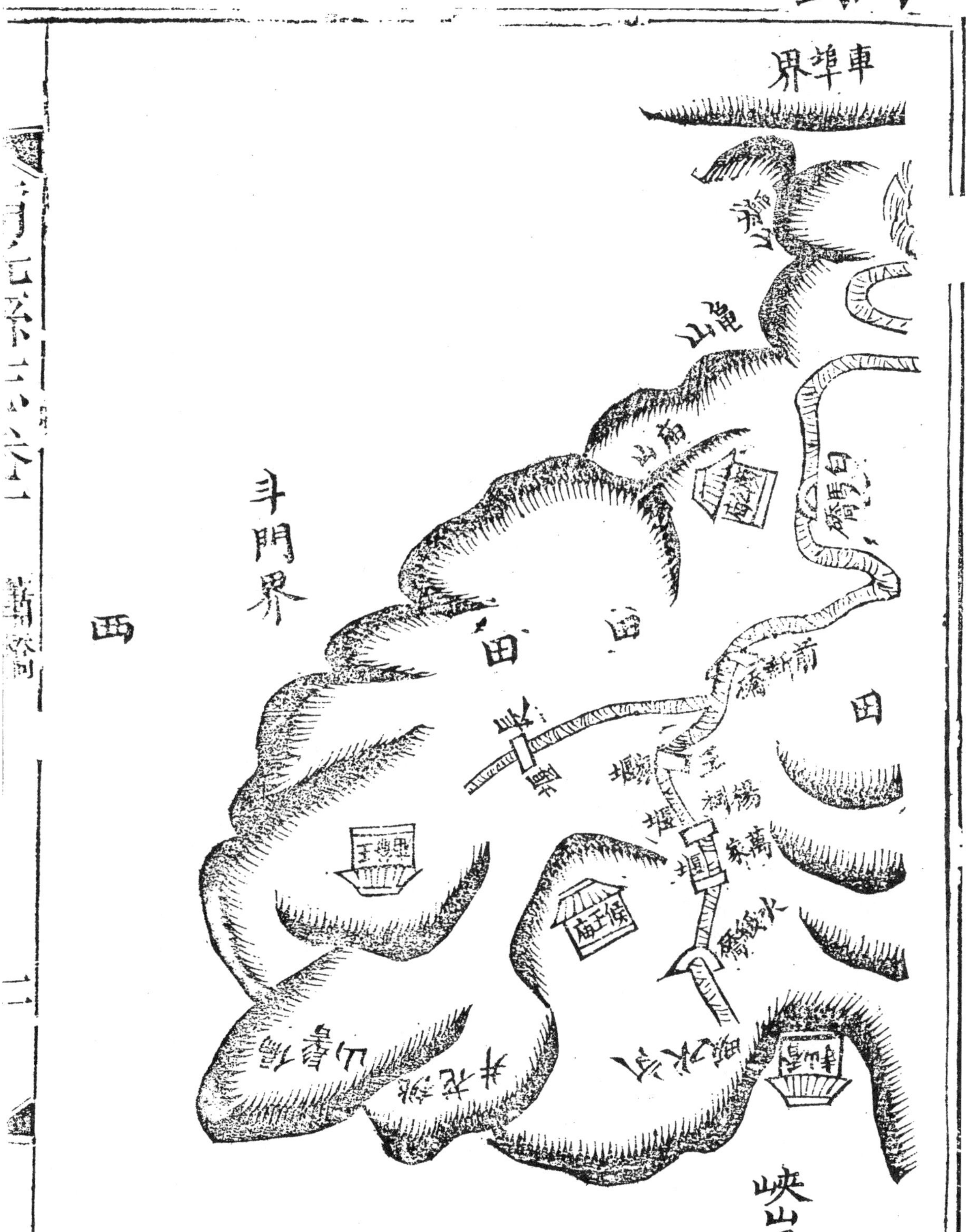

西鄉斗門團距城二十五里

斗門團圖

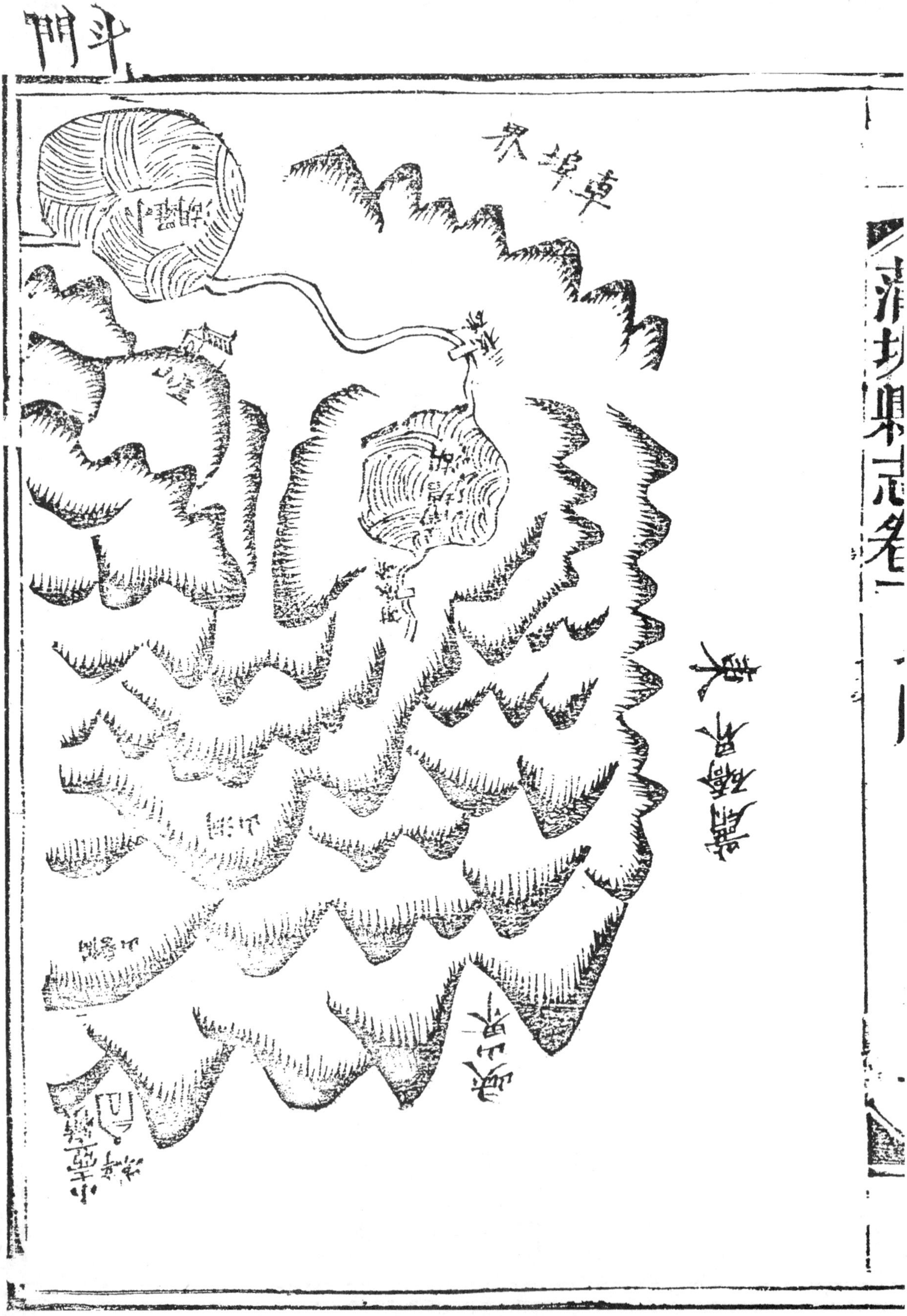
東埠界
東
嘉魚界
咸寧界

圖

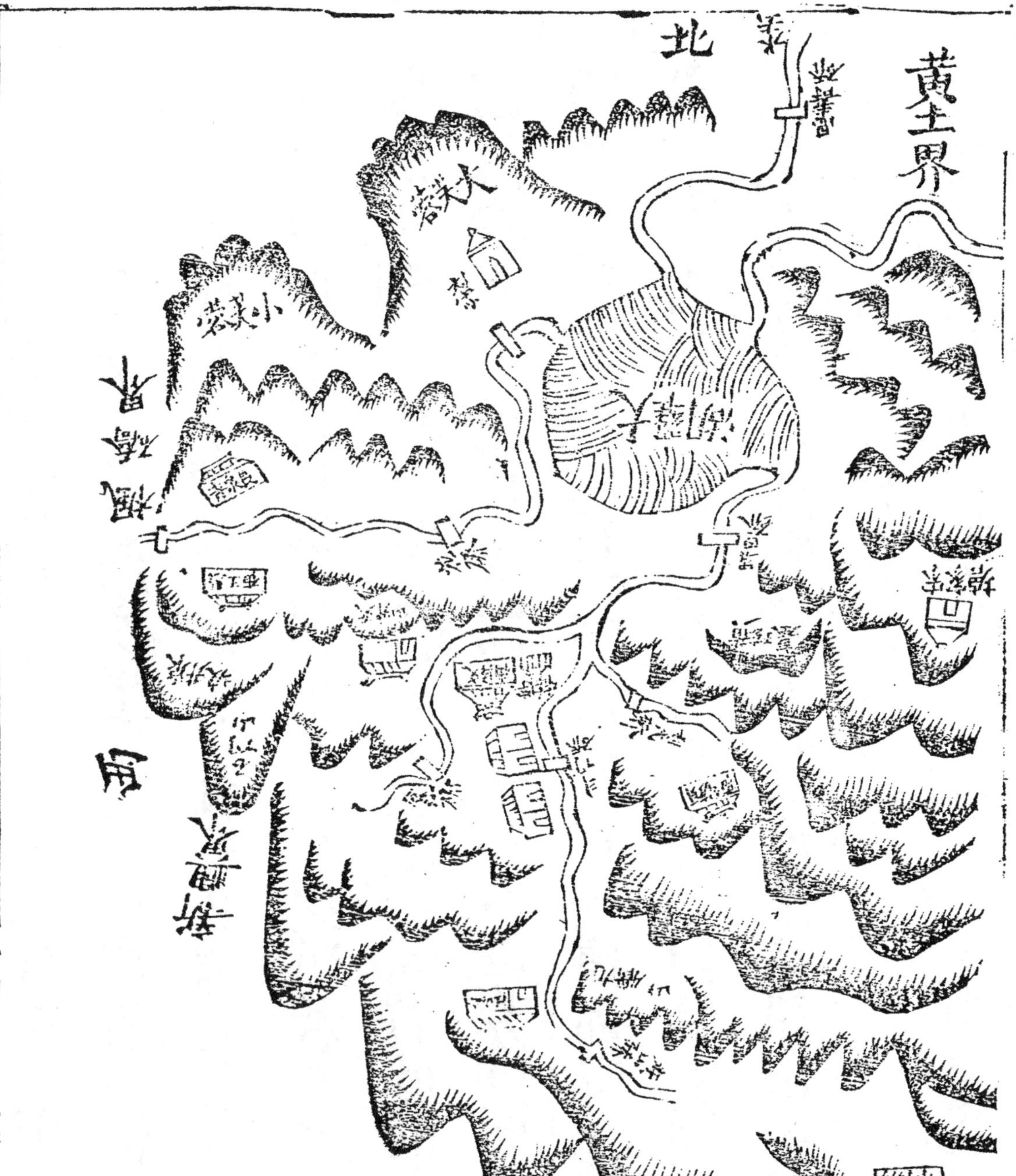

廖　漢芙蓉山賦附繄盧山之靈秀兮負芙蓉之修名聳嵯峩于碧霞兮高岌嶪乎紫清祖五嶽之峻絶兮宗三島之崢嶸予翁結廬于其麓兮集芙蓉以爲宇葯房蘅壁兮臨石巖桂楫松舟兮繞沙渚若乃蓮錢簇壁荷盤映玉爛歲甤其若蘭蓀羽葢而穿竹時則夏雲初斂曉風微靜山色類染湖光逾鏡采紅芳以製裳兮和碧石以充餐弄翠霞以怡情兮吞珠露而駐顏予方歌予翁暮景之詩而冉冉其忘年也歌曰登芙蓉兮山之端采芙蓉兮水之干彼幽人兮考槃又曰山雲漠漠兮水月涼采采芙蓉兮在彼水中央

潛之祗芙蓉山賦繄江漢之涵陸兮帶縈繞以嶺岈列

崺嵂於尊右兮有鳳翥之崢嶸臨矗森而干霄兮毓秉德之羣英爰鍾爰止乃萃乃蒸其東則有汪洋巨公其南則有石門文學其西則有王官大夫其北則有河濱長者其中央則峙崗主人有篁竹在焉屬四郊之光融有平湖之萬頃羅四甫而咸賓羌縱橫而辨論於是汪洋巨公襲猝縩之艷服曳霧縠之雕裳逞英茂之劇談肆玉屑之滂洋磅礴而進曰吁嘻芙蓉並天地始夫何歷年億億徂秋秭秭遺跡蕩然勝事靡紀譬之沙鷗咳喋於丹藁蜉蝣馳騁乎淪碧前人之不聞恐視今之猶昔吾與物理之有盡乘韶光之青葱借羽士而攬秀攜緇流而凌空探茲山之崯嶔訪太古之瑶桐登磐石而遐眺氣魂魂而熊熊則有嬌鳥樂乎新晴艷葩灼乎幽徑來芳風於瓊圃徹高韻於遥聽若且以爲奚適也維時石門文學端然危坐高冠崔巍長佩陸離正容而言曰若子所云襲典午之陋風好莊曇之坐遁者也曾不知芙蓉之獨異於羣邱乎石矗矗而倚蒼水洞洞而環襲不染乎陽乎之室不滓乎兜率之堂夫空空之論可以醒役役之酲而不足以啟昭昭之嗜非非之樂可以藥硜硜之痼而不足以奪蕩蕩之腴子獨不見夫芙蓉之隈曲兮有森卉之郁郁文豹藏而雕虎伏兮走狐豚之喙突夫人久而不泯也懷宏編兮歷陸振人倫而不頹也備古儀兮經曲苟隻文而遺矚也等頑顏於湖目

是故雕宫可誶而文囿不沒覇圖可荒而觚稜炳煌壺將擷其支瀾兼其餘縷折茂先之英舌絨彥升之博口著汗牛之異藻鐫芳姓於岣嶁然後退而緘其書於茲山之石庶幾倣天壤而爲府也而不知王官大夫則胡盧而莫之止也其天軒軒其徒更更金佩曜日長劍倚天振振而論侃侃而前曰予目譽欸於芙蓉之下而未知芙蓉之所訾也予聞之乎山無取乎大而無偶人無取乎介而無徒相彼芙蓉左右前後巋巋扈扈罔非陵阜絡繹連蜷陪側相導出旅邱而獨尊友旅邱而旁紹時出雲而膚合徧霖雨而滂浩匪孤特之獨稱合羣岡而受號山既若茲人亦宜然澤不周物徒營乎蟭螟之窟功不在民曰葆乎豢腯之眞且夫吾身之大以同感爲顱以同動爲趾以同資爲毛以同嗜爲裡參兩大而呼吸登高靈而偕美子徒矗於儌編之矻矻縱成脉望而無所取也時則河濱長者捧腹而嬉媚爾而笑曰甚矣其大而失居也夫善發者不發持之審而發者達善動者不動靜之極而動不窮吾觀夫芙蓉一寸之石可興萬里之雲一尺之谷可暢九垓之薰蘊明珠於羅之淵氣賁津驪藏寶玉於山之腋精變白日且夫木必有根山必有趾根惡其挺暴趾惡其躁起芙蓉所以久而未顯積而日章者以其庚庚然實也天非實則歇地非實則蹶一粟非實則一粟爲粃一瞬非實則一瞬爲鬼

吾與子亦各反於實而已矣四子各建若說莫適是也咸以質諸峙茵王人王人乃胥四甫携酒而周覽焉相與眺於山之東玉笋臨風遨遊其南如月之恒行吟其西二驥騰飛顧瞻而北鵠警而華踞乎其巔氣聯其跟歌乎其麓聲應乎谷以爲山乎而環山皆水以爲水乎而環水皆山乃慨然嘆曰芙蓉者水芝也當其爲蕾斯函而菡菡函而薏薏轉爲蕾應候而成洞淵而出夫巨丕達矣達者芽也文學博矣博者華也大夫大矣大者蕸也長者實矣實哉實哉蕸而華華而芽也且夫牽吾一髮而靈臺爲之忡忡擊山之卷石亦連崑崙之氣而旬旬據方而壹者喪所本而不通也於是援琴而歌曰

石爲葉兮巖爲房巒爲藥兮嵐爲香屐無往而不坦兮合象妙之可王時簃穠而耘耨兮亦夜息而借章可以藏五嶽之大於吾髮之一芒可以噓牛喣之氣滯萬彙而爲嫠時乎時乎靡所于方歌闋四甫嗒然相視維是松濤盈壑竹陰滿庭陶然四顧廓兮吾垠

馬士麟心山賦附嗟心學之支離登孤峯而徘徊撫遺編以太息洵先執之可懷念前盟之猶在何舊館之摧頹尙同好而共矢覺山林之遂閒闕逢敦牂之年柔毛困敦之月爰取材而鳩工斯堂新而搆兀忽棟宇之重光頼聲氣之應求驅予車於蘭畹馳予驥於芝邸諒行藏之共有非徙達之同流取規勸之懿範訂知已於千

秋喜黃芽之翠碧卽白鹿之烟嵐擁萩竹之芳芬娟武夷之溪潭洞庭供其攬掬衡岳獻其巒岡憇風泉之飛沐悅雲壑之高涼玉霄對之欲語芙蓉挹之凝眸聳躬何殊長白揖壓不減羅浮孳峯拱而加舞列嶂峙而愈幽白雲飛兮繚繞赤霞靄矣穿檽時笙簧乎墳典抱冰雪於遺經春風藹兮滿座秋月皎而長吟來躬防表之則歌肆南雅之音如登山而觀海若陟華而攀嵩步昆岡而釆玉何追琢之唯工躋蓬瀛以眺望焉郎阜之可同携求聲之好友論伐木之瑶章命相思之遠駕臧入室而升堂唯敬義以交修至明誠之相將與斯山兮萬古盟此心兮無忘

視爾臧心山銘附山體艮止靈秀呈奇心窮浩渺門戶終歧惟是書屋庋與我而相宜以心性爲基趾以仁義爲藩籬以忠信爲柱石以文章爲羽儀得其門者觀海無涯升吾堂兮人心惟危入吾室兮道心惟微勝友如雲兮就彼山而琢追景行可仰兮時樂山以棲遲無冬無夏晨斯夕斯好是懿德民之秉彝將此心之終始寄水流而山峙

楊尚訓教諭重修心山序附人之神明不測者惟心孔子曰出入無時莫知其鄉是惟危惟微之旨也釋氏清淨寂滅卽心卽性至於槁木死灰而無用苟非講明正學則猖狂淆亂勢不至舉天下之人心入於鶩蹟靈山

不止有宋諸儒言心最詳正蒙以性與知覺爲心通書以統乎性情爲心皇極經世以太極爲心其義莫要於朱子以虛靈不昧爲心虛則無蔽而全體具靈則不滯而大用神此格致誠正修齊治平所爲一以貫之也故從來性命之學原本此心事功之學推暨此心卽降而語言文字之學亦以闡明此心無非去其人之危著其道之微亦一以貫之也異哉蒲之先有立社講學而盟心於山何以故哉今夫山艮象也艮之爲義止亦靜機也靜之爲境寂寂則非慮止則弗靈抑獨不慮夫塊然冥然日深於清淨寂滅而去聖賢之正學爲日遠耶余推而論之入山恐不深將以置此心於無用之地度非

其志或者藏諸名山以俟其人庶幾心理之同然曠百代而相感也不然講藝行禮日與諸君子居此山明此心猶夫八公幽棲巖處讀書著作而及其旣成遂以號於世曰大山小山云爾且夫山之義豈徒嶷固而無適之謂哉山下出泉取諸蒙以象吾心則育德之始地中有山取諸謙以象吾心則學道之終而況春山如笑夏山如滴秋山如妝冬山如睡山之變態何窮心之活潑亦無限故學焉有得於心則凡雲之蒸霞之蔚風之清月之白以及禽獸草木珍奇寶藏之蕃昌而茂育光恠而陸離者無不於山乎見之無不於心乎喻之矣是以於此山而存心性命則詩書易象之所以證其離合也於此山而留心事功則堯舜禹湯文武之所以觀其升降也於此山而游心語言文字則先秦兩漢諸子百家之所以沉浸濃郁折衷是非厚積而流光也全體具備大用流行大哉心山之義乎獨是先儒之講學廬舍有所供給有備規約條教有方鹿洞藍田班班可考要其創於宋盛於明特重於　本朝必有老成宿學董率而倡導之一時乃得聞風蔚起故師道立而善人多然則斯社之修余不慮踵事增華之難而特不知其間之董率倡導以不失先時數君子之意者伊何人哉伊何人哉余於茲不勝慨然有厚望也馬子遂菴[illegible]忘厥祖將欲重新斯社問序於予故爲疏義以成厥志至於所以

廢興存亡之故以及數君子之姓字則曩者馬先生言之詳矣茲不贅

廖　俊芙蓉峯詩附我愛芙蓉好青山飛白雲湖光浮鶴夢樹色落鷗羣翠竹娟娟靜丹荷的的芬石梁坐終日誰復共論文　我愛芙蓉好春深花木芳鳧鷖翔水檻麋鹿卧山房稚子垂綸釣村翁覓酒嘗與來幽意愜時復躡雲岡　我愛芙蓉好秋山照水心石門蘿月靜沙圃菊煙深洞有貞仙籙泉如太古琴盪舟歸去也乘興度遥林　我愛芙蓉好何如暮景清煙蓑媚幽獨天鑒湛虛明藻密眠沙鳥林虛囀谷鶯向來登眺處滿樹碧雲生

廖道南羅湖詩附芙蓉山外大羅湖湖裏風煙興不孤
月明蕩槳采蓮賞流水香花泛白鳬

西鄉車埠團以故筒車埠名距城三十里

車埠團圖

車埠

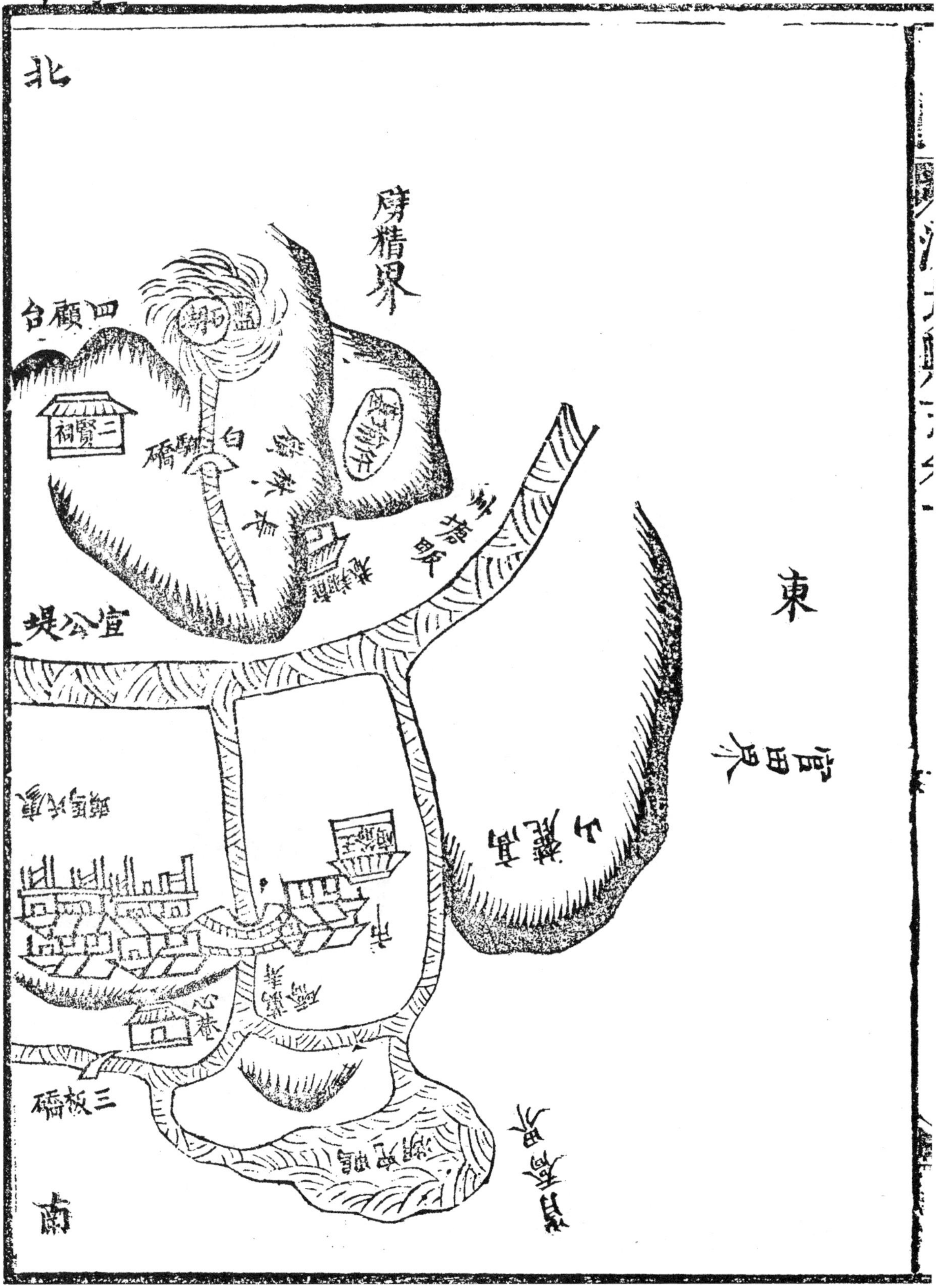

輿圖

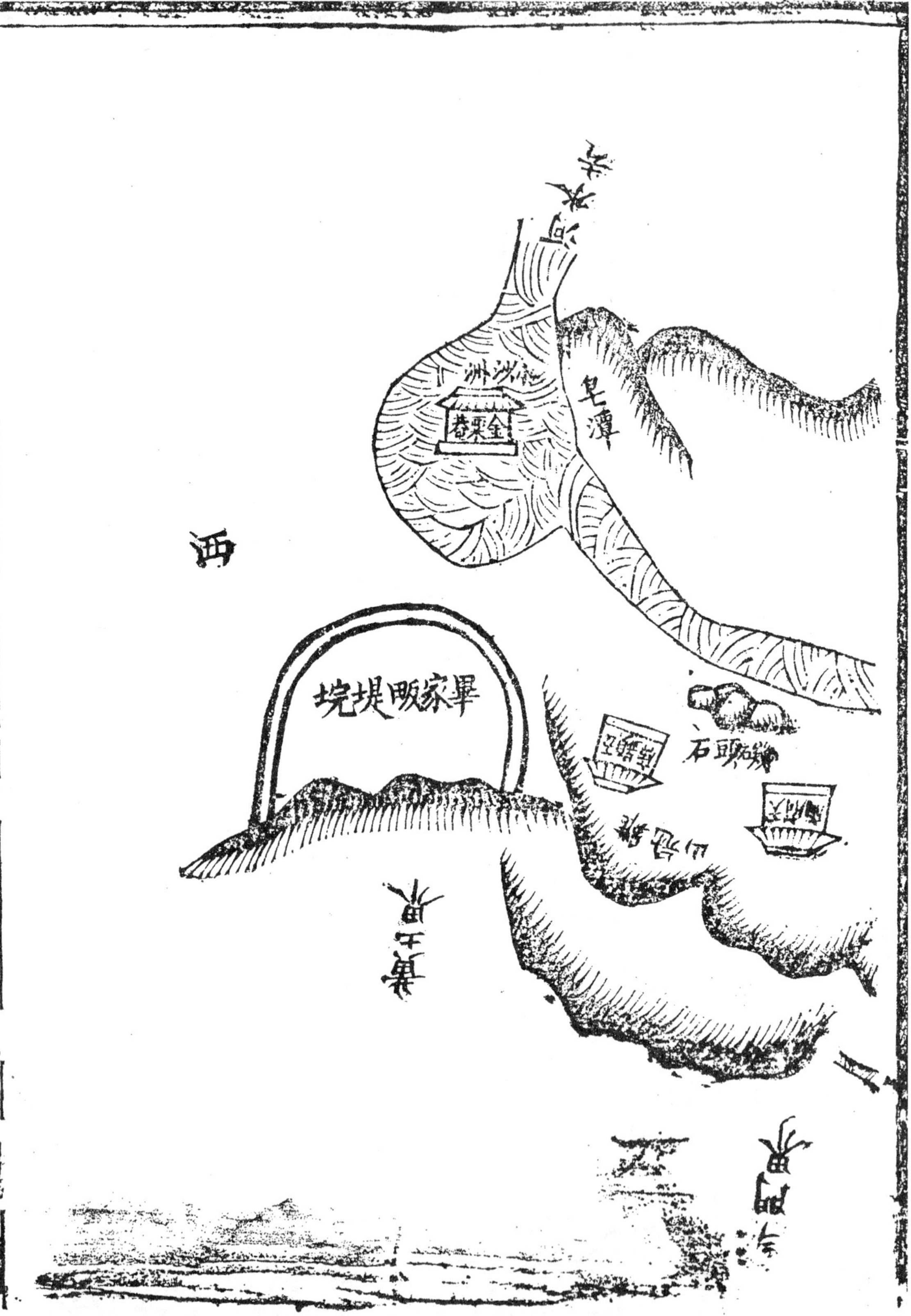

蒲圻縣志卷一　輿圖　二

余開熙募修隆慶菴佛堂引附載車埠下河之滸有山尾然臨于水際河中巨石嶙峋承流嚙浪與風水相吞吐其上則人居輻輳四方走集之地也大岠踞其北偏髻崎其南而金紫桃峯諸勝隱躍于數十里之外是亦維摩丈室之所宜居者舊有祠以祀壯繆關侯而奉之者苾蒭又名之曰隆慶菴夫苾蒭之所主奉則世尊諸佛而佛堂蕪陋其可哉昔東坡居士有云佛滅度後閻浮提衆生剛狠自用莫肯信入故諸賢聖皆隱不現獨以像設遺言提引未悟餘斯以言則崇建佛堂因像設而奉遺言固大衆開悟之所從得甯獨苾蒭事巳乎兹山乃一九之區耳然維摩丈室能容八萬四千獅子座又

何必峩眉五臺廬山天台而後為佛光變異之境哉下未夏初梅子熟矣是即馬祖太師指示大眾之日也余方閒居家園時則盆花浮紅篆煙線青俞奚童構火具茗注水蓮池中忽有客携僧參如佛堂募冊乞予言者予素未學佛其何以應客謂即此清靜景況便有空山無人水流花開之意先生不學佛而深達佛理又何惜以宰官身而爲大衆說法歟因與述東坡語而然之

敖一瓚雞冠山記附車埠山名雞冠為鳳凡謙也縣治鳳凰山居蒲邑羣山之祖歷角弓翩鬐諸峯盤旋三十里至車埠山一大聚河自上隽而下有二十四潭縈洄九十里至車埠水一大聚居民自縣城煙火萬家過黄龍至車埠結之雄鎮人又一大聚而山當而首揷起於

清潭萬丈之表東望縣塔西望長江北望嘉沔南望羅洞四圍皆嶠嶁惟此峯特立河岸上薄雲容其土盡帶朱色舊名赤鳳山鎮上先達疑與縣治鳳凰相埒遂改名雞冠山夫天下山川命名有何大義而先達惓惓若此蓋以人之敢於淩上多因名物嘈雜今蒲城接鳳凰之麓故稱鳳凰驛若復以赤鳳名山則上下相抗非所以端大體也名分一正由鄉而縣縣而府府而省一路皆戴　皇都則以山川之靈而明天澤之義俎豆衣冠事無紛飾鄉野頌禱人無譸張古君子居約之道為足風矣余閭里中紅兼山先生親受業於陸稼書之門先生歸里請學雞冠山下一鎮名士盡受甄陶而人才鼓舞之盛每當考期闔鎮七八十人同日開船諸前輩冠帶送至河上拜别殷勤雖市中小兒亦羡讀書樂境今談鄉風而故老無復存者葢其盛事為已古矣晏廷斯鎮逐末者少後來商船四集居人啟業縱有戴儒冠稱藝林者歌臺酒肆輒發高聲敢於薄前型而議先正君子懼焉嗚呼前人事事守約郎山名不敢僭擬一時文教駸駸日盛後人自矜才華濡風俗以為厲階名實成敗之判不可斷其所終乎易曰地山謙又曰卑而不可踰此峯雖高而下臨於河上非謙以居卑之象乎惟前人能以山謙而山象亦以謙著矣吾望後之君子思舊德而挽頹風方無愧於故里名山也

王應斗車埠詩附昨夜江頭臥僧閣三更彭彭鼓聲作道是龍船開首時兒童拍手争歡樂端陽猶隔兩旬餘技癢先期難束縛屈平忠憤本難平所幸千秋不寂寞究竟繁華踵陋風翻因弔古成消削朝來歸艇放中流兩岸桔槔聲繹絡商羊不舞田疇空又見追租人叫索憂長樂短實堪吁那有餘功競喧躍家園習俗總相若惟正不供供浮薄紀事傷心淚橫落

西鄉白駒圍名以橋距城三十五里

白駒圍圖

白駒

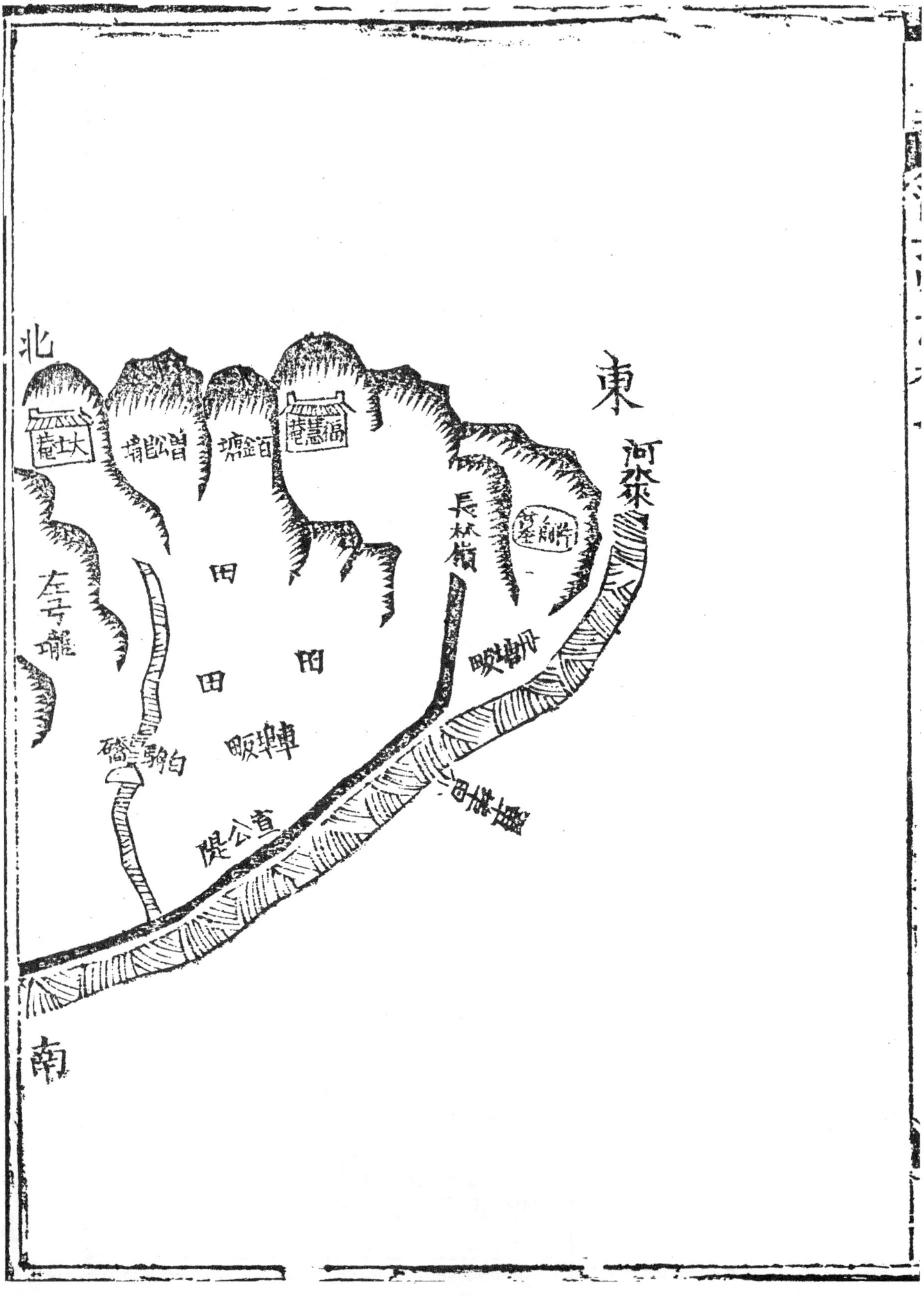

界石
月塘
西
伽山湖
接里湖
真湖
渦家湖
王家湖
盤湖
賈祠

廖道南柳山湖詩附柳山湖接上下里日入道林暮山

紫湖上人家住鏡臺茅屋參差煙水裏

廖道南眞湖詩附湖到江邊出六溪溪中水漲碧天齊

公無渡河煙浪闊不如歸伴山雲棲

西鄉黃土團似潭距城四十里

黃土團圖

白駒界
界
車埠界
程步橋
白云橋
萬壽橋
南

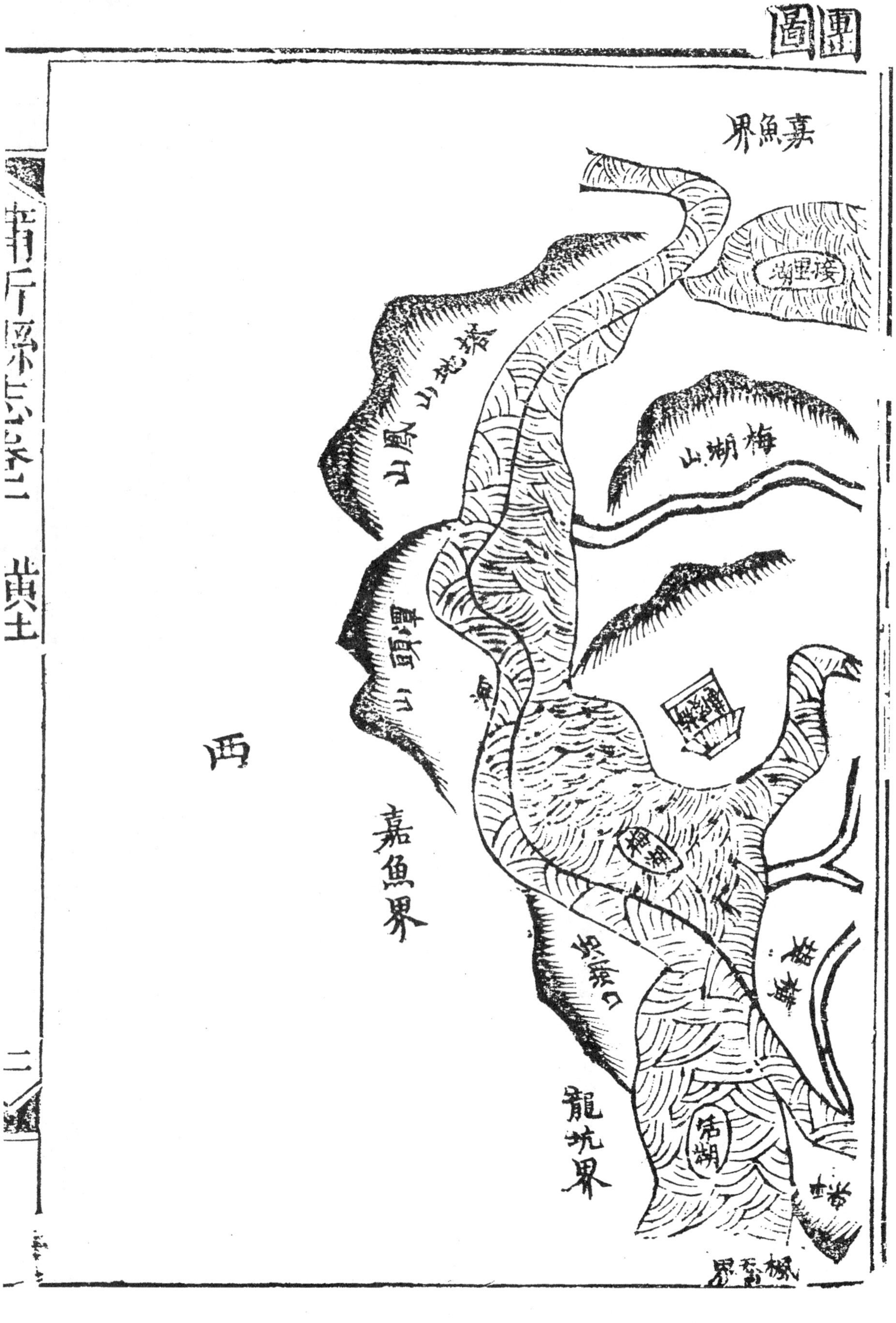
西
嘉魚界
龍坑界

廖道南梅湖詩附梅子梅子落如麻千樹萬樹飛幽花
花隨流水去不返獨有仙宮棲紫霞

西鄉楓橋圖以橋名距城四十里

楓橋圖

楓橋

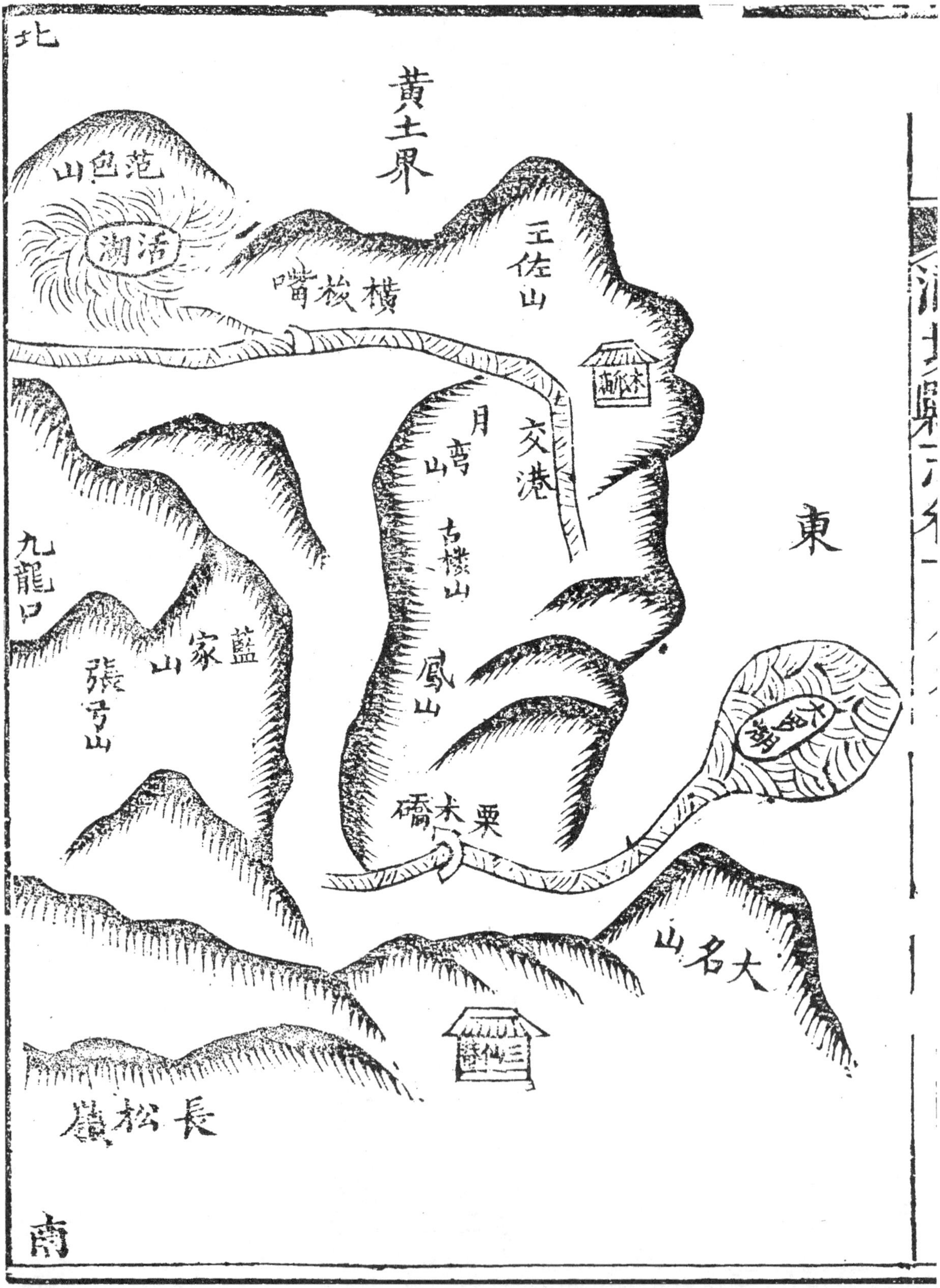

輿圖

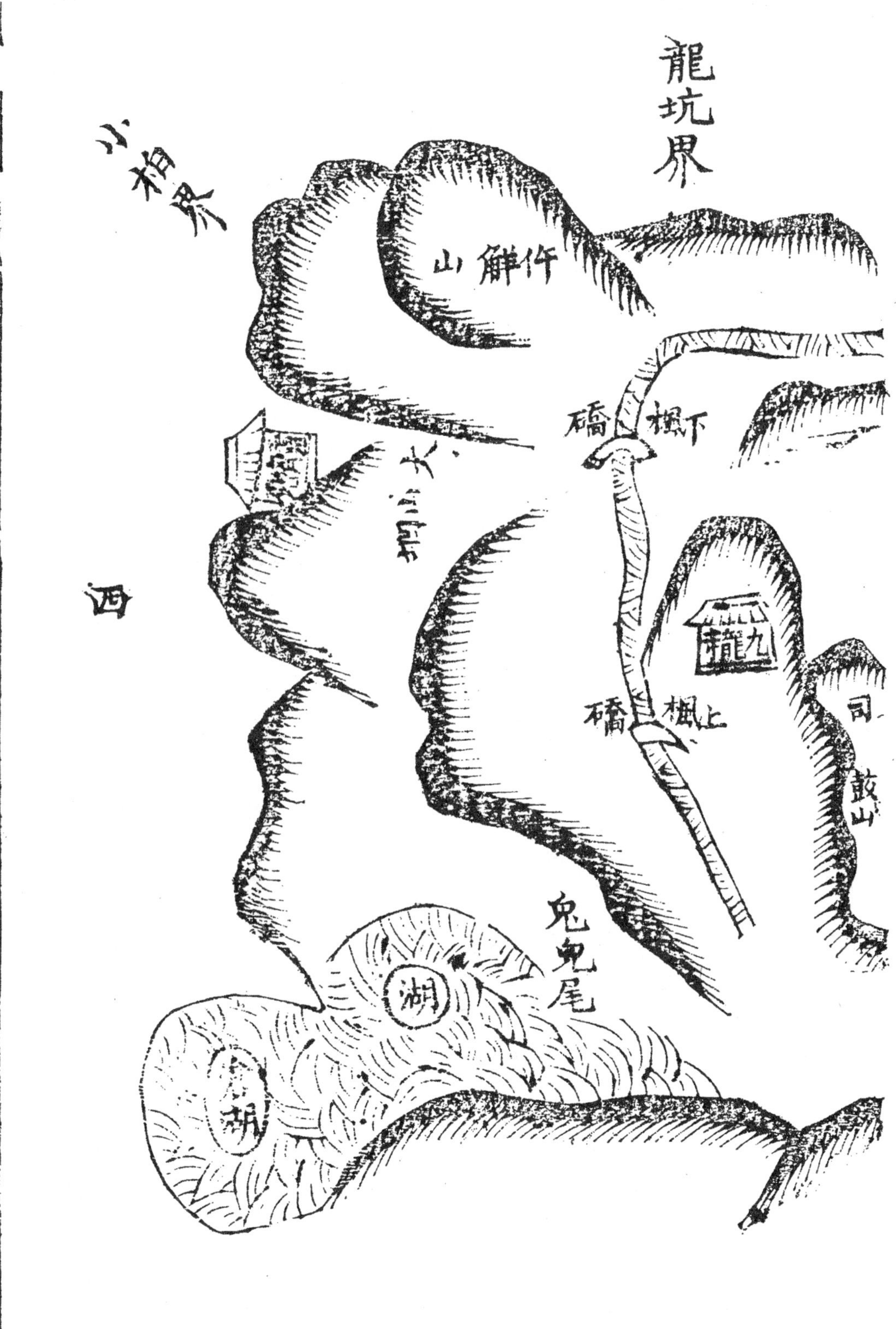

浦江縣志一楓橋

二

西鄉龍坑圍以地名故龍柏距城五十里

龍坑圍圖

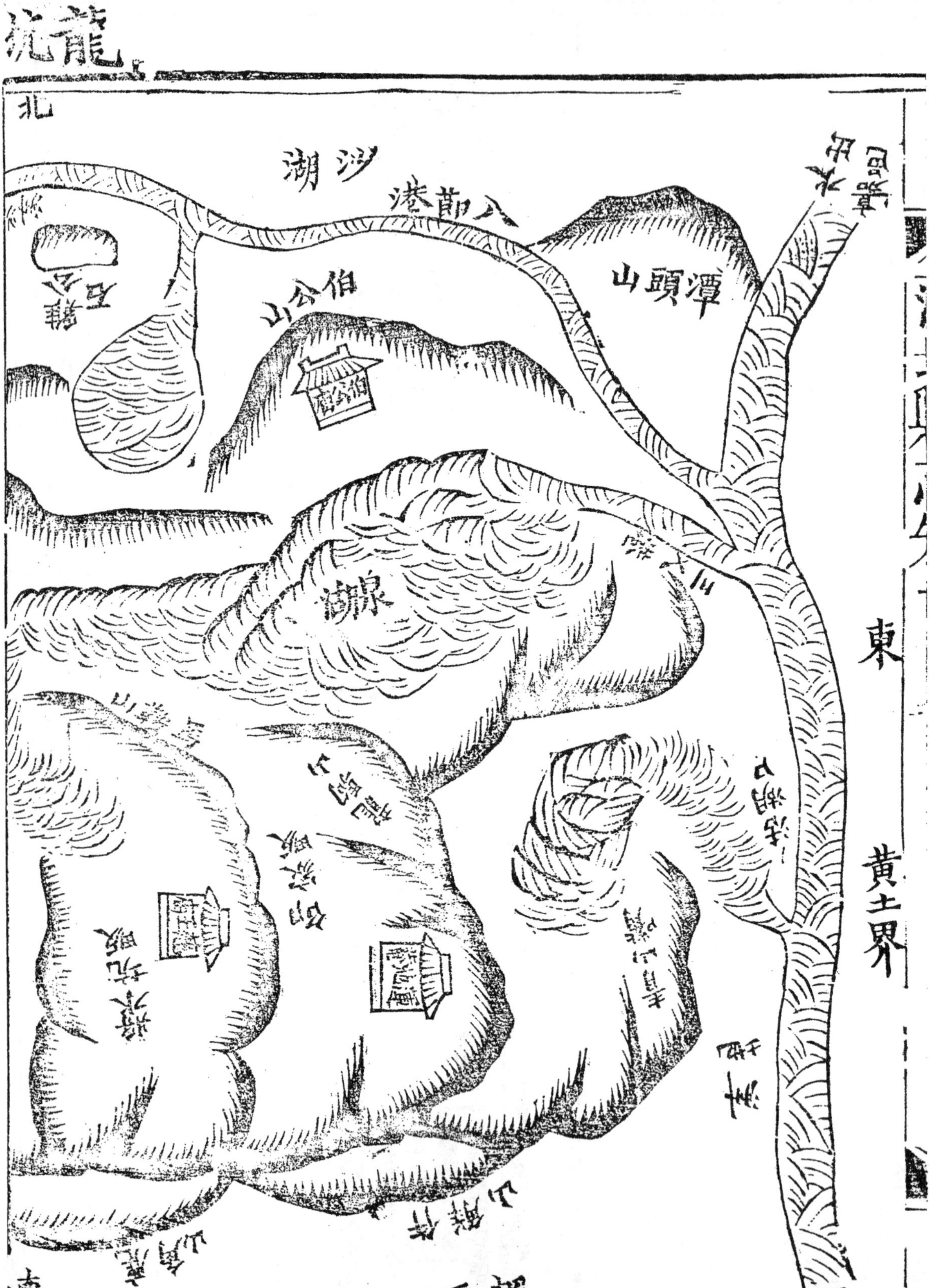
龍坑
北
沙湖
入節港
伯公山
潭頭山
東
黃土界
南
楓香界

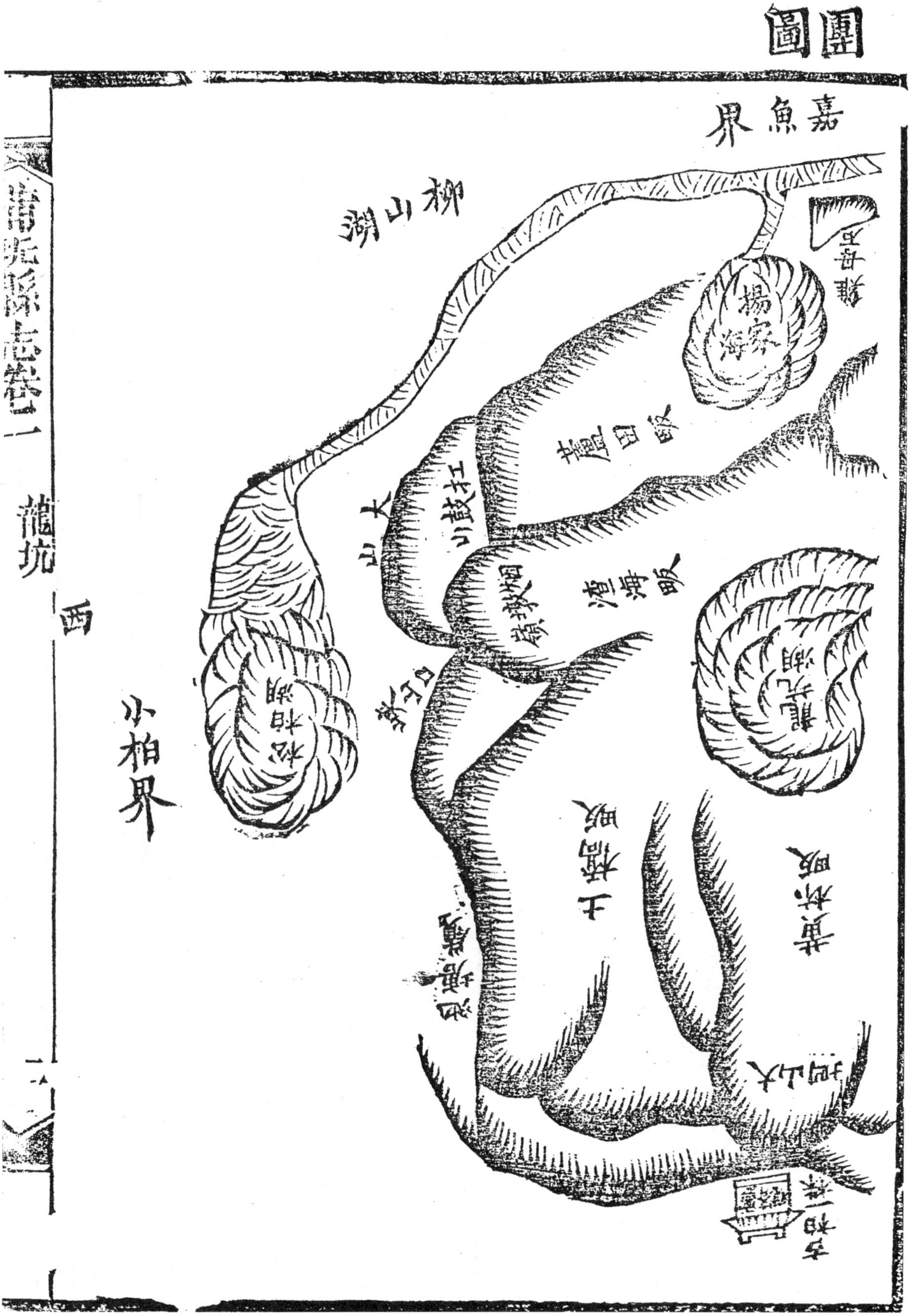
嘉魚界
柳山湖
小柏界
西
蒲圻縣志卷一
龍坑

廖道南活湖詩附活湖活水源頭來天上銀河八月開
牛斗靈槎窮絕域玉樓金殿鎖蓬萊

西鄉小柏團以山名故龍柏距城六十里

小柏團圖

小柏

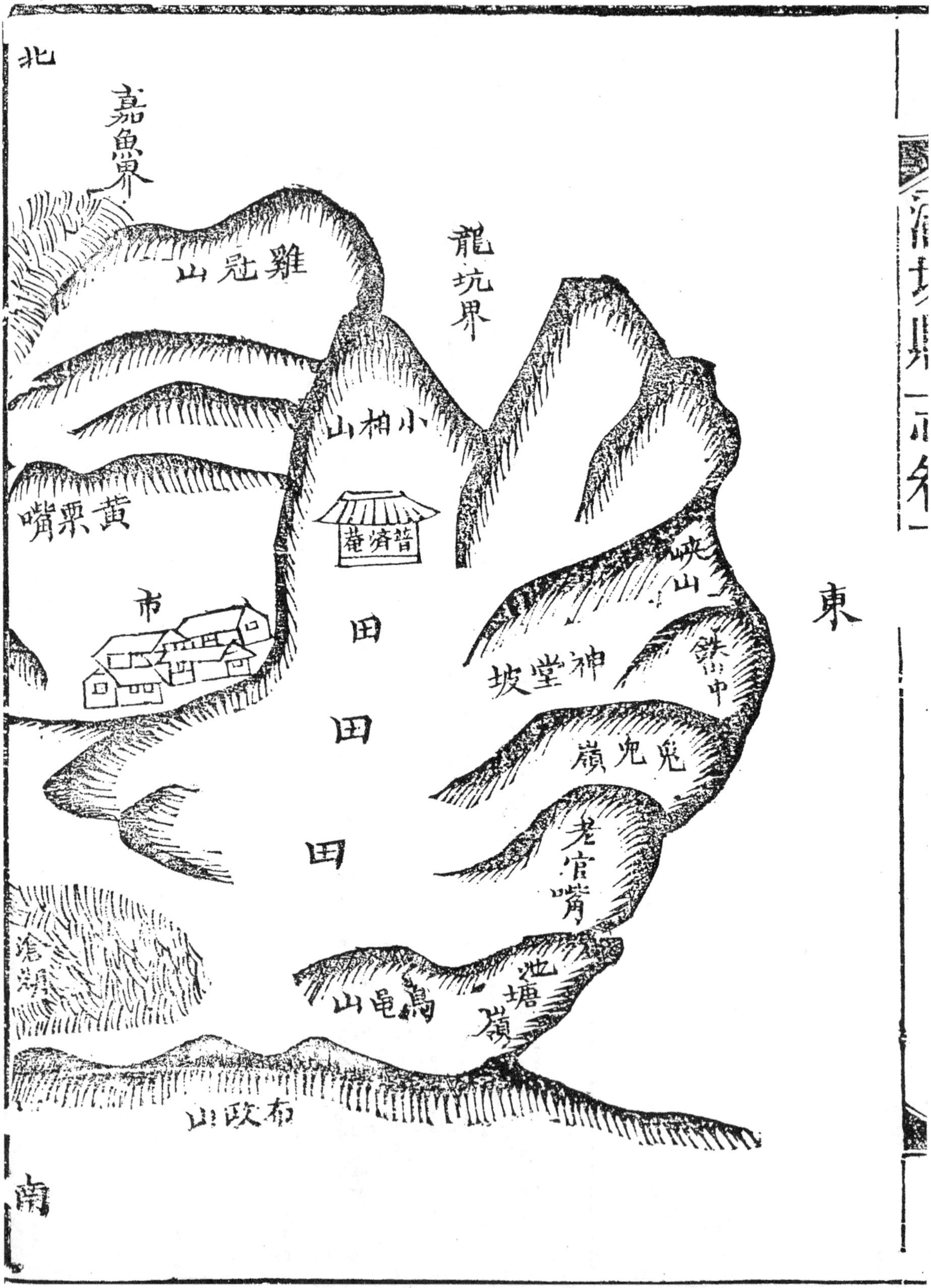

北
嘉魚界
雞冠山
龍坑界
小柏山
黃栗嘴
普濟菴
市
田
田
田
峽山
神堂坡
鉄山中
兎鬼嶺
老官嘴
池塘嶺
烏龜山
滄湖
布欧山
東
南

圖

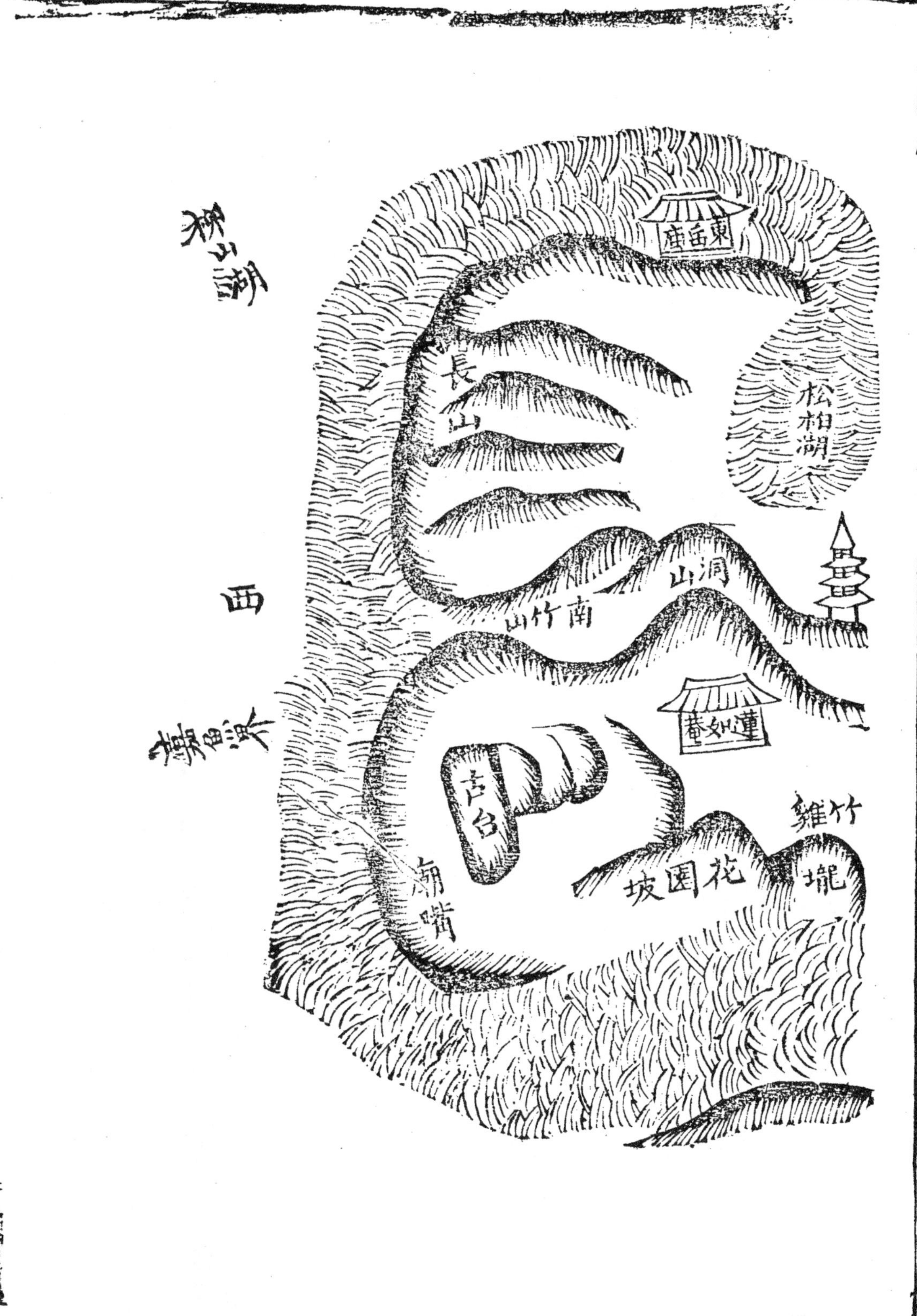

小柏

二

西鄉洪山團以山名距城七十里

洪山團圖

洪山

北
楓橋界
新興界
寒婆坳
肖畈橋
石門山
大名山
黃土嶺
涼亭
天馬山
石頭嶺
古井五花塘
上看頭山
下看頭山
獅子垴
周家嘴
船篷山
瑞雲山
秦國夫人墓
峽山橋
新橋
東
新店界
馬蹄湖
南

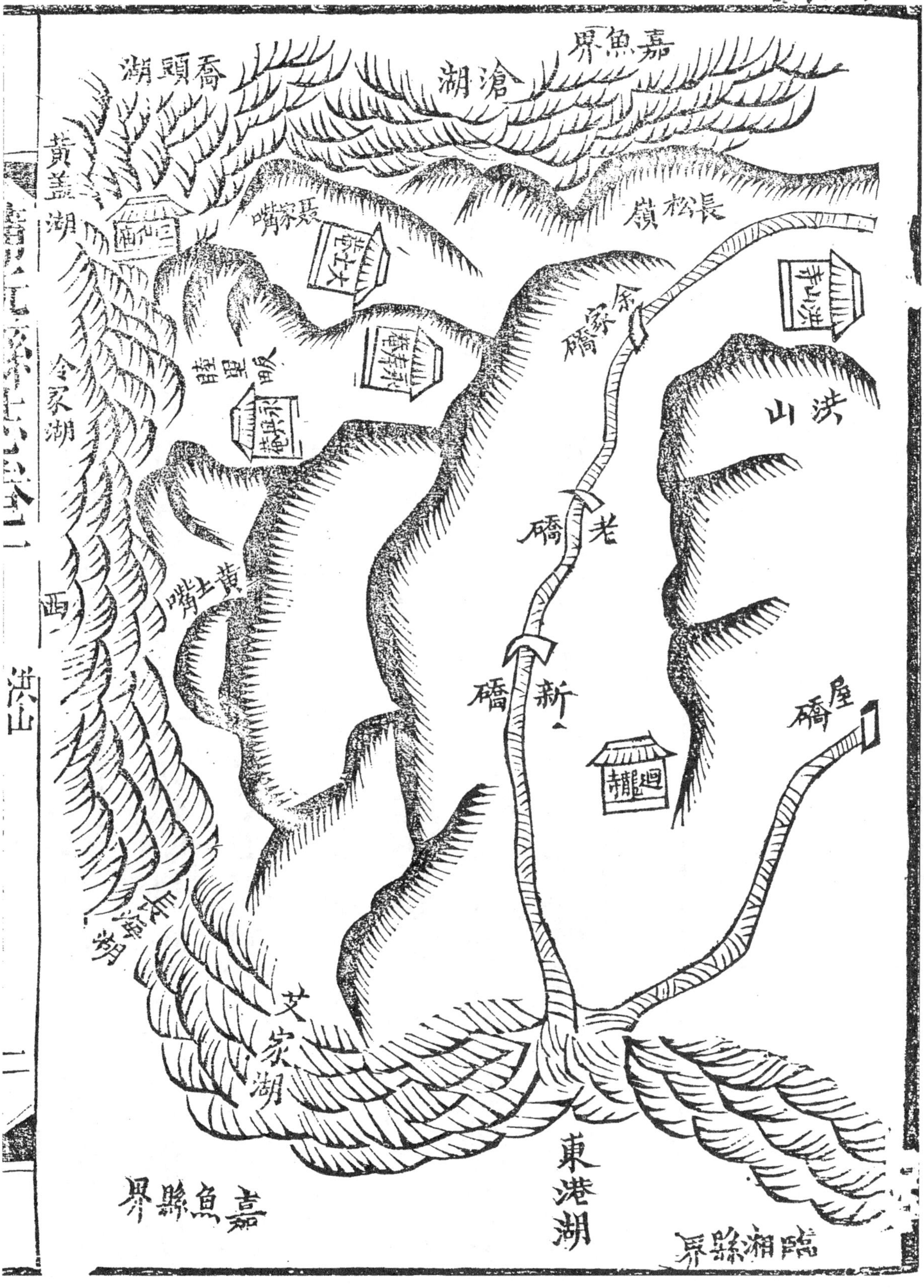
嘉魚界
滄湖
喬頭湖
黄蓋湖
聶家嘴
長松嶺
余家礄
洪山
令家湖
老礄
黄土嘴
新礄
屋礄
艾家湖
東港湖
嘉魚縣界
臨湘縣界

胡堯元黃蓋湖詩附湖水西北流凍雲寒不敢萬里悲
橫客市兒憶太邱暮煙澹草木孤鶴自鳴秋覆手成今
古是非空去留君不見要離一杯土斜風細雨迷松楸
又不見杜鵑三月泠亂落遊絲原野頭

鄒廷錫泛洪山張家湖詩附白雲飛逐遊人心小艇銜
淵一帶襟蓮露穿珠花在鏡瀑流吞石響成琴額巖影
上舟如躋吹浪光中天不沉莫羨東南屐道里竹煙波
月古皇京

北鄉親樂團潛故書距城十里

親樂團圖

親樂

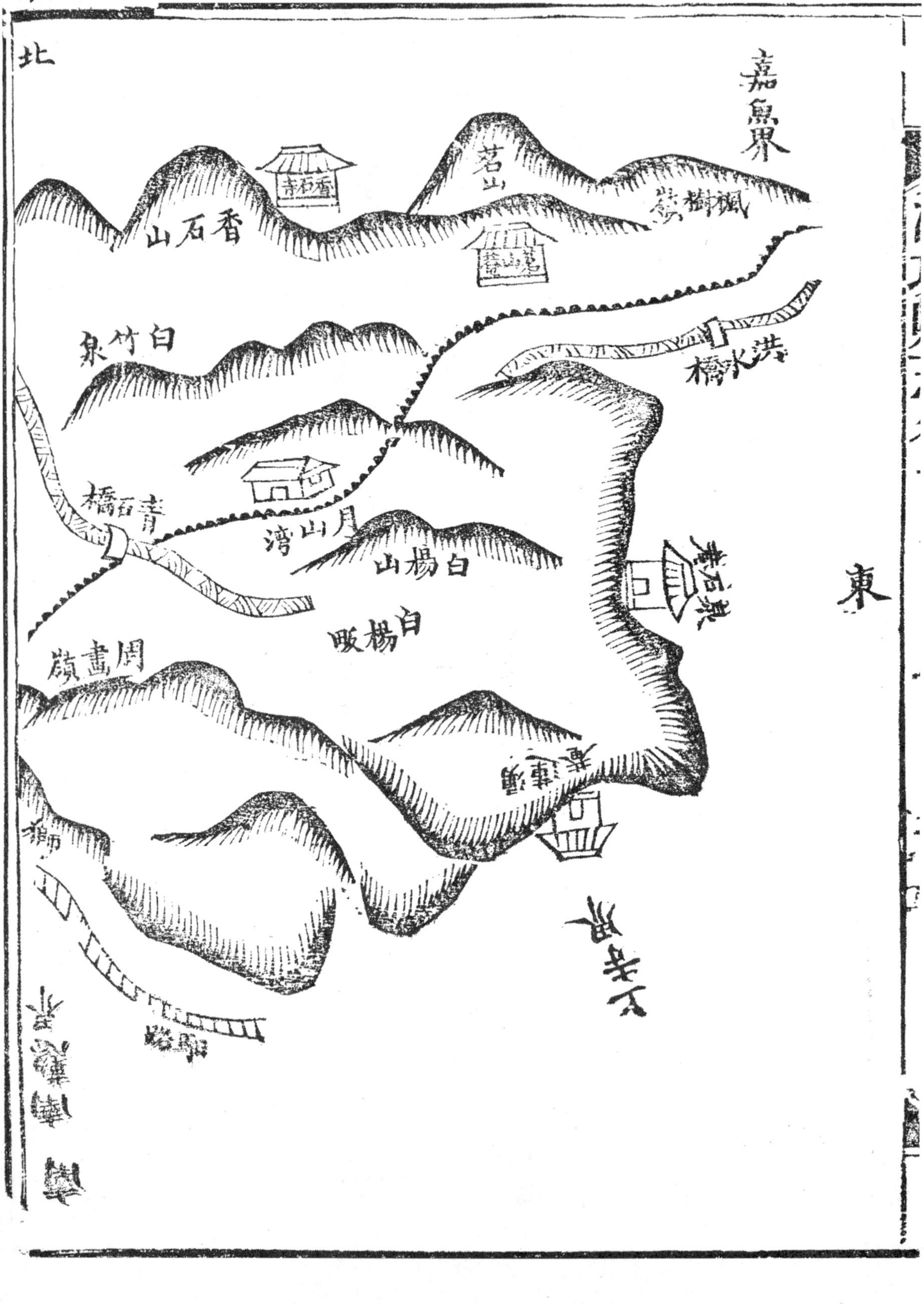

親樂

團圖

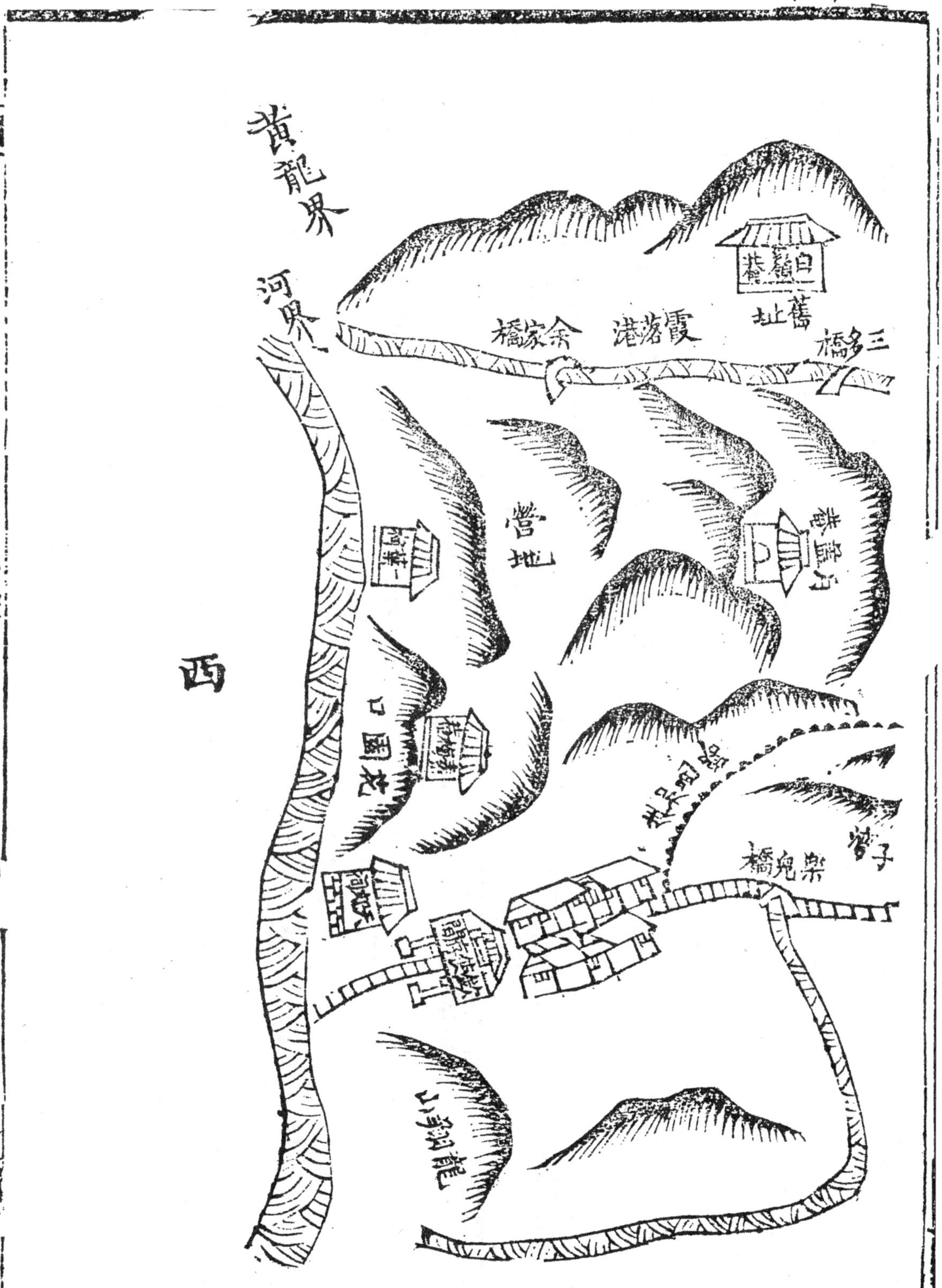

魏珩如六友山房記附壬子之春予方强仕二豎侵尋
以病予告四壁徒立無以自娛于是銷黃金之帶典朝
囘之衣稍營菟裘得撼比之山房焉未敢希踪巢由不
免友公之諸自號貿山隱者山名龍翔負邑之陽河流
中界斷隔塵囂振衣流覽令人有開襟坐嘯漠意集其
勝槩凡巘有五環蒲皆山東南諸岫最爲奇秀排闥當
門送青滴翠晴摇雨歇桃花金紫時現諸天芙蓉色相
此山之勝也河水洋洋繞附如練支流左帶宛轉透迤
可方可舟可罕可綸當春漁臺渭津釣僊兼而有之此
水之勝　山多白雲宋元祐好事者勒其石曰白雲毫
坐觀雲起或爲冠纓或爲車蓋或爲繒帛或爲魚鱗艸

斧鏤雕靠徽不堪持贈而可怡悅此雲之勝也石號淺罇其色蒼黝圓凹其內而方稜其外酷似三代秦漢間法物別有峭壁懸巖古文奇字苔蘚剝蝕不可辨識此石之勝也彌山皆竹蒨蔥如簀和煙韻雨舞雪迴風如對湘川如棲嶰谷翛然蔭乘和之鶴瀟然歗子猷之俗此竹之勝也隱者一朝而有之躍喜而狂曰之五者吾山房勝友也使予不以病免方將抗塵容走俗狀循書相仍俯仰如弆能有一于此乎且山也水也雲也石也竹也于福爲清于景爲仙于幽人爲適輒于夢寢若安禪殆造物所秘惜視鐘鼎珪組若糠粃塵壒而不敢望焉今予擲一官而易五友于臣僕矣造物者豈私予哉

予乃搆招隱之堂領略山水亭白雲之臺掃雀鶴之石營篠閣于萬个之中聚元元談空空從事于軍持團焦之業將挾五友以傲一世不覺其趾之高而心之遠也呼童命酌倚醉狂歌酕醄隱几天地若失有兩丈夫者碧衣偉幹欵予扉而詰曰噫嘻何予之不廣也覺下懷音朝陽棲鳳凝午陰而銷夏逆商音而卻秋吾何慙于山房何負于吾子乃棄予如遺也且惡予之嚇也是耶非耶抑子之未聞道也隱者成欽嶽遽然覺曰是庭中雙梧桐之謁夢于予也予如不言吾幾失之矣青山綠水白雲怪石翠竹碧梧五友可六也盍識之作六友山房記

北鄉黃龍團名以潭距城十五里

黃龍團圖

黃龍

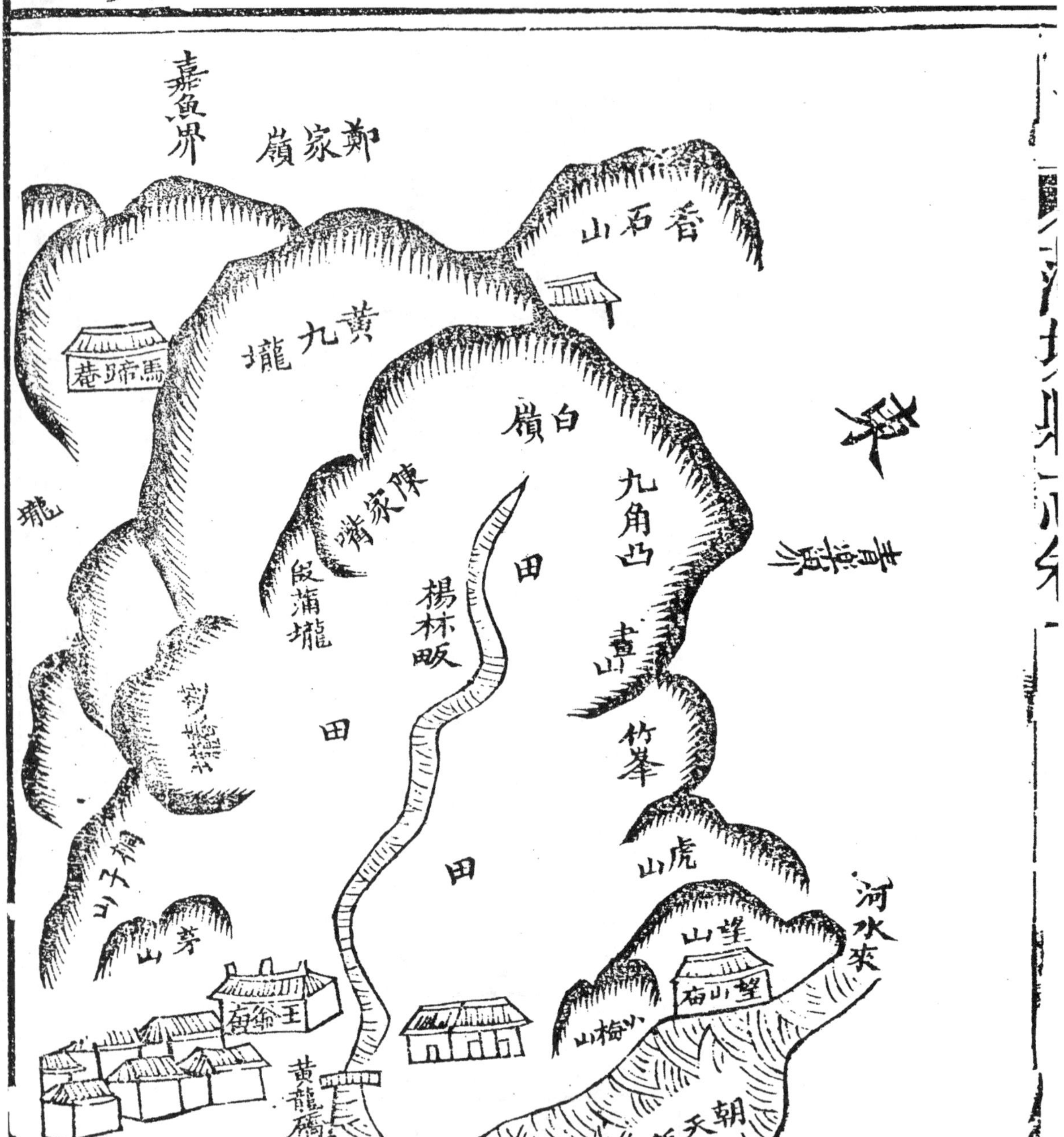

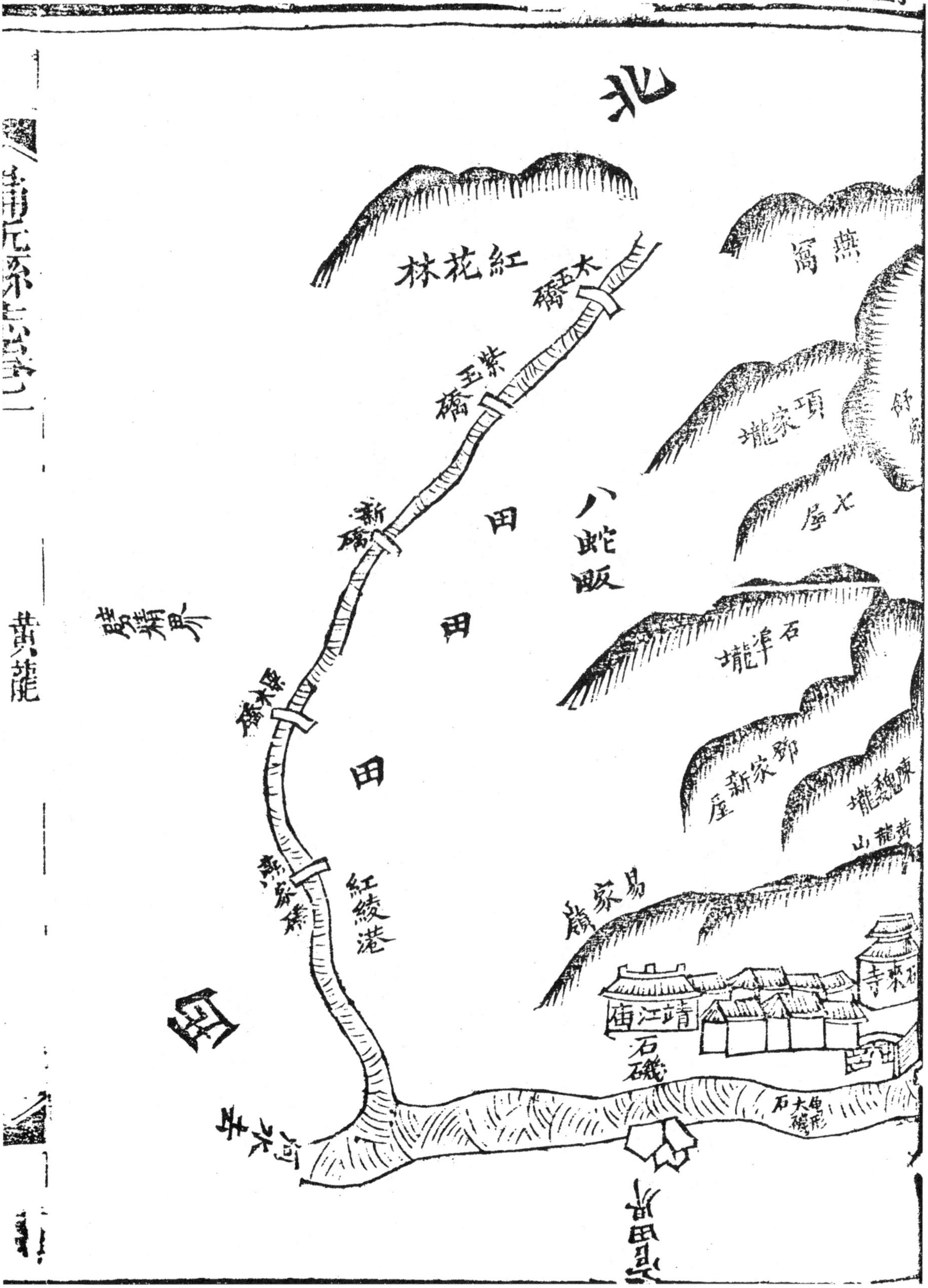
北
紅花林
紫玉橋
新橋
燕窩
項家壠
田
田
田
鄧家新厝
黄龍山
易家嶺
紅綾港
靖江庙
石磯
河水寺
西
黄龍

謝允蹟石來寺支附吾鄉有香石寺地幽而僧貧黃龍有常清觀境雜而供順貧不厭腴雜不棄幽固常人之情而出世者亦往往不得已而跡于是焉此山僧湛若之所以由香石而常清也初僧之去也吾鄉諸檀越難之余曰奚難乎佛猶水也僧猶萍也檀越猶津梁也無之非水無之非佛也無水無萍無佛無僧也無處無津梁無處無檀越也必欲滙水而勿東繫萍而勿泛一一津梁而勿更有是理哉越數年僧以誠謹者一方之人爭信之病其朱碧凋殘界恩狼狽又不宜以剎而冒觀也議鼎而新之且易額爲顏曰石來寺者其本也因思太空本一物耳忽焉而有佛忽焉而有道忽焉而有羽

衣忽焉而有頭陀忽焉而謂之元都忽焉而謂之浮屠分立名號各相元黄皆千聖萬祖所不能齊之數而予一旦渾道而爲釋易羽衣而頭陀易元都而浮屠使雪山桎下顛倒于寸毫片楮之間不亦妄乎曰緣也僧之偶然而香石偶然而常清緣也觀之偶然而常清偶然而石來緣也凡僧之所以期檀越與檀越之所以引僧者總不外乎緣也持此説以告同志會見慳貪悉滅色相俱空不朞月而收觀而予亦藉手以雪筆言之業矣

鄉應錫游廟祠記附從邑西行連山虎豹走百伽千伽高低倏忽皆帶巖石雜小竹叢蘿以去可十里山忽反隧然疾來河岸作渴蛟吸川狀河水到此忽渟澈遠視

山巒如舟土人名海船山山側塊石如推阜背山臨河老僧從竹蔭石苔中得一罅側足下周十圍地亂石倒臨若埡戟橫出者稍平祀旃檀像尺許趺坐其上傴僂入又得一罅僅一席地老僧恰以蒲團據之余舟泊山下攀巖而上僧遊人各書日月姓名去

黎丞弁黃龍潭詩附

深潭碧無底下有神龍臥鱗甲動鯨波冷徹黃金鎖喘息水上吟韶濩聲相和回首碧潭邊香霧隨風過

北鄉劈精圖名以廟距城二十里

劈精圖

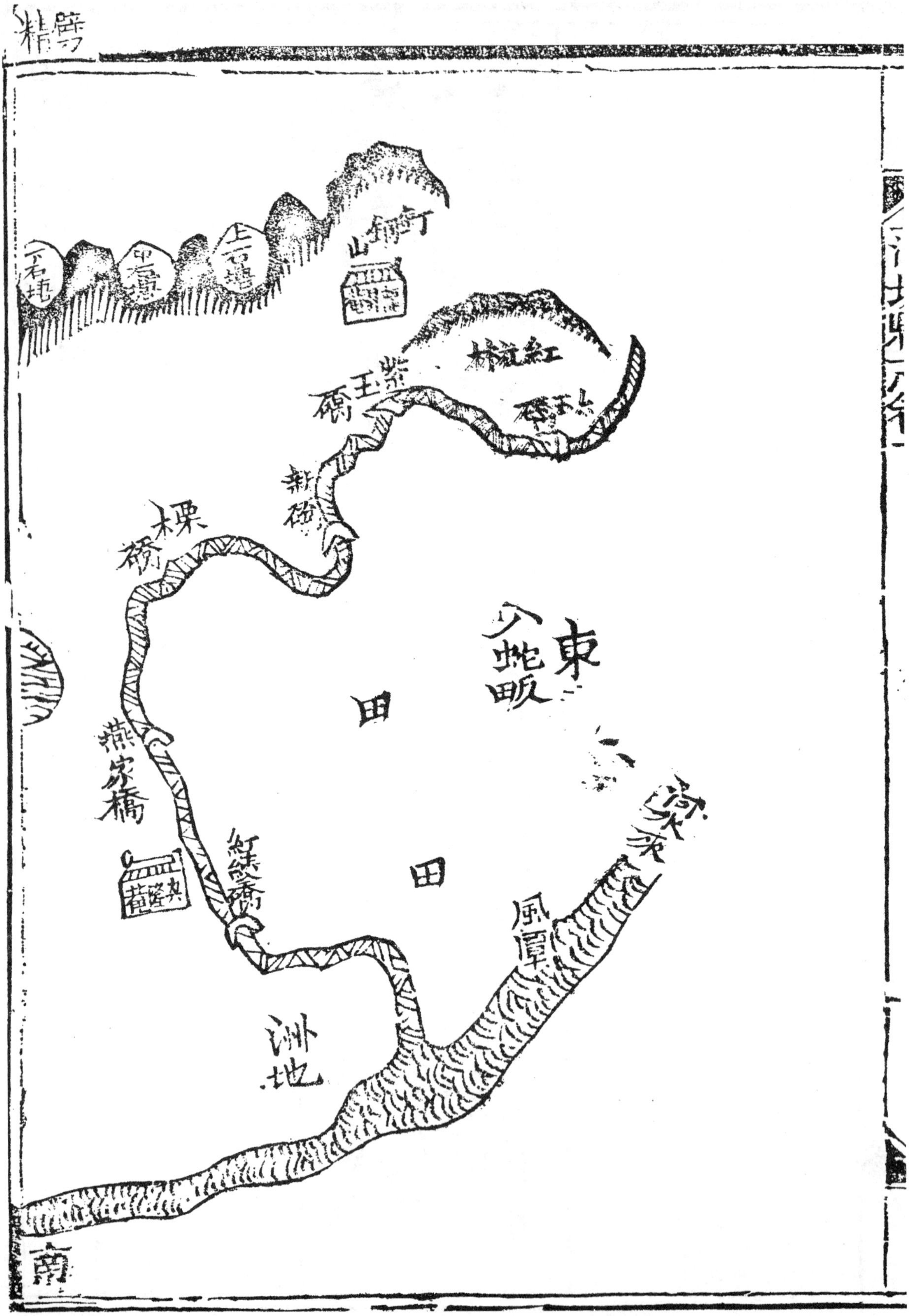
東
少蛇畈
田
田
洲地
風罩
新橋
栗木橋
紫王橋
燕家橋
南

圖

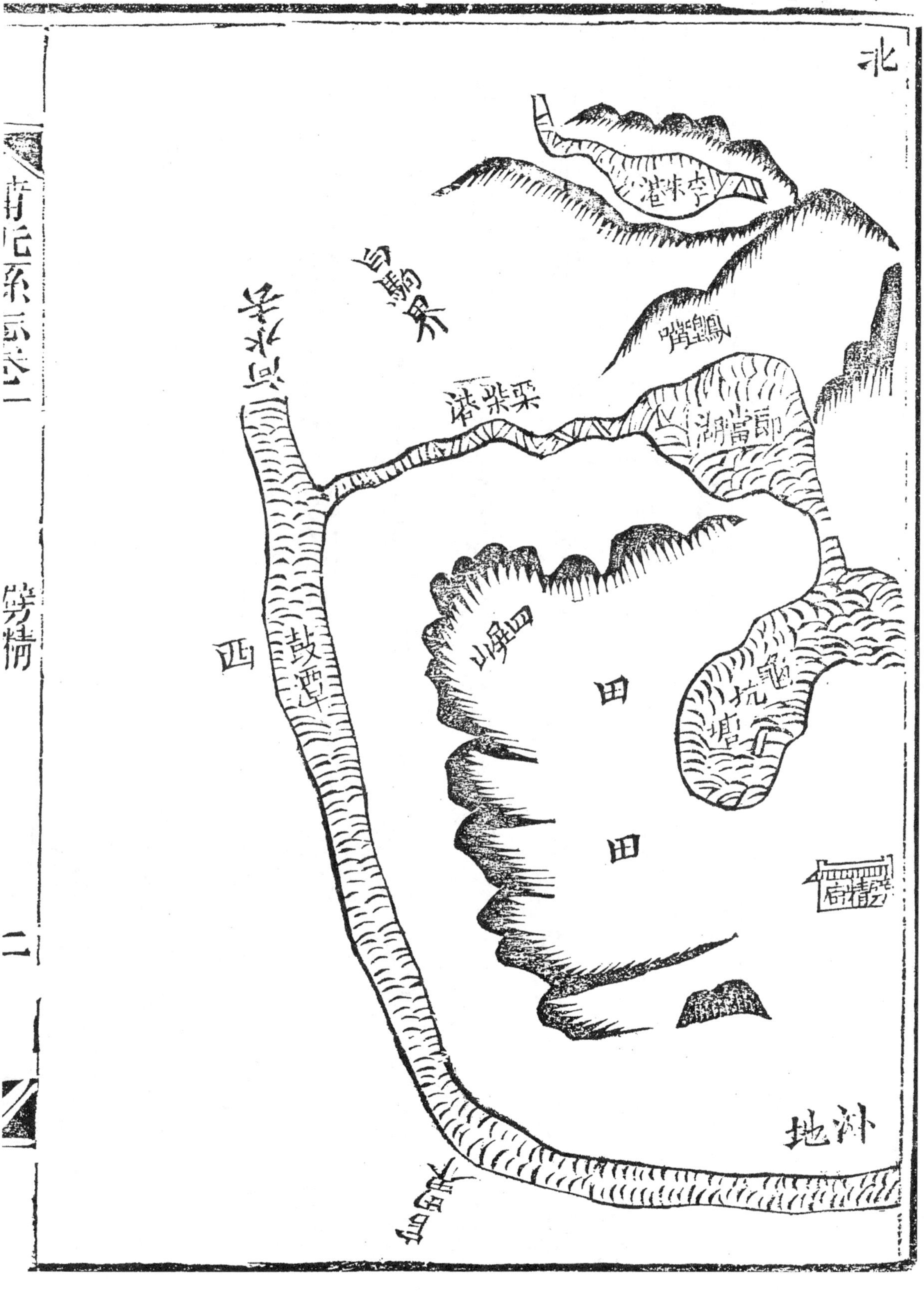

馬

練粟柴港橋記附載邑之西北二十里有港曰粟柴其流顛委蕩擊其涯旁廣而中深涉者皆危之舊莫有能爲之利者吾同年游公文瑞思以平易危圖之鄉人僉謂水急岸虛不可橋公意怏怏既蘧蘧然興曰心苟利物何沮乎夫帆水之險智者能濟縆橋之詠信也獨難于其細乎遂偕居鄰行觀于其畔進折數十步得其可橋之勝流緩而岸實盡造物者之設是以需乎人也用是相與營治之庀厥材礱厥石鳩厥工計其費需金錢二十萬匝一歲而橋告成

北鄉方橋圖以橋名距三十里

方橋圖

[illegible] 方橋

方橋

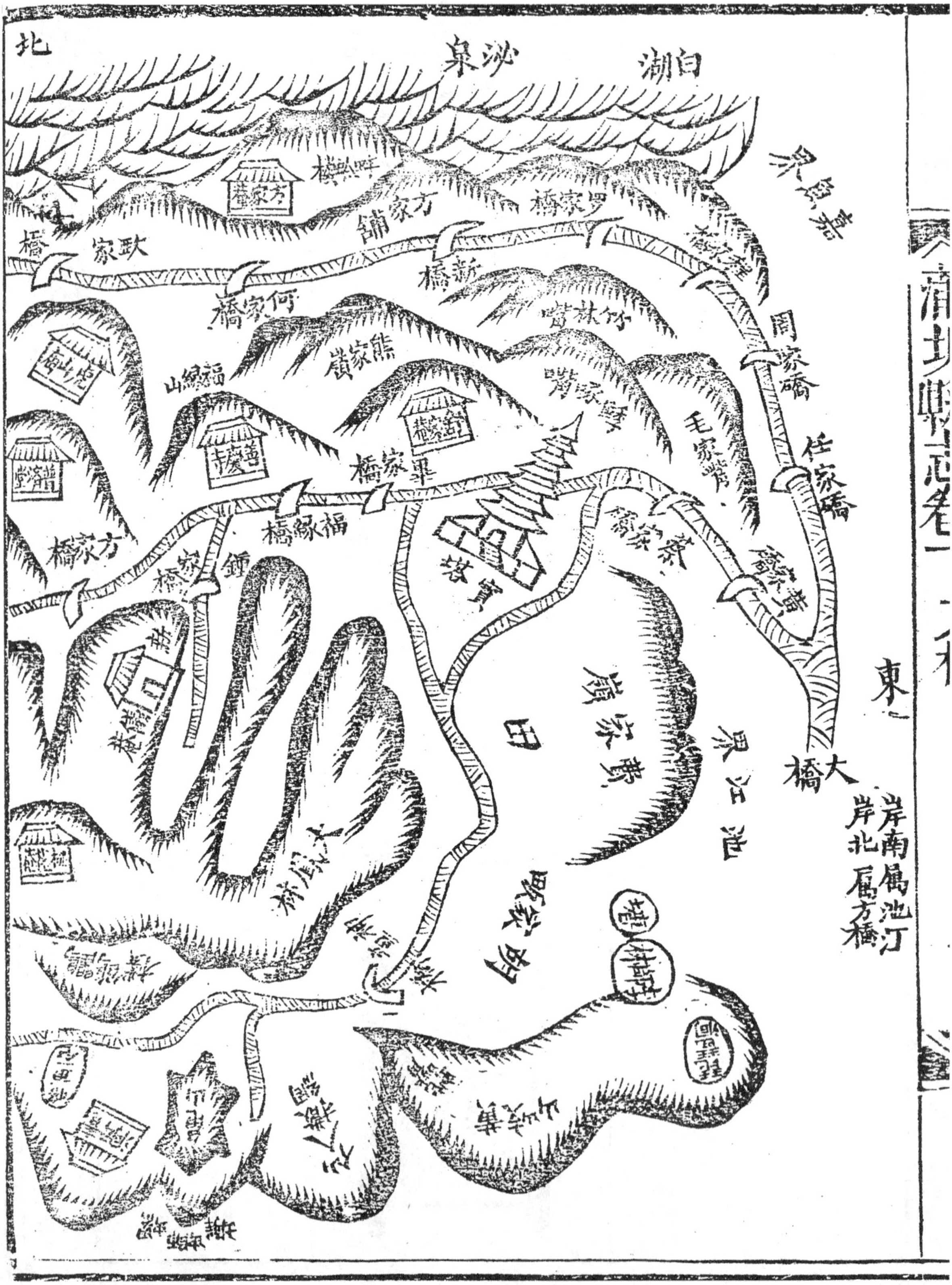

北
沙泉
白湖
嘉魚界
方家舖
羅家橋
新橋
何家橋
周家橋
熊家嶺
福緣山
任家橋
毛家嶺
畢家橋
福緣橋
方家橋
鍾家橋
寶塔
東
費家嶺
田
大橋
南岸屬池汀
北岸屬方橋

圖

北鄉上峙圍以橋名距城二十五里

上峙圖

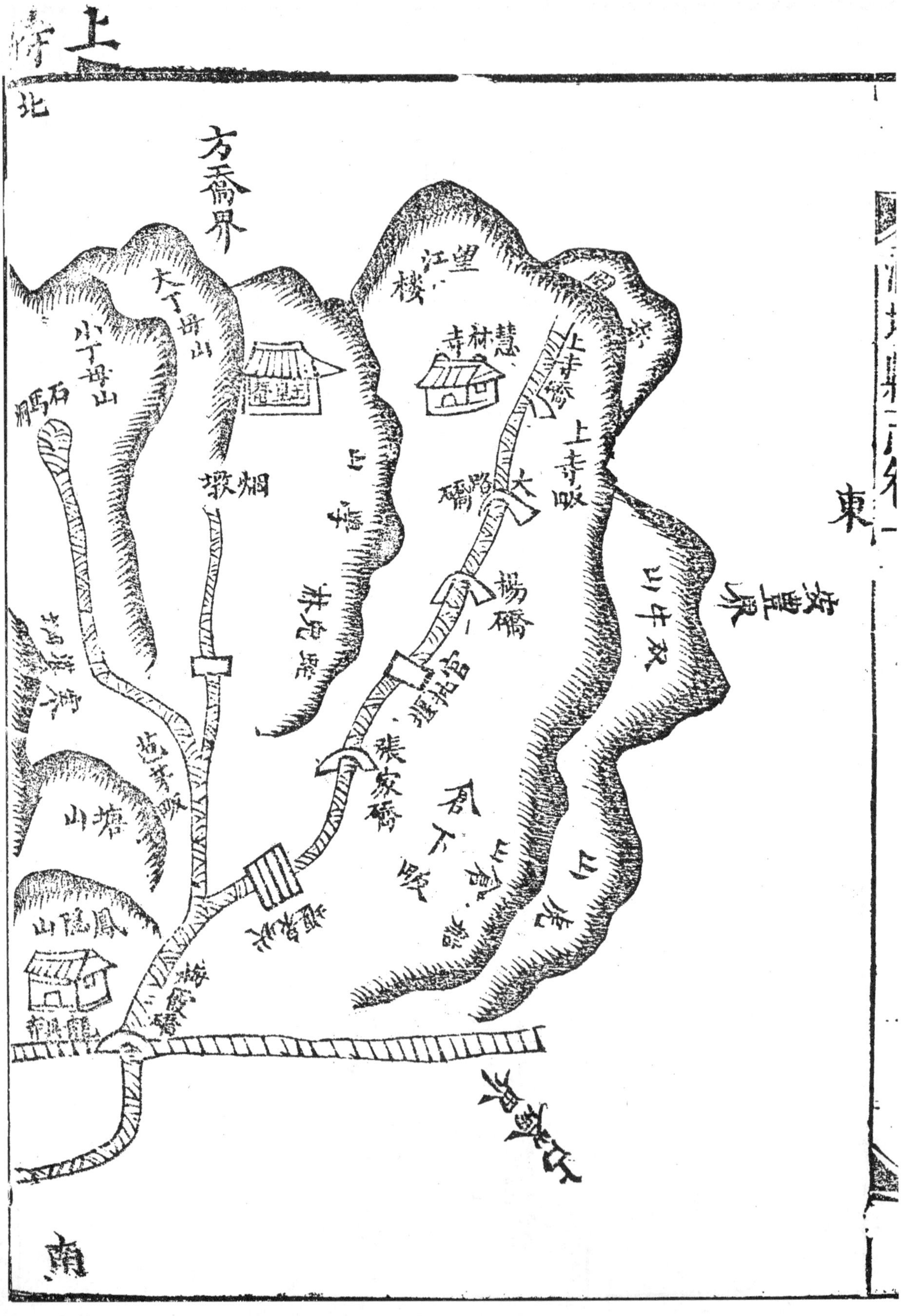
北
東
南
大丫母山
小丫母山
石馬洞
烟墩
慧林寺
望江樓
上寺嶺
上寺畈
大路橋
楊橋
張家橋
君下畈
鳳陽山

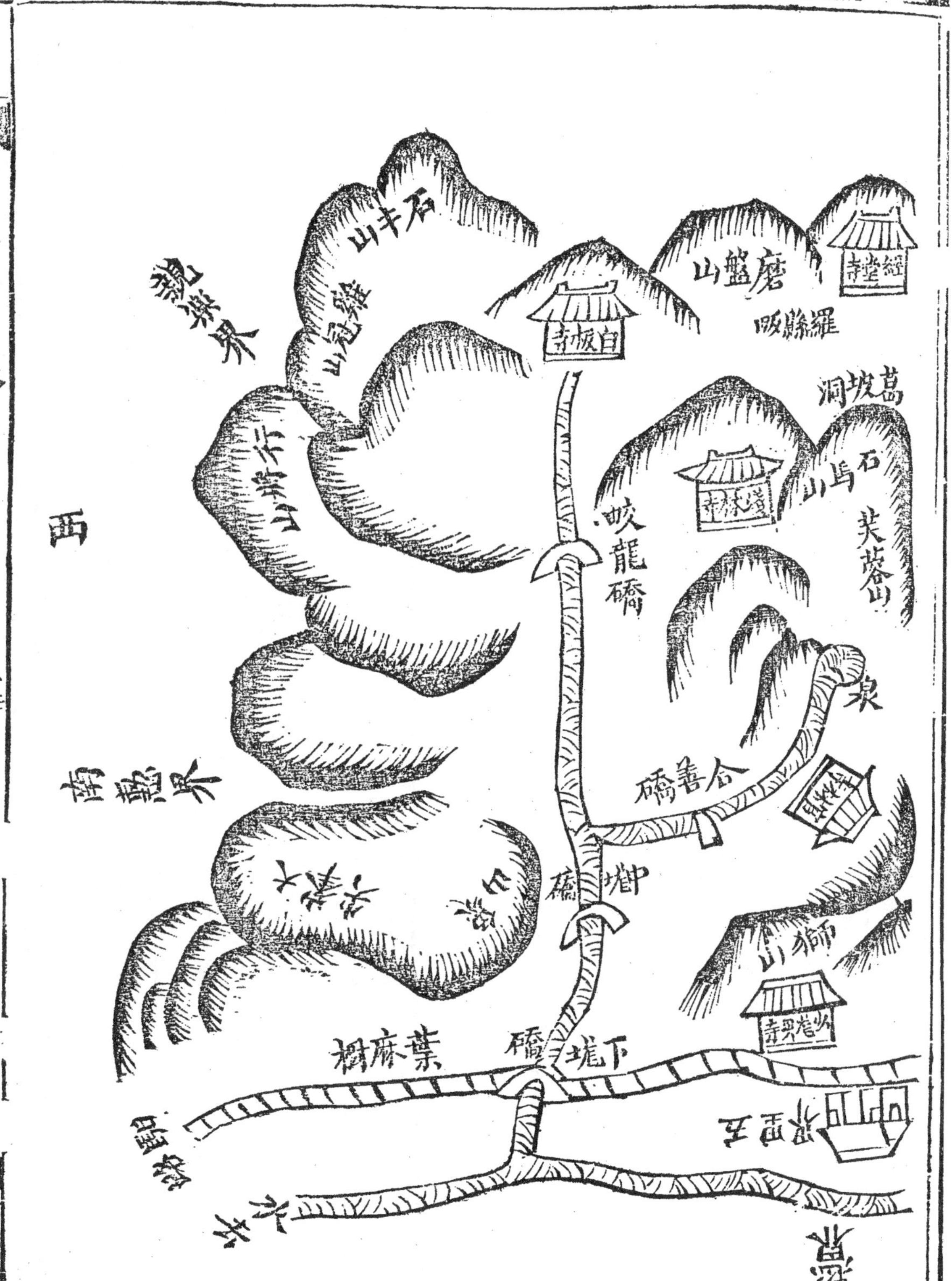
西
石丰山
磨盤山
經堂寺
白坂寺
葛坡洞
石馬山
芙蓉山
蛟龍橋
泉
合善橋
獅山
下塅橋

胡堯元龍興寺附薦伽青山半帶雲傳燈靈鷲幾空羣丹青夜破蒲團夢白足天西熲是君

北鄉安豐圖距城三十里

安豐圖

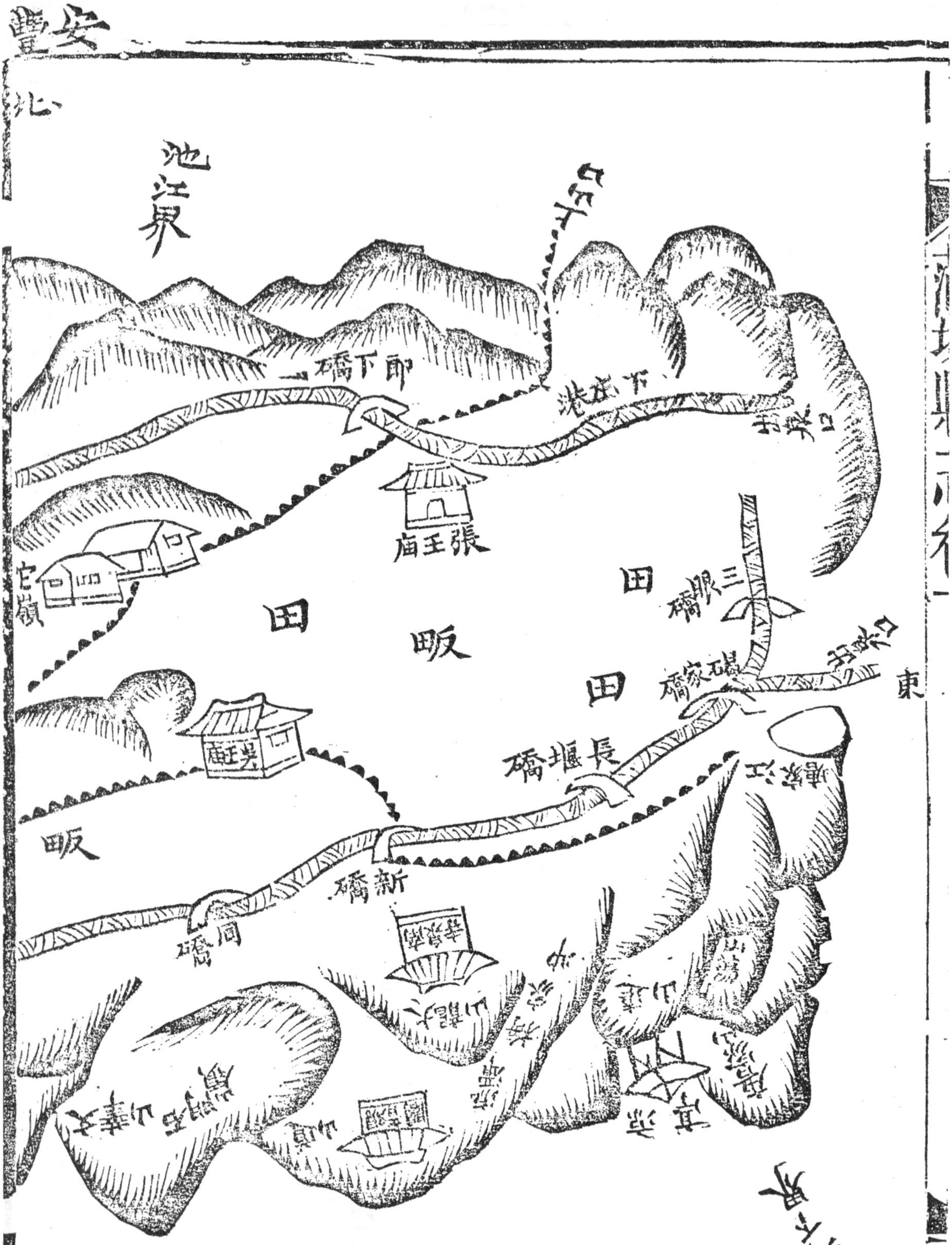
安豐
北
池江界
張王廟
三眼橋
長堰橋
新橋
畈
田
東
南

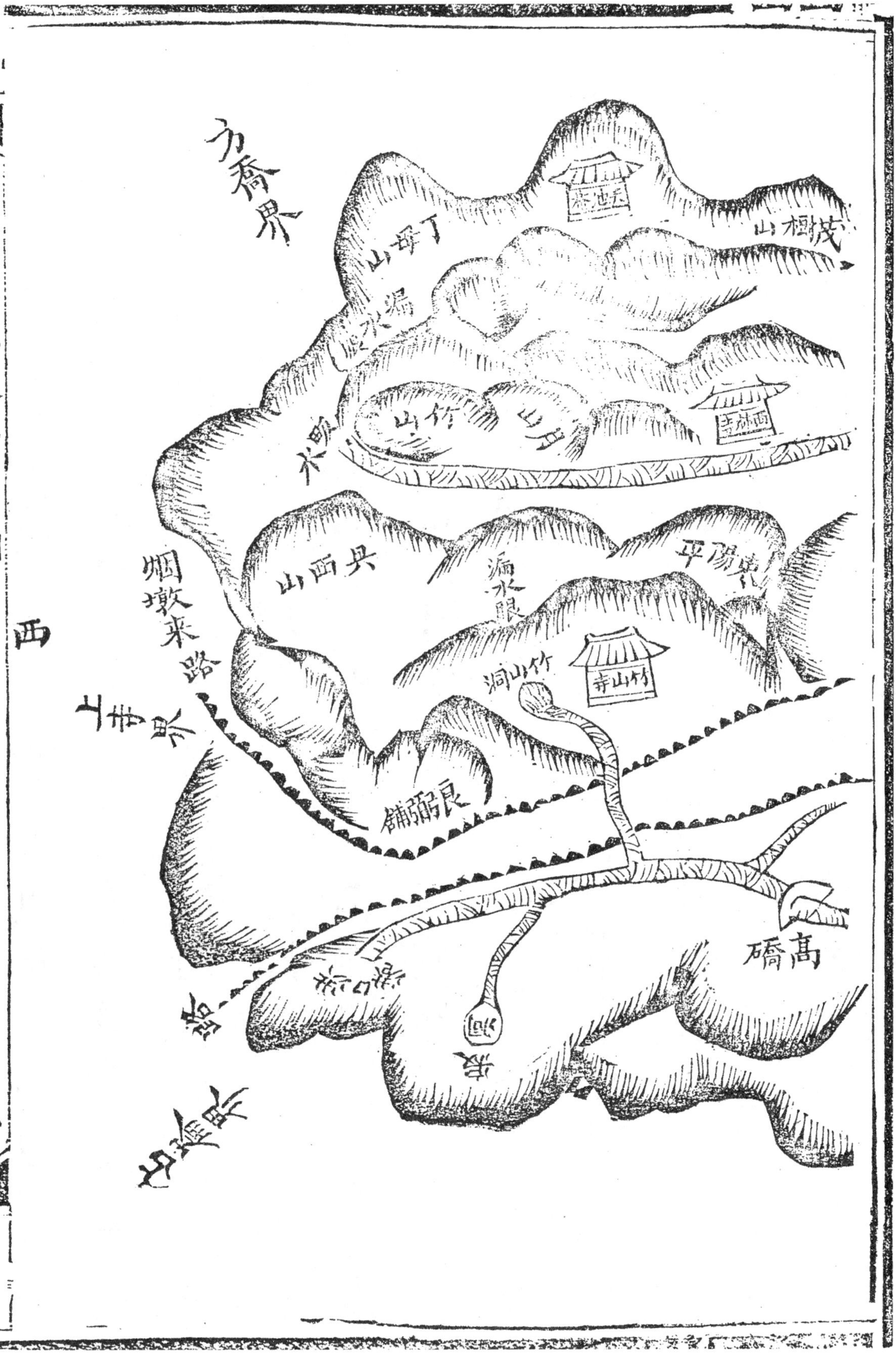
丁母山
茂桐山
竹山
興西山
平陽界
竹山寺
竹山洞
烟墩來路
西
上寺界
良弼鋪
高橋

放一瓚竹山洞記附蒲山北界自洪口一斷對面有峯
高峙名竹山其洞口泉水清香怡人春夏水盛時大尾
江魚出自洞中有石竅水漿結成橋門又有山腰一路
破綻使天光漏入以照遊人入洞之路天工奇闢千百
載徒委諸蔓草荒烜蕪東坡自武昌西山泝流到此入
洞僅數武題游泉泝月四字而返東坡放情山水托悲
憤於逍遥行雲過轍至今無可憑弔矣是歲中和之月
復亭與山僧躋層崖升絕頂衡南湘北蒼茫在指顧間
近俛山石如兒如虬如燕如鳳如仙掌如棊盤如城郭
如樓臺百態牢籠令人不敢褻視洞水蜿蜒而下過安
豐郭潭諸地滙澤入江去路俱分曉矣復亭更由洞門

眺其大源十數里至樾樹山有雲水滙焉竹山爲前洞樾樹山爲後洞前洞去路泉水可以注江後洞來路江水可以注泉浩渺山河天以一綫開篾蒲陽百里其有四海嘘吸之感乎江自岷觴而下至金山海門勢一小束自海門到尾閭勢一大束經亘千萬里只見去而不見來逝者如斯徒深浩嘆廼竹山小口會通天地大觀來而往往而來造物有何盡藏是又蘇子之所未探也

嘉慶丁卯書於西泉禪堂

黎公并竹山洞詩附竹洞石門開吐出霞光燦琅玕露未乾新粉蒸紅汗仙翁坐紫苔屏幃如春煖羣鳥忽飛來影行機錦斷

北鄉坪下團距城五十里

坪下團圖

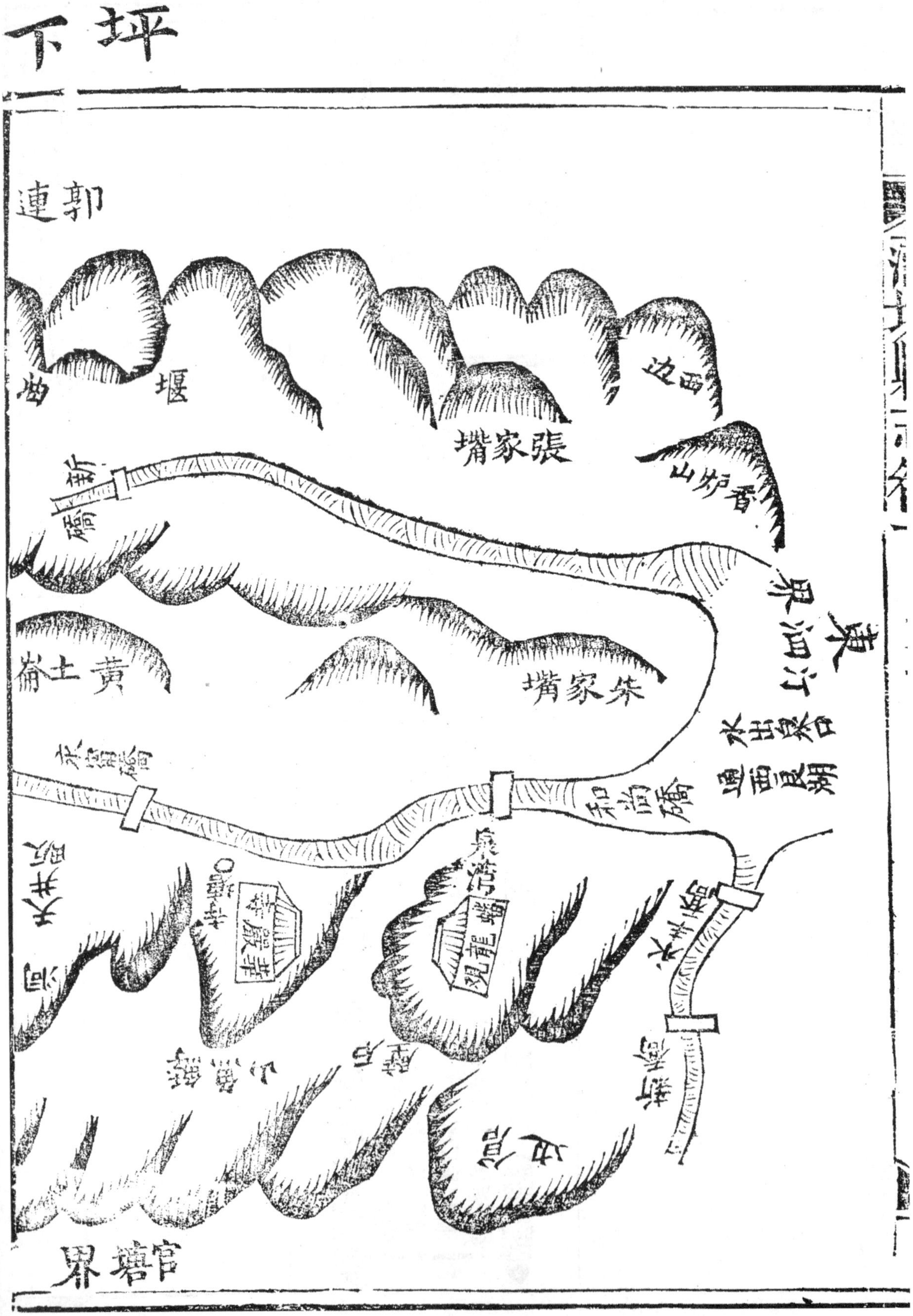
坪下
郭連
堰
張家壩
香炉山
新橋
黄土嶺
朱家壩
和尚橋
華嚴寺
官塘界

圖

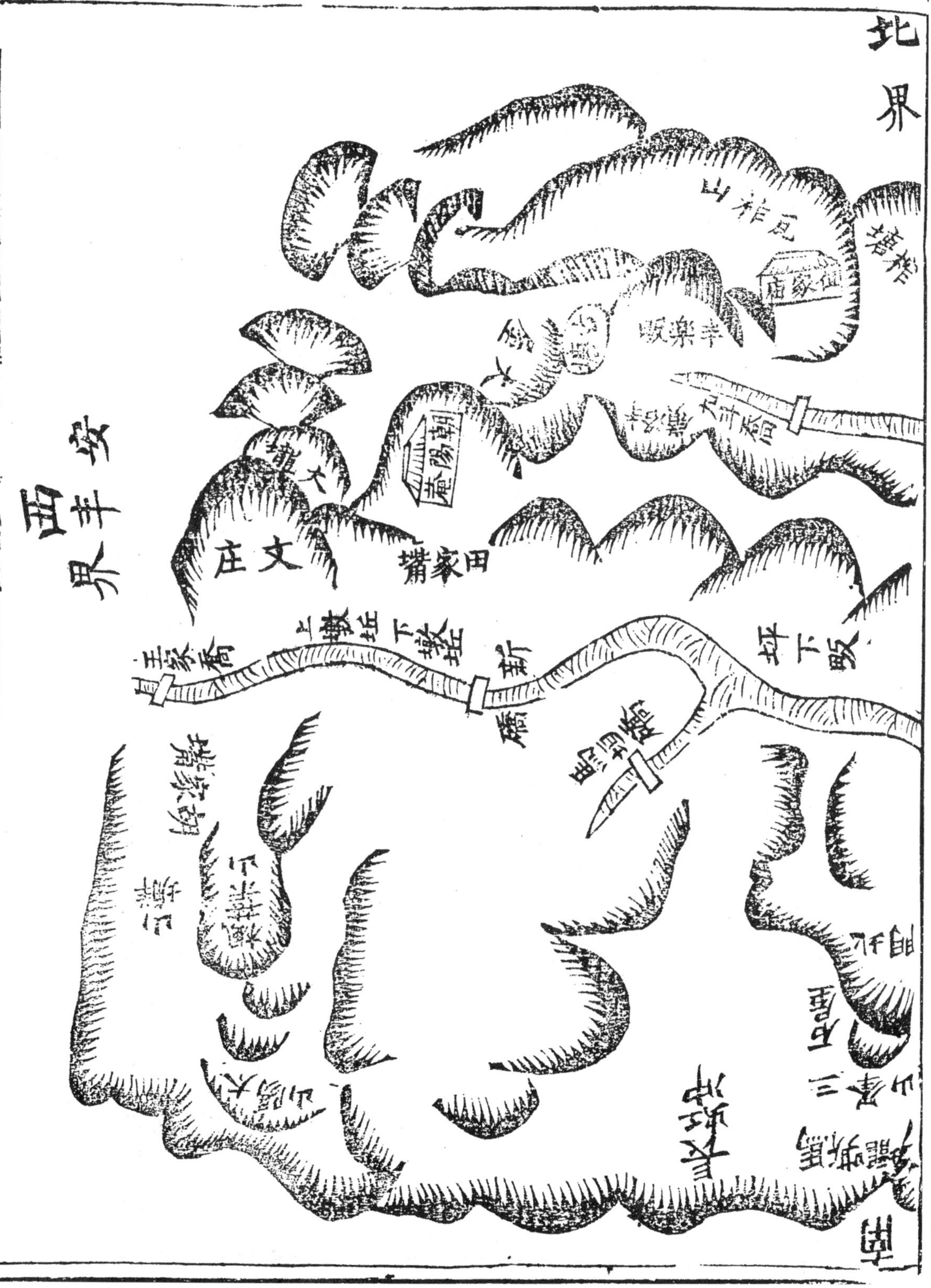

北鄉池江團距城六十五里

池江團圖

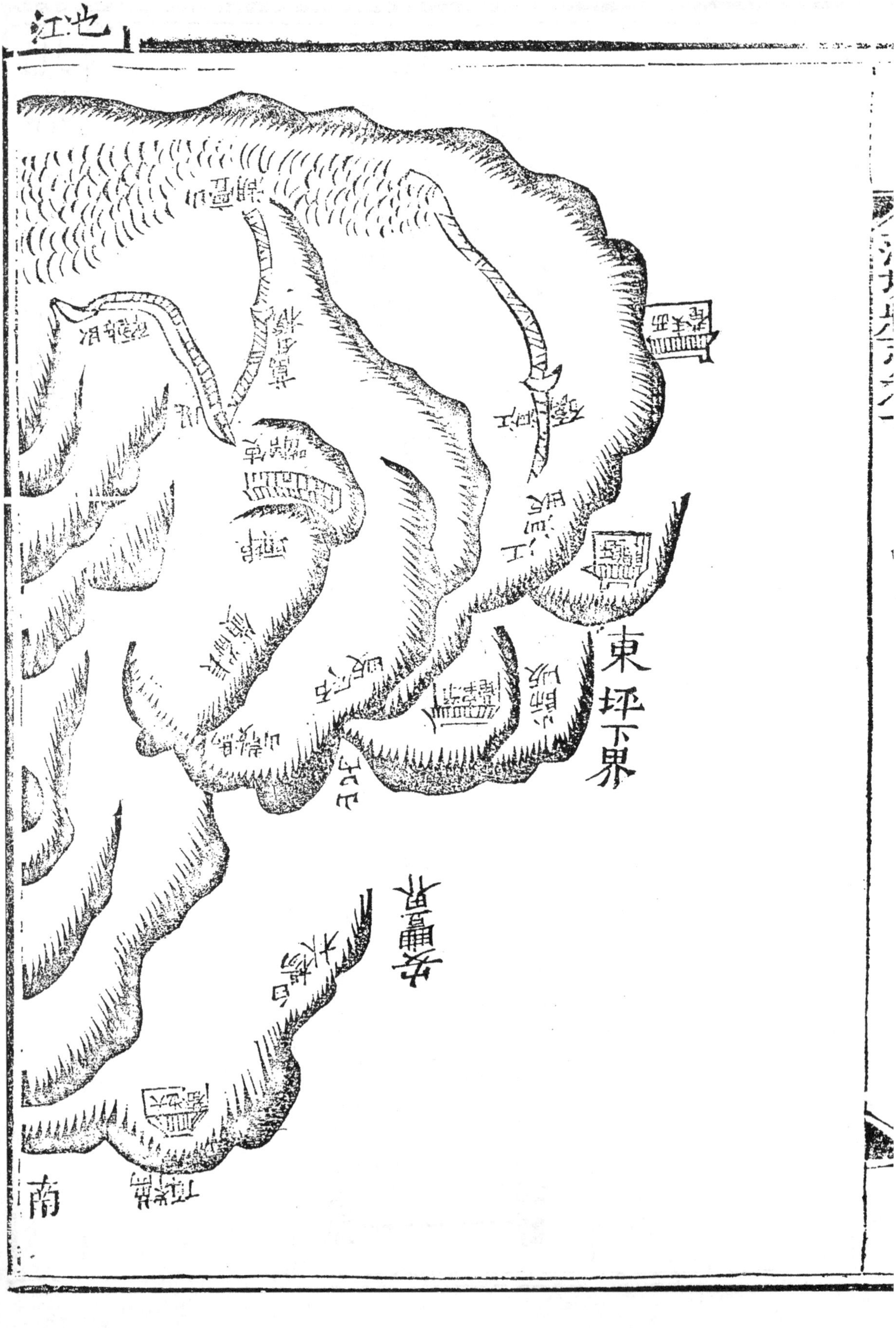
東坪下界
南

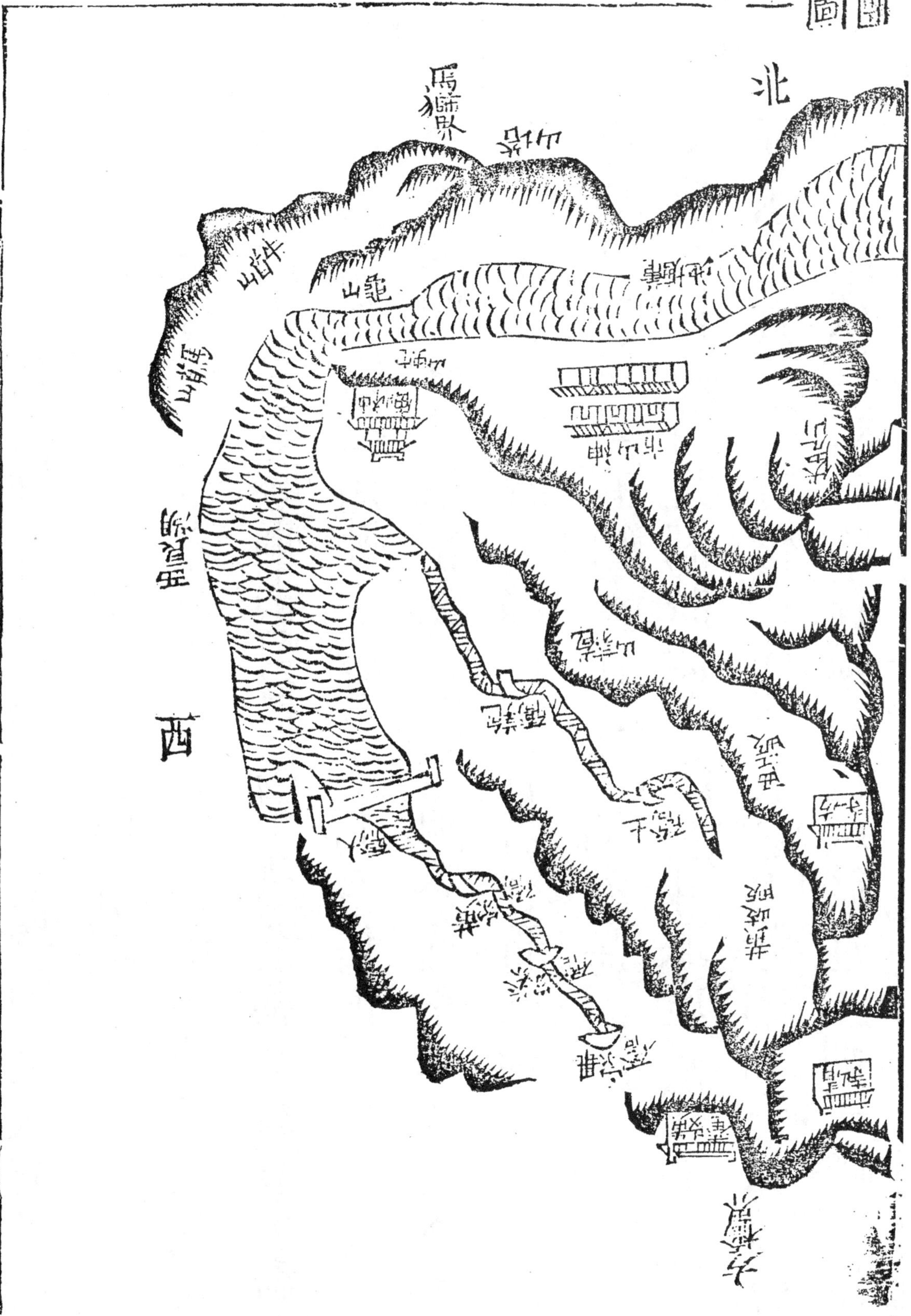

池江

李德甫西艮湖詩附盪舟歸去月黄昏湖上人家半掩
門漁笛一聲何處起吟邊稍得暗香魂
廖　俊詩附南邦遺跡在西艮鳧雁依然蒲石梁我向
浮臺洲上立不勝惆悵對斜陽　萬頃湖心鳥石泉神
龍夭矯紫雲蓮孫權不解遵王制呂岱何緣德政傳
碧石沙明白鷺羣春風花木滿幽芬萬年世代隨流水
有客悲歌起暮雲　縣以湖名尚有蒲飛飛雙鶴水雲
孤野人不識興亡恨長向江頭問赤烏
王鼎彦夜過西艮湖詩附闌干星斗映虚無獨舸微茫
子水紆汀艸暝煙低拂岸蘆花新月淨臨湖海天鐘斷
懷人遙秋夜衣寒旅客孤尚憶笠篠江上别平明扶醉柳陰留

北鄉郭連圍距城七十里

郭連圍圖

郭連

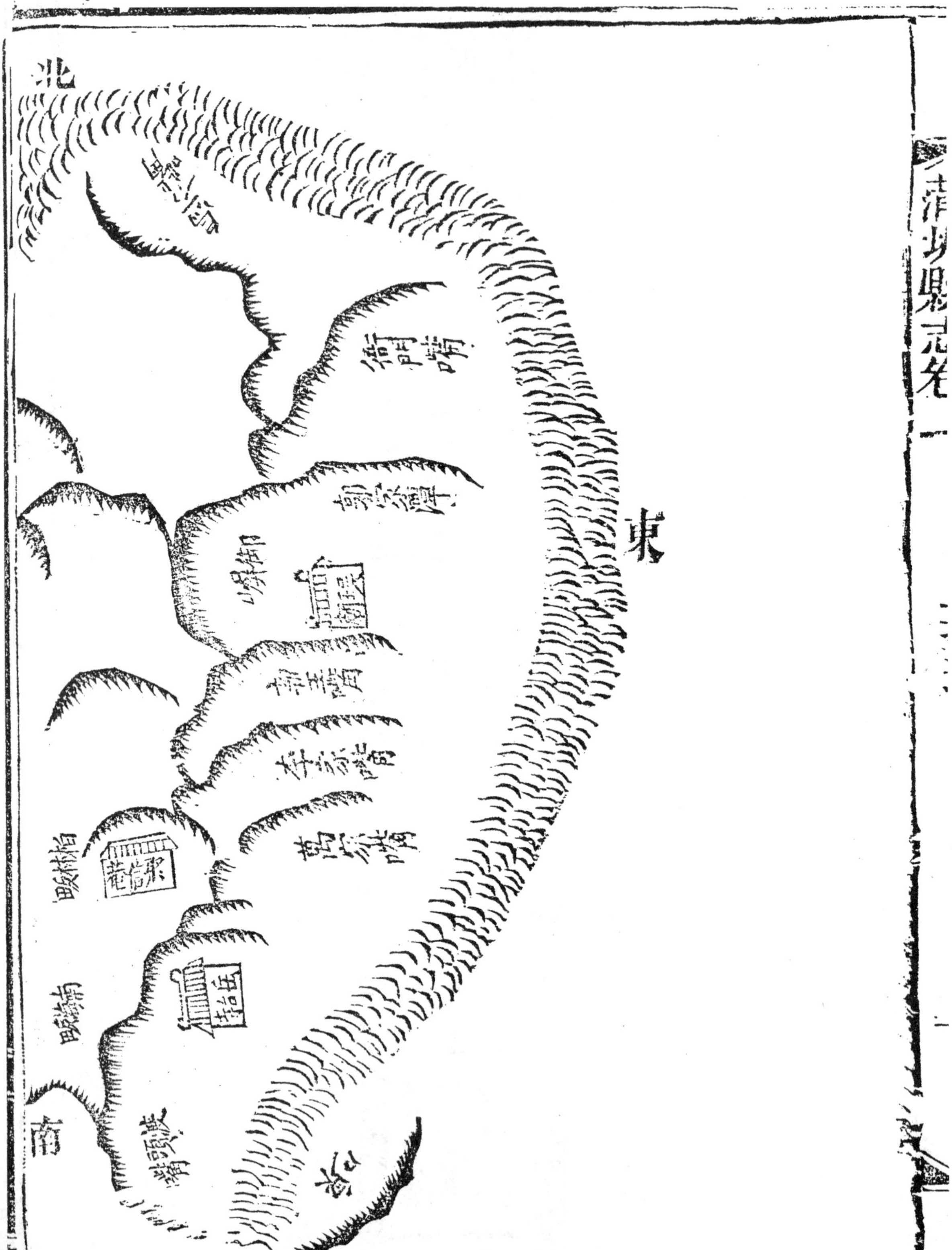

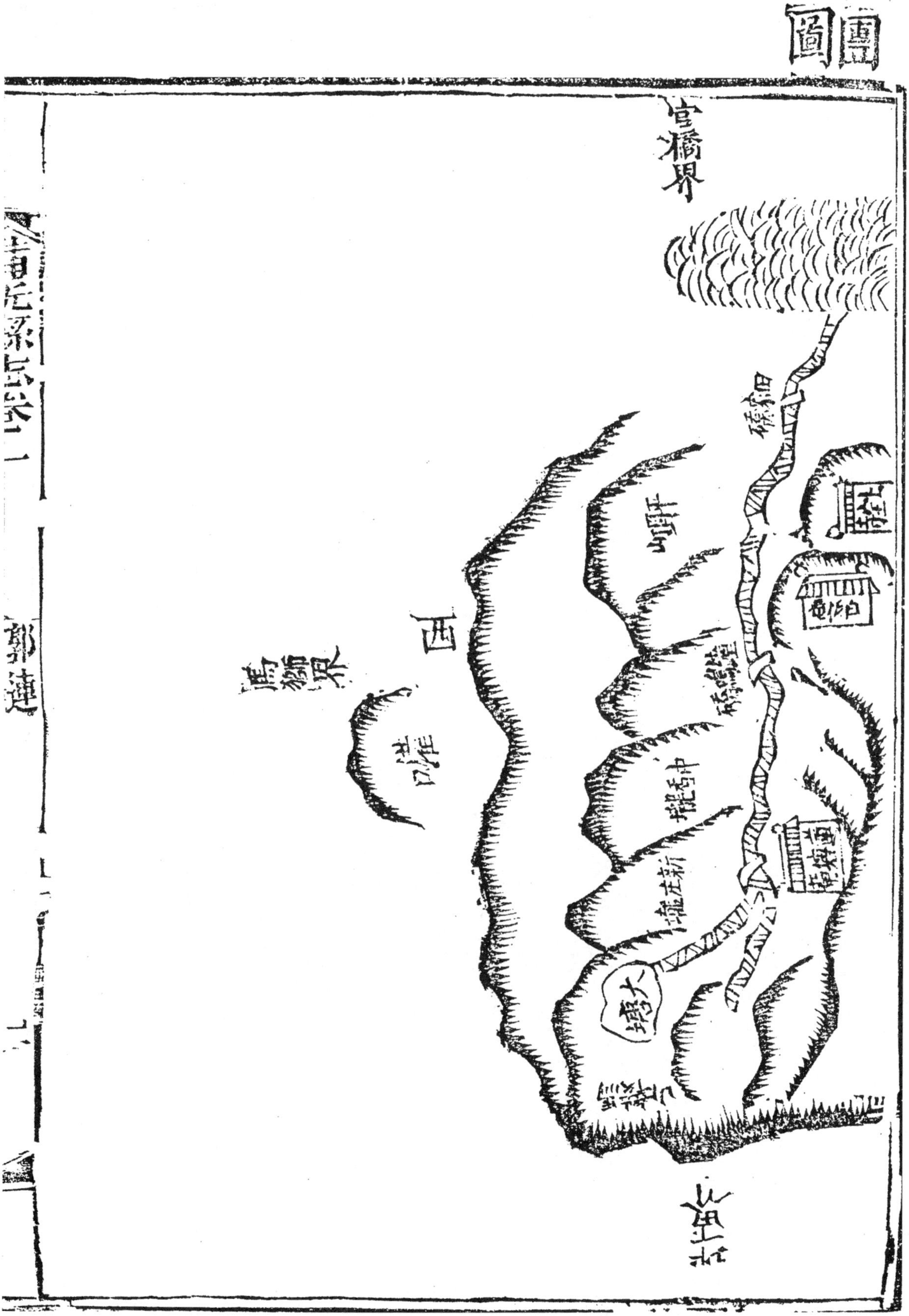
郭連
西

北鄉馬獅團名以湖距城八十里

馬獅團圖

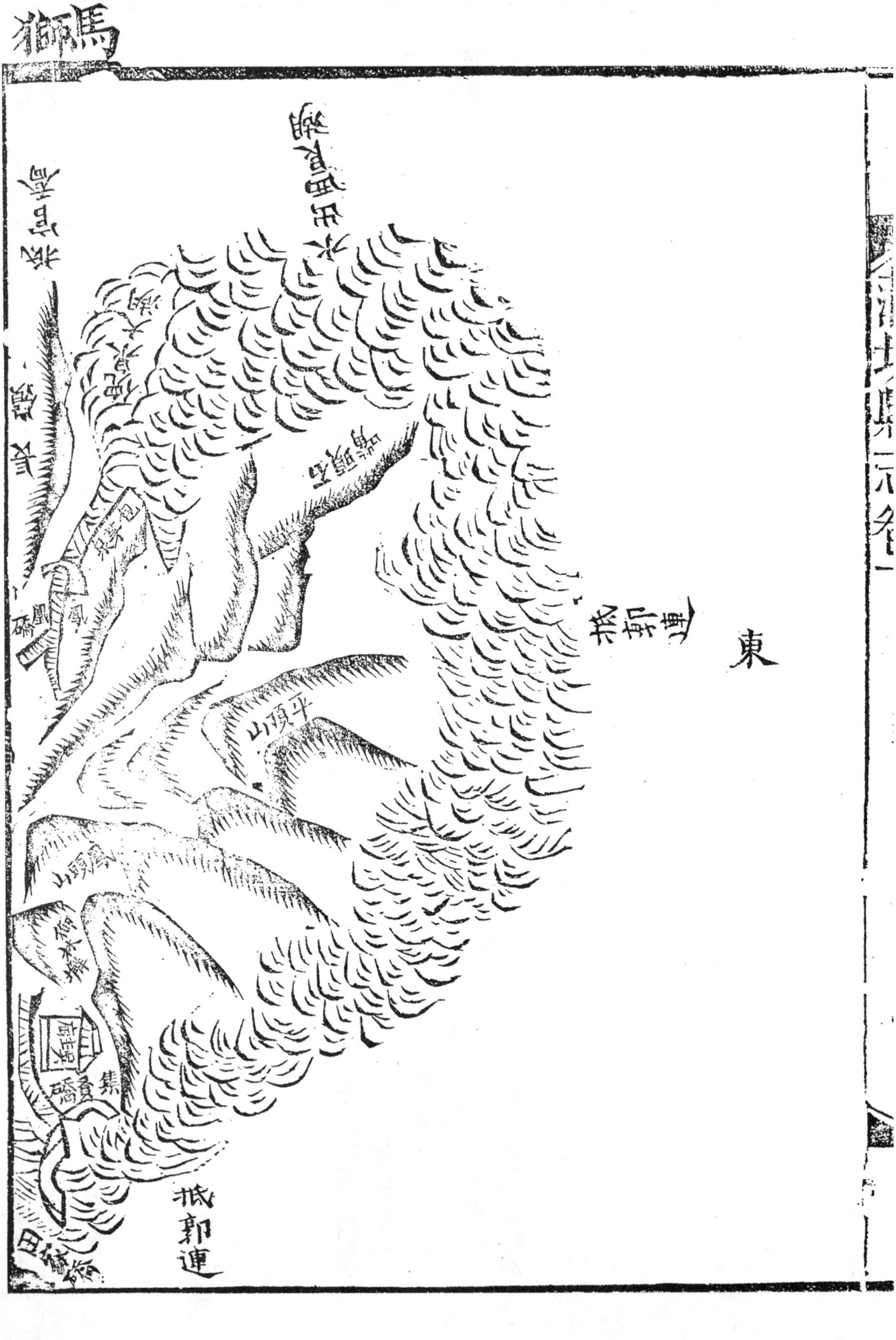
東
抵郭連

團圖

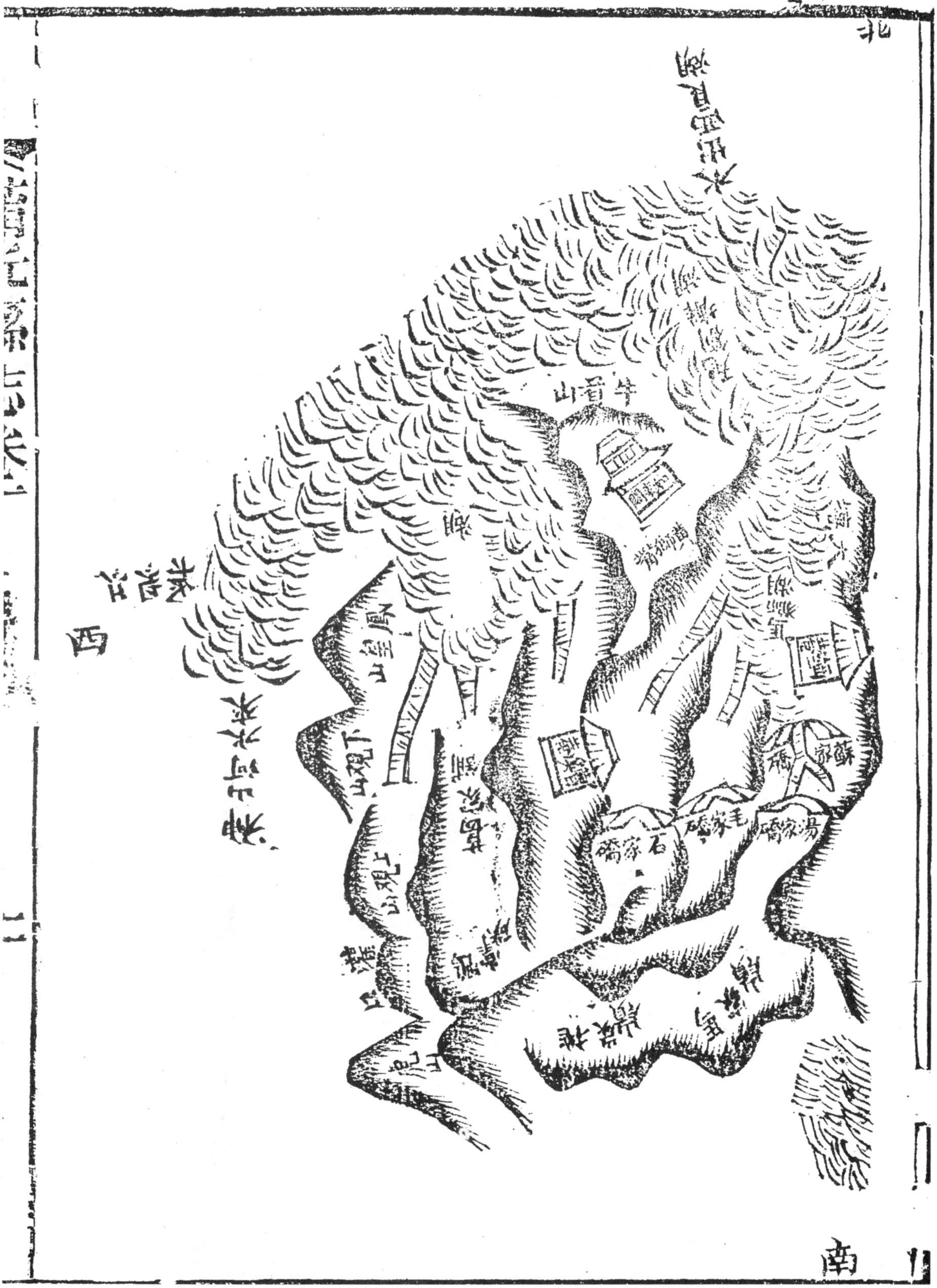

蒲圻縣志卷

北鄉官橋圖以橋名距城七十五里

官橋圖

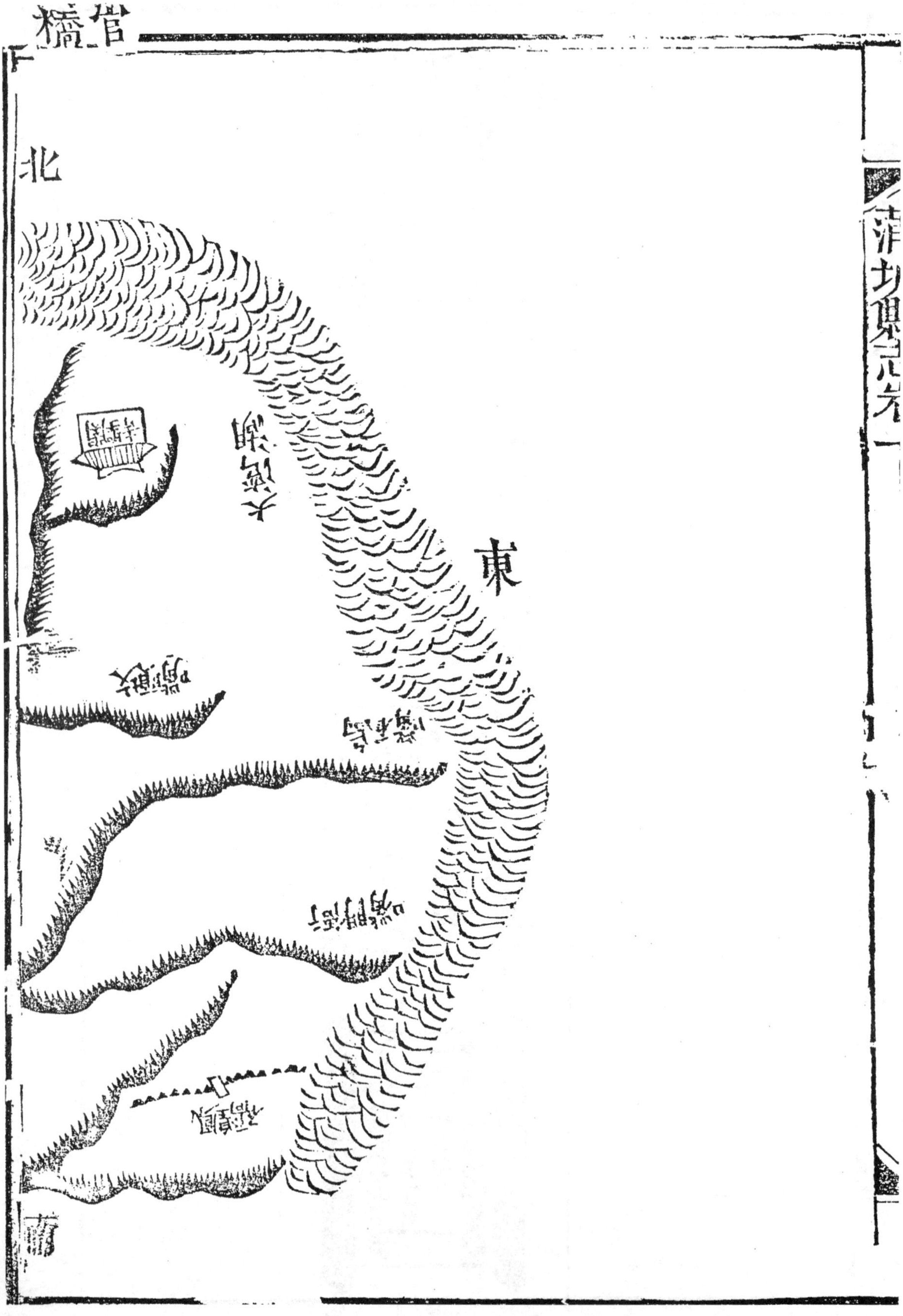
官橋
北
大湖
東
南
蒲圻縣志卷一

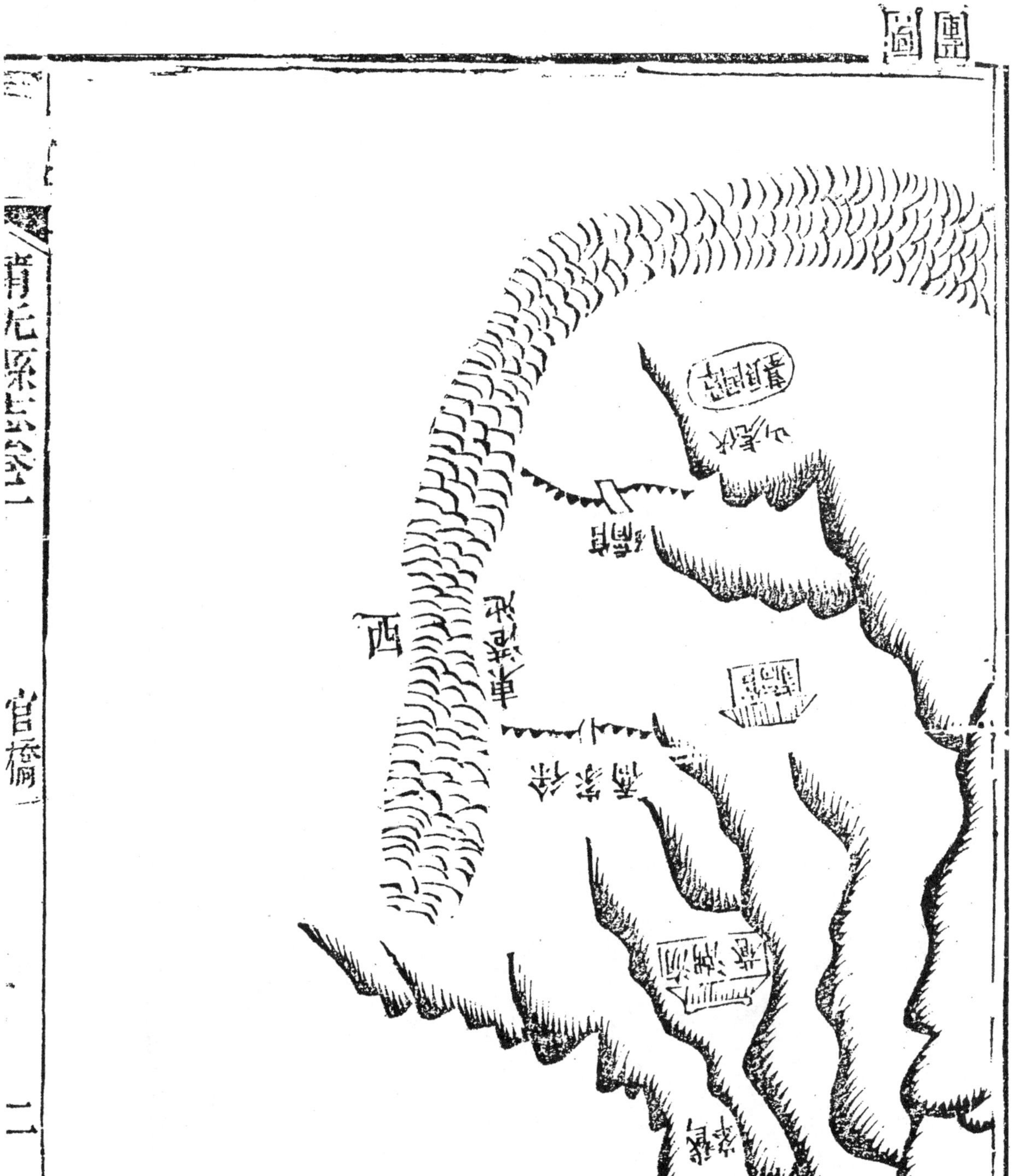
西

蒲圻縣志

政典 官制 署宇 戶口 賦役 倉廒 驛站 鋪遞 塘汛 隄防 學校 祠祭 墳墓

朝廷者立政之地禮樂兵農厥典甚鉅縣令膺百里封民人社稷寄焉亦行政之司也

聖天子乾綱獨握上擇宰相以端政本下擇守令以敷政澤蹈德咏仁遍寰寓矣莅蒲圻者代多循良大抵以經術飾吏治寓撫字於催科凡有關

國計民生者無不恪守

王章垂爲甲令方今小醜蕩除

昇平重睹載稽戍憲炳炳麟麟而使廢者興靡者振舉一切善政綱舉而目張焉是在有司牧之責者志政典 育嬰堂 普濟堂 演武場 義冢 社倉穀 併附

官制

漢

沙羨縣令一人有丞有尉有三老有嗇夫有游徼

晉

蒲圻縣令一人有勸農吏

唐

蒲圻縣令一人有丞有主簿有尉

宋

蒲圻縣令一人有丞有主簿有尉

元蒲圻縣達魯花赤一人 監縣事 兼勸農 有尹有丞有主簿有尉有典史

明蒲圻縣知縣一員縣丞一員主簿一人順治三年裁典史一人儒學教諭一人訓導二人崇禎三年裁一康熙三年全裁十五年復設一人羊樓巡簡司巡簡一人雍正五年裁鳳山驛驛丞一人雍正六年裁官塘驛驛丞一人乾隆二十一年裁港口驛驛丞一人乾隆二十七年改爲巡檢稅課局大使一人長河河泊所所官一人前明裁陰陽學訓術醫學訓科各一人僧會司道會司各一人

署宇

縣署在積慶坊鳳山監舊地並拓駱瀚歐陽炳和居址

唐武德九年自西畈湖徙置元至正十二年燬於兵明洪武元年知縣柯日新復建永樂十二年災宣德二年知縣田裔載建正統五年知縣胡中修成化九年知縣葛鳳儀重修天啟二年知縣吳炳修崇禎三年知縣林增志於宅後作中隱園明末燬於兵

國朝順治十六年知縣王道人重建康熙九年知縣張圻隆重修嘉慶十五年知縣鄭家屏修道光十五年知縣勞光泰重修咸豐二年燬於兵三年知縣孫守信重建功未竣復燬

唐岳詡附蒲之爲邑也東臨江漢之會南控衡湘之要自吾武昌觀之可謂鉅邑矣且左枕豐財右連疊

秀前挹蓴川之清流後有龍潭之美跡山川之綢繆
人物之偉麗賢官名宰具在方冊巍科顯仕代不乏
人奈何兵火之餘街渠委於榛莽人烟竄於荊棘獸
蹄鳥跡之交横商賈舟車之罕見縣官結茅署事百
廢未舉甲辰春聖天子受天明命削平僭偽選用賢
良整理部縣明年秋平湶柯公曰新來知縣事雅量
足以鎮浮俗正言足以厭佞諛清愼寡欲廉公有威
主簿宣城胡公學優而仕典史鄭公有學有守果而
能斷於是刑政清明人皆悦服斯邑之民流徙者舉
復其業他縣之民慕德來歸者襁負繈至而田野以
闢戸口以增絃歌之聲相聞禮義之化以興柯公乃

謀於衆曰吾爲邑長而縣邑荒穢不治聖賢之祠韜
在草莽豈非吾黨之責乎且吾聞務其三時驗其丁
産則勤民而民不懼勞民而民不怨今年穀屢豐四
民安業一新縣邑以稱聖主光天下之意夫何難爲
皆應曰諾乃同寅協恭百工贊襄獻巧者斧斤相聞
効力者謳歌載道闢草萊樹棟宇而署事有廳分憲
有司參贊有幕吏牘有房刑禁有所又有戒石之亭
更鼓之樓宅土之祠周以垣墉甃以陶甓塗以丹雘
三皇文廟秩祀之神皆復廟像至郵亭傳舍津渡橋
梁未及期年靡不修舉何成功之速如是哉蓋有得
於敬事而信節用而愛人使民以時之旨也遺老屬

予爲文刻之貞珉以昭示無窮予謂亂極而治理之
必然當天造草昧之時屯難未亨之際欽遇國家啟
運分職設官一時之賢萃於斯邑克復舊觀以立國
家萬年之基是可書也已

黎淳重創蒲圻縣治碑略附武昌轄蒲圻爲鉅縣地
富嘉山水有古人風比歲紹位匪人老生以年授者
耄荒不屑務俗吏以幹遷者縱情不顧法胥徒益横
縣遂瘠瘵聖天子矜元元之人困特重其選成化辛
卯春定遠葛侯鳳儀知蒲圻初下車稽賦役苦如荼
閲簿書棼如髮召詰其官屬皆萎薾如醉庭積嚚訟
野多逋逃侯嗟咨良久於是大新其典威令風行惠

利川流未及再期庶富可教爰睹政事堂朽墜弗稱
乃協謀僚佐鳩工簡材以癸巳正月丙午重建廳事
五楹後爲退寢中作穿堂前樹儀門其楹各依廳事
之數而崇減三之一濬廣隨儀門之内廡六房房之
後舍羣吏闢門蹠牖飭以丹碧琢石陶瓦繚以垣墉
鼓鐘二樓卓立左右巍然秩然雄視楚邦民罔苦勞
政無遺臧經綸器局超邁前人遠矣遂序次其事勒
諸貞珉繫以詩曰帝式九圍天眷懋加治於大順萬
姓一家侃侃葛侯來蒲正位匪心之欺惟天是畏昔
吏紛紛今吏恂恂侯能馭之芟戩爲仁昔民睊睊今
民綽綽侯能撫之變憂爲樂昔閱倉庫粟帛空空侯

來幾時倉積庫充新作蒲堂聳民觀聽爰及百司畢完以盛侯坐學宮冠冕峩峩紬經繹史鹿鳴雅歌侯燕其僚伐鼓考考亦有醪饈燕及黨老四野闢除侯出勞農春雨蠶眠秋露稻豐眾人愛侯賞其才捷太史曰非循吏以德侯克循良惟德動天躋於津要天子萬年成化九年立石

知縣吳本固縣署後樂堂詩附雪色搖銀海萼川恍練川溪流冰鑑合巖樹水晶懸野老尋歸徑漁翁罷釣船額瞻堪入畫應喜兆豐年

王雲翔寡過堂銘附惟此長吏莅過之區有利弗興有害弗除民具瞻爾曰余之辜愆尤日積載兕張弧

毋恃爾明或則麤疎罔矜爾才而憚勤劬誠心求瘼秋月氷壺庶幾寡過勿姑徐徐寡之又寡以至於無登斯堂也位乃不虛百爾君子尚其敬諸

教諭訓導署在學宮內咸豐四年兵燬

縣丞署在縣署左咸豐二年兵燬

典史署在儀門內左咸豐二年兵燬

港口巡檢司署在縣西六十里咸豐年間兵燬

政典

戶口

明洪武中戶五千二百四十口三萬五千八百九十七永樂中戶四千九百七十二口四萬四百四十九宣德中戶四千九百四十口四萬八百一十七成化中戶四千八百八十九口三萬六千四百一十五宏治中戶五千五十九口七萬一千八百九十四正德中戶五千一百五十口七萬一千八百九十五嘉靖初戶五千三百六十五口七萬一千九百一十隆慶中戶五千七百口七萬三千三百一十一萬歷中戶五千七百口七萬三千三百一十一天啟中戶五千七百口七萬三千三百

一十一崇禎中戶八千九百七十口七萬五千一百九十九

皇朝順治四年編審人丁凡年老殘疾并逃亡故絕者悉行豁免

順治五年編審責成州縣印官察照舊例造冊年六十以上開除十六以上添註

順治十七年覆准直省每歲底各將丁徭賦籍彙報總數覈戶口消長以定州縣考成

康熙三十一年直省編審人丁俱造花名徵銀科則細冊送部

康熙五十二年

恩詔據康熙五十年丁册爲常額續生人丁永不加賦

、康熙五十五年

恩詔以新增人丁補足舊缺額數如有多人之丁歸入滋生册内造報

自康熙五十五年至乾隆三十七年停止歷次編審滋生人丁二千二百七十四丁欽奉

恩詔永不加賦

總督邁柱請丁隨糧派疏曰湖北一省有田之家田連阡陌所輸丁銀無幾貧民糧僅升合所輸丁銀獨多蓋緣地賣丁存而富豪多與書役勾通改换栽派以致挨册有丁追呼無業貧民徧受其累今據湖北武昌布政

使徐鼎詳稱湖北丁銀止天門一縣前經題請隨田起丁民各稱便而武郎八州歸州一州共計人丁四十五萬三千四十三丁一斗零應徵丁銀一十二萬五千八百六十四兩九錢八分八厘零自應查照山東江西等省之例以通省丁銀攤入通省地銀之内一例輸將今查雍正五年民賦册内除應城縣膏稅沔陽州柴山官地租共銀一千一百九兩九錢七分四厘零又除丁糧外派之乾魚蔴鐵湖課線膠等項無庸攤派外合計通省民賦更名條餉優免南糧驢脚米折歸併屯糧帶派地租匠役班價麂皮京頂籽粒計料補徵歲貢及雍正六年增墾並恩施縣民屯餉銀等項共銀九十七萬八百八兩一錢七厘零以通省丁銀均匀攤入每錢糧一兩合攤丁銀不過一錢二分九厘有零又有武昌襄陽等十衛所共徵人丁一百四十三兩八錢以通省成熟屯銀四萬八千七百二十八兩二錢一分零攤派每兩該徵銀三厘所增無幾而課額實爲公平自雍正己酉年爲始照通省攤匀地丁數目飭令各州縣衛所造册徵收至續報勸墾及自首隱墾歲報陞科應請暫緩攤派再遇編審之期另將通省丁銀與通省舊額新陞之糧均匀攤派等情臣查丁隨糧派均平徵收富者所增無幾而貧者受益靡盡永無出入增減之弊實於

國賦民生大有禆益雍正七年覆准各省丁銀均攤入地根内徵收

賦役

人丁

蒲圻原額人丁二萬一千一百八十丁每丁每年除優免外科則不等照原額並加增每丁該銀一錢九分四厘五毫五絲七忽五微四塵三纖八渺該銀四千一百二十兩七錢二分八厘七毫七絲七忽八微一塵七纖七渺内原開除康熙四年奉　文豁免運夫人丁一百三丁豁除丁銀二十兩三分九厘四毫零　康熙十一年增人丁一百三丁四十五年增二丁五十年增二丁丁銀俱照丁派增以上額内額外人丁共二萬一千一百八十四丁共徵丁銀四千一百二十一兩五錢七厘七忽九微九塵三纖九渺遵奉

恩詔以康熙五十年丁冊爲常額雍正六年彙同不在額徵丁銀以內之優免丁銀一百一十五兩六分八厘零於

詳請丁隨糧派案內自雍正七年爲始歸入閤省錢糧均攤帶徵每糧一兩派徵丁銀一錢二分九厘六毫四絲九忽零以該縣實徵糧銀扣算照例應減原徵丁銀一千四百五十兩三錢八毫零共該徵銀二千七百八十六兩二錢七分四厘二毫零內除更名田地均攤銀二十二兩一錢九毫四絲零另歸雜餉項下起徵又除優免丁銀一百一十五兩六分八厘零實徵銀二千六百四十九兩一錢五厘二毫零

土田

原額田三千五百五十二頃八十九畝一分九厘內

上田八百三頃六十七畝六分六厘每畝科秋糧米麥五升三合九勺九抄九撮九圭五粒九粟每石派銀八錢八分五厘三毫五絲五忽九微三塵八纖五渺每畝科桑稅絲六分四厘零秋糧內帶派共銀三千八百四十二兩三錢一分二厘三毫二絲一忽六微七塵二纖桑稅在內

中田一千一百五十一頃五十五畝八分六厘每畝科秋糧米麥四升六合每石派銀視上田每畝桑稅五分五厘秋糧內帶派共銀四千六百八十九兩八錢八分五毫三絲三忽五微四塵八纖九渺桑稅在內

下田一千一百二十頃八畝三分一厘每畝科秋糧米麥三升五合四勺八抄六撮七圭一粒九粟每石派銀照前例每畝科桑稅絲四分六厘七毫零秋糧內帶派共銀三千五百二十一兩四錢六分九厘一毫九絲二忽六微五纖六渺桑稅在內

山鄉田二百一十頃四十八畝五分五厘每畝科秋米麥二升每石派銀照前每畝桑稅絲三分七厘五絲零秋糧內帶派共銀三百七十二兩七錢九厘一毫七絲四忽六微五塵五纖八渺桑稅在內

水鄉田二百六十七頃八畝八分一厘每畝科秋糧米麥一升七合每石派銀照前每畝科桑稅絲二分五厘秋糧內帶派共銀四百一十兩九錢九分五厘六毫六絲二忽一塵七纖桑稅在內

原額地二千一百二十二頃九十六畝六分七厘每畝科秋糧米九合二勺六抄一撮每石派銀照前每畝科大麥五勺八抄七撮六圭五粒五粟小麥四勺四抄五撮三圭一粒九粟夏稅絲一分四厘八毫零桑絲一毫三絲八忽零俱秋糧內派徵共銀一千七百二十四兩二錢三分二厘三毫八絲一忽四微三塵一纖三渺大小麥桑稅在內

原額塘二百三十六頃八十四畝八分九厘每畝科秋糧米一升八合五勺二抄一撮零每石派銀照前每畝一合四勺七抄八撮五粟夏稅絲三分四毫五絲零桑絲七

毫七絲零共銀三百八十八兩三錢九分八厘四絲三忽九微三塵九纖八渺小麥桑稅在內

以上原額田地塘共五千八百九十二頃六十四畝七分五厘額載秋糧米一萬五千九百四十九石七斗六升一合三勺帶科大麥一百二十三石五斗一升八合五勺每麥二石折米一石折實麥六十一石七斗五升九合二勺五抄帶科小麥一千五十四石五斗八升六合五勺

米麥共一萬七千六十六石一斗七合五抄內有免糧麥一千七百四十七石每石派銀五錢五厘八毫零無免糧麥一萬五千三百一十九石一斗七合五抄每石派銀九錢一分七厘零有免無免

桑稅二絲一千三百七十九觔一十二兩五錢八分已於

秋根內帶派
額徵併加增共銀一萬四千九百四十兩九錢九分七
厘三毫九忽八微七塵四渺大小二麥桑稅二絲在內
地畝九厘餉每秋根麥一石派銀二錢九分八厘零該銀五千九十兩二
錢一分八厘七毫四絲更名田地釐餉不在數內
班匠每年價銀四十一兩四錢康熙三十九年奉 文
均攤派地丁項下徵銀四十兩七錢八分一厘八毫
七絲七忽二微六塵八纖餘歸更名田地內派徵
優免地丁充餉銀八百三十四兩五錢五厘一毫九絲
一忽一微五塵九渺
南糧另正米一石里納船驢脚米一斗五升每石折銀
一兩以二錢給解餘八錢充餉共銀五百三兩二錢
二分
雍正十二年首墾民賦額外田地塘共一頃一十五畝
五分一厘六毫零該米麥一石五斗二升一合七勺
九抄七撮六圭七粟該條銀一兩三錢九分六厘四
毫零又陞派九厘餉銀四錢五分三厘八毫零又折
驢脚米銀四分四厘八毫零上共一兩八錢九分五
厘三毫七絲七忽四微五塵三纖一渺三漠
乾隆二年墾帶丁銀二錢四分五厘
加徵麂皮京損銀一兩七錢二分二厘六毫
以上八丁土田九厘餉班匠攤派優免丁銀折脚銀額

外開墾併墾帶丁銀京損各項共徵正銀二萬四千
六十二兩六錢九分一厘三毫零

雜餉
額徵更名田地四十頃九十二畝二厘內
黄土畢家畈七里徑徵租銀一百兩
大古城徵租銀三十三兩一分九厘二毫
加派九厘餉三十六兩八錢二分九厘二毫七絲
雍正七年奉 文丁隨糧派案內照通省則例均攤增
丁銀二十二兩一錢九毫四絲零
康熙三十九年均攤班匠價銀六錢一分八厘一毫零
更名田地共徵銀一百九十二兩五錢六分七厘五
毫零按現在三畈雜項正銀一百四十四兩五錢六分大古雜項正銀四十八兩一分

湖洲雜稞
北京乾魚正銀一十九兩六錢四分七厘損銀一錢七
分六厘八毫二絲三忽
解南乾魚正銀一兩八分五厘損銀二分七厘七毫六
絲五忽
熟鐵正銀一百一十九兩九錢五分五厘七毫九絲每兩
京損九厘該銀一兩七分九厘六毫二忽一微一塵遇閏加銀
八兩一錢二分四厘七絲五忽
線膠正銀八兩四錢二分七厘一毫每兩京損九厘該銀七分
五厘八毫四絲三忽九微遇閏加銀二錢四分

本府魚課鈔銀三十七兩四分五毫八絲內長河湖銀二十七兩四分五毫八絲遇閏加銀五兩九錢三分三厘八毫六絲五忽真湖餘利銀十兩

湖洲雜課共征銀一百八十七兩五錢一分五厘五毫零按現在長河各湖漁課正銀一百九十一兩四錢四分七厘

活麂狐皮共征銀五兩六分三厘九毫五絲捕戶出辦按現在征五兩六分四厘

官地租銀二十三兩九錢四分奉裁入餉按現在地租二十兩一分此項無着由官墊解

以上雜餉共徵正銀四百九兩八分六厘零閏年加征按現在漁課地租多寡互易與征額總數相符俟考

正雜二項總共徵銀二萬四千四百七十一兩七錢七分七厘三毫零以上統徵以下分解

起運戶禮工光部寺條餉各款備載賦役全書

額徵解　司地丁正銀一萬三千三兩七錢六分二厘

額徵雜餉正銀四百九兩八分七厘彙歸地丁條餉閏年多解

實共徵銀一萬三千四百一十二兩八錢四分九厘

存留官俸祭祀役食均係雜款撥運俱在內

知縣俸薪存銀四十五兩

縣丞俸薪存銀四十兩

港口巡檢係乾隆二十七年以港口驛丞改設俸銀給支存俸銀三十一兩五錢二分

典史存俸銀三十一兩五錢二分

教諭存俸銀一十五兩七錢六分

訓導存俸銀一十五兩七錢六分現在教官二員共扣減平銀一兩八錢九分一厘二毫

糧庫大使雍正五年裁洋樓司俸工銀兩改給存俸銀三十一兩五錢二分原載三十一兩五錢現在扣減平銀一兩八錢九分一厘二毫

七款共銀二百一十一兩八分

文廟二祭銀四十兩

香燭米存銀一兩二錢二分原載一兩五分

武廟三祭銀三十五兩七錢四分六厘

崇聖祠二祭銀七兩

山川壇二祭銀十兩

社稷壇二祭銀十兩

名宦鄉賢祠二祭銀七兩

厲祭壇三祭銀一十兩原載十一兩

厲祭米折銀一兩六錢原載一兩二錢二分

雎陽顏公二祠在白石各一祭銀二兩四錢四分原載二兩

十款共支銀一百二十五兩六厘現在扣減平銀七兩五錢零三毫六絲

知縣門子二名存工食銀十二兩

仵作三名存工食銀十八兩雍正六年奉文由皂隸銀內撥給現存抽提禁卒二兩

皂隸十三名存工食銀七十八兩原存銀九十六兩雍正六年撥銀十八兩

給仵作現在抽提
禁卒五兩二錢

民壯三十八名存工食銀二百二十八兩舊載民壯存銀二百五十二兩乾隆二十七年港口驛丞改爲巡檢撥給民壯四名工食銀二十四兩

捕役八名存工食銀四十八兩原作馬快乾隆十六年改名捕役現在抽提禁卒三兩二錢

轎傘扇夫七名存工食銀四十二兩

庫子四名存工食銀二十四兩現在抽提禁卒一兩六錢

迎送皂隸存工食銀五十兩八錢三分二厘原載銀五十兩八錢三分三厘四毫

斗級四名存工食銀二十四兩現在抽提禁卒一兩六錢

河北渡夫存工食銀八兩五錢五分原載存銀八兩

禁卒八名存工食銀四十八兩

十一款共銀五百八十一兩三錢八分二厘現在扣減平銀三十四兩八錢八分二厘九毫二絲扣三成銀一百七十四兩四錢一分四厘零

廪生二十名廪膳銀六十一兩二錢原載膳夫存銀一十三兩三錢三分零添設廪糧四十八兩廪生支領

額內孤貧十名口粮銀二十五兩二錢原載孤老銀十八兩布花銀三兩

鋪司兵二成銀一百二十六兩五錢六分九厘舊載各鋪舖編丞充共銀四百四十七兩二錢九分三厘協編各巡司弓兵偏編丞充存銀五十九兩六錢五分八厘洋樓司應役弓兵存銀三十兩五錢舉人長夫銀內除銀三十二兩備用存銀六十三兩四錢均撥給鋪兵工食共銀六百三十二兩六錢五分二厘咸豐八年奉文減洪酌留十分之二銀一百二十六兩五錢

六分九厘八毫歸馬夫工料之用餘八成銀提解司庫

糧庫大使皂隸二名存工食銀十二兩

縣丞門子一名存工食銀六兩

皂隸四名存工食銀二十四兩現在抽提禁卒銀一兩六錢

馬夫一名存工食銀六兩

巡檢皂隸二名存工食銀十二兩

弓兵四名係由縣民壯撥存工食銀二十四兩舊載由縣民壯銀二百五十二兩內撥給現在抽提禁卒一兩六錢

典史門子一名存工食銀六兩

皂隸四名存工食銀二十四兩現在抽提禁卒一兩六錢

馬夫一名存工食銀六兩

教諭訓導齋夫六名存工食銀三十六兩

門斗存工食銀二十一兩六錢

十四款共支銀三百九十兩五錢六分九厘現在扣減平銀二十三兩四錢三分四厘一毫四絲

民壯修理器械銀三十八兩乾隆元年每名每年加修理器械銀一兩共銀四十二兩係在司庫前裁民壯工食款內支給不在該縣額徵之內乾隆二十七年撥銀四兩加給港口民壯修理器械現在提解司庫

弓兵修理器械銀四兩現在提解司庫

庫司兵八成銀五百六兩二錢八分現在提解司庫

以上存留項下共銀一千八百五十六兩三錢一分七厘內應解銀五百四十八兩二錢八分

解裁鈌銀一百一十一兩四錢五分一厘
部寺解費銀一十八兩一錢一厘原載銀十八兩一錢二分五厘四毫零
鄉飲二次銀五兩九錢九分二厘原載銀六兩
科舉銀二十八兩五錢二分原載科舉存銀二十五兩三錢八分解費存銀一錢
二分六厘九毫對讀生書手存銀二兩六錢六分六
厘零刊錄梨板存銀三錢八分三厘三毫五絲
新舊會試舉人長夫銀六十三兩九錢一分六厘原載新舊
會試舉人共銀二百八十八兩三年一次每年該銀
九十六兩以三十二兩撥補鋪兵實存長夫銀六十
四兩按年解
交司庫泒給
歲貢生盤纏花紅等銀五兩九錢九分二厘原載銀十二兩
時憲書銀九兩五錢八分七厘原載時憲書銀九兩五錢五分一厘零解費銀
四分七
厘零

七款應解銀二百四十三兩五錢五分九厘
連前實共徵存留銀二千九十九兩八錢七分六厘
添撥各項
先農壇祭銀五兩舊志藉田租穀五石奉文將藉田存穀變價動支司庫存公銀內奏給
文昌二祭銀二十三兩八錢三分
常雩祭銀五兩舊載司庫存公銀內動支
教官二員加品俸銀四十八兩四錢八分舊載司庫丁銀內支給現
在扣減平銀二
兩九錢九厘
孤貧八名口糧銀二十兩一錢六分司案係額內孤貧四兩二錢二分七
厘額外一十九兩八錢二
分五厘數目不敷存查
補荒銀四兩二錢二分七厘

共銀一百六兩六錢九分七厘請領歸款
外領民壯加增銀二十兩請領歸款扣減平銀一兩二錢六分又扣三成銀六兩三
錢
驛站
本縣驛站夫馬原編額徵銀四千五百二十五兩九錢
三分九厘八毫兵部項下秋糧折色起運江濟水
夫二百六十二名每名銀四兩九分五厘共銀一千七十二兩
八錢九分每百兩京損銀九錢該銀九兩六錢五分六厘一毫
改歸驛站支本縣正項抵各處協濟銀一千四百五兩
六錢八分六厘零改歸驛站二項額徵驛站銀七千一十
四兩一錢七分二厘零內除豁免故夫丁銀六兩九

分二厘零實徵銀七千八兩八分
鳳山驛脚馬實存馬五十匹年支草料藥餌等銀九百
五十兩馬夫二十五名年支工食銀一百八十兩獸
醫一名年支工食銀七兩二錢支應存銀一百五十
兩原設實存排夫一百一十名共工食銀八百五兩
二錢乾隆四年奉文扣除小建遇閏加增
官塘驛脚馬實存馬五十匹年支草料藥餌等銀九百
五十兩馬夫二十五名年支工食銀一百八十兩獸
醫一名年支工食銀七兩二錢支應存銀一百八十
一兩八錢一分八厘
港口驛實存馬五十匹年支草料藥餌等銀九百五十

兩馬夫二十五名年支工食銀一百八十兩獸醫一
名年支工食銀七兩二錢支應存銀一百八十一兩
八錢一分八厘原設損夫六十名共工食銀四百四
十兩四錢五分二厘
以上每年夫馬工食工料等項於本縣額編驛站銀內
共動用五千一百七十兩八錢八分七厘零（按驛站項下酌用蒲馬價銀四百一十四兩五錢四分八厘零編設紅船水手工食銀二百三十四兩七錢六分其裁減夫馬支應等銀一千一百一十四兩六錢八分四厘係另款解交道庫支用並移司充餉）
現在補馬價銀六百三十兩
又徒多轉折案內經支解本縣民賦銀一千二百七兩
一錢九分二厘（此項原係裁減紅船等款正銀閏月扣三百九兩四分二厘添入坐支草）

（料藥餵馬夫掛夫損夫五款餘銀解司）
隨漕
楞木松板銀十一兩六錢七分八厘八毫
運糧官軍行月二糧米七百七十石九斗六升（每石折銀四錢）
該銀三百八兩三錢八分四厘
江西運糧官軍行粮米四十六石六斗七升八合九勺（每石折銀五錢）
該銀二十三兩三錢三分九厘四毫五絲
三六耗蓆輕賫銀五百四十兩一錢四分四厘五毫（每兩解淮損銀一分）
該銀五兩四錢一厘四毫零
淺船銀六十七兩九錢二分
盤費銀三錢三分九厘六毫

部解運官盤纏銀六兩六錢
安家月糧銀四百八十三兩九錢二分七厘五毫
隨漕共銀一千四百四十七兩七錢三分五厘二毫九
絲五忽
雍正十二年額外首墾陞科銀一錢六厘一毫六絲二
忽二微五塵零
二共額徵並陞墾銀一千四百四十七兩八錢四分一
厘零內除豁免運夫丁銀一錢三分二厘八毫零
實徵解銀一千四百四十七兩七錢八厘六毫零
南粮折脚
額征解銀五百三兩二錢六分四厘八毫零

額征漕粮
兌軍本色正米（每秋糧一石派米一斗七升一合八抄一撮七圭）該正米二千
九百一十九石七斗（每石耗米四斗）該耗米一千一百六十
七石八斗八升
雍正十二年額外首墾陞科正耗米三斗六升四合四
勺九抄零
兌軍正色正四米四千八十七石五斗八升（每秋粮一石派米一斗七升一合八抄一撮七圭每正米一石耗米四斗）
康熙十一年加贈貼二斗共贈貼米五百八十三石九
斗四升雍正十二年新墾米（正四二耗）共四斗一升六合
五勺六抄二撮七圭五粒六粟

上共額徵漕糧正米四千六百七十一石九斗三升六
合六勺
額徵南糧
南粮本色正耗米每秋粮一石派正米一斗九升六合五勺七抄六則七圭每正米一石耗米二斗五升 共四千一百九十三石五斗雍正十二年新
墾米三斗七升三合九勺三抄七撮四圭四粒
上共額征南粮正米四千一百九十三石八斗七升三
合九勺
以上漕南正米八千八百六十五石八斗一升五勺咸豐七年 巡撫胡廷翼裁除冗費奏定章程改折徵收每正米一石連耗米水脚券票等項共收十足錢五千文斗升合勺照數科算不准多索分文各圖刊有碑石

武昌府知府嚴示爲出示曉諭酌減徵漕章程删除浮
費以甦民困事案奉 撫憲札飭湖北漕務積弊民苦
浮勒官無經制其取於民者厚其交於公者微類皆中
飽於丁船雜費及上下衙門一切陋規現值停運之際
奉 部文折價充餉急應清釐積弊取中飽之資以分
益上下於 國計民生均有裨益惟各州縣情形不同
其如何分別删減定立章程應由道府大員親詣督查
以杜州縣官吏隱匿趨避而收實效飭委本攝理府親
詣所屬各州縣體察情形核其徵收兑運實費遵照
部案折價充餉其浮勒積弊太甚之州縣酌定删減並
將節省兑運之費提解充餉裁汰浮費實屬有益於民
有益於 餉務須認真督查因地制宜妥協議擬定限
九月以前通稟酌辦勿稍徇延等因奉此當經轉行遵
照將征收兑運漕粮一切費用寔帳開呈去後玆據蒲
圻縣稟覆征收漕南二米用帳前來本攝理府逐一查
閱復明察暗訪該縣征收漕南二米向係統征分解名
曰完三折七征本色者每石加七合征折色者連水脚
等項收錢五千八百六十文本折牽算每石合錢五千
一百二十二文積弊相沿已久深爲閭閻之害殊堪痛
恨又查該縣除北漕兑費之外又有院司道府廳衙門
房差費銀二十四兩錢八百一十五千六百二十文解
荆倉南米費銀一千五百一十七兩五錢七分八厘又

粮道府廳漕規銀七百六十三兩六錢又錢一十二千
九百六十文種種陋規寔屬浮費當頻年兵燹之餘瘡
痍未復元氣當培本攝理府軫念民艱力圖拯救急應
痛裁浮勒酌減定價官吏之費用既省則黔黎之困苦
立甦現經本攝理府隨同 撫憲將蒲圻縣應征漕南
米石按照舊章每石核減錢一百二十二文比較向來
折價計減去錢八百六十文定以足錢五千文一律折
收耗米水脚券票一併在五千文之内不准多索民間
一文漕粮正耗米石以銀一兩三錢折解南粮正耗米
石以銀一兩五錢折解又每石隨解水脚銀二錢五分
俱用庫平庫色漕粮價銀批解 糧庫兑收南粮價銀

聽候撥解再提兌運之費庫平銀五千兩解府轉送
糧臺暫充軍餉俟漕船運開仍解漕船兌費餘銀留作
縣中製備征册流水券票紙劄各項俱在五十文之內
所有院司道府廳衙門一切陋規浮費全數刪除開單
飭知至該縣一切費用自行寔力刪減自此次定章之
後官吏丁役如敢格外多索一經訪聞告發丁胥立拏
杖斃官則專案嚴參懲辦除詳明、院憲一面札飭蒲
圻縣遵照開徵外合行臚列刪除浮費剴切曉諭爲此
示仰蒲圻縣紳衿士庶人等知悉爾等須知　撫憲及
本撫理府體恤民艱痛裁浮勒酌減定價之苦衷爾紳
民亟應激發天良踴躍輸納務將應完本年漕南米石

趕緊遵照此次定章年內掃數全完該紳民等如果不
知自愛有意抗違定拏照例治罪決不寬貸切切特示
計開蒲圻縣刪除浮費清單
一撫部院房費銀二十四兩　一請解費錢三百串文　一院投文錢五百文　一司糧房錢八千文　一司倉房錢一千九百二十文　一守道房錢三千五百六十　一道投文錢六千文　一府投文錢二千五百六十文　一三府房費二十五千九百六十文　一三府差房錢六千六百八十文　一庫廳差錢六千文　一卷房錢四千文　一履歷房錢四千文　一值印房錢四千文　一完單錢四千文　一派房錢一百四十串文　一漕房錢一百二十串文　一南糧房錢一百二十串文　一南糧抵批錢四千文　一道差錢十六串文　一又糧差錢六千文　一值日道差錢三千八百四十文　糧差分班錢五千六百文　一糧道外宅錢六百文　一府糧房錢十二串八百文　一府倉房錢九串六百文
以上院司道府廳衙門房差　銀二十四兩錢八百一十五串六百二十文全數裁汰
一解荆倉南米費銀一千五百一十七兩五錢七分八厘全數裁汰　一糧道漕規銀四百兩　一門政銀八十兩隨銀八兩　一號房宅門銀十四兩　一庫廳銀十七兩六錢　一府漕規銀二百兩　一門政銀四十兩隨銀四兩　一三府炭價錢十二串九百六十文
以上糧道府廳漕規銀七百六十三兩六錢又錢十式千九百六十文全數裁汰
一糧總書錢六百串米十五石　一皂總錢二百四十串　一總催錢十六串　一營漕規錢八十串米四石　一縣丞漕規錢六十串米二石　一捕衙漕規錢六十串米二石　一港口司漕規錢六十串米二石　一兩學漕規錢一百二十串文米二石　禮生錢一十六串米二石　一內販書錢四十八串米二石　外販書錢二十四串米二石　一下米書錢十二串米二石　各廟香火紙燭錢一十串　一五顯祠米二石　一捕船總號共錢一十六串米二石　一巡役倉差大班米三石

以上縣中一切費用自行痛加刪減
咸豐七年十月初九日示
雜稅
田房稅銀一十五兩二錢一分
田房盈餘銀一十四兩九錢一分向係盡征盡解兵燹以後每年照解此數
茶稅銀四十兩
茶引紙硃飯食等款銀一十八兩五錢二分三厘每年解本府衙門
牙稅銀照帖完餉不能定數
牛稅銀盡征盡解
屯田

武昌左衛存縣冊載各軍屯糧九百五十四石三斗零征屯餉銀五百三十五兩八錢零又征屯帮銀三百一十八兩五錢零加津米三十九石九斗零征加津銀五十一兩九錢二分

按武左衛各軍屯糧每存軍粮一石例征司庫屯餉銀五錢六分一厘五毫征道庫漕項屯帮銀五錢每絶米一石征司庫銀同前征道庫漕項屯帮銀三錢加津每粮一石征加津銀一兩三錢以上均係兩庫錢粮無漕項米石

代徵江南徐州衛津貼贍運銀三百四兩五錢六分五厘除絶逃外征銀二百九十兩五錢六分五厘

代徵江夏縣撥金東西水湖稞銀一百二十二兩六錢七分八厘係咸豐七年撥歸蒲邑征解

倉厫

常平倉在署右咸豐二年兵燬

漕南倉在五顯廟咸豐二年兵燬

驛站舖遞

鳳山驛在縣北使星坊明洪武十五年知縣李居仁肇創後徙五嶽觀後雍正六年遷縣城内址存咸豐二年兵燬

官塘驛在縣東北六十里明洪武間創

港口驛在縣西六十里明洪武間創

廖道南官塘驛記附今上皇帝龍飛我楚邦霜晴冰霽山毛澤鱗靈芬瑞彩罔弗尤被故上自藎臣下及邑令百爾君子罔不悉心殫力以協於極甲申秋上命都御史黄衷御史王秀巡我楚邦罔弗事事先是莆田方進士一桂尹吾蒲圻才優行卓克祗厥事都御史御史嘉賞者久之乙酉春正月御史巡於蒲圻乃喟然嘆曰美哉山河四塞金紫横其南靈應枕其東白鹿障其西黄龍峙其北鬱鬱哉儲英孕賢可嘉也已惟兹官塘當兹邑之北衝京畿中州之達繇焉君子曰於是乎可以送往惟兹港口當兹邑之南衝雲貴閩粤之達繇焉君子曰於是乎可以迎來古者司里授館候人道隸掌園司險委吏主藏膳夫餼粲

賓至如歸廼今二驛菶鬱蕪蔓石齧基圮木日委翳烏鳴狸走予實悼焉爾方令其克新之方令曰不類事也不類責也敢不奉以周旋無何廼鳩厥匠木臬上下經營伊始圭景陰陽向背攸分廼聚厥材幽祇偃蹇杞梓連抱鉅靈厥鬼谽谺干雲廼成厥工月試日省結構實校奬勸勵怠窔窿苞茂官塘樓者三門者三廳者五廂者六港口堂者三庫者二樓廳廂庖湢亦如之不踰月而功告成以復於御史嘆曰美哉規度弘偉可貞也已吾聞方令貲不費官財不損民其在藩司燬於回祿則易以高明蓋取諸大壯其在浮橋潰於陽侯則易以堅久蓋取諸渙其在官塘往

者以過則易以廣大蓋取諸大過其在港口來者以
續則易以豐美蓋取諸賁既而史南聞之贊曰渢渢
乎光裕也哉王公之烈也可以觀度矣偉哉熙熙乎
方令之賢也可以觀勞矣夫自二三元老以下以暨
於憲臣憲臣者國家之義氣也義氣以鼓萬物之入
機而天地始肅自千百常任而下以暨於邑令邑令
者國家之仁氣也仁氣以鼓萬物之出機而天地始
和肅以振物和以平民闔戶之坤自我義立闢戶之
乾自我仁青乾坤理而天下治矣乃今二驛之建也
憲臣始之邑令終之庶民攻之不日成之易有之曰
民也者萬物之所成始成終者也繼自今忠信以爲

柱石道德以爲堂室紀綱以爲棨楹威儀以爲廉隅
神明以爲奧窔而又升吉之階履坦之道儀天之衢
以棣宇我國家以翊維新之治則天下之事百一千
一萬一罔不攸建以綿昌祚於百千萬載豈其驛於蒲圻

鳳山總鋪在縣治左癈北十里慈懃鋪二十里下壠鋪
三十里詹家嶺鋪四十里石子崗鋪五十里官塘鋪六
十里龍坑鋪至咸寧界南十里五洪鋪二十里白石鋪三十
里來山鋪四十里港口鋪五十里洪石鋪六十里蓼坪
鋪至臨湘界東南十里荆港鋪至崇陽界西北十里洪水鋪至嘉魚界

塘汛 各塘兵四名

洪山案塘夏壠鋪塘白石鋪塘高嶺塘洋樓司塘

隄防

新隄在嘉魚縣北地勢卑下承上流若建瓴不數年溢
爲瀦澤春水泛漲與蒲圻咸寧江夏三邑均罹其患宋
政和間知縣唐均集四邑之民築之至乾道初知縣陳
景去舊隄三百步因兩山距楊家灘上横亘爲隄是名
新堤　成公隄元皇慶元年知縣成宜築上自馬鞍山
下至三角鋪捍護四邑明初水決屢築屢圮萬歷知縣
楊光宇勘議江夏咸寧嘉魚蒲圻四邑協築每年各縣
於均徭内編銀募夫詳允自萬歷二年始 天下郡國利
病書

長隄在嘉魚縣北蒲邑向祇協築銀二十兩至康熙

四年始分段承修蒲邑分修隄編列居然江上一長
城七字號長二千四百五十丈邑於均徭内歲徵錢
三千緡有奇乾隆間知縣王雲翔減爲一千九百緡
再減爲一千二百緡嘉慶元年邑人張兆安等稟請
銀壹萬兩解繳道庫生息自是民間永不派徵道光
九年長城兩字號隄潰十年知縣王達修復潰十一
年知縣丁周退挽月隄一千二百丈旋潰十二年武
黄同知張書年領帑修隨潰十三年張書年藝修復
潰十四年知縣勞光泰挽築全隄長三千七百二十
三丈有記咸豐七年上字號潰口三百餘丈比因兵
燹後道庫息銀無從請領知縣任衔晏集受益七圍

紳民籌欵又嘉魚認捐助錢壹千餘緡接任夏錫麒詳禀　上憲委縣丞黃基挽築計六百餘丈在案同治二年居然二字堤岸崩挫知縣恩榮歲修

附知縣張圻隆長堤記　按嘉魚長堤自馬鞍山與赤磯山相望延袤可百二十里大約嘉魚江夏地方邊江既受水害當任堤事咸寧蒲圻負山而處介在唇齒但有協濟萬歷三十九年興工築堤四縣互相推諉吾蒲尤控訴不休奉本府馬詳請動支府折銀三千三百五十二兩四錢一分徑發嘉魚縣承修嘉魚知縣葛中選以江嘉咸蒲四縣界連當分任經管隨委官勘明以各縣田畝受益多寡定立隄段於四十三年工竣隨經嘉魚知縣葛

中請爲丈洲得洲議助隄工以圖永賴事奉批自顙子遝子二洲之間單丈隱匿新洲定畝陞科共稞銀三十兩一錢將此洲名爲隄洲此稞貯爲隄費又江咸蒲三縣正賦內各有協編嘉魚修隄銀兩蒲貿計協編二十兩聽嘉魚關取自是數十餘年未聞有分隄修築之事康熙四年御史顧如華題爲水災歲警等事奉上檄修隄嘉魚扯蒲分修攔蒲田在隄內者池江馬獅二圍止占田三四里以三四里在隄內之田軀三十里不在隄內之民而困頓之是利一而割百也且水勢澎湃衝嚙無常自必近江之民能伺其隙而爲之防蒲距隄百里而遥所謂鞭長不及馬腹故協編之法爲至悉且周也今以湳車馬衙繁罷疲之民力舍田疇棄稿事越境踰邑露宿風餐經年累月而爲他邑頂鑿甚可哀憫則復協編專責成能無望痌瘝斯民者既厥心歟此知縣張圻隆所記詳請協編而未允行讀此見其拳拳愛民之意舊志　按張圻隆所請因嘉魚隄防距蒲窎遠不能臨時救援崩潰最易且池江馬獅等圍水歸西良湖出金口江水泛漲從金口倒灌而入低處仍歸淹沒長堤全防嘉魚蓋蒲有隄自有明至國初祇協編銀二十兩前知縣任邀助分段修築遂沿定例然民力已瘁矣

附知縣勞光泰築隄記　道光甲午春二月四日予到職蒲圻又十日築隄隄長三千六百丈盡圮錢糧無出覽之殊驚然予既職之義弗能苟遂審地勢於陽林湖退挽月隄七百三十丈既施工旋奉上司以此

段委員築之此段外予築未幾皆竣工又未幾而此段決然決處地原低險已連決六年土人見慣弗爲怪予則慚之急於決口兩頭搶築石壩三道使口門屹立進水無多亦頗敗中一整頓法也迨霜降水落積淤隆然心又悅之亟集夫爲外挽小月隄一百九十丈夫工日二千取淨淤築兩月隄成僅四尺費已不貲鞭之不起激之不行皆以爲難築而夫工亦漸散去無何爲立算口法選丁壯者日給口米三升又兼行跑筐法能湳擔者立賞羨錢一文由是各各爭先湳筐湳跑夫日益隄日高而全隄乃漸次築竣凡小月隄比舊月隄加高三之一厚倍之凡舊月隄至

老隄角皆加高三尺培厚二十尺砥則鐵鑄之欲其
重也脚則椿夾之致其堅也隄外築九壩者遮迴溜
也隄身壩身多甃以磚石者禦波濤也隄內楊林湖
東浚溝八百六十丈廣八尺深六尺者使湖水流消
不撼隄脚而湖地亦涸出可耕也是役也前後借紹
銀一萬五千二百兩不敷用予獨捐銀一萬二千兩
有奇非予之能捐而予之不能不捐也蓋土塘積淤
人不能立架橋築路如是者糜千緡嫩淤似漿水多
於土累十得三如是者糜幾千緡而又申之賞給日
散錢二十萬如是者又糜幾千緡然非積淤則地盡
沙將何築之故糜費予所樂也又况隄者蒲圻之隄

而卽予之隄也則挽月加培釘椿築壩甃石浚溝各
工皆非得已也若夫炎風冷雨嘗之兩年此則味外
有味予當秘之不以告人也是爲記

附知縣勞光泰築隄祭文嗚呼噫嘻隄之潰決五年
於斯天心仁愛豈亦有詞雖則有詞神其鑒兹方先
春之來築亦有望於防維無何洞庭水發立見傾危
憶五月之壬辰日日將落而未落時江中有物非熊
非羆一聲霹靂十色離奇既起復没水波無澌越日
甲午西風暴吹黑氣一條來觸隄基隄竟陷而嗚呼
噫嘻物先自腐也而後蟲生之隄自不固耳於此物
乎何疑今復補築敬告神知爲言此物遣處遷移如
或不移神其鑒兹知縣七品官耳乃
天子之有司將爲請於
天帝將爲告於
地祇斬以旌陽之劍擊以佛郎之機至此乃移移之巳遲嗚
呼噫嘻敬告神知築隄不固神罰我私築固復潰蒼
生何依惟有感於此物故與神乎是期嗚呼噫嘻神
其鑒兹

宣公堤在蒲圻縣西北盤石湖旁明萬歷四十六年知
縣宣大勲築康熙五十七年王遴秀重修

劉朝薦建車埠堤橋記附余讀瓠子歌而嘆水之爲
利害也是時天子沉璧馬羣臣從官自將軍以下皆

負薪塡河而下淇園之竹以爲是蓋其爲烈所從來
久遠矣至若郡縣之役扞禦猶難或民懼於非常或
議格於當事如傳所載西門豹築渠事其明驗也孰
如我宣侯之上下相信以奏厥成者乎侯以名進士
自黄安調繁蒲陽甫下車百廢悉舉諸辦大獄與大
利革大弊凡可爲民吏始者無不次第布之忽十四
國以水災告侯惻然動念卽身履其地查視煙火若
逃亡狀不啻數百家亟進父老而問之僉曰蒲固澤
國而此一方尤甚上則滔源逼城暴雨漲生洶濤溯
湃而來居者不及辟鷄犬離落直爲龍子宫也下則
長江繇六口入一望浩淼牛馬不辨經半歲不去無

論國儲不能為民策民生其與乎侯心憐父老言鬮遭巡行延袤數十里盡斥鹵不可耕慨然捐俸錢若干移牒院司府報可各捐金助之侯躬為經始高數丈濶亦稱是不費民間一錢一粟不借一夫稍秬取給官家而又恐衆志之不一也率僚屬而矢之所不竭心以利民者有如日選堤長者督其事身五月一課省減騶從别勤惰每計圳上給以工價不少遲也纔四月役竣侯更慮衆流孔道內壅可虞中搆一石梁梁下樹石門外漲則闔焉內蓄則闢焉居者行者耦俱無患侯心力隄防亦周審懷永圖矣今目者水由中流行不與田爭田稻糧而甲戶免於陪那糧還

里而版籍不致混亂長河一帶綠楊依依有似向之萑葦者乎桑麻穰穰有似向之漁火者乎饑者以食逃亡者以歸不歌鴻雁而歌樂土矣侯之功成矣人皆羡侯之功成而余獨羡侯之誠心為質上下同乎如前所談築鄴故事云云使當是時一片苦心間之民而民不便請之上而上不應侯獨力能成乎則其前歌後舞以劝子來而當事者百口稱善乎於是益誦人之所勸者信也非侯感格之素何以至是哉侯政績甲天下旋當如古名臣大司農鄭當時輩之講水利以便民者寗渠蒲陽蒲圍侯功德之發軔者耳不朽在萬世矣謹因通邑士民之請而為之記

沙子嶺路隄在縣河北明知縣林增志修道光十六年謝立勳重修河岸亭上雲直[illegible]同修

林增志築河北沙子嶺長堤碑記附蒲邑隸鄂而踞上游介在山水之間巖疆也亦澤國也道故孔燕吳浙粵滇貴楚蜀之逵達焉郭外河北驛路一帶地瀕磵道二儁湯湯合流所經當春夏之際千巖萬壑復嚳沸迸騰而出勢横流溢窪者淫而高者嚙逮潦盡砂石縱擁衡蹶閡輪妨蹄難於托足為賓旅病八達周行壞若驅徑鹿場本縣業自至止寓目駭焉詢所自圯咸謂築砌經費不貲在官無額修於羨之編在民尠樹義佽埒之倡因循所自來矣昔單子聘楚逕

陳陳以道茀譏焉此固守土者責也可復因循是玩乎時急於港口與梁之役勢難兼舉擬竣橋工及此嗣屬時事孔棘拮据徵輸佐儲胥之詘公私如洗一切未遑然於此役殆未嘗少置於懷雖俸薪已捐於浩穰未濟因思庫貯按院黄贖鍰三十六兩係馬師所辭本院之饋詳請改支為修路工費累首六度惬至人普濟弘愿歡喜俯允所請仍檄嘉魚再取贖鍰一百兩以襄斯舉本縣卽將前銀一百三十六兩給付謹愿善民蘇遇昇周繼賢等同收以董其役庀料僝工蠲吉始事屬同政戎廳金諱夢麒總其理先是前令吳曾給緣簿命僧募貲逾朞未及千丈今已漸

就圮央餘未修者計二千丈有奇圖爲永逸當慮周經始其地或高或下且彛且塞彛者之餘未充塞者之累本僧用價三兩購就近土隴一片以資填塞厥堤崇準五尺趾廣丈有三尺固以巨石面覗趾減三之一恢拓堅厚較昔不啻倍之隄旁咸密插柳不數載將翠縷成陰行者可翳其陰堤且憑根荄彌鞏也每丈估工料經費共肆錢五分則本院所施足敷三百餘丈爲攸往利長矣蓋本院秉砥矢之衷標瑩彛之度慇兹歷落措之蕩平來若往者凡安行急行而昔攢眉於褰裳濡足短氣於躑躅委頓者今得信步展足坦然由之周行不驂載德何極囊霞山蔡先生

督學湖湘按部歷蒲悵縣北大溪往往病溺緻浮梁三十艘跨流而濟迄今利賴稱蔡公橋兹堤屬我黃公趾矣蔡梁與山川俱不朽矣是役也徹靈眞指臺爲大檀那眞曠睹盛舉故邦人士靡不感發樂輸其貲以佐浩費僧與善民等發愿展力咸克祇厥事戎驪宣勞督率核費以稽其數財無虛耗孰别以勵其作工汰惰游功因速就本縣得藉手以觀厥成焉肖事於庚午孟冬既望竣役於辛未仲春眞指臺爲屬邑作千古佳緣萬古騰頌僉謀勒之貞珉爲來兹存此勝事焉黃公諱宗昌字長倩别號鶴嶺山東即墨人振揚東南風紀爲全楚永賴者卓蹟難枚舉將載之省乘國史此不具書馬師諱一騰字僧摩號竗生居士永嘉人

黃土隄在縣西四十里

鴨兒湖堤在縣西車埠

畢家畈堤在縣西黃土園

葛家堤在縣西新店

任家垸隄在縣西南四十五里

蒲圻河至陸溪口出大江邑西北近水西艮黃土皂潭等處最卑下尤易浸沒春夏之交自崇通而下積水泛溢動輒經旬爲山水害自沔漢而上川江漲大由北而東爲江水害乃承天隄防又以壅水爲害也天下郡國利病書

學校

學宮在縣治南舊在金疊山下唐鄭元瑾建宋紹聖間知縣朱壽昌移建今所明柯日新吳俊胡中郭鳳儀焦貴吳本固前後增修

國朝康熙二十六年署知縣張芑修雍正七年知縣吳琎教諭鄒受祉重修嘉慶二十三年訓導蔡敦仁修東齋道光三年教諭修西齋並補修學宮墻垣堂廡道光十六年教諭陶英鴻訓導吳直鈞俱重加修葺咸豐四年知縣孫守信七年知縣夏錫麒前後重修　殿廡明倫堂兩齋五年燬於寇未修十一年　殿廡復毀

韓陽重修儒學記附載　蒲圻爲鄂之壯縣儒學在縣治

南郭宋故地址基孔阜面勢向陽清溪廻環逶迆森列寔一縣之勝地也以故出於其間者多魁梧俊偉之材政事文章之彥奈何殿堂齋廡歷年滋久日就傾頹官是縣者固多惜未有能振其廢者正統庚申冬十月丞新胡公通理以丹陽典教秩滿用知者薦奉命來宰縣事視篆之後首謁學宮覩其頹弊無任咨嗟蓋以學較風化之源人材之本乃爲政首務毅然鄙有舉修之念於是經營圖畫召匠簡材先葺禮殿明倫堂齋廡戟門厨庫以及書樓誦室飲饌庖湢之所一皆撤而新之他如祭祀之器與凡庠較所需之物巨細畢舉輕重無遺廟學規制於斯爲備較諸往昔大不侔焉經始於正統六年十月訖工於十年十月蹌蹌濟濟衿佩來遊來歌與誦有嚴講肄有所上不知費下不知勞是皆縣宰修治之功也一日庠之職訓蕭子傅氏具述其事告曰蒲圻之學新矣毀刺鄭修頌魯義有記矧公任勵學之責敢以記請余遂書以記

廖道南重修縣學記附載　惟皇上御極二十有五年秋八月哉生明蒲圻學宮成先是西粵李侯桂涖政之夜熒惑守斗侯乃大恐諸生言曰茲土之有邑也自吳赤烏始也時諸葛孔明以漢丞相會魯肅於六月戎馬倉皇弗閑俎豆迨唐改遷鳳山鄭元瑾肇澄化

源侯今涖止勃焉興思其諸元瑾之遺績也哉侯以時詘舉贏讓而弗遑者逾歲越明年旱魃蘊隆室如懸磬諸文學言曰茲邑之有庠也自唐永徽始也時李必聞以唐宗室偕鄭光系於蒲川雲雷經綸天造草昧肆宋改遷金疊朱壽昌昉建黌基侯今涖止濤焉鳴鐸其諸壽昌之遺訓也哉侯以工浩財匱讓而弗遑者又明年歲登和豐民有定宇諸鄉大夫言曰茲庠之有宮廟也自宋乾道始也時汪侯君游以文公鄉髦聞風興起而薛侯儀老相繼成之迨我明詔新學校柯日新吳侯俊葛侯鳳儀胥加修飭侯今涖止煥焉庇制其諸昔游之遺緒也哉乃率僚徐君禎

宏規畫拓疆域具畚揭輸瓦甓平水臬奠方位董章程課僦稍日不暇給者經始於乙巳之夏五月而落成於今秋八月自洪武庚辰科以來舉進士者凡十九人癸卯科以來由鄉薦者凡九十八至嘉靖庚子癸卯二科五人今科中式者三人會逢其適功不可誣也乃繫之詞曰惟歲甲辰獲乃艮牧升歌清廟雍雍肅肅乙巳經始有闢有庭鳩材孔艮思樂用徵丙午載營有嚴堂室遐不作人不顯亦世惟茲泮宮山水之鄉後倚龍阜西瞻鳳岡金紫前臨靈應左列山祗川若篤生英哲總皆聖蘊寶自心傳精一敬義匪外鑠爲嗟爾來學對揚先命毋忘夙夜日邁斯征日

星重光政教重熙嗣今作者永世咸宜

張文光重新文廟記載附今天下郡邑各有學學各有文廟以妥先聖先賢之神有司春秋菜焉朔望禮焉蒲圻去郡城南三百里鄂巖邑也邑令王明府以進士解褐萬歷己亥歲來尹茲土本儒術飾吏治廉平仁恕政明訟理甚得民和暇進青衿而廷教之剖凝攄愫辿辿得未曾有多士蒸蔚向風明年入計又明年歲在辛丑侯方受計京師迺於元旦祝融爲祟民突薪爇爰自文廟逮於客館悉歸回祿公既課最竣事遄歸顧瞻廟貌化爲灰燼慨然嘆曰此神所憑依邑令首務安可借口公帑匱詘民力凋瘵而緩建豎哉於時捐俸入董貲用聚財鳩工經之營之始事於秋八月中起大成殿旁爲東西廡樸斲堊茨匪棘匪徐培庳爲高去陋增麗載閱月而告成功清廟堂皇肅肅言言用其餘力廡館宮室齋舍庫庾煥然一新百廢具舉隆於舊貫民無告勞上罔知費工既竣學博士李君告余曰以邑侯之建此鉅觀而用不煩官府民不廢時務拮据力殫區畫心勞洵善政之最巨者可無一言用紀成事曩嘉靖間有作則廖學士記之夫紀事太史公職也敢礱石以請余曰唯唯夫明府之新廟是所謂尊孔子而示之趨者也諸生抑知所以學孔子者何在乎孔子之訓在六籍道之大者

在求仁而庸行在倫敘迺今世學者佔嗶其遺言不過勞精於制藝希心於科第以爲仕進梯一得通籍又不過攖情於崇膴結念於膏潤以爲身家計夫大業舉而號聖學也唼沫而遺髓猶之乎竺乾貞如之旨僅流爲披剃道德清虛之眇僅流爲焚修也吾未見其能學孔子也曷亦反諸心而尋理遏欲以熟仁乎曷亦求諸道而孝弟忠信以敦倫乎仁熟則根本粹而枝葉自夸榮倫敦則大綱舉而節目自條理修意修事內外兼養日就月將自強不息庶幾升堂入室壁立數仞之墻宗廟百官壇敞闕里之坂紹大成之心法而接尼山之統緒由賜以下之品且將薄而

不居矣子大夫豈無意乎廟以人而新德以學而新是在剔之已不然唔咿於口耳駁雜其心原章縫其衣冠闒略於倫紀豈惟負賢父師雅意士人自待謂何何宮墻之爲也之役也士夫有捐貲助者俟不之拒迄事而畢歸之民有議取官道樹者弗聽唯節兩碑之費盎以橐金市材陶埴平買無勾乘澇災貧民子來焉嘗聞明程督富故舉大成速若此

余閒熙學宮龍頭古栢詩附大成廊內千年栢鬱鬱喬枝桑皮白何人曾向此中植濃陰歲歲垂芳澤黃城埠下碧潭深風宵化作老龍吟彷彿凌雲吐煙霧瑞靄空霄蔽喬霧幾度齋宮萃晃硃爲詢此栢幾千

秋修柯搖曳半天外疑是巴東㕘後麻

張璟光增築　大成殿前龍頭栢詩附頭角崢嶸挺蒼龍矯矯騰空紫氣鍾百尺全無枝葉相槎枿森梢鎮辟靡平鱗鏇甲驚鬼斧吹雲唾霧度神蹤藤蘿蛟指與蚪護繩繩芾替參天路姑蘇麋鹿胥銅駝不堪搖落歷風雨瑰姿托地獨靈長梗楠杞梓心焉數根株盤結譬泰山世代從新道從故儼欲玉檢奉圖書豈但赤水三株樹杏檀今喜荷棟梁星檑奎柄煥重光元黃窋固青螭血添櫂增華照崑崗君不見赤眉歛手痕猶在貞懿寔是神靈載土碧衣紺極栽培億萬斯年錫苞桑

學額　廩增各二十名歲科兩試每次錄取文童十五名歲試錄取武童十五名咸豐七年團練案內欽奉

恩詔永廣文武學額各一名捐輸案內欽奉

恩詔永廣文武學額各二名同治三年捐輸案內欽奉

恩詔永廣文武學額各三名加廣文武學額一次各一名

學田　原額四頃三十一畝五分五厘納穀二百二十一石七升通志一則田一頃一十六畝坐落馬家塔該租穀六十六石二斗一則田八十畝坐落大羅湖該租穀四十石一則田六十三畝坐落白水港該租穀三十三石一則田五十二畝五分五厘坐落上寺畈該租穀六十一石八斗七升一則田四十畝坐落馬獅湖該租穀二十石乾隆二十九年清查案內每石折銀五錢除納粮賦外收折租銀八十兩八錢一分六厘四毫按年支賑貧生造名入冊餘充餉按兵發役各佃戶逃亡年久淹失無存現在清查

朝陽書院在縣北使星坊乾隆四十五年知縣何光晟率邑人張占兆等創建嘉慶二十五年知縣彭烒建閣祀魁星道光十五年知縣勞光泰重修仍移魁星於前樓閣祀朱衣咸豐四年兵燬七年知縣任海晏與邑人舒紹徽馬飈謨等籌建

義學在延壽寺舊藏經閣處道光十年丁周建旋廢十五年知縣勞光泰捐廉復設咸豐二年兵燬

新溪書院在縣新店市宋進士周登仕建道光十五年知縣勞光泰捐廉拓修

知縣勞光泰重修新溪書院記附甲午冬余勘地至新店乃訪宋進士周登仕所築新溪書院而遊憩焉

有黃生崇權聶生聰進曰院址久湮無復存者乾隆間貢生張勉民等六十四人購地復築之惟院後則周子故塋在耳院堂略具而學舍未建也余於是捐俸錢百緡拓之而院中諸生有黃鳳九者捐院側屋一所又捐錢三十緡唐士梅捐田一石聶乾三聶承彝黃廷璧魏長新雷定祥聶世初捐田或石或五斗有差其不捐田者各畀以錢於是講堂學舍既煥然可觀又有田粮以供生徒筆札余仍進黃生崇權等而勗之曰書院之設非獨爲制舉也鵞湖鹿洞學約森然願以相砥礪異時生等有如周子登仕者成進士可也即非進士可也或進周子而上之尤余廣拓書院之意也生等志之毋相忘是爲記

汀泗磚義學在關帝廟側章開瑞建

考棚在延壽寺西道光十年邑人章應勳捐建其子聯嶷襄盛詠盛十六年復捐錢肆百串存典生息作檢葺資咸豐二年兵燬三年知縣孫守信重建復燬七年知縣李炎因基改修十一年知縣孫寶田同邑人舒紹徽等籌加修葺同治元年邑人吳愷捐考棚檢葺田叁石五斗七升田在楊林閻四屋周人門首又考棚前公購花園塅上基地及塅下地一段闢路賣主一係王德成等一係王平一等

賓興存典生息錢三千串章應韓章應璜各捐錢乙千串章勉章應斗各捐錢五百串

卷價存典生息錢三千串係章應斗章寅盛章聯盛各捐錢乙千串

堂規存典生息錢乙千串係邑人劉黼堂捐劉鶴齡捐

大小賓興書院脩金膏火及印卷費存典生息錢弍萬串有奇係闔邑士民公捐

以上公費三萬餘串分存向賀章李陳五典、生息咸豐二年典燬錢盡

咸豐九年知縣杜嘉善斷令本邑章李陳三典各貼繳半數共還錢九千五百四拾串除開銷各項及價買田畝外餘錢存公生放立有循環簿歲科卷價鄉會賓興酌租息敷用汭陽向逵大蕆昌賀恒太侯關提追繳

原存賓興田

一荆沙下圍儱兒嶺黎家坡田一石四斗一升計十六坵公塘三口

黎家坡黃泥壠田一石二升計八坵公塘一口

一荆沙上圍雲林畈田一石八斗計十六坵公塘三口內有田五斗七升水衝淹没

一親樂圍南畈田五斗七升五合計三坵

一安豐圍高磡田二石零六升又原存舖門闔公屋二所舒姓獻北門屋一所

新購賓興田

一汀泗圍西灣弍穀莊田二十六石五斗八升四合乙勺價二千三百串文計一百八十三坵又翠微山房莊屋一所前後餘基場圃園坵陸地十塊山二嶂大小水塘六口各半均在賓興弍穀莊更名賓興莊

一郭連圍集信莊田四石七斗五升共價三百八十串

計三十二坵又莊屋一所水塘一口陸地十塊柴山四面均在價內

陳家壠成段莊田六石零四升其價四百八十四串計五十一坵又莊屋一所陸地十八塊柴山五嶂水塘一口均在價內

喻家莊田七石三斗六升又汀家壠田一石三斗五升其價七百三十串又莊屋一所陸地十七塊柴山三嶂水塘一口均在價內

一汀泗團西灣畢家台田三斗八升計二坵

一城西團田三石二斗八升八合計二十一坵知縣恩榮捐購

又雙坵團田二石六斗五升九合計廿三坵又莊屋一所陸地五塊知縣恩榮捐購

汀泗團田八斗四升五合計五坵知縣恩榮捐購

一蛟龍橋田四斗五升係徐春芳捐計五坵

祠祭

先農壇在縣河北龍翔山道光十七年知縣勞光泰改遷城西馬鞍山塔前

每歲仲春亥日巳時祭禮畢各官詣耕田行耕耤禮

祝文惟

神肇興稼穡粒我蒸民頌思文之德克配彼天念率育之

功常陳時夏茲當東作咸服先疇洪惟

九五之尊歲舉

三推之典恭膺守土敢忘勞民謹奉彝章聿修祀事惟願

五風十雨嘉祥恒沐於

神庥庶幾九穗雙岐上瑞頻書於大有尚饗

文廟每歲春秋仲月上丁日致祭

正殿

至聖先師孔子

祝文惟

先師德隆千聖道冠百王揭日月以常行自生民所未有屬

文教昌明之會正禮和樂節之時辟雍鐘鼓咸恪薦於馨香

泮水膠庠益致嚴於籩豆茲當仲春秋祇率彝章肅展微

忱聿將祀典以　復聖顏子　宗聖曾子　述聖子思

子　亞聖孟子配尚饗

四配

復聖顏子　述聖子思子

宗聖曾子　亞聖孟子

十哲東五 又加有子一位
閔子名損 冉子名雍 端木子名賜
仲子名由 卜子名商 有子名若
十哲西五 又加朱子一位
冉子名耕 宰子名予 冉子名求
言子名偃 顓孫子名師 朱子名熹

東廡
蘧瑗 澹臺滅明 原憲 南宮适
商瞿 漆雕開 司馬耕 巫馬施
顏辛 曹卹 公孫龍 秦商
顏高 壤駟赤 石作蜀 公夏首

后處 奚容蒧 顏祖 句井疆
秦祖 縣成 公祖句玆 燕伋
樂欬 狄黑 孔忠 公西蒧
顏之僕 施之常 申棖 左邱明
秦冉 牧皮 公都子 公孫丑
張載 程頤 公羊高 孔安國 毛亨
毛萇 高堂生 鄭康成 諸葛亮
王通 司馬光 歐陽修 胡安國
尹焞 呂祖謙 蔡沈 陸九淵
陳湻 魏了翁 王柏 許衡
許謙 王守仁 薛瑄 羅欽順
陸隴其

西廡
林放 宓不齊 公冶長 公晳哀
高柴 樊須 商澤 梁鱣
冉孺 伯虔 冉季 漆雕徒父
漆雕哆 公西赤 任不齊 公良孺
公肩定 鄡單 罕父黑 榮旂
左人郢 鄭國 原亢 廉潔
叔仲會 公西輿如 邽巽 陳亢
琴張 步叔乘 秦非 顏噲
顏何 縣亶 樂正克 萬章

周敦頤 程顥 邵雍 穀梁赤
伏勝 后蒼 董仲舒 杜子春
范甯 韓愈 范仲淹 胡瑗
楊時 羅從彥 李侗 張栻
黃榦 眞德秀 何基 趙復
金履祥 陳澔 陳憲章 胡居仁
蔡清 呂柟 吳澄

崇聖祠 雍正元年追王五代改啟聖祠曰崇聖祠
肇聖王木金父公 正中南向
裕聖王祈父公 東一室南向
詒聖王防叔公 西一室南向

昌聖王伯夏公東二室南向

啓聖王叔梁公西二室南向

祝文惟

王奕葉鍾祥光開聖緒盛德之後積久彌昌凡聲教所覃敷率循源而溯本宜肅明禋之典用申守土之忱茲届仲春秋聿修祀事配以 先賢顏氏 先賢曾氏 先賢孔氏 先賢孟孫氏尚饗

配位

顏氏無繇 曾氏點 孔氏鯉 孟孫氏

東廡

周輔臣惇頤之父 程珦顥頤之父 蔡元定沈之父

西廡

張廸載之父 朱松熹之父

孔子六十六世孫孔興燦孔氏楚派源流序附孔氏肇於沂岱勢若垂天之雲瀰漫四布而別宗之瓜綿其族而碁置於都郡者又不可屈指而計也按闕里志聖祖四十世孫績唐末起於曾司理吉州卽以官爲家七世而生三賢曰文仲武仲平仲俱以文章鳴於宋厥嗣奧仁以司封郎中職於元上都其後或宦南康或僑潯陽今九江諸郡皆其裔也五十八代孫公通卒於潯其子彥貞偕弟彥禮奉其母孫氏越豫章而楚遊宵宇至蒲之中心坪包官嶺居焉嗣是彥貞生承禰承禰生弘賢弘武世安於蒲然以先聖人後世業儒孫正裔補博士弟子員先是隆慶四年由

皇宗長溪呈查豫章派之入楚者固已知蒲裔爲司封郎中後矣萬曆四十八年聖公尚賢又題請南派

敕令在蒲子姓業儒者人給衣巾職耕者家蠲徭役其履歷恩榮俱載家廟記中後九江宗長尚志賚聖公亂植文剳給付亂祚亂勳亂楷亂芳等各遵祖制入廟奉祀此明天啟六年事也 國朝定鼎加意右文循先代舊典令各州縣有司光昭聖裔順治十七年六十六世孫興燦興銓興聯等各執籩豆祠春秋於大成廟而且照例優免倍加作興蒲邑孔裔沐

朝廷高恩厚澤固已優於海內且方興而未有艾也而聖祖在天之靈不更重有慰與

文昌祠在朝陽書院內每歲春秋以二月初三日欽天監選吉致祭

祝文惟

神蹟著西垣樞環北極六匡麗曜協昌運之光華累代垂靈爲人文之主宰扶正久彰夫感召薦馨宜致其尊崇茲届仲春秋用昭時祀尚其歆格鑒此精䖍尚饗

後殿祭

文昌帝君先代神位

祝文惟

神祭引先河之義禮崇反本之恩矧夫世德彌光延賞斯

及祥鍾累代炯列宿之精靈化被千秋緯人文之主宰

是尊後殿用達前庥茲值仲春秋肅將時祀用申告潔尚饗

關帝廟在北門內康熙十年知縣張圻隆捐俸率生員朱眞張文光張瑜光張璪光余開熙等建咸豐間兵燬同治元年邑張姓雷姓同建每歲春秋仲月五月十三致祭

祝文惟

帝浩氣凌霄丹心貫日扶正統而彰信義威振九州完大

節以篤忠貞名高三國

神明如在遍祠宇於寰區

靈應丕昭薦馨香於歷代屢徵異蹟顯佑羣生恭值嘉辰

遵行祀典筵陳籩豆几奠牲醪尚饗

後殿雍正三年追封三代公爵

光昭公正中南向

裕昌公東一室南向

成忠公西一室南向

祝文惟

公世澤貽庥靈源積慶德能昌後篤生神武之英善則歸

親宜享尊崇之報列上公之封爵

錫命優隆合三世以肇禋典章明備恭逢諏吉祗事薦馨尚饗

社稷壇在豐樂門外每歲春秋仲月上戊日致祭

祝文惟

神奠安九土粒食萬邦分五色以表封圻育三農而蕃稼

穡恭承守土肅展明禋茲屆仲春秋聿修祀典庶芃芃松

柏鞏磐石於無疆翼翼黍苗佐神倉於不匱尚饗

風雲雷雨

山川

城隍神共一壇在南門外每歲春秋仲月合祭

祝文惟

神贊襄天澤福佑蒼黎佐靈化以流形生成永賴乘氣機

而鼓盪溫肅攸宜磅礴高深長保安貞之吉憑依鞏固

實資捍禦之功幸民俗之殷盈仰

神明之庇護恭修歲祀正值良辰敬潔豆籩祗陳牲幣尚

饗

城隍祠在仙遊坊明洪武元年知縣柯日新建成化七年知縣葛鳳儀修天啟四年知縣吳炳五

年署縣曹應聘六年知縣尹洸邑人魏說重修崇禎三年知縣林增志加修康熙元年張覲光募修有碑雍正二年熊選等募修有碑鄭宗仁魏說有記載舊志道光二十四年廟前拓地建臺規模壯麗咸豐年間屢經兵燹毀前臺轉毀前後廡及旁廡正殿尚存九年知縣杜嘉善與邑人募貲修前廡旁廡接任恩榮復與邑雷姓重修後廡皆如舊

黎淳城隍廟記都御史繁昌吳公巡撫湖廣之明年

是爲成化七年東作甫興蒲圻稱旱公旬宣屬縣憂

形於色所至潛心默禱爲民懇祈一臨蒲境大雨霈

然三日乃止公猶不自以爲功諭其民曰甘澤有感

豈無神靈相佑乎父老曰茲土惟城隍廟神屢著靈

異公曰得之矣翌晨躬詣廟禱焉仰瞻屋廬穿漏日

光俯覩廊砌泛濫潰潦即時出令圖鼎新知縣天津

葛侯鳳儀釋褐胄子來司民社事神治民植心尤謹經營區畫方畧備周託始是歲五月畢工十月建正殿五楹高二丈五尺八寸廣三丈四尺深二丈三尺後殿三楹高一丈五尺八寸廣二丈四尺深二丈外豎大門周建廊廡四圍各築垣墉環植樹木美輪美奐雄魁一方縣民封羊釃酒日來祈報足以昭明靈延福慶矣太史氏乃爲之歌曰楚山儲秀兮蒲水流祥神贊其陰兮人理其陽神人合德兮永福此方

王雲翔告城隍驅虎文

吏治蒲之陽神理蒲之陰皆蒲民所托以爲命者也一邑中有一不得所吏與神將安賴焉翔不德蒞蒲且二載實有苛政未能屏除

丁巳春益以猛虎爲虐白晝食人翔齋戒告神神靈赫濯多虎授首百姓感神庥乃餘兇未盡潛伏又起嗚呼百姓皆翔與神之赤子也豈可容此孽獸縱咸逞暴狂吼怒搏弱肉強食骨委林莽血濺山谷家人乎號之慘道路悲酸神與翔其忍聞此乎今翔率合邑士民詣祠環籲於神神不鑒吏之誠亦宜哀民之命未可竟漠然聽也夫吏以百里之寄仰承

聖天子威靈將糾此一邑之衆鼓其悲憤鬱結雄悍猛鷙之氣亦足窮搜極獵焚山林洗窟穴盡殺此醜類以慰死者魂以奠生者魄而必以告神者蓋以天地之大無所不育狉獉狰猾之儔各有安處爾神誠能排闥九閽請上帝命吏有罪誅吏民有罪亦誅吏神有罪則易置虎有罪則殄滅其渠魁而陰遣其遺類決於今日一舉也倘幸其災樂其禍長此孽蟲爲居民難吏不肖將別有所從事謹告

又逐虎文并附

聖天子以百姓屬吏鎮撫一邑中休戚安危禍患災祲之故必維持而捍禦之蒲地僻民稠務本力業二年以來虎患不除殺人計數十茲東作興民不得安於耕行路洶洶吏之守茲土也勢不能不與猛虎辯書曰殺人者死傷人及盜抵罪明人命至重聖王嚴設法網以誅鋤暴戾恣睢之屬矧爾異類以賤妨貴以無罪

赤子罹不測憂患誠覆載所不容法網所不能逃者也或以災變之興其來非偶則吏必有苛政殘虐吾民吮其膏血營其性命遣天取敗奇禍宜加吏身奈何又以耽耽之視逐逐之欲於不堪之民命日肆其威而助之暴耶嗚呼虎雖桀驁從風從雲比靈於龍宜率爾醜類速投遠荒人跡不經之處據窟穴長子孫吏將寬宥爾辜如冥頑不靈再肆猖獗逼我百姓以與吏抗吏將盡率蒲民之衆與爾爲難爾雖猛悍必盡殺乃止以掃除惡物之能害吾民者爾其敬聽

知縣王雲翔詣城隍司禱致甘霖作頌記之有序附

地方災患召之者吏捍而禦之者神余待罪於蒲也

逾三載中間或旱或虎或疫癘其以災患告者不一
卒籍聲靈悉皆消弭余心誌之弗敢忘已未夏旱徵
復見恒暘不雨余與邑人士相率禱於城隍神越十
有五日而甘霖降再閱旬益復霑渥邑人士刑牲束
帛賽神於祠余曰此固　天子元默之化諸大吏修
省之誠用以感召　天和顧非神之靈籲諸冥漠亦
未遽能逭吏之愆俾降康於吾民也是不可無文以
紀之迺伐石程工敬爲之頌曰凡厥庶民惟　天陰
隲黙寄權衡神司顯陟雨暘以時歛福敷錫冥漠昭
明天人理一卿士惟月師尹惟日涖民尤親感應倍
疾吏愧匪才恒曠厥職咎徵頻聞莫可紀極虎肆憑

陵搏噬釋赤疫癘仍之民命呼吸雨暘不時禾茂鮮
實神鑒匪遥惻然心戚弭於機先效於旦夕滯通鬱
宣元氣斯翕醜類翦除祲氛屏息大澤覃敷非比涓
滴既撫五辰乃凝庶績民用平康功在疇昔今歲徂
夏農事甫集恒暘不雨源壅流窒南畝輟耕枯槔聲
寂美種膏田無以蓺植吏滋震悚出就齋室高高蒼
穹何由感格神排九閽血誠披瀝
帝曰艱哉民需乃粒八政之中首先貨食
天子齋明烱士嚴翼土穀隍司聰明正直宥爾吏愆錫之膏
澤爰命雲師爰勅雨伯殷雷振聲潛龍起蟄地臘之
辰甘霖洋溢注於千畦偏於一邑婦子歡呼務茲稼

穡造化玄冥
朝廷拱黙鑒并耕田相忘
帝力惟我神休赫赫奕奕旋乾轉坤太和乃濈億萬生民咸
有起色鐘鼓報功薦馨黍稷何以紀之勒諸貞石吏
睹斯碑益深祇惕作福作威淫朋比德來者宜新往
者可滌順承
天庥康彊逢吉

勞光泰霖雨頌并序附歲乙未夏旱予禱雨他廟弗
應再禱雨弗大取水荆泉取水掘泉徒步往來定幾
殆滕跪欲穿睨視田間盡裂乃愴然曰皇天震怒使
旱至此惟城隍神與予同器共治神治其幽予治其

明皆與有責焉設壇廟中住宿虔禱時六月十五日
也至十八日丑寅之間夢寐中如有人告曰雨至矣
起視堂階盡濕雨已欻然油雲倘與至午初雨大集
酉正坑谷俱滿門外賀者踵至忽有人自劈精來報
飛蝗往視則見劈精白駒車埠官田蕭橋等處咸尚
有旱象捐俸錢令各設壇禱雨並捕蝗予往宿車埠
壇所晨起先禱於神隨詣各壇如是者五日得雨四
蝗盡滅由此言之神之惠愛斯民者蓋亦至矣予於
是回署治事與神同休惟天作雨日仍一次至閏六
月初三日乃止田苗復茁百姓道路相告皆以爲不
斯復見豐收之年無何復旱竟至歉收然已遠勝他

縣本年應徵漕南米石旣分別展緩百姓胥知于之勤苦亦弗于怨且有以爲德者而神之勤苦則于盡知之盖惟治明者可以知幽亦猶治幽者之必能知明也神屢効靈而雨澤尤不可没故作頌焉其詞曰

稼穡惟寶雨澤是滋果孰使之不扶而痿如草斯摧如茅斯拔日車炎炎旣燒旣剖農夫聚嘆欲灌無泉老蛟潛遁蟄龍穩眠嗟乎誰者寔官斯土行薄治乖禍由汝賈乃省其疚乃設其誠荆泉掘泉躬親往迎亦有霡霂霑潤其趾奈何久枯依然委靡乃誓於神與神約期我罪神篤神罪天知今我旣來神亦宜往請罪於天甘霖可賞油油黑雲浩浩長風雹爲之

擊雷爲之攻其挾雨師翻然下來吸噴怒濤如傾如瀉外來賀者塞路塡門中有叟曰蝗集其原昨日飛來尙可撲滅束裝就視靈壇四設神爲導引復得甘霖五日四下蝗不能禁自昇以還日仍一雨蝗滅苗青歲稔可謝無何復旱不結其實亦有豐收非神之失神則勤矣皇天念斯我復何事聽神之爲惟我與神誼實相親用書神德埀頌千春

五顯廟在治西南倉廒內

余聞熙常豐廒重修五顯祠引附蒲之常豐廒內漕二粮收貯之所也中建五顯祠所從來久矣葢重糧因以重神重神即以重民傳有曰先成民而後致力於神時和年豐爰始奉粢醴以告昭厥神庥人神協應此治理之徵也考之宋志五顯者五通也乃五行之佐維時賜號有顯聰顯明顯德顯正顯直之稱今於倉廒祀之者亦曰五行不失其序則豐登可期糧儲用足固非無說以處此也吾蒲邑父母禹服張公以足民之心足國介黍稷穀士女者意良殷矣今西成告獲百姓輸將恐後雖曰義在則然抑亦恩至斯動耳卽不必景神貺於寔寔而民之歡呼倉之蓄積自應爾爾乎而吾邑父母猶以成民之心致力於神凡屬蒲境內爲茲土保障爲斯民所報咸有興廢起頹之思矧此五通之靈奉天司令足民因以足國者

不尤較重哉祠因倉建倉以祠庇當煥然重新於無極也本祠左右里人承邑父母鼎修之意懽躍從事是輿情上愜也闔邑三十里鼓舞爭先是庶民子來也行覩廟貌維新鍾鼓式靈春秋匪懈勿替引之矣

厲壇縣河北（按通志載在縣北使星坊萬歷中遷西門外崇禎四年知縣林增志修名漏澤園）

每歲清明日七月望十月朔請城隍之神榜無祀鬼神分祭之

虞帝廟在龍翔山西（通志元至正監縣帖木兒建相傳舜南巡駐蹕於此有斷碑載及二妃事其字漫滅不可考今廢）

水星廟在縣市北水門內（通志舊因河北行將山爲廉貞火星正照縣治城中屢火故作水星殿奉眞武壓之并奉吳將軍承淵）

龍王廟在荊泉山 通志
祝文維　神德洋寰海澤潤蒼生允襄水土之平經流
順軌廣濟泉源之用膏雨及時績奏安瀾古大川之利
涉功資育物欣庶類之蕃昌仰藉　神庥宜隆祀典式
叶良辰敬布几筵肅陳牲醴尚饗
孫王廟在西門外 通志舊志在西門外祀吳王仲謀邑人中允廖道南題曰瑶圃祠
侯王廟在仙雲觀下祀吳鎮牧魯肅陸遜 通志
葛仙祠在縣南二十里了髻山祀晉葛洪 通志
顔忠烈祠在縣白石山合祀顔眞卿杲卿允臧八月十
五縣令致祭 通志 一在縣治忠孝坊 一在縣治南關外
張忠烈祠一在治東 明崇禎四年知縣林增志建 一在五嶽觀一在

神山俱祀張巡 通志
謝師啟張忠烈廟碑記蒲邑祀睢陽張公自祀顔平
原常山兩公始公威靈無處不著而特顯於蒲故蒲
人士祀之亦最嚴祠在邑治南五嶽觀之左規制廹
狹余自諸生時已厭之萬歷己丑祠灾余過其遺趾
低迴久之卜庚寅季春八日鳩工庀材重爲建廟至
其時而余仲子自怡生越七月十七日置修建始末
於其牖遵俗例也則曩爲公建廟者即邑龔氏亦前
庚寅七月十七日也異矣
王墩廟在大田畈祀三顔公 通志 明縣令曾栻死節處
天妃廟在河北龍翔山右祀臨水夫人 見通志順治中重建咸豐間兵燹燬復修
通天明王廟在北門内 見通志初創無考順治十四年重修咸豐間燹燬正廡嗣重修
宣公祠在盤石湖隄祀明築隄知縣宣大勲王逵秀 通志
名宦祠祀唐令鄭元瑾丞李必聞宋令朱壽尉陳慶勉
元王簿侯王明知縣柯日新黄廣錢昭吳俊周洪羅列
張瑜汪有功教諭宋鑑馬進階吳復清林民止訓導馬
敬縣丞汪顯
國朝祀
鄉賢祠祀宋貲師古任獻夫元何槐孫明魏觀李德庸
龔晟仵紳仵瑜張東周龔艮傅魏溶魏正初魏巽如魏
詔魏裳王艮謨王允茂王愷盧中胡堯元黄煜胡堯凱

謝存儒謝鵬舉何思登馬天錦魏說王台彦鄭之亮 祠燬
忠孝祠祀李甲李爲松李方弼盧逢益李尼紹 祠燬
張璟光閎李甲蜀中殉難狀放歌附長鯨鼓鬣横巨
浪河嶽萬里失金湯蹂秦躪楚誰血戰百舌飛鼠走
且僵宿列劍南正氣作揮琴奮戟起邛筰參軍空挿
侍中貂一令騂騮肎鋒鍔舌厲常山血侍中魂趨楓
陛魄湘東蒼頭亦復朱家布夜月子規哭叢叢追隨
重泉意狠籍叮嚀一堆萇弘碧登山臨水送將歸濽
逋消息伾子嗌腸斷江陵雨岸摧朝陽落鳳返窀窆
投戈入夢在何年鶴淚猿啼悲白石
龔逢烈弔李甲詩附致主非一途莫護項與趾骹風

萬里橋有闕張墓武接雙流李極彼宇民力叱馭奚足比
無謂中道捐浩氣在青史賊氛迷陣雲公等諸礫豕
爾時弘範儔公賤諸臺婢頭顱勿復道何物不餒飜
遑問濟不濟盡心焉爾矣以斯感僕夫痛若喪考妣
周旋厝遺骸端的義男子兒聞心膽裂聞僧哭萬里
重趼上青天丕號水如砥扶骨藏故垣白石長如此
一慰公千年雖死何曾死
敕建昭忠祠在治東張忠烈祠左祀知縣周和祥縣丞張汝
琛典史何耿城守千總胡起太教諭黎鴻漸從祀殉難
紳民陳修榮葉盛傳葉俊卿葉典五曹雲斧張周書張
先標王紫谷曹天森胡淮亭胡晴舫胡煇及等相繼陣

蒲圻縣志卷　政典　祠祭　十五

亡殉難紳民賀壽椿賀壽恩王道平葉惠田陳心鏑王
紫欽項祚松周德升等以上僅載已入祠者咸豐三年知縣孫守信創修十年殉難後裔葉時華葉人瑞陳聘三陳映三曹之熹王子平項永源等捐貲重修春秋祭係官捐款每年十一月初九日由縣委典史致祭邑人劉黼堂與姪鶴齡捐祭田九斗坐落土名沙田畈李承姣兄弟在孫任內佃有卷正米二斗七升立昭忠祠戶每年繳租錢十串除完錢糧外均敷祭品
勞光泰蒲圻縣殉難詩并序附壬子十一月初九日
賊入蒲圻城肆焚毀縣令周君和祥縣丞張君汝琛
縣尉何君耿城守千總胡君起太上舍陳君修榮皆
殉難皆與予交好將弁兵民殉難千餘人維時南陽
鎮都司署遊擊王煜帶本標兵二百名河南撫標守
備攏元慶帶本標兵二名河南撫標守備署陳州營

都司帶陳州營兵二百一十名壽春鎮守備馬嵩慶
帶本鎮兵二百名竹山協外委黃長森帶本協兵七
十六名戰死者十之八九予在通城聞信偕刺史金
君菊僊同至收瘞忠骸立碑彙其事達大府醫其受
傷未亡者自予捧檄赴通城備守禦重九日路經蒲
圻諸君留住一日叙談甚歡至城陷日正匝兩月作
詩爲弔和陶擬古九首　焦土已無蘭灰燼及枯柳
可憐別兩月計日未云久如何天不弔喪我五嘉友
我來收骸骨且復酬杯酒旁及諸死傷一一期無負
再拜謝諸君守城意良厚同節千餘人他縣豈能有
死者信無憾傷者命易終衣食苟不恤誰復肯從

蒲圻縣志卷　政典　祠祭　十六

戎周君爾生時愛士爲士雄區區體此意不使怯冷
風傷者亦以愈死者傳無窮行當立專祠鑄像祀城
中　君始出西蜀竹山宰一隅越歲轉宜城賊氣不
敢舒團練法古法民自守其廬六月移宰此憂勤莫
民居乃以忠節著此事蘇荒蕪料知從今去發榮前
不如　嚴冬殺百草殺盡四野荒明春發滋長秀色
何堂堂殺甚秀乃甚此理非杳茫張君作丞佐殺賊
登戰場力盡死城上兩眼對北卭君爲中州士眉宇
自軒昂稟氣復和雅不圓亦不方立節繼大命可賀
毋哀傷　豈惟丞立節何尉節亦完守獄乃其職十
年著儆冠能餓復能死死有好容顏君小生浙西長

出嘉峪關風寒使易老壯氣銷眉端五十稱獄吏敢
琴對獄彈初操傷別鶴再操泣孤鸞聽者皆就君願
君保歲寒　三君皆文吏武職並如茲胡君作城守
立功方及時覘賊但如蟻如雞鬭臨淄自誓毋苟免
決勝奚復疑大呼急殺賊舉城聞其辭傷重力已弱
還家更沉思丈夫裹馬革願喜不自欺豈料裹靡及
七日犬守之我乃義此犬爲作義犬詩　一城四死
職仙琯奏雲和陳君老隱士八十行且歌慷慨獨罵
賊大義感人多節成追論昂乃如灼灼華還爲周君
喜得士喜如何　五君皆我友九日嘗來游相見無
俗慮談論遍九州世事有改易時日如水流城西一

片地已成古人邱重開認諸將標識詳且周殷勤賴
刺史吾亦隨相求　史官重節行周君堪入採況爲
諸節先剖腹示不改瞋去賊火起彌望成烟海仙合
乘化遊發榮可立待爲語城中人雖險且勿悔
金雲門和勞司馬詩附歲元枕困敦日箕月在柳粤
寇入蒲圻一宿時未久堂堂諸忠臣周君吾畏友罵
難不能援再拜奠杯酒君讀聖賢書所學信無負剖
腹表臣心賊意亦何厚臣心有丹忱臣身非己有周大
令和祥四川仁壽縣舉人　古來豪傑士戰死稱善終烈烈張縣
佐慷慨願從戎丈夫身許國不死非英雄轉戰敵樓
上殺賊快如風銀腕亦已斷傷哉臣力窮取義與成

仁爭此一息中張縣丞汝琛河南上蔡人　何尉司圖圄被戕在
路隅死者已千古生者慘不舒厥弟受創重病卧傷
窮廬一家十餘口流離失所居欲往竈無煙欲歸田
已蕪麥舟贈曼卿高誼愧弗如何縣尉耿浙江蕭山人　胡君
古英傑意氣淩八荒身爲千夫長志節何堂堂平居
撫髀歎百感向蒼茫小醜一朝聚拔劍赴戰場像未
畫淩烟身先棄北邙臣忠犬亦義天地爲低昂七日
殉君死君魂在何方我作義犬詩還爲君哀傷胡千總起
太江夏縣人　豈惟諸臣烈下士節亦完陳東老上舍古
貌古衣冠平生號遺直厲色而正顏忽聞鶚毀室門
設未嘗闔罵賊飲賊刃逍遙五雲端漁陽撾罷響廣

陵散罷彈今古笑隨令長天上共驂鸞願言比松栢持
此保歲寒陳上舍修榮蒲圻縣人　徵調來諸將一朝聚在茲
其生不同地其死竟同時大節若金石臭味無澠淄
亦既獲死所決死無狐疑男兒事長征已與家人辭
誓將裹馬革不作生還思天上騎箕尾此語不我欺
馮華沉難得鄉民蒿萊之我來重歔欷傷心爲賦詩
不死亦被創山城有緩和爲言創易起高吟正氣
歌所慮追饑寒推解亦無多司馬更豪舉火裹生蓮
華好生德至大哀死當如何　我懷表忠意言從司
馬游諸將有故居强半來中州半屬吾同里皖水咽
不流題碑識姓氏他時正首邱火色而鳶肩先時誤

馬周(先據兵趙義誤認馬守備陣亡後知殺賊出城故云)王嵩與擺張一一費
推求(河南都司王煜守備嵩山擺元慶安徽外委張洪恩)　我詩頗不工聊備
太史採奇節扶綱常河山同不改在天爲日星在地
爲江海前代諸忠魂九霄虛左待封侯無此榮肯使
閨人悔

又勞光泰義犬詩爲蒲圻殉難城守千總江夏胡君
起太作和陶戊申歲六月中遇火韻并附粤氛侵蒲
圻孽火如霞軒閤城既死節雞犬亦燒燔胡君有愛
犬獨不死賊前君爲千夫長身死魂猶固犬乃伏君
側魂兮竟不還七日犬餓死隨君行九天犬死亦千
古史當書其年邇來畏死輩靈府壞坊閑此獨守一

意遠勝玉石堅行共盤弧子殺賊歸中田還封粤西
嶺立碑屹不眠豈受李斯嘆不共獵兔園

金雲門義犬詩并附我讀勞公義犬詩忠義激發人
心脾臣忠士烈光蒲圻胡副戎犬亦死之如公至性
世所稀愛人及物多恩私由來重報因厚施人物所
爭此幾希可憐赤子弄潢池蒲城張許死同時公言
南八是男兒既獲死所無狐疑戰馬嘶鳴與主歸犬
獨不作生還思生守公戶死守屍生死要與公相隨
七日不食犬忍饑志堅金石死不移謂犬有知犬無
知一犬之死微乎微謂犬無知犬有知犬殉主死奇
復奇上蔡黃耳難等夷趙家杵臼犬所師廉頑立儒
風教維犬猶如此人奚爲

林之華義犬詩附蒲圻一夜粤氛逼蒲城文武皆抗
節橫屍枕藉香十日全州以來此爲烈最奇中有胡
副戎屍傍犬守主人翁忍饑七日不肯食公能死國
犬死公上蔡東門古所譏君獒臣獒孰是非乞憐搖
尾渠不屑物猶如此人何爲嗚呼城頭啄肉烏鳶起
國中瘈狗眈眈覷此犬獨能報主恩公屍如生犬已
死吾聞忠魂在帝前鼓吹迎導登九天願公勿棄此
犬去靈物應共淮南仙

鮑映培重修昭忠祠碑記附余以戊午秋涖蒲邑廣
文任入其境村舍蕭條抵其城民居稀少市井多瓦

礫學署半頹垣蓋由壬及丁六年內粤匪之焚掠屠
剖莫此爲甚暫僦居於朝陽書院閲其無人紳士往
來者及門葉瑞廷外數人而已戊己庚三年宰斯土
者歷有循良撫其凋殘招其流散漸有起色生徒以
制義質予者約數十人今茲夏瑞廷來袖出前任周
邑侯及縣佐副府紳耆與生之父兄等殉難事實請
余爲之記先是刺史金菊仙公諱雲門司馬勞靜舟
公諱光泰陳其名於徐制軍　奏請　旌卹　詔令
建昭忠祠以祀之嗣任孫邑侯擇地於唐睢陽廟左
因舊址加以修飾邑紳劉黼堂與其侄鶴齡捐有祭
田至是生與其兄時華及殉難紳耆陳曹二公後裔

領修神座及神主先捐資以爲之倡噫斯舉也殉難
諸公忠也節也黼堂捐田義也諸公後裔捐修孝也
忠孝節義所以維持人心於不敝也人心純乎天理
是卽天道好還之幾也獨念匪由粵西冦湖南長沙
將卒善戰善守攻七十餘日不能下賊計窮糧乏逃
巳幾半倘有躡其後者以飽擊飢前後夾攻腹背受
敵破之豈不易易乃天未厭禍使賊昏夜竄逸殘蓋
陽破岳郡泛洞庭縱罪四招亡命擄農民天連赤燄
地漲黃塵尸塞洪流鬼嬉白晝巢烏乏樹壘燕無梁
而武昌遂至失守而蒲邑首被其殃時賊分支從陸
入蒲旗幟蔽日喊聲沸川蜂屯嶺谷蟻附城闉城中

兵不滿百數民不過千餘而周邑侯率令登陴共涯
赤心甘冒白刃若其思衆寡不敵之勢暫避賊鋒聚
四十四團之義勇徐圖尅復此亦兵法所謂見可而
進知難而退者也然生可幸死可畏而取生舍義求
生害仁不仁不義又何恃以生於天壤間哉況司收
有守土之責　國朝隆養士之恩雖事起倉卒而此
數君子者巳熟思審處而決不以一毫苟且之念雜
出於方寸間也嗚呼壯哉爰爲之記論曰氣配道義勇
兼智仁昔日碧莽淒涼今日黃封鄭重話爲鶴爲猿
之事紅偏山花招九天九地之魂碧生徑草靈隨白
骨死尚張拳火燿青燐鬼猶殺賊地接雎陽之廟今

古芳鄰神護上雋之城春秋享食嗚呼諸公雖死之
日猶生之年
節孝祠祀古今十五人貞女一 舊志嗣後入節孝祠者俟考祠燬
純陽祠在金疊山
陶金烇純陽祠記附武郡有黃鶴樓長沙有岳陽樓
楚省巨觀也而皆設呂祖像於其上大都宇宙名區
勝蹟每爲仙靈所駐邑城金疊山在唐爲學宮在宋
爲道院在明爲鳳山書院山之麓有純陽祠僅存故
址陳竹軒先生以其距宗祠甚邇眷懷古蹟遺命其
少君少峯買地充拓倣舊重修并囑子弟讀書其中
亦香火緣也乃意未遂而先生逝矣少峯恪遵遺命

庀材拮据規模猶就予以小子滓瀛受業於門每造
其地饒有城市山林之趣談論竟日流連不欲去思
呂公以兩舉進士不第脫然塵表靈爽尚在人間近
經
欽頒春秋祀典依會典所載致祭眞武廟用果食祭品地
方士民自行供奉一體遵照蒲邑廟宇甚多而純陽
祠僅見異日告厥成功邑人士往來游詠以人之傑
相地之靈黃鶴岳陽易地皆然而山不在高不當與
楚省名勝同傳不朽乎

墳墓

紫竹墳在縣署內西邊漢御史中丞駱翰墓

宋陳求道墓在縣東二四都興陂舊志今石坑園徐氏牆屋內道光十六年知縣芬光泰勘明豎界詳

宋周登仕墓在新店新溪書院後

胥之封譔周登仕公墓碑文附新溪周子登仕者宋進士官西安府尹事業文章彰矣其葬處世相傳陰溲山麓也日月遷流漸就崩毀予嘗目擊心傷謀所以修之者而力有未暇也歲春遊芝山偶經其地淒然復覩斯冢之頹然於荒煙蔓草中也公子孫其衰矣復徘徊久之越翼日偕予兄平甫歛金錢如干督工修理尋勒碑以志夫碑之爲言悲也予不徒爲公悲且爲公賀也悲者何悲周子墓之爲荒土也賀者何賀荒土之爲周子墓也知之者固將過而生敬而採樵亦莫之病也死士之壟視生存者之華屋何如也

明魏觀墓在新溪燈窩山

明中極殿學士黄子澄墓在縣郭家潭之皮靴山

明汪洪墓在望夫山

明仵瑜墓在盤石湖上畈仵家山

仵瑜　諭祭文附　維隆慶元年三月丁卯　皇帝遣翰林院編修江惲　諭祭禮部主客清吏司主事贈奉議大夫光祿寺少卿仵瑜曰卿以剛毅之質通敏之才擢秀甲科投仕禮曹屢進嘉言賢望素著士推喬嶽民仰福星在我先朝實深眷注既而議祀率眾抗言力犯雷霆之怒遂至杖下之斃忠精貫日直節擊天朕初嗣位深切傷悼已加卿佐之御用慰泉壤之痛然爵位虛贈表揚未盡葬祭特頒庸彰異數英靈如在尚其歆承

宋秦國夫人墓在洪山團近馬蹄湖按夫人張氏宋雍王李道妻賜葬有諭祭文

楊時譔墓銘

諭祭文附秦國夫人張氏朕太上皇后李氏母也內則素嫺女貞久著篤生國姒母儀懋振乎中宮濬發坤維婦順明昭於壼掖追惟懿範實深悼感卜兆荆湖北路瑞雲寶鍾吉祥爰命靈輀南征血食終天衍慶尚饗

楊時墓銘附賢矣夫人蹈道秉禮約而能裕豐不及侈肅雍貞靜梱政維宜閨門交徹如朋如賓臨下毋虐事上毋陵婉婉沖挹維沈維升夫子則賢德義用增嘉祥畚勃誕生賢媛維茲賢媛母儀人寰敎子義方是切是樵予以追琢蔚稱瓊玖欽茲令名是爲不朽

育嬰堂普濟堂演武場義冢社倉穀併附

育嬰堂在縣豐樂門即南糧倉遺址雍正年間建咸豐

二年兵燬邑人項祚梁獻演武廠田五斗張至綬獻鎖石嶺大田畈田乙石六斗馬文杏獻續石嶺荊港下畈田乙石八斗八升項祚權獻大石橋上畈田三斗張琦美獻楊家畈伴龜山田乙石五斗陳祚賢獻大田園磨刀寵大王廟對面田二斗七升陳鶴皋獻草鞋舖田七斗五升曾永清獻城西畈田乙拾石零乙升張習誠獻任家堤田二石七斗王名魁獻馬家塔田乙石四斗三升知縣張建基斷青山寺脚下即天池菴充公田乙石四斗五升舒如明獻烟墩裏七攔田四斗二升五合知縣孫守信撥白莊圍少公橋金桂畈充公田三石二斗五升撥占崙圍石子崗充公田二石零五升以上共田二十八石乙斗乙升五合每年租穀堂長親收除完納條糧外補給乳資

知縣勞光泰育嬰堂記附楚俗多溺女有育嬰堂而女得不溺矣予蒞蒲月朔望必詣堂視給乳資驗嬰

兒以優劣乳母故嬰兒鮮有死者而所收養由是益多然只有女嬰無男嬰故知所收之女皆將溺之女也惟存堂本錢僅壹千八百串歲取息可育肆十餘口今所收至一百二十餘口若以本錢濟之後將不繼女仍溺耳予乃捐廉爲倡隨令堂長張美賦等勸捐得錢四百餘串踰年謝上恩等勸捐得錢三百餘串又劉海存呈捐錢壹百串曾永清捐田壹百畝張琪美捐田十五畝王名魁捐田十三畝馬文杏捐田十八畝陳修榮撿蓋堂宇而劉海存葉大楧等六人復捐錢二百串取息製嬰兒棉衣嬰兒既得飽煖矣然是已前之覯也恐後仍不繼焉蓋雍正間堂初建乏乳資故未收養乾隆四年知縣王雲翔始捐廉收嬰十餘口旋亦廢乾隆四十二年知縣何光晟復修堂立堂長設循環簿始積乳資錢道光六七八等年知縣王達復積之陳修榮等爲堂長又積之而所收養未有如今之多也予惟願溺女者少則收養亦少也不然則既收之女旋即勸人抱去也又不然則捐錢捐田者衆使租息足以育之而堂得不廢也用記之以勸善者

知縣顧際熙復設育嬰堂記附蒲圻多義舉育嬰堂其一也頻年烽警幸廢墜未舉行乙丑春余蒞蒲覩事慨然有志興復適叛勇掠東北境竄崇通大軍路

蒲晉勤鄉小民懲羹吹虀咸惴惴然恐余捐錢二千餘緡供扉屨備芻茭齎糗糧軍無秋毫犯民賴以安比時倥偬戎馬他務均未遑也事甫定急集邑紳耆講求急務開志局繕橋渡勘隄防清釐賓興逋負閱數月育嬰堂事亦得以次第舉行查育嬰堂公項除田畝外向存錢一千八百緡五典分借以息敷乳資兵燹後典歇錢懸僅賸折租錢十八緡咸豐八年邑紳控縣責償前知縣杜公嘉善以賠半斷結本邑章李陳三典各償錢一百八十緡合五百四十緡又咸豐九年陳賓英子價贖王君炳齋所捐田三石七升計三百緡又張君國銓獻屋一間折贖得三十緡接

年子母相權合積錢二千二百緡有奇較前存本已過之而向遣大賀恒太二典借欵現又關提追償及今興復後此豈慮難爲繼哉夫愼少者聖人脃輿之心保赤若長官牧養之責一物失所伊誰之愆堂舍八領把縣難修治謹諏陽月之吉暫賃民舍收嬰立堂長以專責成雇乳母以勤拊育設循環簿以便勾稽月朔望親蒞董事以昭愼重蔵飭邑紳公同核帳瓜代時著交現貲以杜侵挪堂設不兩月收女嬰已十數口是皆將溺之嬰也其將溺而卒得不溺者賴有此堂也雖然善創恃乎普因可大期於可久擴而充之變而通之又不能無望於後之衆毋

普濟堂在縣南雙路口舊義倉地額載孤貧十名共銀二十一兩

演武場舊在縣西北雲盤塘側明王簿王僑增設萬歷三年胡其高修城據其地又取土增埤勢汙下不便閱武將其餘地易本縣民王世賢五嶽觀前山地爲之建門堂旗臺築垣楹相環之崇禎三年知縣林增志重修其舊場餘地改厲壇爲掩骼地名漏澤園立石界焉

義冢 一在東洲一在西洲一在城南五岳觀前一在演武廠一在黄土嶺一在楓樹嶺一在茶園嶺一在城西銅錢坡凡八處皆舊義土又一 在演武廠後又一在楓樹嶺後一在五岳觀前餘橋上首山凡三處貢生廷捐又一在豐樂門外厲壇左右山二段周泮士捐又大石橋一段陳秉乾捐又道光十二年大疫貢生陳杏昌在西洲及城南捐地爲六冢掩埋又鄭萬年王明福等購地三段一在城南錢家庄一在和市嶺一在大石橋一 又義地章心唐捐在一汀泗橋一在泉口

社倉穀 查兵燹後多被坍無存

蒲圻縣志

祥異

古者列邦皆有太史自分至啟閉登觀臺以書雲物凡禨祥之兆有則必書縣邑無史官詳與特書者

國朝

列聖相承兢兢業業無非敬天勤民用襲休祥而弭災沴則方隅所載胥

眷慮攸關詳錄之以備太史氏釆而擬焉志祥異

明

洪武二十六年六月十五日縣南團村天晴將午空中聲如轟雷鷩二三里居民見田野中水騰沸火之乃止往視之見一竅約四五尺掘之得一石大如酒注色青黑狀類狗頭蓋星隕所化

永樂十九年正月朔縣東北西艮湖近岸有深淵名石潭是日風浪恬息有婦人出汲見一物橫亘湖心長不可度衆往視之乃龍也久而始沉其年是方大疫

正德三年大水

四年大旱

五年蝗食松盡死

嘉靖二十三年大旱斗米千錢

萬歷三年三月蒲之西江得古磚一塊知縣胡其高夢有雷文祥者與言建城事亡何父老於西江獲古磚上有見夢者姓名風聞當途相詫靈異

四月朔日晝暝獸奔鳥飢

四年地大震

十六年大旱禾稼盡枯

十七年大旱赤地竟邑

二十九年正月朔日城內火災比屋延燒四面焰起灰燼幾半

三十年五月有虎子入城是年大水龍挾九子妖蛟不戢地陷山崩陵谷失位

三十三年春二月地震

三十六年夏漲豚入山河巨浸稽天市中使船如使馬人畜溺死者無算

三十八年三月初六日天鳴

五月大旱

四十五年夏大旱知縣宜大勳訓導陳天街禱雨有應

四十八年產瑞竹多處似雕鏤龜文

天啟元年十月初五日天雨黑子狀如黍亦如菽食之味甘　十二月鹽價騰涌每包七錢

二年二月二十五日大風拔木屋瓦咸飛大雨雹

五年大饑穀貴七月雨雹

崇禎元年戊辰十月三十日羣龍鬬於空中江河魚鱉盡死

十月內外樹介考晉書武帝朝十一月陰霧凝氷封樹木旬日不解范曄以爲木少陽也木先寒故得雨而氷謂之樹介介兵象也

二年大旱

四年四月二十一日夜雨氷

七月十八日寅時地震空中蓬蓬有聲室廬如蕩舟搖旆至十月十二日丑時復震

十三年大蝗冬十月晝暝路人失措雞犬驚散五刻始復冬十一月桃李盡花穀價每石一兩

十四年春大疫秋蝗蝻蔽天所過稻粟一空

十五年春大疫哭泣之聲比戶相聞

十六年秋七月十一日流寇張獻忠陷城知縣曾栻死之白骨山積屋廬灰燼者大半

國朝

順治二年闖賊寇蒲盤踞鄉市積三閱月燒殺殆盡五月

國朝王師臨楚六月委官至蒲安撫殘黎復睹太平大有年

三年旱

四年大歉穀價每石二兩

九年夏大旱秋九月始雨蕎粟熟

十年大歉穀價每石二兩民食蕨根

十八年大有年

康熙元年壬寅大有年

二年大水

王師征勦西山運米背夫死者甚衆

四年乙巳大有年

八年四月十四日大風屋瓦皆飛樹木盡折江河溺死者無算

九年夏大旱知縣張圻隆禱雨有應有碑秋大水冬氷雪積五旬始解黎民凍餒

十年夏四月蟲食苗旣五月大旱赤地千里百姓哀

號多襁負逃散者至十月始雨

十一年夏四月麥熟秋七月蟲食稻日伏水中夜食苗稼殆盡是年多雨

十四年大稔時兵車絡繹而米價甚平

十五年夏秋大水

十七年我師破賊流亡轉徙者歸集

十八年旱

二十一年秋大水

二十三年大稔

二十四年大水

二十五年穀貴

二十七年穀貴
二十八年旱
二十九年饑
三十年大有年
三十三年旱
三十五年大水
三十六年大有年
四十年大有年
四十四年大水
四十五年春夏大疫
四十七年大水穀貴民復病疫

五十三年秋旱
五十四年夏蟲麥秋大熟
五十五年大水城市行舟低田盡淹没
五十七年大有年
五十九年六月大水
六十年秋多虎
雍正元年秋旱踊貴
三年秋旱瘌疾盛行穀貴
四年大水
五年春夏大水没城長堤決麥無收穀貴每石一兩餘
郡守臨縣撫綏饑民

六年春夏民病疫秋大熟
七年夏蟲災
十年大有年
十一年麥大熟
十二年三月八日大雷電雨雹土橋團騰蛟壞民田廬
十三年旱
乾隆元年大有年縣民錢　之妻一産三男
二年大有年
三年秋七月旱
四年夏五月旱
七年大水
十三年大有年

二十九年水
三十二年水 據冊檔
三十四年水 冊檔
四十二年有年麥雙歧
湖北巡撫臣陳輝祖
奏爲恭報二麥豐收雙歧麥成事竊照本年入春雨水勻
調麥苗穮粮俱極暢茂茲屆孟夏據各屬稟報二麥現
在先後刈穫收成均有八九分通省豐稔容俟遵例彙
核
題報又據司府轉據蒲圻縣知縣何光晟稟該縣萬壽庄

鄉民視其源家於刈麥時見有雙歧之穗撿取多莖呈
驗前來臣伏查宿麥如雲滋茂嘉苗匝地標奇皆
國家景運昌明盛事乃者我
皇上大孝純誠永懷私慕體
深宮堯舜之仁獨復恩周於蔀屋被
棠葉和甘之兆豐亨福錫於黔黎垂慶自天湛恩載地闔
閭蒙
澤草木含膏因之感先百穀上慰
宵旰之憂勞是以秀發雙歧共載
仁慈之德化伏為
皇上聖德淵冲不言符瑞現據農民呈報臣不敢壅於上

聞理合恭摺具
奏並照麥穗繪圖進呈
御覽伏乞
睿鑒謹
奏奉
硃批知道了欽此
四十三年旱災
四十六年旱
四十七年水
五十年旱
五十三年水

五十九年歲大熟
嘉慶元年大有年
三年邪匪滋事勦平之歲有秋
七年大旱
十六年大旱
十八年大有年
十九年有秋
二十一年除夕大雪瓦上有人足跡
二十四年城內火
道光元年辛巳有秋
三年大稔

十一年大水
十二年水大疫
十五年旱知縣勞光泰禱雨有應勒霖雨頌碑秋有蝗
冬大雪
十六年丙申大有年
知縣勞光泰捕蝗記附
捕蝗不如捕蝻捕蝻不如滅種此史茂說也若泰於
蒲圻則力多捕蝻蒲圻多山樹茂密石壁立人不得
上往年飛蝗停落之處有遺種嘗設法掘之不能盡
於是定為捕蝻之法以待稽蝻之始生形甚小相聚
成堆若牛糞然視之微動以一束薪燒之立滅越數

日卽能躍見其躍而薙草以燒之亦可立滅惟在能伺之而已於是畧仿古團練法令邑內四十四團保甲各舉業長數人或數十人以一二公正紳士領之就其中田地每畝量抽錢五六文分儲備用而日僱數夫周行巡視復傳諭牧童樵婦有能察出以報者給數錢賞之捕如前法或蝻經大躍廣至數里則許各業長保甲按戶抽夫分隊業長領之前行如列戰法以半夫薙草半夫持竿撲捕已乃焚去其有不出夫及出夫而不盡力者罰無赦約旣定而上寺一團已有蝻萌生矣時甫三月旣與業長依法燒之迨四月十八日白石團復有萌生亦燒之四月杪上寺方

橋東山官田石坑等團山上均有萌生奏惶恐手足無措幸早備之而官田石坑來山三團均與如法燒滅惟上寺團則蝻在峭崖之上不能捕乃於昏夜時燃薪其下蝻望光投火自焚晝則伺其躍下掩捕如是者數晝夜蝻盡滅忽五月初十日車埠團集飛蝗業長急率夫捕之投之火中蓋能捕蝻因能捕蝗而遺種亦已滅矣詩曰田祖有神秉畀炎火其謂此乎是歲幸大熟而泰仍有餘恐也故記之

二十一年崇邑之變擾及蒲圻知縣蕭蔭恩率城紳民固守官軍至事平

二十四年有年

二十五年大有米價平

二十六年有年

二十八年七月暴雨溪水漲高數丈歲歉

二十九年大水城市舟行漂沒田舍無數歲大荒米價石值六緡有奇民食蕨根觀音土出糶常平倉

咸豐元年麥穗兩歧

二年十一月粵匪陷蒲知縣周和祥及縣丞張汝琛典史何耿千總胡廻太皆死之同時將弁兵勇及城紳民殉難者千餘人庫署倉廒驛馬焚刦一空廟宇民房燬半越宿賊去十二月知縣孫守信蒞任招徠難

民勤撫之

三年六月日中塵湧如飄雪

四年正月粵匪寇蒲誘集流亡逼邑蔓延搜括民財幾盡民望官軍如時雨

六月彗星見

七月大軍至復蒲城知縣孫守信督率邑紳衆團練剿撲竄匪千餘人

五年二月粵匪復寇邑廩生賀壽椿等帶團勇禦之及沙子嶺與賊交鋒衆寡不敵壽椿遇害時賊勢披猖搜殺居民三日河水盡赤被擄者無算盤踞城鄉民不聊生城內房舍十存二三知縣孫守信駐新店督

辛練勇以邑武生汪士哲爲隊長屢攻賊不克

九月鄰境賊犇聚蒲城約七萬餘十二日方伯羅澤南由豫章進勦遇賊於洋樓司三戰三捷二十一日復與賊戰於城西之鐵山自旦至晡前隊楊載佑等戰死方伯鼓聲愈振奮力進戰連破賊壘屍填山谷城中賊宵潰汪士哲首登陴授署本邑千總知縣李炎莅任十一月餘匪復集教諭黎鴻漸死之同時被害者百餘人

六年粵匪踞蒲知縣李炎駐新店千總汪士哲與王道平等帶練勇屢野戰不克道平陣亡

是年大旱有蝻

十月官軍克復武昌賊遁

七年城内居民漸集

旱飛蝗蔽日是年有蟲食松棠殆盡

捕蝗法附　一捕初生之蝗蝗子初生微細如蟻色黑蠕動依草根團聚成片大如掌或如扇魚鰕化者亦然三數日內躍不甚遠以足蹴之則驚散旋復聚再蹴之無噍類矣捕之之法編竹枝爲巨帚隨在撲之用力少而得效多夜以草薪燃火置其旁皆相逐投入無得免者又蝗子初生驅羣鴨赴之頃刻食盡

一捕漸長之蝗蝗生逾七日逐隊求食自北趨南且食且行捕之之法相其地勢與蝗至多寡之勢或接溝圍之或接挖長溝堵之溝寬尺許深二尺許溝形陡峻光滑勿令跌入者得緣而上溝間逾丈挖一深坑稍遠再挖巨坑皆以人守之蝗至稍緩則於溝之北以巨帚驅之蝗大至如潮湧頃刻溝坑皆滿踰溝如履平地矣急驅入坑覆以土更挖大小坑以待夜置火溝坑中亦能引蝗投入

一捕能飛之蝗蝗生逾二十一日翼成能飛其來蔽天飄禾稼或芻薪豐茂處相隨棲止逾時復飛亦自北而南蝗巨且衆或禾食盡或稷蕎損其害尤烈捕之之法伺晨露未乾及日午或停或交併嚮晚停飛之時旋驅旋起飛不能遠則就而撲之夜列炬隴旁俟其投入就而撲之

又蝗性畏金鼓炮銃爆竹待其將至而發則懼不敢下隴頭多植旗幟或以紙爲之亦畏不敢下又蝗性畏油入口即死小戶田禾無多取油和水灑禾葉上蝗過之則飛去蝗飛將至爇薪烝煙起蝗即避去

一捕未生之蝗蝗遺子入土必於土質堅實之處羣飛羣止以尾鑽入初如蜂窩久之形迹漸泯故飛蝗經過之後急宜查挖子初遺如麥門冬而小相連數粒久之每粒各成百子埤雅言九十九子七修類藁言八十一子或多或寡傳聞異辭也捕之之法挖而露之撲而碎之其勢甚便夏秋子入地十數日而生秋冬之交至次年春夏乃生冬大雪則凍壞不復能化子初入土遇大

雨亦能濕損此皆言蝗遺子也若魚鰕子化者亦有冬春水涸湖灘草根蘋爲焚燬之法雖不能徧亦未必無補也

八年彗星見於西北

十一年五月粵匪竄蒲踞城一月聞官軍至遂遁去

八月十五月華

十二月大雪平地深五六尺道迷行人有陷壓坑中死者野獸凍死無數湖河皆氷

同治元年有年

四年四月游勇叛掠東北境汀泗大貴雙坵石鏗均被擾

麥兩岐夏旱繼水溢秋穀貴

蠲賑

明

嘉靖二十三年甲辰秋九月賑災通志按舊志知縣李桂賑

天啟五年署縣曹應聘賑舊志

國朝

順治九年壬辰夏五月大旱蠲免本年錢糧十之六通志按舊志知縣戴成名請蠲奉 旨蠲免本年田租十分之四邑人張拱璧出谷千餘石設粥哺濟

十八年辛丑夏五月賑卹有差通志

康熙三年甲辰官兵剿西山賊李來亨等役民夫運米多有死者至是賊平蠲免亡丁錢糧通志蠲免本年錢糧十之三志稿

四年乙巳秋蠲賦賤穀如泥農民苦之蠲免本年田賦十之一通志

九年庚戌知縣張圻隆捐俸賑救舊志

十年辛亥蠲免康熙六年前地丁錢糧湖北通志秋免本年錢糧十之三志稿按舊志知縣張圻隆請蠲請賑 旨蠲免本年田租十分之三上委通城知縣丁克揚勘災奉圻隆仍發廩捐俸賑之民以全活

二十五年丙寅蠲賦先於二十四年奉

詔蠲免湖北二十五年錢糧一半二十四年錢糧全行豁免志稿按舊志免秋糧

二十七年戊辰奉

上諭豁免康熙十七年以前民欠漕項銀兩米麥有差湖南通志

按舊志免地丁錢糧

二十九年庚午武昌等三十五州縣饑賑穀共八萬二百二十八石有奇又米九萬五千八百五十六石有奇舊通志按舊志是年發賑

五十一年壬辰蠲免地丁錢糧及歷年舊欠舊通志

雍正五年丁未奉

旨將本年錢糧全行豁免已經完納者准作雍正六年應完之項通志聖制

八年庚戌奉

旨蠲免額徵錢糧通志聖制

乾隆元年丙辰奉

上諭將未經攤減之丁銀全行豁免通志聖制

十年乙丑奉

上諭將乾隆丙寅年應徵錢糧通行豁免一次通志聖制

三十一年丙戌奉

上諭全行豁免漕糧一次通志蠲䘏

三十五年庚寅奉

上諭蠲免地丁錢糧一次通志蠲䘏

四十二年丁酉奉

上諭蠲免地丁錢糧一次志稿

四十三年戊戌冬十月奉

上諭蠲免漕糧一次通志蠲䘏

四十四年己亥於正賑畢加賑一月口糧通志蠲䘏

五十年乙巳奉

旨特發帑金賑䘏

五十九年甲寅奉

上諭蠲免六十年漕糧一次通志蠲䘏

六十年乙卯奉

上諭蠲免嘉慶元年地丁錢糧一次通志

嘉慶元年丙辰奉

旨未經被賊被水各縣應於丁巳戊午蠲免二次

二年丁巳春正月奉

恩詔普免又蠲緩應徵錢糧

三年戊午春正月奉

恩詔普免

四年己未給修房屋銀

七年壬戌緩帶節年錢漕等項

八年癸亥春正月欽奉

恩詔蠲免民屯正耗錢糧一分又地丁錢糧全行豁免通志

嘉慶十二年欽奉

恩詔是年下忙錢粮漕南二米一併緩徵

嘉慶十六年欽奉

恩詔是年下忙錢糧漕南二米一併緩徵

嘉慶二十五年欽奉

恩詔是年漕南二米全徵下忙錢糧緩至道光元年秋後帶徵

道光十一年辛卯欽奉

恩詔是年近水之官橋汀泗鄧連池江坪下方橋馬獅黃龍車埠楓橋龍坑小稍洪山官田新店劈精斗門白駒黃土一十九圍下忙錢糧及漕南二米緩徵因節年水災

欽奉

恩詔所有十一年被水錢漕俱緩徵

道光十五年乙未欽奉

恩詔漕南二米分別輕重緩至十六年帶徵

道光二十九年己酉奉

旨特發帑全賑卹

咸豐元年辛亥欽奉

恩詔蠲免道光三十年以前民欠錢糧雜稅

同治元年壬戌欽奉

恩詔蠲免咸豐九年以前民欠錢糧雜稅

同治三年甲子欽奉

上諭蠲免咸豐十一年以前民欠錢糧雜稅

蒲圻縣志 卷四

職官 職官

楚以荀況爲蘭陵令蓋在秦置郡縣之先漢制千石至六百石曰令五百石至三百石曰長而長多循吏蒲圻中縣在令長之間昔之涖此亦有似潁川四長其人者至如荀令猶將待之

皇上御極以來州縣特加

召見倚作令如荀子必有以慰也然而令長之美與惡民之所不忘也雖在丞尉司鐸等官皆是也所有額設知縣一員縣丞典史巡檢各一員教官二員城守營千總一員又舊有主簿一員旣裁

去今並表之志職官 參劳志

歷朝職官年表

漢 沙羡縣令丞尉無考

三國吳初建蒲圻於西良湖

鎭牧

呂岱

唐 令 丞 主簿 尉

武德 鄭元璡 滎陽人有傳　永徽 李必聞 有傳　開元 鄭光系 滎陽人有傳

李必文 名載府志

宋 令 丞 主簿 尉

紹聖 宋壽 天長人有傳

隆興　簡世傑 江西人有傳 | 舒邦佐 進士江西人有傳
淳熙　汪　泳 休寧人有傳 | 趙　方 進士有傳
錢仁老 | 淳祐　陳慶勉 進士有傳
端平　薛儀老 永嘉人有傳 | 景定　蕭之才 名載舊志
元　尹 | 丞 | 主簿 | 尉 | 典史
至元　王　斌 有傳 | 狄忠 列舊志河朔人 | 李佑 載舊志
鄧　行 有傳 | 李　珪 載舊志
至正　韓世輔 河南人有傳 | 侯玉 濟陰人有傳
譚天祐 茶陵人有傳 | 侯矩 載舊志 | 劉讓 載舊志 | 葛元 載舊志

明　知縣 | 縣丞 | 主簿 | 典史
洪武　柯日新 湖南平
命知縣事平涼人有傳 | 爾朱欽 四年進士陝西人有傳
丁士梅 纂修編
簡知縣事有傳 | 丁則行 | 胡 宣城人
李居仁 十年任山東人有傳 | 戴　城 十八年進士初授丞青田人有傳 | 王　俊
黃　廣 二十五年任同安人有傳 | 王　綱
錢　昭 二十九年 | 郝子謙 載舊志

任山東人有傳
張　煜 吉田人有傳
永樂　吳　俊 五年任四川人有傳
洪熙　高　鼎 元年任有傳 | 鐵 姑熟人
宣德　杜　紳 三年任四川人有傳 | 傅 永豐人
正統　冋　裔 載舊志河間人 | 陳 揚州人
劉　獻 列舊志河內人 | 陸　隆 列舊志吉安人 | 朱　琮 列舊志吉安人
胡　中 五年任江西人有傳 | 蔣　茂 列舊志萃亭人 | 張　傑 名載舊志
王　斌 列舊志六安人 | 劉　恭 列舊志吉安人 | 陳　綱 列舊志
天順
成化　葛鳳儀 七年任天津人有傳 | 王　鎬 列舊志樂平人 | 徐　禧 列舊志海州人 | 鄒　益 列舊志瀘州人
周　洪 十八年任上海人有傳 | 石中良 列舊志四川人 | 王　源 列舊志奉節人 | 胡　海 列舊志光州人
朱　賢 名列舊志 | 余潮宗 列舊志四川人 | 白潮宗 名列舊志 | 湯　鎮 名列舊志
弘治　羅　列 四年任南海人有傳 | 汪　顯 四年任婺源人有傳
解　哲 名列舊志 | 楊　善 名列舊志 | 謝　和 名列舊志 | 滿　佑 名列舊志

江西人
徐淮十八年任　鄭璜名列舊志　段錦名列舊志　蒲儉名列舊志
廣西人有傳
朱鵬列舊志四
川人
金麒永列舊志應
天人

正德
張珮十一年任　焦貴名列舊志　王勝名列舊志　吳經名列舊志
江西人有傳　泰州人　宿遷人　巴縣人
李邦十六年任　霍睿名列舊志　馮經列舊志宜　鄭銘
四川人有　綏德人　春人
傳

蒲圻縣志卷四　職官　四

蘇琮名列舊志　楊栻名列舊志　孫全名列舊志　吳英名列舊志
江西人　劍州人　孟津人　武進人
韓完堯列舊志廣　許宗名列舊志　雷鳴高
東人有傳　鳳陽人
韓唐列舊志潁　鄭瓚名列舊志　陳因名列舊志
州人　成都人　山東人
王穀列舊志安
江人
劉虔列舊志四
川人

劉善毓列舊志豐
城人
范言列舊志浙
江人有傳
方一桂二年進士
三年任蒲田人有傳
吳本固八年進士　廖廷之名列舊志　何道四川人
九年任河南人有傳　雙流人
沈正名列舊志　何鯤列舊志　汪爵祈門人　黎山南海人
當塗人
沈森名列舊志　汪遠徽州人　謝聯

蒲圻縣志卷四　職官　五

李桂廿三年任　金允升崑山人　盧敏政　金驥會稽人
全州人有傳
崔一濂進士二十　陳白罷四川人　汪存古四川人　莫慰桂林人
六年任南海人
羅學禮舉人三十　劉芳譽　徐禎四川人　陳湘江西人
一年任內江人
葉漢舉人蘄州　陳世榗　王恩寧波人
人
高邦佐舉人四十
三年任烏程人有傳
毛彬青州人有傳

隆慶	陳　履 五年進士東莞人有傳			
	周　達 舉人忠州人			
萬曆	胡其高 二年進士一任井研人有傳			
	王三宅 二年進士任汲縣人	吳　芝 丞山人	戈仲陽 四川人	杜一學 南海人
		劉崇孝 南直人	賈紹陽	李　重 豐城人
		孫體恒 清江人		李　桂
	章嘉禎 進士後陞吏部主事德清人[illegible]	廖逢吉 從州人	羅　亨 四川人	王文湛

蒲圻縣志卷四　職官　六

		戴萬年 雲南人	秦　周 亳州人	徐時顯 江西人
		王　言 石埭人		龍顯武 太和人
	高　舉 進士擢御史爵川人有傳	周希閔 緇雲人	韓用仲 婺源人	胡中岳 鄖都人
		呂文夔 全州人	羅慎祥 青陽人	張汝升 邵武人
		李淳九		唐　璒 漢州人
	吳宏濟 進士擢御史秀水人有傳			
	倪斯蕙 壬辰進士陞吏部主事巴縣人有傳	景守節 選貢陞知安邑人	何汝霖 壁山人	阮士亨 於潛人

	王之傑 戊戌進士二十七年任陞刑部遂寧人有傳	唐一德 義寧人	何應珍 彭澤人	張應蛟 山陰人
	汪有功 甲辰進士三十三年任擢御史歙縣人有傳	劉正教 滄州人	陳若愚 武隆人	黃廷膺 青神人
	張光前 庚戌進士三十九年任後陞吏部澤州人有傳	陳克敬 寧德人有傳	王　鋭 淳安人	沈　僊
	顧其仁 癸丑進士四十二年任華陽人有傳	芮攀龍 陝西人	李時植 浙江人	吳嘉慶 南直人

蒲圻縣志卷四　職官　七

	宣大勳 有傳癸丑進士四十四年任家化人	程夢麟 彭澤人有傳	譚希曾 豐城人	魏國尚 合肥人
	吳　炳 己未進士四十八年任陞工部主事宜興人有傳	陳嘉言 烏程人	劉光聘 青陽人	壽得和 山陰人
天啟	尹　洸 壬戌進士五年任擢給事中安肅人有傳	穆枝蕃 南皮人	宗大綬 如皋人	朱尚賓 望江人
		譚文周 太平人	汪可受 歙縣人	朱文遇 南昌人
崇禎	林增志 戊辰會魁元年任瑞州人陞翰林院有傳	金夢麟 桐鄉人	羅　宏 三年任吉水人	林一增 永康人
	王元英 四年任雲			

知縣	縣丞	巡檢	典史
	南劍州籍寧波人	周之瀚瀛州人監生七年任	
廖道廣韶州人舉人八年任	杜問益十一年任鄞縣辟舉	鍾　律諸暨人係十年任	
曾　栻臨川人辟舉十二年任有傳			阮世澄十二年任福建人
姚繼舜徽州人貢生十六年任			宗大綬南昌人十四年任
	畢必升海門人恩貢十五年任	毛邦卿溧水人監生十五年任	楊逢春會稽人十五年任

國朝

知縣	縣丞	巡檢	典史
順治張　藾東昌人恩貢二年任	齊徽然房山人恩貢二年任	甯應賓青陽人三年任本年奉裁	曹復彬會稽人三年任
	鄭國賓大興人吏員五年任		劉敬儒保寧人武生七年任
戴成名開元人貢士八年任有傳	呂榮賓旌德人九年任		江化龍青陽人吏員十一年任
	馬斯才萬全衛人恩貢十二年任		趙永祿同州人十三年任
江一經建德人監			

知縣	縣丞	巡檢	典史
貢十四年任			
王道久陽城人舉人十六年任	王　鼎桐柏人歲貢十六年任		
任邇昉閬中人戊戌進士十八年任	陶　璞合水人歲貢十八年任		
			康熙唐國弼大興人吏員元年任
		汪　瀛山東人	
張圻隆西華人辛丑進士十八年任	劉閎儒高淳人貢士十年任		潘家進浙江人七年任
王來賓遼東杏山人官生特簡十三年任	邱　誌直隸天津人例監		趙廸祥直隸人
李　清山西安邑人例監十年任有傳	李秀發江寧人例監		張如彥山西人三十四年任
霍際斯廣東南海人舉人二十四年任	栁承芳當塗人例監		
康熙馬煥曾藩司經歷二十四年攝			
趙景伯直隸盤山人二十六年任	馮　飛山東人例監二十六年任		徐衍珠山東人四十年任
張　芑桐城人二十六年攝有傳			
李　榮嘉魚令三			

十年攝

韓維翰山東淄川人進士三十二年任

詹象泰鳳寧令三十三年攝

蒙國禎南海人舉人三十三年任　楊名世錢塘人例監三十三年任　盖忠貞山西人四十九年任

佟寧年遼東例監三十六年任有傳

胡俊崇陽令四十三年攝

趙昌祚江南句容人進士四十三年任　丁士遂直隸人五十二年任

尚璠武昌令五十一年攝有傳

吳盖瓏福建安溪人舉人五十二年任

袁霆興國州同五十三年攝

吳文琦通城令五十五攝

陳偉貴州湄潭

人進士五十五年任

王遴秀有傳福建武平人例監五十六年任

劉文燧咸寧令五十七年攝

張朱霖江南大倉人進士五十八年任陞

雍正

毛之琇四川松潘人舉人五年任　陳文蔚鑲紅旗人例監　方廷楷直隸人六年任

周思呂候補五年攝

吳珽福建將樂人癸卯進士六年任有傳　王調鑲紅旗人例監四年任

樊本淏江西舉人候補六年攝　于度直隸安州人歲貢五年任　金在聞浙江人十年任

乾隆

劉嗣孔陝西舉人候補元年攝

王雲翔江西新淦人癸丑進士元年任有傳

孫毓華 順天大興人貢生七年任
俞鋐 浙江歸安人進士九年任
蔣毓琇 十一年任
孫穆 直隸豐潤人丁巳進士十二年任
高綿勳 廂黃旗漢軍人監生十九年攝
郭元正 陝西蒲城人丙午舉人二十一年任
張大儒 湖南沅陵人貢生二十一年攝
安洛德 山東聊城人乙卯舉人二十一年任
龔士楷 四川營山人乙未進士三十年攝
李世蘐 湖南桃源

俞瀚 江南江寧人附生五年任
楊永道 正紅旗漢軍人監生十八年任
高芳 廂黃旗漢軍人監生二十年任
蔣惟炘 浙江蕭山人廂黃教習二十一年任
韓悅曾 江蘇長州人監生二十四年任
鄭康侯 雲南嵩明州人監生廿八年任
胡遠望 湖南邵陽人貢生二十九年任

丁元吉 順天宛平人吏員三年任
楊希濂 順天宛平人吏員十年任
莊銘 浙江石門人吏員十八年任
朱寅 順天大興人吏員二十五年任
嚴起鳳 順天涿州人吏員二十八年任
陸繼雲 江蘇武進人監生三十年任

陳文燧 順天宛平人吏員四年任
曾灝 浙江會稽人供事十二年任

人監生三十五年攝
吳正域 江蘇甘泉人甲戌進士三十五年任
韓悅曾 本縣縣丞三十八年攝
何光晟 湖南湘潭人庚辰舉人三十九年任
黃嫦 江西南豐人辛卯舉人四十四年攝
孔毓檀 山東曲阜人乙酉舉人四十六年攝
任其昌 四川銅梁人癸酉舉人四十九年攝
鍾濟亨 廣東博樂人辛卯舉人五十年攝
李垣 直隸吳橋

錢炡 浙江長興人監生三十二年任
史廷標 浙江會稽人監生四十一年任
薛介廷 陝西雒縣人廪貢四十三年任
羅應壁 四川營山人監生四十五年任
孫汝明 江蘇陽湖人監生五十年任

高元佑 陝西韓城人監生三十五年任
朱昌熤 直隸清宛人吏員三十六年任
鍾運 廣東長樂人吏員三十九年任
高元佑 四十三年復任

張時雨 浙江山陰人吏員三十九年任
王經熾 山西安邑人捐納未入四十五年任
陸璐 江蘇元和人監生四十九年任

人己亥舉人五十一年攝

湯汝梅浙江仁和人監生五十二年攝

孫廷華浙江鎮海人監生五十二年攝

王學淳浙江錢塘人丙戌進士五十二年任

寇恭先四川渠縣人庚辰舉人五十四年任

承　保正黃旂漢軍人丙午舉人五十八年任

靈　川正黃旂漢軍人乾隆繙繹舉人六十年任

嘉慶

楊清輪江蘇陽湖人乾隆丁酉舉人二年攝本任靈川三年回任有傳

沈元琦浙江海寧人監生五十七年任

孫士清順天大興人監生元年任

俞傳聲浙江桐鄉人監生五十四年任

陳　銳江南江寧人監生五十四任

翟　儒安徽涇縣人供事二年任

許世昌安徽欽縣人供事二年任

石　爋直隸省藩州人拔貢七年攝本任靈川八年回任

王文然浙江仁和人乾隆丙午舉人九年攝本任靈川回任

黃瀚才廣東吳川人監生十一年攝

鄭家屏直隸灤州人廩生十三年任

張增齡江西新淦人乾隆丙午舉人十五年攝本任鄭於是年回任

楊承懋江蘇金匱人廩生十六年攝

陳　善湖南長沙人乾隆庚子舉人十八年任

鄭　偉直隸豐潤人監生十九年攝

彭　烒江西寧都

汪慕鍾廣西臨桂人吏員十二年任

俞顯德浙江海寧人監生十三年任

陳紹堯四川保縣人吏員八年任

張　霖順天大興人監生十五年任

高會寅安徽清溪人供事五年任

許世昌九年復任

袁　蘊祖籍浙江寄籍順天監生十九年任

人壬戌進士二十年任

沈夢蘭浙江烏程人乾隆癸卯舉人二十四年攝本年彭斌回任

范繼昌順天人祖籍浙江供事二十三年任

道光

王瓛山東黃縣人戊午舉人元年任

俞大亨浙江海寧人監生元年任

方椿森安徽桐城人正黃旗教習四年攝有傳

沈棠直隸清苑人捐納從九四年攝本年王瓛回任

程攀桂浙江會稽人監生三年任

王達江蘇華亭人嘉慶辛酉進士五年任

白榮西河南武安人道光癸未進士七年攝八年王達回任

丁周湖南醴陵人嘉慶戊辰舉人十

年攝

唐瀛士山西高平人壬午舉人十一年任

秦元治陝西郃陽人監生十一年任

蔣啟廷廣西全州人嘉慶辛未進士十二年攝

林鳳儀福建福清人嘉慶甲戌進士十三年攝

勞光泰廣東廣州府南海縣人嘉慶庚辰進士十四年任

李翰容河南林縣人監生十五年任

任秉鈞順天舉人十七年任

何耿浙江人有傳

李煐浙江舉人十九年攝

舒昇額正白旗人監生二十年攝

倪明達廣東人

顧廷琥

崔會震山西監生二十一年任

蕭蔭恩浙江餘姚人監生二十一年攝

熊寶書江西新建人舉人二十二年攝有傳

錢喬雲浙江錢塘人監生二十三年任　夏守立浙江人

楊明善順天人舉人二十四年攝

丁鍾斗雲南人舉人二十五年任　葉家壽江蘇人二十五年攝

張建基字濟山直隸永清人道光辛丑進士二十七年任有傳　張汝琛河南上蔡人二十八年任有傳　徐恩慶浙江歸安人二十五年十一月任

李殿華字樸臣陝西渭南人舉人二十八年任

咸豐

周和祥字燮廷四川仁壽人舉人二年攝有傳　唐邦治湖南零陵人二年六月攝

孫守信字篠石湖　劉錫齡廣東人二年九月攝

南長沙人二年十二月攝有傳　馬　淵四年任

李　炎字南江江西義寧人己酉舉人五年攝　李陔華字紫生湖南平江人

劉　瀅江西安福人舉人六年任　顏培成

任海宴字靜波河南新鄉人拔貢七年攝　田夢旗直隸人七年攝　李臣弼湖南人十年攝

夏錫麒字雲舫浙江人　李祖培浙江人九　張揚休河南人

江錢塘人癸丑進士八年任有傳　年攝

黃　基字仁山十　年攝

徐　然順天宛平人監生九年六月攝　吳濬源四川人十　年攝

十月夏錫麒回任

杜嘉善字惠亭漢軍鑲藍旗人拔貢九年攝　文　鼎漢軍人

孫寶田字箕溪直隸保定人舉人十年攝　范餘慶字善圃浙江人

同治

廷元 正白旗人 舉人 元年一 攝 楊廷楨 字雲山 浙江人 元年 攝 李錫齡 浙紹人 二年三月攝

恩榮 字華南 漢軍鑲白旗人 己未進士 二年任 有傳 周文炳 字石樵 河南商城人 二年任 陳鏞 字瑞東 直隸清苑人 三年八月攝 劉垂芬 字柚村 江西人

林基 山東歷城人 拔貢 三年六月攝 十月恩榮回任 胡廷鏡 字靜吾 湖南武陵人

顧際熙 字鹿苹 直隸邢州人 四年二月攝 許遂生 字伯餘 江蘇丹徒人 單功 四年 攝 周潦宗 湖南道州人 五年三月任

鄭慶華 字硯香 廣西桂林舉人 五年二月攝 范逵 字催之 浙紹人 五年三月攝

宋 學正 教諭 直學 掌儀 學訓

李洪 有傳 宋偲 名列舊志 宋侃 列舊志 黃廷鳳 列舊志 高啟渭 列舊志

雷益明 列舊志 陳圭 列舊志

黃廷訓 列舊志 王宜議 河南汝陽縣人

元 學正 學長 學諭 直學 學訓

至元 劉昭 列舊志 趙子美 列舊志 楊元孚 列舊志 黃元善 朱公明

董奇發 列舊志 宋孟卿 列舊志 宋公正 黃癸南

明 教諭 訓導 崇禎三年裁 項琛

洪武 鍾彥良 列舊志 唐岳 六年任 流寓平江人 有傳 馬敬 山東人 六年任 有傳

艾觀 九年任 邑人 有傳

任時用 十三年任 邑人 有傳

柳潤民 十五年任 有傳

李德庸 十九年任 列理學 邑人 有傳

永樂 朱鑑 十五年任 擢御史 全州人 有傳

甌邦吉 名列舊志 沈孔熙 柳城人 列舊志

宣德	黃純 拜給士中全椒人有傳		
正統	黎公弁 臨川人有傳	曾讃 列舊志吉水人	蕭子楫 十二年任泰和人有傳
	胡賓 十三年任南城人有傳	鄒信 列舊志	
景泰		曾羆 六年任泰和人有傳	曾政 泰和人列舊志
成化	傅善 列舊志新淦人		
	嚴謹 列舊志浙江人		
弘治	鄭肅 祁門人有傳		
	郭統 列舊志吉水人		
	張暕 列舊志浙江人		
正德	辛燃 內江人有傳	洪幽 列舊志成都人	楊克復 列舊志眉州人
	郭顯 列舊志廣平人	林文禮 列舊志古田人	何欽 列舊志南海人
嘉靖	羅翀 列舊志	甘洪 列舊志長壽人	陳伯儒
	歐陽至 泰和人	袁忱 列舊志龍溪人	
	裴璋 舉人列舊志雲南人	錢儒 騰越人	
	胡乾 舉人臨桂人	胡鐙 會稽人	范時省 華陽人
	陳雲鵠 宜春人	沈英 臨淮人	謝宸 蓬溪人
	康厚 通許人	袁廷光 宜良人	張時秀 南溪人
	馬進階 舉人內江人有傳	蕭顯祥 宜城人	李熾 溧陽人
	吳世忠 舉人陞知縣歙縣人	李圭 繁昌人	王鎬 南平人
	李嘉言 舉人陞同知臨桂人	方夢龍 宜城人	
	李向德 舉人合州人	李朝陽 綿州人	
隆慶	吳復濤 南海人	張大韶 馬龍人	程嘉鳳 彭山人

萬曆	林民止 元年任二年中進士莆田人有傳	蔡仲襄 蓬州人	曾治 郴州人
	王朝典 舉人安福人	袁肅 常州人	伍廷宰 清流人
	何鍾秀 通江人		
	周允惠 華亭人		
	何師聖 舉人內江人		
	董廷縉 瑞昌人	張儒 鍾祥人	趙子文 歸州人
	張大化 舉人歸善人	楊時霽 寧遠人	
	徐景化 納溪人	吳守仁 衡陽人	
	馮斯艮 舉人建水人有傳		
	李世薦 舉人麻城人有傳	崔世忠 江陵人	謝薦 麻城人
	蔡士用 三十四年任邵陽人	何思遜 安鄉人	田鈞 巴東人
	有傳		
	廖守遜 常寧人	熊光祖 夔州人	
	萬仞 興山人	邢懋才 黃梅人	周廷申 蘄水人陞郟縣
			有傳
	蔣李烱 舉人全州人有傳	周艮璧 應山人	
	張應軾 西平人	陳天衢 漢川人	
	魏倜之 舉人京山人	劉秉鈇 廣濟人有傳	王應時 棗陽人
天啟	李不伐 舉人山東人有傳	張存紳 華容人有傳	苗時可 舞陽人
	劉傅 舉人江陵人	梅遇春 當陽人	石應奇 隨州人
崇禎	黃裳赤 舉人宜興人有傳	李必秀 城步人	
	吳道善 舉人孝感人		

王立位黃陂人陞金華知縣
舒中天舉人黃岡人有傳
李惟晉監利人
陳一道江夏人中丁亥進士

國朝教諭

順治 劉 萵舉人潛江人
蘓世鼎舉人巴陵人
熊世謨江陵人中巳亥進士有傳
程艮惺孝感人中甲辰進士有傳
康熙 徐祚宏舉人孝感人
朱家潛襄陵州人十一年任
李 亥鄖西人由當陽訓導陞十九年任
李必泰蘄州舉人二十四年任有傳
雷 先巴東人歲貢由零陵訓導陞四年任
楊侜訓江陵舉人五十六年任
徐 桐漢川舉人六十年任
雍正 鄒受祉黃岡舉人五年任

胡景文沔陽人
李 澤宜都人

訓導康熙三年裁十五年復設

周文昱漢陽府人
許師邵江陵人
李光炳黃安人陞教諭
楊成琪蘄水人
李 爾荊門州人有傳
盧世銓慈利人十八年任
程光琦孝感人三十四年任
方鍾齡漢川人三十七年任
張天秩黃陂人捐貢四十二年任
歐陽迤漢川人捐貢四十八年任
余澤宏沔陽州人捐貢五十一年任
葉鳳喈蘄州歲貢五年任
夏元昱漢川歲貢九年任
高時健天門歲貢十一年任

乾隆 夏扶雝湖北孝感縣人丙午舉人六年任
熊 琫湖北雲夢縣人戊午舉人十八年任
但準昌湖北漢川人丙午舉人二十五年任
章士縉湖北沔陽人甲子舉人三十六年任
沈文封湖北安陸人癸酉舉人四十三年任
孫 謐湖北京山人丁酉舉人五十二年任
嘉慶 范 鐸湖北宜城人乾隆乙亥舉人六年任
劉益隆湖南鳳凰廳人歲貢九年任
吳覲光湖北江陵人乾隆壬子舉人十五年任
道光 左承陽湖北漢陽人嘉慶戊辰舉人二年任
王穎川湖北監利人嘉慶己卯舉人十年任
陶英鴻湖南安化縣人歲貢十六年任
羅鏘玉南漳人丙子舉人
蔡紹瀛圻水人乙酉舉人
吳大鏞黃岡人壬午舉人
吳啟鋼漢陽人廩貢
柳先賡字西蒲圻水人壬辰舉人

鄧艮燮湖北蔴城縣人拔貢四年任
伍聯元湖北沔陽州人拔貢八年任
劉 選湖北襄陽人優貢十六年任
王 楷湖北雲夢縣人拔貢二十二年任
梅成正湖北歸州人廩生二十九年任
聶 晢湖北漢川人癸酉舉人三十二年任
李澤張湖北荊門州人廩生三十五年任
張材魁湖北廣濟人廩生四十二年任
羅其賡湖北東湖人廩生五十一年任
高安復湖北鍾祥縣人廩貢九年任
黃紹秀湖北江陵人廩生十七年任
龔傳瑜湖北鶴峰州人拔貢十八年任
蔡敦仁湖北沔陽州人廩貢二十年任
陳 準湖北蘄州人癸酉舉人八年任
吳直鈞湖北黃梅人歲貢十三年任
羅振太東湖人貢生
劉仁炳黃岡人歲貢
曾繼蘭雲夢人歲貢
李惇中漢陽人貢生

咸豐　黎鴻漸京山人丁酉舉人四年任有傳　戴修濂雲夢人歲貢八年任

鮑映培字蔚園荊門州人庚子舉人九年任有傳　張行昂宜都人廩貢九年任

胡文炳字福田黃岡人廩貢十年任

王金鰲字曉齋漢川人廩貢十一年任

同治　王丙壽字曉川當陽人丙午舉人二年任

盛藻字玉卿應城人廩貢四年任

杜浩雲字蘭泉潛江人辛亥舉人四年任

城守營千總　舊志缺載今載其近者

李成英江夏縣人行伍雍正十一年任

胡榮黃岡縣人行伍乾隆五年任

魏國江夏縣人行伍乾隆十二年任

陳明江夏縣人行伍乾隆十八年任

吳觀瀾東湖縣人武舉乾隆二十五年任

郭萬年江夏縣人行伍乾隆三十年任

江濟盛湖南瀏陽人武舉乾隆三十九年任

周興國江夏縣人行伍乾隆四十八年任

陳臨蘄州人行伍乾隆五十七年任

鄧長青江夏縣人武舉嘉慶八年任

蔡光福東湖縣人武舉道光七年任

王名得江夏縣人行伍道光十六年任

龔國興江夏縣人行伍道光二十四任

胡起太江夏縣人咸豐二年任

葉定國江夏縣人咸豐三年任

汪士哲本縣人咸豐五年任

吳鵬程襄陽穀城縣人行伍咸豐六年任

馬萬貴江夏縣人行五咸豐八年任

張承福江夏縣人行五咸豐八年八月任

吳炳暉江夏縣人咸豐十年任

戴金彪本縣人同治三年任

吳士元字炎齋黃梅縣人行伍同治元年十二月任

蒲圻縣志

選舉

漢以制科起士法變乎前厥後相沿科目紛繁考藝亦異前明定制三途出身試以經義策論國朝因之稍增以詩而又屢開恩榜詔舉鴻詞欽賜耆儒甄叙方正皆由州縣教官取結咨送蓋猶是鄉舉里選意也蒲人士歲科額貫本邑學籍外又占府學無定額其由是而騰達者宋始著之明爲盛

而稽之通志舊志又互有參差用加釐定表列三途以武科封蔭附焉志選舉

元

博學宏詞

至治 江存禮 三年中通志薦舉有傳裔孫師古

泰定 王廷揚 三年中通志薦舉有傳

明

賢良方正

洪武　王德源　字克明知昭遠縣舊志十三年舉聰明正直有傳

田　賦　字信立官知縣舊志應求賢詔有傳

永樂　王貫高　字明達二十年舉授知縣有傳子禎祥

國朝

經明行修

王永茂　字才英居積慶坊官知縣有傳子愷

陳汝楫　字濟民官知府

何　綸　字仲明官知州有傳父槐孫

馬　敬　有傳

張志通　授通州州判

龔　善

孝廉

人材

魏　觀　字杞山官祭酒有傳曾孫銘

李德庸　號斗室十九年聘授訓導有傳曾祖義山祖智齊

黃師曾　辟訓導有傳

艾　觀　薦授縣學有傳

李　懋　官知州有傳府志辟舉

燕遺民　字逸德號空谷老人屢徵不起有傳

恩賜鄉會試者年職銜

文振翎　乾隆甲寅恩賜舉人

賀觀化　字月樵嘉慶丁卯恩賜舉人甲戌恩賜國子監學正

謝　翀　字際霄嘉慶庚午恩賜舉人

錢庭樹　嘉慶癸酉恩賜舉人

羅允士　道光辛亥恩賜舉人

賀典學　字仁長道光甲午恩賜副榜

李　柏　字耐齡道光乙酉恩賜副榜

游繼傑　字翹亭咸豐己未恩賜副榜

宋

進士

費師古　天聖二年登宋郊榜官諫議有傳裔孫晉原傑洪

廖正一　字明略元豐二年登時彥榜官端明殿學

鄉貢

黃廷訓

士有傳總志京山人孫視

寶祐十六年中本學掌儀

任獻夫　字安世居長灘政和七年登嘉王榜官荆門刑曹有傳

曹大亨　紹興中官大理評事總志建炎

倪若潛　端平三年吳叔吉榜

本庠學錄

周登仕　嘉禧二年登周坦榜

劉有開　咸淳元年登阮登炳榜

劉有緒　見湖北通志

熊舜選　開慶甲子舉人咸淳乙丑進士改汝止江

西人慶歷癸未進士

元

進士

鄉貢

何維　延祐元年中有傳

何槐孫　字德孚號龍岡泰定三年中文天駿子煸

何槐孫　泰定四年中官推官有傳

熊愷

天歷二年中

黃溥　字彥博至元元年中投慶元路鄭山書院山長有傳

王顯文　至正十年中

費元傑　至正十年中師古裔孫

明

洪武

進士

舉人　鄧奎

貢生　趙德貴

武科

字景星二十六年癸酉中官綿竹教諭通志鄭奎

居上三都上里十九年始貢士官兵科給事中有傳

鄧林　字茂時二十九年丙子中官教授有傳

王朝貴　二十年貢府衛知

黃熾　字士昭號毖齋二十九年丙子中有傳父稱子城埠孫玹頤齋孫圖昇

陳文理　字貴和二十二年貢官御史有傳裔孫縞

陳理　通志御史

廖崇信　字德恒二十四年貢官教諭有傳父均用子清孫傳佐俊

鄧槐　三十三年庚辰湖廣榜官知縣有傳通志建文二年登胡靖榜

鄧槐　字大材三十二年己卯中通志建文元年

郭敬　字行簡三十二年己卯中官建始知縣通志建文元年

涂宗富　二十六年貢

彭禮　二十七年貢

宋繼民　二十九年貢官廬州府推官

程遠　三十年貢官蒲圻縣典史

羅綱　三十三年貢官易門所吏目

劉景文　通志主事總志嘉魚

任時用　通志知縣

趙德庸　總志給事中

建文

進士　舉人　貢生　武科

永樂

王愷　號雲谷元年癸未中父承茂五世孫基

茅芳　元年貢劍州訓導

羅宏　元年癸未中

徐思誠　三年貢交趾所屬知縣

王愷　二年甲申登曾棨榜官僉事有傳

王原道　字大本三年乙酉中

唐鐸　四年貢交趾跳江州同知

羅宏

江朝宗

尋原

二年甲申登曾棨榜官御史有傳
龍景亨　四年丙戌登林環榜官御史有傳

字宗海三年乙酉中官三江通判
徐潮彰　三年乙酉中官四川重慶巴縣知縣
龍景亨　字伯通三年乙酉中子霖
龍時　字景用六年戊子中官靈璧教諭
張從政　字時達六年戊子中
馬駿　字季良六年戊子中官同知
李朝海　字濟夫六年戊子中本姓羅養於姑母李至國朝後裔始復姓有傳

五年貢交趾屬主簿
曹伊昇　七年貢義烏縣丞
龍濟　七年貢
高大本　八年舉楷書泯渠州吏目
尹天旭　八年貢無極縣丞
余宗　九年貢
彭文輝　十年貢府軍衛經歷
熊仕奇　十一年貢
方永慶　十二年貢
黃鐘　十二年貢
王解　字時化十四年貢廷

王文友　字三益十二年甲午中官成都訓導
劉錫　字成器十二年甲午中
吳存性　字尊道十五年丁酉中
余恭　字尚欽十五年丁酉中有傳五世孫開熙
宋致中　字中和十五年丁酉中
劉從義　字適宜十五年丁酉中
劉鈞　字行遠十八年庚子中官吉水知縣
宋庸

試三次第一授宛平知縣時稱畿輔循良
朱思銘　十五年貢
徐興賢　十六年貢貴州布政司都事有傳
李廷信　十七年貢
程景升　十八年貢
仟清　十九年貢
李璧　二十二年貢
田惠

字用中十八年庚子中官巴縣訓導
李璿　字伯政十八年庚子中官九江訓導
徐浩　字宏海二十二年癸卯中官崇仁教諭
黃城　字孟高二十一年癸卯中官富順諭有傳父熤子玹
黃墀　二十一年兄弟同榜官內江諭有傳

宣德

進士

舉人

貢生
饒巘　元年貢撫寧衛經歷
吳蕊　二年貢
黃緫　四年貢榮昌知縣

武科

貢生
王价　六年貢建昌縣丞
石昕　八年貢東昌通判
尋思聰　十年貢夔州府通判
錢敏　字好學例貢官至四川重慶府訓導

正統

進士
盧中

舉人
王文修　字三省六年辛酉中官涪州訓導
程鏞　字汝器六年辛酉中官靈寶教諭
龍霖　字時濟九年甲子中官龍泉教諭
盧中　字守正九年甲子中父貴賢

貢生
黃鑑　三年貢高邑知縣
但勝恭　五年貢鄰縣縣丞
唐政　七年貢榮昌訓導
王仕昇　九年貢重慶知事
陳茂　字茂才十一年貢任廣西平樂所吏目
徐思賢

武科

十年乙丑商輅榜官參議有傳

宋奎 字天章十二年丁卯中官盧江教諭

廖清 字源潔十二年丁卯中官教諭有傳父崇信子傳佐

字從哲十二年貢官知縣有傳六世孫鳴玉鳴珍

鄧從政 十二年選貢

廖瓊 十三年貢永州主簿

李裕 十三年貢聊城縣丞

張本 字道克十四年貢溫州府推官

景泰

進士	舉人	貢生	武科

廖俊 字文英居芙蓉山元年庚午中官學正有傳祖崇信父蘊川子漢孫道南

費敫 元年貢肥水縣丞

江淵 二年貢廣西宣化知縣

魏銘 字日新居蒲首山元年庚午中曾祖觀子頎頗頎

李銓 三年貢萬安縣丞

王春

魏鎔 五年甲戌孫賢榜官知府有傳

李溥 字公濟四年癸酉中官四川慶符縣教諭

四年貢

周禧 五年貢萬載訓導

王璽 字器之四年癸酉中官雲陽知縣父文修

王暘 七年貢稷山王府教諭

劉滄 字東之七年丙子中官四川永川知縣

王瑩 字潤之七年丙子中官刑部司務有傳

吳朝用 七年丙子中

余正 字廷瑞七年丙子中定遠知縣

龔晟 字德輝七年丙子中孫良傳良猷良衡裔孫棻本禕逢祥維三璋

天順

進士　舉人　貢生　武科

宋璽　字廷信三年己卯中官定遠知縣

馬麒　二年貢宜都訓導

周鑑　字孔昭三年己卯中萬縣教諭

傅寬　四年貢

馬衔　六年貢餘杭縣丞

石均　字士平三年己卯中廣德訓導

熊梁　七年選貢鹽場大使

江晟

仵祐　七年選貢洛溶訓導

字明遠三年己卯中吳江訓導

鄭孜　七年選貢汝源王府教授

龔晟　八年甲申登彭教榜官參議有傳

王儼　字民望六年壬午中曾祖子民

任昇　八年貢新都教諭

龍鐸　八年貢府左衛經歷

周章　八年貢懷集教諭

成化

進士　舉人　貢生　武科

梅瑄

王坦

字廷獻元年乙酉中消川教諭

元年貢拔州倉大使

王塗　字奇之元年乙酉中兗州通判有傳

彭鑑　二年貢於潛訓導

廖傅　字文弼元年乙酉中官刑部司務攺清

潭興　四年貢通判吏目

饒泰　六年貢資陽訓導

黃玹　字敬潤元年乙酉中祖煜攺城子誠孫鬭

游志　八年貢新野王府教諭

汪洪

王泉

三年丙戌登羅倫榜官參議有傳

昇

十一年貢汝州訓導

汪洪　字克容元年中順天府第一名攺勝

廖性　十一年貢

王儼　五年己丑登張昇榜官山東按撫有傳

李瑞　十四年貢元江軍民府經歷

孫暹　字景輝七年辛卯中

黃玹　十一年乙未登謝遷榜官大理寺丞有傳

黃頤　字敬德七年辛卯中子嵩孫鶴翀

王輔　十六年貢青城訓導

唐夲　十六年貢鄖都訓導

廖佐　字文輔十年甲午中

連芳

黃頤 十四年戊戌登曾彥榜官知縣有傳

炎清

徐澄 字潔之十年甲午中

汪浩 字克深十三年丁酉中

作紳 字佩之十九年癸卯中炎祐子瑜

廖漢 字天章十九年癸卯中炎俊子十二人次道南

江師古 字克承十九年癸卯中元存禮之裔

伍存學 字宗儒號陋菴二十二年中官叙州推官有傳

魏滋 字文淵二十二年中

二十年貢射洪訓導

馬文明 二十二年貢蒼溪連筠教諭祖駿

魏正亨 例貢

石維岱 例貢

周萬邦 例貢

廖賓南 例貢

廖維南 例貢

周廷壓 例貢

廖鐍 例貢

陳經 例貢

作紳

宏治

二十三年丁未登費宏榜官戶部主事有傳

進士

江師古 六年癸丑登毛澄榜官授工部主事有傳

廖漢 六年癸丑登毛澄榜官戶部主事有傳

官樂令有傳子正恭孫表徒曾孫翼如元孫韶

舉人

魏頏 字元之五年壬子中炎銘

鄭宗仁 字純夫五年壬子中官知縣有傳祖湖海

子琳瑝孫之亮

鄧榮 字周臣八年乙卯中官德陽元武知縣

魏顒 字麟之八年乙卯中官永寧知縣炎銘

鄭宗儒 字秀夫十七年甲子中官鎮江通判祖湖海

周漢 例貢

龍朝中 例貢

貢生

徐慶 元年貢

徐源 三年貢劍州吏目

宋軫 五年貢

馬文獻 字世徵七年貢瑞州府學訓導祖駿子鍊

魏厚 九年貢

唐譜 十年貢句容訓導

魏珉 字世賓十一年貢歸

武科

德學正

李興賢 字廷賓十七年中有傳父仲高
黃嵩 十二年貢乾江訓導
龔錬
游伸 字邦直十七年甲子中廣宗知縣
十三年貢
傅涵 十五年貢
李志學 十七年貢沅城教諭
馬之龍 例貢

石維城 例貢
但維城 例貢官縣丞有傳

進士 舉人 貢生 武科

正德
魏頲 字美之二年丁卯中官知州有傳父銘
胡文 元年貢四川成都府訓導子堯元堯凱俱有傳
周廷輔 二年丁卯中
李繪 三年貢

魏潞 字文盛二年丁卯中官鄱水令有傳子正初正蒙正時孫裳
陳沐 五年貢蘇州府學訓導
石鏡 七年貢營山教諭
仵瑜 字忠甫五年庚午中第一名父紳子岱蔭
周廷珪 九年貢修仁知縣
李仕爵 十二年貢綿竹教諭
胡堯元 字廷猷五年庚午中
吳時鑾 十二年丁丑貢
龔良傅

胡堯元 六年辛未登楊愼榜官至參議有傳
字起巖五年庚午中父鍊子乾瑞乾曜孫萊棹本
馬潮 十三年貢
胡堯凱 八年癸酉中有傳
黃誇 十五年貢重慶府學訓導
廖道南 字鳴吾八年癸酉中父漢
費軏 十五年貢
孫璽 十七年貢
曾大啟 字子正十一年丙子中
畢竟成 十七年貢

劉爵　例貢
鄭瑝　字鳴佾十四年己卯中
唐貴　例貢
謝存儒　字懋珍十四年己卯中
徐應元　例貢
李璞　字中玉十四年己卯中
沈相　例貢
作瑜　十二年丁丑登舒芬榜官至禮部主事明史有傳
游鳳儀　字文瑞十四年己卯中尉氏知縣

廖道南　十五年庚辰中第二名辛丑廷試二甲第一名登楊維驄榜官至侍講學士有傳
馬絿　字元素十四年己卯中父文獻子之龍之驥之貌孫介合曾孫天錫元孫淑昌
宋尚儒　例貢
張詡　例貢

進士　舉人　貢生　武科

嘉靖

龔良傳　五年丙戌登龔用卿榜官至副使有傳
胡昱　字仲陽號次峯四年乙酉中官韓城令有傳
龔鎔　元年貢銅仁府經歷
黃崙

傳祖文父堯元
三年貢承昌府推官父頤子鶴翀
謝存儒　五年丙戌登龔用卿榜官至侍郎有傳
魏正初　字汝復七年戊子中官知州有傳父洛
任翰臣　四年貢以上三人通志隆慶年
龔良猷　字起虞七年戊子中官通判有傳祖晟
廖金　五年貢南昌府學教諭
饒士亨　字行之十年辛卯中官海豐知縣子敬承
石鏊　七年貢濟源訓導
但偉

字邦彥七年貢官岳池知縣有傳
馬絿　八年己丑登羅宏榜官至知府有傳
魏表　字端甫十三年甲午中有傳父正中孫翼如曾孫詔詡
吳楚登　庚寅副榜
張東周　字子用十六年丁酉中子楷模孫于階于陛
宋準　九年貢
任洛　十一年貢有傳子文定
宋儒珍　十六年丁酉中
吳德剛　十四年乙未貢

傅卿　二十三年甲辰登秦鳴雷榜官至廣西僉事有傳

張東周　二十六年丁未登李春芳榜官至禮部員外郎有傳

魏裳　二十九年庚戌登唐汝楫榜官至副使有傳

謝鵬舉

傅卿　字獻卿二十二年癸卯以軍籍中福建鄉試裔孫鼎新

魏裳　字順甫二十五年丙午中癸丑蒙子樸如彬如孫說

饒敬承　字象賢二十五年丙午中官府同知有傳祖士亨子若蒙

鄧廷猷　字汝嘉號月泉二十五年丙午中子士望士達孫日芳

謝鵬舉　字仲南三十一年壬子中子承祚

熊兆祥

龔乾中　十七年貢

川甫　二十年貢

龔良衡　字起莘廿一年貢官訓導有傳祖晟

周浹　二十一年貢

謝存恕　二十五年貢星子知縣

龔乾瑞　字汝賢二十六年貢霸州州同有傳父良傳子木荼孫逢烈逢堯曾孫維祚

費能達　二十八年貢

劉釆　二十九年貢

吳廷儀

三十二年癸丑登陳謹榜官至副都御史有傳

鄧廷猷　三十二年癸丑登陳謹榜官至知府有傳

字汝飛號渭水三十一年壬子中官重慶府通判有傳父勝珊子若虞若虛孫崇

何思登　字一舉號滄南三十七年戊午中父珍子夢周夢相夢星

魏樸如　字文可四十年辛酉中官同知擢加副使有傳父裳子討詒

謝師啟　字叔蒙號衡冲四十三年甲子中父三訓

王艮謨　字克訏四十三年甲子中官知縣有傳子學孔孫台彥鼎彥

鄭之亮　字邦采四十三年甲子中官苑馬寺少卿

三十一年貢

廖仲儒　三十二年貢

袁璧　字輝東三十五年貢官英山司訓有傳

黄鶴冲　三十六年貢

何珍　字承聘號天石三十七年貢官教諭有傳子文質文思登

陳績　字載宿三十九年貢文體裔孫官江西德化轉授青州長

有傳祖宗仁

魏正道　四十一年貢教諭

龔棨　號雲石四十三年甲子中有傳曾祖晟孫維宗

魏正恭　字汝敬四十三年貢官權縣令有傳父浤子祜

馬之貌　字威如四十三年甲子中官知州有傳父綵

邱岡　字望山號鳴鳳任望山四十五年貢官魯山縣教諭有傳子之櫝

張謨　例貢父東周兄諧

謝三訓　例貢有傳祖洪子師敬師彥

石佩　例貢

田稷耕　例貢

田汝耕

廖欽兆　例貢

隆慶

進士

舉人

貢生

武科

魏拱辰　元年丁卯中

魏正參　字汝三元年貢官縣丞有傳父浤子科孫琇如

任文定　字兆慶元年丁卯中官同知有傳父洛

作密　元年恩貢官縣丞

謝師彥　字淑美元年丁卯中父三訓

張書　字子中號蒲源元年丁卯順天中試子時雍時熙時麟

魏袿　字上甫二年選貢官縣令有傳祖浤父正恭

熊萬仞　字立卿四年庚午中官樂安有傳元熊愷裔

廖彥　四年貢

張書　二年戊辰登羅萬化榜有傳

龔乾曜　號江湖隱六年貢有傳

鄧士達　字行吾四年庚午中

馬之驥　例貢

謝師啟

進士 五年辛未登張元忭榜官參政有傳
謝師彥 兄弟同榜有傳

舉人 石泉知縣
龔梓 字時發四年庚午中官通判有傳祖良獻
何希孟 四年庚午中

貢生 馬合 例貢大足縣縣丞
魏翼如 字進可例貢有傳父表子詔
游良貴 例貢

進士	舉人	貢生	武科

萬曆

舉人 謝承範 字元疇元年癸酉中官同知有傳父鵬昇
貢生 羅承榮 元年選貢
王邦

舉人 張諧 字爾卿四年丙子中官淄川令有傳父東周子于匯于階、
余登 字懋庸四年丙子中官廣平諭有傳
龔本 字心渤四年丙子中

貢生 元年貢
鄭瑗 四年貢澧州訓導
謝承祚 五年例貢官通判父鵬舉
任文台 字位南六年貢官學正有傳
馬介 字于石八年貢官武

進士 何思登 二年甲戌登孫繼皋

進士 榜官至副使有傳

舉人 官知縣有傳祖良傳
魏桂 四年丙子順天中有傳
王廷策 字治卿七年己卯中官知州有傳
劉應命 字長俞十三年乙酉中官知州有傳

貢生 寧令有傳祖練子天錫天銘孫淑昌
任啟 字東明十年選貢補江教諭
唐時正 十四年貢
黃展 十五年貢

舉人 周于蕃 字介八十三年乙酉中官司理有傳子文臣武臣
饒思承 十三年乙酉中
徐錦 字黃谷十六年戊子中有傳子邦隆孫維機
何夢星

貢生 田亮耕 十六年貢
王進臣 字東洪十八年貢石門教諭有傳高祖貴高子樹屏樹德樹石
魏彬如 字均可號川二十年貢官教諭有傳父裳子說

字季綿十六年戊子中有傳父思登　鄭怡　二十一年選貢官河陽知縣

周浯　字完初號海月十六年戊子中官同知有傳子麟仕顯仕亮仕彥仕孫珏赫　謝思望　二十二年貢

邱之櫃　字敬菴任潭灣二十四年貢項城訓導

宋時魁　字文可號惺軒十六年戊子中　吳學啟　二十五年戊戌貢

馬天錦　二十三年乙未登朱之蕃榜官至兵部郎中有傳

袁昭文　號海嶼十九年辛卯中官知州有傳父盛　祝于祖　二十六年貢磁州訓導

謝自修　字敬之十九年辛卯中官至上林知縣　鄧一鶚　二十八年貢官教諭

鄧士亮　字寅侯十九年辛卯中官至知府有傳父廷佩子日崇　吳宁　三十一年貢官襄陽訓導

任遇隆　號衛雲三十四年貢官教諭有傳

魏詔　字奉之十九年辛卯　何夢周

張時麟

中父眞如　字伯莊三十六年貢官司訓有傳父思登　字季賜三十一年癸卯以錦衣衛軍籍中順天京衛武舉三十三年乙巳進士官至參將父書子昇有傳

魏說　字肖生二十一年甲午中父彬如子方授方復迺志十九年辛卯科　孫承烈　三十八年貢

米濟世　四十年貢官永州教諭子艮崑

魏說　二十六年戊戌登趙秉忠榜官至戶部侍郎僉都御史有傳

馬天錦　字裴生二十二年甲午中父介子福昌燕昌　費裕德　四十二年貢

但維節　四十四年貢官訓導

魏于階　號八溟二十二年甲午中有傳父謨　龔逢歷　四十七年貢官湯溪訓導

魏珩如　字自叔二十五年丁酉中父科　馬宗儒　府學貢官樂會教諭通志盧宗儒

汪艮　二十五年丁酉以軍籍中貴州鄉試官至知州　羅晃　四十八年貢官湘陰教諭

魏珩如　二十九年辛丑登張以誠榜官至翰林院簡討有傳

謝三進

張于陞　何貢

蒲圻縣志卷五　選舉　三十

宋時魁　三十二年甲辰登楊守勤榜官至知府有傳

字青如三十一年癸卯中官至舞陽知縣父諧子四

王台彥　字明珍三十一年癸卯中官參政有傳父學孔子九眞

熊崇　字德門三十一年癸卯中

張時熙

但維翰　例貢

魏果如　例貢

鄧士望　字子畏例貢官至同知有傳父廷猷子曰芳

魏詔　三十五年丁未登黃士俊榜官至提學副使有傳

更名懋雅字仲正三十一年癸卯以軍籍中順天鄉試官至知縣有傳父書

劉朝薦　字開受三十四年丙午中

饒若蒙　字完白三十四年丙午中官知縣有傳父敬承子宏堅奇堅宏

王學孔　例貢父艮謨子台彥鼎彥

謝思廸　例貢

龔逢堯　例貢官盐都主簿廸乾瑞

鄧士元

蒲圻縣志卷五　選舉　三十一

望

例貢

張時雍　字存肅三十四年丙午以軍籍中順天鄉試父書子鼎晃晃孫應震

任經世　字達生三十七年己酉中有傳子熙聯

徐鳴玉　字振之三十七年己酉中官通判有傳父謨

謝自滄　例貢

謝廷蓀　例貢

魏訏　例貢官寧羌通判父樸如

張時雍　四十一年癸丑登周延儒榜官至知府有傳

黃圖昇　字孟起四十年壬子中第一名有傳祖琁父襃子金門金問官知縣通志登易文明榜

王鼎彥　字隨菴四十年壬子中官至兵備副使有

謝增　例貢

馬天銘　字新生例貢有傳父介子世昌淑昌

劉調鼎　例貢

傳父學孔

龔逢祥 字安治一字存緒四十三年乙卯中官至平涼司理有傳父極

鄧日崇 字峻生四十三年乙卯中官至江西贛州府同知父士亮

米艮崐 字彥伯四十三年乙

卯中官至知縣有傳父濟世子舫通志朱艮崐

泰昌

貢生

劉光輝 字大者號八桂元年恩貢有傳父時敬子來逵來庭孫開椴通志天啟年

天啟

進士

舉人

余宗

貢生

徐邦隆

武科

字叔夏號襄城四年甲子中官至工部侍郎子應甲應中

字孟昌元年恩貢有傳父錦

李師綱 二年貢官汾陽州訓導

龔維三 字位中號衡湘四年甲子中有傳父逢璧子瑷珊璋瓊

李甲 四年貢

鄧日芳 字茂叔七年丁卯中有傳父士望子之奇孫宗彥

余應治 字進之六年貢

魏方琨 字越石例貢

李畛 字君翼號覲濵七年丁卯中官至郎中有傳子六應應壯應謙應晉應豫

張淑吉 例貢

謝彌煥 例貢

馮之圖

崇禎

進士

舉人

李甲 字孚先三年庚午中

貢生

黃中通 元年恩貢

武科

舊志缺載今從通志補

官至同知有傳子榮珠

鄧之梅 字京白三年庚午中父日崇

舒鳳池 字湛遠三年庚午中

李應謙 字兢受號彥吉六年癸酉中官至崖州知州有傳父彰

萬中通 字理中九年丙子中官至朝邑知縣

鄒振奇 字庸人十二年己卯中通志武昌人

謝九璜 字皇黼號紫山十二年己卯中官至知縣有傳父師武子元常元京

魏 諶 三年貢官平江訓導

鄧日昌 四年貢

但 鼎 字象州六年貢

雷御龍 字馨望八年拔貢官至鳳陽府同知有傳父驚

古大復 字鉉一九年貢官黃岡教諭

魏 詒 字穀生十二年貢父樸如

陳明廷 字子介十四年貢

鄒 旻 字秋生例貢

馬天將 中鄉試官至遊擊孫之鵬

馬際昌 庚午年中鄉試

張 昴 號惕菴癸酉科中官至雲麾使孫宿號也垣官至鑾儀衛父時雍

王五臣 字莞菴十三年庚辰中鄉試

黃鳴陽 字山旭十二年己卯中官至當陽教諭有傳父金莖玹五世孫

馬淑昌 字稺若號雲峯十五年壬午中

鄒應錫 字爾圭號荊野十五年壬午中官至太湖知府有傳父守滋子履恒履巽履益履壯履觀履升

楊 濬 字孚明十五年貢

龍維八 壬午副榜父逢璧

國朝

順治

進士

舉人

張敬谿 字明奎三年丙戌中

張瑾光 字子待號陸浦五年戊子中父拱璧子達佶達仕

余開熙

貢生

鄒大賢 元年歲貢

龔逢烈 字無競副榜三次三年恩貢廷試考上上卷援知縣改華容教諭祖乾瑞

武科

張 昇 五年戊子以鑾儀衛旗籍中山東鄉試父時麟

余開熙 六年己丑登劉子壯榜官至吏部文選司郎中有傳

字時純號嵩山五年戊子中式應瑞
任自宏 字毅心十一年甲午中官至靈寶知縣
徐淑嘉 字闇會號誠齋十一年甲午中官至知縣有傳父鳴珍孫而發
任崇 字山宗號衡麓十一年甲午中官至縣令有傳

饒宏人 字能伯三年貢
唐徵汝 字暢菴五年拔貢官至知縣有傳父之夔子有功
邱今芳 字芳遠五年貢有傳
張應震 號惺菲戊子科副榜官至福建汀州府武平縣知縣安鼎子官至鑾儀衛

馬淑昌 十二年乙未登史大成榜官至商水知縣通志順治九年壬辰鄒忠倚榜

袁吉暉 乙酉選貢有傳
廖志鵬 字翔漢三年中副榜六年貢
張奇勲 字以定十年貢有傳
周成臣 字睿生七年貢
謝紹慶 字可庭八年恩貢
魏文煌 字于章九年府學貢官至道州學正
貢金門 字獻卿府學貢
龔維祚 字永叔十年貢官攸縣教諭父逢旦
潘之禎 字木仲十一年恩貢官至楚雄知縣通志作之正

張瑾光 十六年己亥登徐元文榜官至推官有傳
徐淑嘉 十八年辛丑登馬世俊榜官歷任羅城知縣

駱中駿 字伯顧十一年貢
張大綱 字伯常十五年貢
龔瑾 字伯懷十七年貢
沈芳嗣 字聲遠十八年恩貢

康熙

進士	舉人	貢生	武科
		任熙聯 字公輅元年恩貢攷經邦闡伯經世後	
		鄧日章 字君煥元年貢	
		方之煥 字炳公府學貢	
		謝元觀 字用吉三年貢	
	王祚垣 字煙扉五年丙午中官至彭水知縣	鄧蛩英 字羽上邑人巴陵貢	
		徐維機 字鵾侶俲貢	
	黃錦 字蜀眉五年丙午中官至知府有傳	李萌 字仲復八年貢	
	徐美大 字亦人號石峯八年己酉中	但近迴 字君常十年貢	
		魏方恕 十二年貢	
徐美大 九年庚戌登蔡啟榜官至中書有傳	宋希若 字瓊夫十一年壬子中祖維舉	李應晉 十四年貢	
		謝長慶	

蒲圻縣志卷五 選舉 三八

進士	舉人	貢生	武科
		十六年貢	
	龔璋 字王特十一年壬子中祖逢璧攷維三	徐惟椿 十八年貢	
	吳之駼 十六年丁巳另設科舉附江南榜通志	劉愷 二十年貢	費珪 字子玠號嶧山二十年辛酉中
		田承暉 二十一年貢	
	謝登啟 字石郎十七年戊午中祖師啟	劉洪大 二十四年貢	楊四美 二十三年甲子中
	馬之鵬 字文淵號新溪二十年辛酉中文宗昌	黃鳴鐘 二十六年貢	
		王祚城 二十八年貢	
馬之鵬 二十四年乙丑登陸肯堂榜官至戶科給事中有傳	劉之翰 字鳳岑二十三年甲子中	李應彥 三十年貢	
	詹逑 二十九年庚午中	彭大章 三十二年貢	
	江定召 字首南二十九年庚午中	張孺子 字過寅三十三年貢官訓導攷文光	
	宋曰誠	龔維亮 三十四年貢	

蒲圻縣志卷五 選舉 三九

三十三年癸酉中

周兆幽 三十八年己卯中

宋希正 號康功三十五年歲貢三十六年奉旨改恩貢選教諭

王元勳 字資萬四十七年戊子中

朱之一 三十六年選貢

曾濯聖 字皞菴五十年辛卯中

萬室憲 三十六年貢

吳應旟 丙子副榜

程材傳 字晉懷五十年辛卯中

白瑚

中

例貢

馬一宲 字朴存五十年辛卯中

熊嘉 例貢

中

容榮祖 三十八年貢

李曰瑚 字介眉五十二年癸巳恩科中官至鄖陽教諭

徐美政 四十年貢

梅仔 癸丑副榜候選教諭

殳文銓

朱瑚 字次韓四十一年壬午中

葉應時

四十二年貢

鄒祖嶧 例貢官至漢陽訓導

朱藻 四十四年貢

曾必大 例貢

賀日蓮 四十六年貢

何佩 例貢官至當陽訓導

夏瑚 四十八年貢

唐有勛 字柱參號琅峯四十八年選貢官至知縣有傳

宋之栁 五十年貢

文振阜 字扶揺五十年辛卯中

田起瑞 五十二年貢

李伍

任奇澤

李自遂

字蘇材五十三年甲午中

馬格　五十三年甲午中

洪琹　五十三年甲午中

馬士龍　字作衡五十六年丁酉中

張濤　字海來五十六年丁酉中

例貢官至郿陽訓導

居有恒　五十四年貢

李如歐　五十六年貢

謝濆　例貢通志作謝演

盧逢葢　五十八年貢

方日躋　六十年貢

彭祖武　例貢

舒宏晉　例貢通志作宏育

許之豫　副榜官至知縣

江鑑　例貢

雷閏　太學生官至漢中府褒城令有傳

字順輔號月麓五十三年甲午中官至山東大嵩衛守備

進士　舉人　貢生　武科

雍正

程材傳　元年癸卯登王敬銘榜官至知州有傳

馬士龍　五年丁未登彭啟豐榜

萬大中　字時菴二年甲辰南北分科補癸卯鄉試中官至竹谿教諭　昂

魏之仁　字陽元七年己酉中

熊之岐　字鳳岡十年壬子中

雷闓　官至知縣

龔維梓

周灝　恩貢

汪文儒　例貢

賀世拓　丁亥年貢

駱之遴　元年貢

周升遴　三年貢

余喬楫　五年貢

林盛　例貢

邱之成　七年貢

廖金聲

科年	進士	舉人	貢生	武科
			七年選貢有傳	
			彭尙懷 九年貢	
			李如孟 十一年貢	
			程世焜 十三年貢	宋策勳 字功垂號安山十三年乙卯中
			李祚培 例貢	
			李標 字蓼灘十三年選貢	

科年	進士	舉人	貢生	武科
乾隆		張開懋 字勿伐三年戊午中祖達材	熊毓南 元年貢	
			陳王建 二年貢	
		祝其杏 字洪川丁卯中有傳	徐文輝 四年貢	
		李標 十二年丁卯中有傳	沈均 拔貢	
		沈均 字秉之丁卯中	李光賁	

科年	進士	舉人	貢生	武科
	祝其杏 十三年戊辰登梁國治榜	徐在郯 十二年丁卯中	徐鍾衡 廩貢官至均州學正	
		但開元 字會宗十七年壬申恩科中	黃世純 甲子年貢	
		祝其榮 字扶風十八年癸酉中	金世煌	江似海 十八年癸酉中
			宋文如 十二年丁卯貢子修	
		戴廷杞 字有山二十一年丙子中	熊際聖 字賡廷庚午年恩貢	
			歐陽誨	

科年	進士	舉人	貢生	武科
		王楷 字二十四年己卯中	恩貢	
			潘暐 字宜遠十七年壬申恩貢	
		周天度 字丹山二十一年乙酉中子頎簡	潘星文 字芙峯癸酉拔貢考取景山教習	
		李游 字陟山三十五年庚寅中	周應斌 十九年甲戌貢官至訓導	舒士傑 三十六年辛卯中
		徐慶昭 字來章四十四年己	張嘉瑞	

亥恩科中官至知縣四川仁壽知縣

賀魁選 字瀛洲四十四年己亥恩科中

張含兆 字心俞四十五年庚子中

祝大澄 字東川四十五年庚子中官至陝西汧陽縣有傳

魏鳴和 字南岡四十五年庚子中官至教諭

張兆安 字仁齋號對山五十四年己酉恩科中

熊之泰 字鎮東二十三年戊寅貢

舒國梅 二十五年庚辰貢官至松滋訓導

張開東 字賓陽二十七年壬午貢有傳

劉士猷 甲申年貢

宋修 字客山三十年乙酉拔貢官至羅田教諭有傳父交如

徐學昭 優貢

沈世美 字二泉歲貢

黃思信 丁亥年貢

黃清 四十五年庚子中

宋承祖 五十三年戊申中

汪長春 五十七年壬子元官江夏嘉魚營千總

周順掄 五十七年壬子中

鮑振斌 五十七年壬子中

熊賡壽 字漢思戊子科副榜

汪日解 戊子年貢

張逢年 庚寅年貢

唐必彩

沈雲臺 乙未年貢

李振翥 丙申年貢

徐慶昭 拔貢

吳輿 戊戌年貢

歐陽述堯 歲貢

賀大年 字拜颺乙巳年恩貢

錢自修

周道 庚子年貢
廖世柏 癸卯年貢 選蘄水訓導
李振翼 乙巳年貢
潘星海 歲貢
吳洪甲 字雲谷 五十三年戊

申副榜
王崇學 字遜亭 五十四年己酉拔貢 有傳
張兆觀 字笠村 己酉歲貢 著有一茹集
張兆衔 字薇軒 五十五年庚戌恩貢
葉自新

五十六年歲貢
傅祚魁 字萃五 五十八年癸丑貢
張吉兆 字紫垣 五十九年甲寅貢
周八盛 五十九年甲寅中
熊聖
舒士芳 六十年乙卯中
敖一瓚 字黄中 六十年乙卯
龔如昇

優貢
六十年乙卯中
熊之璉 字商一 辛未貢

嘉慶

進士　舉人　貢生　武科

張兆安 四年己未 登姚文田
徐效治 字 三年戊午中
鄭傳杞
李名儀 字愷圖 元年丙辰貢
字淑聰貢
錢琦 字竹村 三年戊午中 官至鄖陽教諭
賀魁南 戊午貢
周懋淮 字楫皋 己未貢
但傳鵬

榜官至武岡州加同知銜有傳

廖昌達 六年辛酉中

字翔雲五年庚申貢子文恭

敖一瓚 五年庚申副榜官至天門縣訓導

廖昌達 字翮夫六年辛酉貢

李振翮 七年壬戌貢

宋克善 八年癸亥選貢

但文恭 字允先十二年丁卯中官零陵縣知縣永綏同知父傳鵬

王信達 十二年丁卯中

梅逢榯 八年貢

陳樹賢 字見思號竹軒九年甲子貢有傳

馬瑞麟 十二年丁卯貢

周順揚 十三年戊辰貢

賀運楙 十三年戊辰貢

熊駿 十四年己巳貢

馬如龍 十五年庚午中官安陸營千總道光七年考庸陞守備十七年攝安陸都閫府

賀自莘 十六年辛未貢

但文英 字慎先十八年癸酉拔貢任松滋縣教諭

陳增莘 十八年貢

吳濂 字芥舟十八年癸酉

副榜

黃時超 字龍躍十八年癸酉科副榜

周順簡 十九年甲戌貢父天庚

周順倜 字倬齋二十年乙亥貢

梅士璜

二十一年丙子貢

賀青連 字芥掄二十三年戊寅中歷官咸豐縣教諭漢陽府教授保加中書有傳

吳霖 字傅岩二十二年丁丑貢

文垸 字量成二十三年戊寅恩貢

張贊周 字渭川二十四年己卯中歷官四川定遠縣知縣

劉觀海 字滙川二十四年己卯貢

黃自騫

二十四年己卯貢

賀斐觀 字筠香二十四年己卯優貢考取八旗教習

道光

進士

舉人

貢生

武科

馬利文 更名麗文字郁齋元年辛巳中

梅芝 字敏齋元年辛巳貢

李文鳳 元年辛巳中現官竹山城守把總

周麗金 字姓川元年辛巳貢

陳學銘

馬麗文 三年癸未登杜受田榜歷官禮部主事軍機章京員外郎山東道監察御史巡視南城充丁酉順天鄉試外　監試戊戌殿試內監試辛丑會試同考官授廣東高州府知府署高廉道議敘記名道改調思恩府知府陞授左江道欽賜花翎換三品頂戴有傳

字雙碣二年壬午副榜

錢自勝 二年壬午貢

熊燦 二年壬午貢

張至紱 字文麟三年癸未貢選雲夢訓導

周八甲 字函九五年乙酉拔

葉先楠 字芸畦五年乙酉貢官山西繁峙趙城五台汾陽縣知縣

謝澤均 字秉之六年丙戌貢

任佳逵 字國儀六年貢即補訓導

章望之 字儀山八年戊子中

周玢 字南磵八年戊子貢

游道　字志庭十二年壬辰中揀選知縣

余兆崙　字小崑十年丁酉中

陳義　字穀生十七年丁酉中更名炳詒癸酉大挑二等選孝感縣教諭有傳

楊春華　字實村十年庚寅貢

但傳熺　字晨陸十四年甲午優貢候選訓導

但炳中　字存先十五年乙未貢

劉棐恭　字穀亭十五年乙未貢

吳保泰　十六年丁酉中

賀于逵　字雲鏞十七年丁酉中更名霖若考取覺羅教習

覃振甲　字鼎臣十七年丁酉中考取內閣中書

盧艮弼　字莘臣二十年庚子恩科中更名繼衡大挑二等現官光化縣訓導

敖元愷　一贊子十六年丙申恩貢

黃崇權　十六年丙申歲貢父恒涯見孝義傳

周人弁　字黼鄉八甲弟十七年丁酉拔貢候補直隸州判

李繼新

賀霖若　鄉榜名于逵二十一年辛丑恩科登蔡念慈榜欽點吏部主事更名壽慈歷官文選司考功司軍機章京員外郎郎中江南道貴州道監察御史巡視東城戶科兵科給事中內閣侍讀學士太僕寺太常寺

章倉　字玉舟二十年庚子恩科中兄宏逵檢

甯紹頤　字又薦二十年庚子恩科中更名心田癸丑大挑二等官沔陽州學正擢陞知縣加同知銜歷署廣東新興永安知縣政調湖南火雲衡

十八年戊戌貢候選訓導有傳

錢文燦　歲貢

文蘭　字香谷二十一年辛丑貢

魏增棠　字南阜二十一年辛丑貢

但德琦

大理寺卿歷充咸豐辛酉科順天鄉試同考官壬戌恩科廣東正考官甲子科順天武鄉試乙丑科武會試正考官現官左副都御史署禮部左侍郎

覃振甲　二十一年辛丑恩科登蔡念慈榜朝

任殿選　字青甫二十三年癸卯中

葉士新　字德村二十三年癸卯中

魯鳴鳳　字梧岡二十四年甲辰恩科中考取謄錄即選知縣

賀九如

字韻如二十三年癸卯貢炎文恭

錢紹先　號蘭莊二十四年甲辰副榜更名福恩

龍士銓　字衡臣二十四年甲辰恩貢候選復設訓導

陳鼎新　號銘三二十五年乙

考入選欽點翰林院庶吉士有傳

余兆崙

二十一年辛丑恩科登蔡念慈榜官山西浮山縣歷署翼城太平知縣有傳

章含

二十四年甲辰科登馬春宇榜欽點即用知縣分發陝西

字保臣號庚堂二十六年丙午中現官建始縣教諭

張美彥

字蓉湖二十九年己酉中揀選知縣咸豐己未科欽取國子監學正學錄吏部帶領引見奉旨記名祖兆安父培英

已貢

覃正治

字岐亭二十七年丁未貢

張培芳

字蘭庭二十八年戊申貢即選訓導父兆安

賀雯君

字儀臣二十九年己酉拔貢現官竹谿縣

彭占元

二十九年己酉中

任殿選

二十五年乙巳恩科登蔣超伯榜官浙江泰順縣加縣改授安陸府教授有傳

咸豐

進士

舉人

余斗衡

字鑑堂二年壬子中

熊自勳

字樹臣二年壬子中

訓導

熊世璋

三十年庚戌歲貢

萬世亨

字鴻衢三十年庚戌貢有傳

王顯謨

字虞言號瀴巨三年癸丑恩貢

貢生

武科

考取咸安宮教習即選知縣

賀靄君

字雯舫二年壬子順天中即選安徽同知

賀良貞

字幼甫八年戊午並補行乙卯科中官國子監學正分發江蘇候補知府父書慈

賀庭芳

字古芳二年壬子貢候選復設教諭

賀子一

字半千三年癸丑貢署京山應城縣教諭

田正斌

字易林五年乙卯恩貢候選訓導

陳光澤

廩貢保選訓導

葉兆珪

字桐階八年戊午並補行乙卯科中子聯芬

黃崇政

字殿書九年己未貢

徐盛治

字敏臣號春庭九年己未貢候選訓導復設訓導子本霖雲梯有傳

湯懋堦

字銘三九年己未貢

文元音

字諧八號甫希九年

己未貢由鄉功保選府經縣丞

但鵬　字曾臨九年己未恩科副榜

熊兆璜　字怡山十年庚申恩貢候選復設訓導子開策

王樹功　字德齋十一年辛酉

拔貢

周鳴盛　字和卿辛酉貢

謝甘回　字諫臣辛酉貢

同治

進士

舉人

王樹功　元年壬戌恩科並補行辛酉科中考取覺羅教習爻廷諧

葉瑞廷　字崇廉元年壬戌

貢生

覃廷楨　字蔭堂元年壬戌恩科並補行辛酉科副榜

鄧福安　號鄗齋元年壬戌

武科

江子璜　元年壬戌恩科中

恩科並補行辛酉科

恩貢

文元吉　元年壬戌恩科並補行辛酉科中爻彬子本造

傅駿　字閑之三年甲子貢

章德溦　字秋山四年乙丑貢

賀人驥　字辰如元年壬戌恩科並補行辛酉科中爻青蓮

馬士彬　廩貢即選訓導

中爻俊鄉見忠義

周士燮　字伯勳元年壬戌恩科並補行辛酉科中爻半圭

鄧時蒸　字晴岩三年甲子中爻啟新子守表

明

誥敕

洪武 張志通 誥授奉政大夫趙氏誥封宜人

永樂

正統 王允茂 愷父 誥贈奉政大夫修政廣西按察司僉事

景泰 盧貴賢 中父 誥封奉政大夫刑部江西清吏司員外郎

成化 劉志清 鐸父 誥封明威將軍母王太恭人妻徐程俱恭人

龔濟 晟父 敕封文林郎江西道監察御史母曾太孺人妻黃孺人

汪勝 洪父 敕封承德郎戶部山東清吏司主事

黃城 玹父 敕封文林郎廣東道監察御史母熊太孺人妻石孺人

江旭 師古父 敕封承德郎工部主事母李太

廕襲

汪清 居新溪世襲官明殿將軍有傳

汪旻 清任世襲觀海衛指揮

汪廸 清孫世襲

汪鏞 清元孫世襲

滌承爱 世襲官千戶有傳

滌承春 承爱弟承受無嗣以弟襲

滌景 承受姪調岑溪

姚正東 襲指揮

劉鐸 字振達官指揮同知世襲父清孫閑

劉閑 鐸孫襲指揮

劉恢 鐸孫

孺人妻唐安人

嘉靖 謝勝 存儒父 誥封戶部郎中母崔太宜人妻甘宜人

龔練 良傳父 誥贈奉政大夫浙江僉事母王談俱宜人妻揭張俱宜人

馬文獻 練父 誥贈中順大夫河南府知府母太恭人妻恭人

魏正常 裳父 誥封中順大夫山東濟南府知府母太恭人妻劉恭人有傳

廖漢 道南父 敕封承德郎翰林院侍講母黃太宜人妻江宜人

汪軾 啟東父 敕贈徵仕郎經歷母吳妻項俱宜人

張璽 東周父 敕封承德郎禮部主事母陳妻余俱安人

鄧友信 廷猷父 敕贈承德郎戶部浙江清吏司主事母湯妻呂俱安人

萬曆 謝明 鵬舉祖 誥贈通議大夫戶部侍郎祖母陳贈太淑人

謝寬 鵬舉父 誥贈通議大夫戶部侍郎母張妻全俱淑人

何珍 思堯父 誥封刑部郎中母黃妻鄭俱宜

人

任洛兆定父誥贈奉政大夫南陽府同知母張妻馬俱宜人

饒相敬承父誥贈奉直大夫廣西廣州知州母楊妻李俱宜人

王世廉良謨父敕贈文林郎四川蓬溪知縣母徐妻馮俱孺人

鄭琳之亮父敕贈文林郎臨淮知縣母龔妻曾魏俱孺人

謝三訓爾敬父敕封文林郎陝西道御史母鄭妻揭俱孺人有傳

謝鵬昇承範父敕贈承德郎吉安府通判母項妻陳俱安人

魏科珩如父敕封徵仕郎翰林院簡討母方周妻謝俱孺人

馬介天錦父敕贈承德郎工部主事母黃魏妻魏俱安人

袁盛昭文父敕贈承德郎徽州府通判母吳氏妻沈氏俱安人有傳

謝承祚以父鵬舉廕官通判

宋維栽時魁父敕封文林郎行人母何氏妻魏氏俱孺人

周鎬于蕃父敕贈文林郎推官母游氏妻詹氏俱孺人

天啟

魏翼如魏詔父誥贈中憲大夫江西按察司副使母陳氏妻龔氏俱恭人

周邦選周澔父誥贈奉政大夫山東兗州府同知母曾氏妻熊氏俱宜人

饒敬承若蒙父誥贈奉政大夫母李氏妻宋氏周氏俱宜人

王學孔台彥父誥贈奉政大夫思南府同知母但氏妻魏氏俱宜人

鄧廷佩士亮父敕贈文林郎肇慶府推官母田氏陳氏妻但氏汪氏俱孺人

崇禎

魏裳說祖誥贈通議大夫戶部侍郎祖母劉氏贈淑人

魏彬如說父誥贈通議大夫戶部侍郎母錢氏妻宋氏俱淑人

鄧士毅崇父敕贈文林郎贛州推官母龔氏劉氏妻劉氏俱孺人有傳

國朝

一　誥封　　　　廕襲

順治

鄒守宏應錫父敕贈文林郎太湖知縣母余妻宋俱孺人

康熙

馬宗昌之鵬父誥贈奉直大夫工部虞衡司員

外郎母王氏妻王氏俱宜人

唐巽孜 有勛父敕贈文林郎四川綦江縣知縣母許氏妻廖氏俱孺人

張瑾光 壽祖貤贈文林郎祖母王劉俱孺人

張達倫 濤父敕贈文林郎母龔孺人

乾隆

劉淇魁 銲裔部授武昌左衛領運百總

程懋昌 材傳祖元年誥贈奉直大夫祖母周氏贈宜人

程之逵 材傳父元年誥贈奉直大夫母魏氏贈宜人

徐在邦 鍾衙嗣父三十年敕封修職郎母馬氏孺人

徐鍾衙 三十六年敕授修職郎妻梅氏孺人

梅文銓 仟父貤贈修職郎母張氏孺人

嘉慶

祝日振 大澄祖敕封文林郎祖母沈贈孺人

祝其銑 大澄父敕封文林郎母賀氏贈孺人

敖馨八 一璜父敕封修職郎母廖氏孺人

舒正紀 萬年祖誥封武功將軍祖母黃氏封夫人

舒世盛 萬年父誥封武功將軍母尤氏封夫人

馬貞吉 如龍父贈武略騎尉母彭氏贈安人

張道源 兆安祖六年貤贈文林郎祖母黎孺人二十五年復貤贈奉政大夫祖母宜人

張開忠 兆安父六年敕贈文林郎母王孺人十五年誥贈奉政大夫母宜人

張兆接 兆安兄十四年貤贈文林郎妣金孺人

張兆安 誥授奉政大夫妻談氏宜人

陳光藩 桂昌父二十四年貤贈登仕佐郎母熊孺人

道光

馬雲書 麗文祖貤贈奉直大夫祖母龔宜人

馬清河 麗文父誥贈奉直大夫母范氏宜人

周天濱 人甲祖十四年貤贈文林郎祖母姚氏孺人

周順階 人甲父十四年貤贈文林郎母宋氏妻劉氏俱孺人

章應勛 見孝義傳以子聯盛封奉直大夫母李氏宜人

汪定選 長春父四年敕贈武略騎尉田氏敕贈宜人

汪朝儀 長春祖四年貤封武略騎尉

馬如龍 敕授武略騎尉妻駱氏安人

余佩玉 兆崙父敕贈文林郎母呂氏孺人

余元魁兆崙兄貤贈文林郎嫂李氏孺人
余兆崙授文林郎妻謝氏孺人
舒如鵬心田祖貤贈奉政大夫祖母余氏宜人
舒雲衢心田父誥封奉政大夫母陳氏宜人
賀杞青蓮父勅贈文林郎母陳氏李氏俱孺人李氏贈孺人
賀運輩青蓮兄貤贈文林郎嫂陳氏周氏俱孺人
賀青蓮勅授文林郎妻沈氏楊氏俱贈孺人馬氏封孺人
盧和勳縉衡父貤贈修職郎母田氏丁氏俱孺人

蒲圻縣志卷五　封廕　七

周松高萬福曾祖誥贈武翼都尉曾祖母魏氏淑人
周順泰萬福祖誥贈武翼都尉祖母但氏淑人
周八停萬福父誥贈武翼都尉母鄧氏淑人
賀謙壽慈曾祖貤贈資政大夫太僕寺卿曾祖母陳氏夫人
賀魁南壽慈祖貤贈朝議大夫江南道監察御史誥贈資政大夫太僕寺卿祖母沈氏夫人
賀安宗壽慈父誥贈奉直大夫吏部主事晉贈朝議大夫江南道監察御史晉贈資政大夫太僕寺卿母余氏誥贈宜人恭人夫人
賀斐觀壽慈叔貤贈奉政大夫吏部主事嬸母但氏宜人
賀文觀壽慈叔貤贈奉直大夫吏部主事嬸母陳氏宜人
賀壽慈誥授資政大夫妻黎氏封夫人贈夫人但氏
賀安世雯若伯貤贈儒林郎竹谿縣訓導伯母章氏周氏均孺人
賀彩若艮貞叔貤贈文林郎國子監學正加一級嬸母張氏封孺人

蒲圻縣志卷五　封廕　八

賀雯若勅授儒林郎妻但氏封孺人
賀惟寅九如父貤贈儒林郎母萩氏生母蔣氏均孺人
賀九如勅授儒林郎妻聶氏孺人
但開楨湘艮曾祖貤贈通奉大夫曾祖母馮夫人
但傳鵬湘艮祖誥贈通奉大夫祖母田氏誥贈夫人
但文恭湘艮子誥授奉政大夫以官誥封通奉大夫母田氏贈宜人李氏封宜人
但湘艮候補道誥授通奉大夫妻陳氏贈夫人吳氏封夫人

賀壽恩以軍功賜卹政司都事襲廕三代雲騎尉世襲恩騎尉罔退
賀壽椿以軍功賜卹國子監學錄襲廕三代雲騎尉世襲恩騎尉罔退
但功釗以父想城陣亡廕襲雲騎尉
賀艮璋以父壽恩陣亡襲雲騎尉
賀家忠以父壽椿陣亡襲雲騎尉

雷綬成都司銜 誥授昭武都尉妻余氏 封恭人

雷允森以子綬成官 誥封昭武都尉母宋氏 誥封贈恭人

補遺

潘自瀠康熙間以子之楨官勅贈文林郎母李胡妻王俱孺人

馬宗煥兆修祖 誥贈奉直大夫祖母吳氏鄒氏 誥贈宜人

馬文敦兆修父 誥贈奉直大夫母陳氏 誥贈宜人

蒲圻縣志

名宦 師儒丞尉城守附

本循吏而爲名宦蓋一方之志不得與史同又所以別人物也蒲自設縣爲循吏者史屢著之矣我

朝澄敘官方作吏尤多廉幹蒲之人既尸而祝之或口碑載之今並采摭事實志名宦仍勞志

三國吳 鎮牧

呂岱字定公廣陵海陵人嘉禾三年領潘璋士衆屯陸口徙蒲圻分武昌爲兩部自武昌至蒲圻爲右部岱年已八十清身奉公所在可述子凱嗣爲副軍校尉監兵蒲圻吳志本傳

魯肅字子敬臨淮東城人建安十五年晉秩漢昌太守屯兵陸口威恩大行

程普字德謀北平人領江夏太守治沙羨食四縣性好施與喜士大夫又年最長時人皆稱程公

唐令長

鄭元璡鄭州滎陽人漢大司農當時之裔魏鴻臚少卿允伯元孫也唐武德初平蕭銑郡縣湖南元璡首爲蒲圻令時值西艮水淤泐疏請改邑治於鳳山監地建署宇開學校闢土田定經制子楚春爲青州司馬後族冑入相者九人

宋令

宋　壽楊州天長人紹聖中爲蒲圻令拓學校興文教民俗歸厚官至少卿

簡世傑字伯俊江西靖安人隆興元年進士爲蒲圻令政本豈弟行之以信不設科條民不忍犯湖廣總志

注　泳字若游徽州休寧人乾道五年進士歷湖口縣主簿淳熙十五年擢知蒲圻創修學校政聲藉甚上言王者仁政必自均力役始孝宗嘉納之遷大理寺丞出知泰湖處三州轉中奉大夫封休寧縣男子棐襲蔭總志作注詠

薛儀老溫州永嘉人端平三年授蒲圻令嚴明精敏作新學校先是紹興末有同族季宣者令武昌行保甲法

便於民儀老悉倣而行之政通民和三年有成邑人張掖譔文記之

元尹

王　斌至元三年爲蒲圻尹與丞簿協恭出治加意學政行鄉飲酒禮五年學宮成丞鄧仔譔文記之

韓世輔河南人至正元年爲蒲圻尹以儒飾吏明恕清通凡編戶籍定差法惟公惟審於學宮建敬德堂邑人何天駿有文紀其事

譚天祐字壽夫茶陵人至正末由薦舉爲令臨民惠和檢身廉慎擢知湘鄉州

明知縣

柯日新平梁人洪武初知蒲圻時瘡痍未起日新勞來安集疆理土田置郵建學民襁負而至湖北通志

丁士梅洪武初由翰林編修出知蒲圻立政卓然可觀邑人魏觀贈以詩通志

李居仁山東人洪武十年知蒲圻蒞事剛決興學校徙壇壝以廉慎稱

黃　廣字業廣福建同安人洪武二十五年知蒲圻清儉沉毅外和內剛民就之如父母時遭旱禱雨輒應士類多奬掖之永樂五年擢知德慶州

錢　昭字魯麟山東鄆城人洪武二十九年知蒲圻剛毅果斷不阿私好周知閭里利病興革悉中機宜六載

以憂去

張　煜字孟晦古田人翰林學士以寧之子以寧出使安南子知蒲圻宋濂有序文

吳　俊字敏德四川安岳人永樂五年知蒲圻平恕廉潔不迂不苛未嘗峻拒於民民自廸教手植松於學宮之東民稱爲一坡松子存性以本邑籍舉湖廣鄉試

林和生晉江人永樂中知蒲圻縣勵己公廉臨民慈愛去之日行李蕭然舊志未載照明一統志通志補入

高　鼎洪熙元年知蒲圻爲政簡重臨民寬慈處僚屬以禮時有鐵丞貢修大典陞秩之邑協心贊政有若傅簿宅憂之家厚致賻襚王愷譔文紀之

杜　紳四川重慶人宣德三年任端愼潰介不苟取與勞心撫字民德之卒於官

胡　中字通德江西永新人初任丹陽教諭正統五年擢知蒲圻嚴而不迫和而有體每集諸生講學考課因材授業多士用勸

葛鳳儀天津人成化七年知蒲圻爲政嚴明果斷民畏其威凡縣署學宫賓館神壇悉葺而新之勤勞匪懈日不暇食

周　洪字廷誥上海人成化十七年進士明年知蒲圻督農種粟麥樹桑麻驗其勤惰而賞罰之高田置筒車下隰築陂堰民賴以饒各鄉置社學學置田三十畝令

生徒更番合力耕種仍復其徭有奸法者大書木牌於其門雖權勢不避立義倉六所備粟三萬餘石正德初大旱民猶被其餘澤明一統志後徵拜監察御史舊志

羅　列字天爵南海人宏治中知蒲圻寬仁慈惠政多循良葺學校愼令平訟獄吏民不忍欺尋徵爲監察御史湖廣總志

徐　淮字百川廣西桂林人宏治九年進士初授溧水令十八年改知蒲圻爲人温厚和易時徵派具有條理民賴以安擢通州

張　珮字儒佩號南齋新淦人正德中知蒲圻縣規畫有法凡土田廣隘戶口多寡各集其數編糧稽田賦編丁均差徭編甲遍供億編戶詣姦宄湖北通志

李　邦字鎮鄉四川巴縣人舉鄉貢初授江陵教諭正德十六年擢知蒲圻率由舊令張珮法事上以禮馭下以威民亦宜之擢知徐州舊志

韓宗堯字仁卿廣東番禺人正德中由郴州學正知蒲圻廉勤寬綏調安仁以直忤當道棄官去

范言浙江秀水人進士正德間任蒲圻令正直耿介不附權貴未久調去

方一桂字世芬福建莆田人嘉靖二年進士明年知蒲圻爲政簡肅振頹葺陋煥新文物朞年政成調宣城後拜監察御史

吳本固字道深河南商城人嘉靖八年進士明年知蒲圻政尚體要初至即條上十二事一曰據丁糧以辨里甲二曰重委任以編徭役三曰省科派以節民財四曰捐不急以蘇民困五曰除積弊以均勞逸六曰禁公差以革騷擾七曰復社倉以便斂散八曰修橋梁以利濟涉九曰立鄉長以息訟端十曰類錢糧以免賠累十一曰體民情以宜走遞十二曰處河泊以充課程上臺咸嘉納之薦陞戶部郎中

李　桂廣西全州人舉人嘉靖二十三年令蒲寬厚平恕加意拊循時連年大旱親詣各鄉勸借富民穀數千石民賴以生陞蘄州府判去任後邑父老有談及流涕

者

高邦佐浙江烏程人由鄉舉嘉靖四十三年知蒲圻廉介不畏强禦公事多捐已俸不借派里役催科以時不准私耗而解糧亦自不累之官不攜妻子惟僕從一二人陞知平度州

陳　履字德基廣東東莞人隆慶辛未進士令蒲平易近民重士醇厚篤實人稱長者調休寧去日哭聲載途立有去思碑

胡其高字汝升四川井研人辛未進士萬歷二年自蒲城調蒲圻邑治舊若曠野高始築城民獲安處今城名胡公城立有生祠在迎薰門内竪數碑以紀其德政

章嘉禎字元禮浙江德清人萬歷庚辰進士宰蒲以經術飾治與弟子員辯經談文至日中方散毀邑淫祠邪俗一變時奉旨丈量公平自矢期爲蒲圖永利值父卒於途即日棄官去惜業不竟蒲民無不追思者後陞吏部主事官至通政使

高　舉字鵬程山東淄川人庚辰進士自完縣調補蒲圻性嚴明諳時務摘發奸伏各得其情徵拜監察御史官至浙江巡撫副都御史立有去思碑

吳宏濟字汝楫浙江秀水人萬歷丙戌進士任蒲圻值戊子己丑旱饑捐俸賑療不遺力訪積盜汪若海等皆立斃作興學校立書院人文丕變士民誦之徵拜監察御史去有碑

葉文懋字汝功浙江龍游人以萬歷壬午舉人任武昌同知己酉冬攝篆清慎明潔政有聲親賢嗜善著有省身日録去立有碑攝篆有碑自文懋始

饒斯萬字禹同四川巴縣人萬歷壬辰進士丰度凝遠才猷明達清而不刻嚴而不殘勤於課士精識鑒建立社倉審里甲除衙蠹正風俗載所著治蒲政中七年蒲無冤民公庭肅然内召聞者皆奔送流涕旋立碑建生祠擢吏部主事官至戶部侍郎

王之傑字世望遂寧人萬歷戊戌進士爲政嚴肅胥吏凜然時給孤賑貧陞刑部主事有去思碑

汪有功字祖倩直隸歙縣人萬歷甲辰進士明敏峻潔甫到職杖斃數盜境内以安丞貪戾屢諭不悛自按臺斥去人稱快任蒲拜南京監察御史去立碑

張光前字爾荷山西澤州人萬歷進士三十九年任持躬端肅判事精明時糧册漫滅光前照田尋米照米尋戶里役不敢欺奸闡揚幽隱獎拔士類任四年以艱去邑人士立去思碑建生祠後補安肅擢吏部主事歷本部郎中進大理寺少卿在吏部時以趙南星楊漣事抗疏直諫明史有傳

顧其仁字湛一四川華陽人萬歷進士四十二年任儉邁英發作興學校未幾以憂去後補東明縣擢給事中

宣大勳字藎亭雲南蒙化人萬歷進士由黃安調任吏治明通邑西北盤石湖歲水溢傷禾大勳築堤亘十里自是無水患名宣公堤任四年卒於官邑人於堤上立像祠祀之

吳　炳字可先直隸宜興人萬歷己未進士四十八年任氣度溫和斷事明慎善造士得儁者多復鄉賢名宦基址編審戶口登耗與張光前同稱撫按屢薦循良第一去立有碑生祠陞刑部主事調工部陞福州府知府官至江西提學

尹　洗字宇新直隸安肅人天啟進士初授祥符縣再補任性真率理訟無枉捐俸建魁星閣於學宮前甫再朞調洛陽擢給事中

胥應聘字覺菴山東滕縣人天啟中以貢知咸寧甲子冬署事峻肅勤敏屹然不羣人多畏服賑恤饑荒民甚賴之後陞慶陽同知

林增志字可任浙江瑞安人崇禎戊辰會魁本年任甫下車以振人文奠民命為亟而又修學宮備祭器纂邑志築堤梁治候館清刑獄賑饑療疾高壘治兵暇則課士彙刻文珩甲乙集文風丕變五年以薦內召授翰林院編修癸未分典會闈明年遭李自成之亂被執不屈初去蒲士民立碑建祠

曾　栻字季子江西臨川人即陳際泰序其兄弟合刻稿所云其年最少才最高與泰好為奇放者也由辟舉孝授崇禎十二年八月到職時寇氛交訌十六年春獻賊破蘄黃栻訓練鄉兵得三千人簡武學生侯定國為率六月初一賊陷會城栻盍堅城守賊以輕騎百人走間道偵蒲猝至河北栻揚兵沙嶺命侯定國發三矢摧其前茅鄉勇奮出賊驚月餘不敢逼城七月十一日賊大集栻單騎追擊墜馬卒王墩廟鄉民吳珊瘞之廟側為草葩以泯其迹臬司洪區旌珊有卹其子啟視歛面如生士民哭奠蠟淚成堆乾隆四十一年

賜謚烈愍

國朝

劉　禪字廣菴陝西中部人丁亥進士辛卯以按察司知事委攝篆承闕乏後知錢糧侵那為國害里甲重掯

為民害銳意釐剔七月間夙弊一清民風翕然

戴成名字泰宇遼東開原人由丁亥貢士辛卯任明年壬辰夏大旱步禱秋穫僅半民諒其心時方用兵檄催餉米甚急或有勸封富民倉庾者峻拒之徧諭以抵餉正項民不擾而事集兵過境悉迎犒之境獲安決訟平馭下有法重士立義學聘宿儒為之師薦最再三以疾卒旅櫬歸衣衾弓矢數具而已邑人為立思去碑思其去而不返也

任廸昉字聞城四川閬中人順治十五年進士辛丑任

坦易有雅量時屢歲豐雖徵索相續調發時多民力可支呼應亦便利導之而已至遇大疑必矜全之居九年未嘗大辟一人内徵既行以疾卒於燕邸

張圻隆字禹服號箕城河南西華人由辛丑進士任勤謹仁愛自己酉楚鄖兵燹西山大役之後庚戌辛亥蝗螟作沴民食草木暴骸遍野圻隆請獨貸創養濟院全活甚衆邑人馬淑昌有記越年旱圻隆步禱雨如注歲大有在任尤多捐建凡城垣城樓齋廡南漕二倉河北浮橋及學宮武廟之屬次第修舉既又續修邑志他如培士風獎善類宣教化申條約士民久猶能言之

李　清字本仁山西安邑人下車時羽檄奔馳轉輸絡

繹邑久疲清晝盡善有孽虎白晝噬人清患之禱城隍又爲伏虎祠祀元瓚於北郭之龍翔山虎患遂絶清政不尚刑威務在誘化自譔訓俗歌並及時行孝文諄切誠摯邑人誦之毎朔望讀法擇善人高置一座惡人則跪而聽民知勸懲旋陞同知去士民遮道送者如蟻

張　芭字雩岑江南桐城人康熙中以郡通判攝篆慎決獄先是邑丁糧分課戸口籍於官者雖無田地丁不得削以故富者丁少糧多貧者有丁無糧民苦之芭爲立攤丁法民乃甦邑南窖巖山有妖僧惑衆芭置之刑民遂定改本傳後攝武昌府事會裁兵夏逢龍以索餉鼓譟圍巡撫署芭正色叱之賊將加害父老數百人奔號懇救賊囚之欲授以官芭罵而裂其劄賊犯荆州芭越獄出東抵鄖穴錄狀上部請師剿賊會蘄州叛兵内訌芭與守備李薛計擒斬之駐道士洑檄屬縣討賊賊不敢東下隨振武將軍瓦復黄州獲逢龍賊平擢工部員外郎錄一統志

佟　宰年字靜公號千山遼東人康熙丁丑任父某總督粤東靜公到職重士愛民修學築堤咸殫竭心力嘗立石塔靈應山上暇則與邑文人載酒賦詩以窮山川之勝性好書過處留題而政無廢

尚　璠以武昌令署篆嚴毅質直比年荒竊盜蜂起璠分別輕重懲治之賊熄數月風還醇樸

王遴秀字嵩靈福建武平人康熙五十七年任先是五十五年水漲齧城損壞五十餘丈遴秀捐俸金補修不以派民又修築宜公堤後卒於蒲民摹其像與宜公同祀嘗建書院於準堤遺址邑人士亦設龕祀之

張朱霖號百城江南太倉人乙未進士覆試第一涖事明敏獄無鉅細悉於庭訊時給讞語士民帖服新城垣浮梁神壇而雜費濫役悉革除之設東西義塾以造士明岐黄業選能醫者調以藥餌給民療病居九年以母艱去有去思碑

畀　珽字恭玉號梅谿福建將樂人癸卯進士丰姿端凝宅心寬厚創忠烈節孝祠遷社稷山川壇尤篤意學

校教以禮樂舞蹈中程度士民圜橋而觀者林立爲循
良行取陞工部江西司主事
劉嗣孔陝西德州人乾隆元年攝篆月餘極意撫字減
耗平刑民稱仁祠去日士民皆祖道泣涕
王雲翔字耐菴江西新淦人雍正癸丑進士乾隆丙辰
任甫下車訪包收濫派抽豐苛勒之弊令民輸銀自封
投櫃輸粟自量鑑奸宄責專捕役推收費給自官而櫃
書斗級團役架閣諸弊悉除先是邑徵堤費三千緡雲
翔減爲一千九百緡又減爲一千二百緡而爲添築外
月堤以護二年丁巳於治南創龍門書院是年有虎爲
文逐之未幾耕者以農器獲虎田間明年復有虎逐如

前虎人牧人家堵門斃之是年修邑志四年己未大旱
親詣掘泉取水禱雨立應是年重修育嬰堂雲翔涖蒲
久百廢具興後調江夏官至漢陽府同知去之日士民
設長生位於書院以祀
安洛德字臨叔山東舉人乾隆癸未任折獄平允試士
公明值書院廢弛外放生息銀兩幾耗散洛德爲按名
追出戎聽某官箴不謹隨參之任蒲十三載皮衣祇一
襲去之日宦橐蕭然
何光晟字曙亭湖南湘潭舉人乾隆甲午任甫下車變
民重士德政犂然蒲俗多溺女光晟嚴其禁薄俗以除
四十一年丁酉麥雙岐明年重建育嬰堂積孔貲四十

五年辛丑於治北創建書院追繳在外銀兩發具生息
束脩膏火有加每課親臨書院講授
楊清輪蘄州陽湖人乾隆甲辰進士嘉慶戊午代理先
是乾隆乙卯洋泉習教匪保正羅允典等具報知縣靈
川下之狀置不理清輪涖任着巡役張柴往探被殺即
一面詳請召募鄉勇士民爲守城計官兵至潁稟督兵
總憲孔營城外禁兵丁入城滋擾及夥同鄉閭打擄軍
中肅然石坑渡李七者匪人也乘隙肆擾清輪佯置不
問教匪平返行數里許秘差幹役往擒之即其地延門
杖責示衆押收縣監陪斬教匪以警衆稱快時有藉匪
爲造詐估者清輪去任一契不稅曰我不忍以一時之

利生後日無窮訟端也蒲民德感再生祖餞時　聲載
道
鄭家屛字葵圃直隸灤州人嘉慶丁卯任政尚嚴肅吏
畏民懷邑向無考棚童試几案自行搬辦家屛令禮書
分備士子德焉十五年庚午東城樓火捐廉重修又修
縣署及延壽寺規模宏整後調黃岡士民思之
方椿森字暢菴安徽桐城人由拔貢考選教習道光四
申攝邑事聽斷聰察甫下車見市人有異狀輒笞之跡
其人果無賴子蓋覘面時如悉其生平者涖事三月決
冗訟數百起羣稱神君頌以民自無冤匾額惜坐京山
隄事在官不久大失衆望焉

勞光泰字靜齋廣東南海進士道光甲午任初政以猛益爲急比年水旱匪徒遁萃於蒲者治以重典匪悉竄有曾公亮開門政聲至捕蝻禱雨雖烈日中不憚於行稍暇卽倡修邑志建新塔於馬鞍山爲培植文風計所行皆有成績

熊寶書江南新建舉人道光癸卯任有幹才善聽訟明允無留獄然遇人曖昧事得情輒不忍明斥惟借他故示懲人又服其仁厚云

張建基字濟山直隸永清人道光辛丑進士丁未任沈寄堅定愛民重士務以德化人而又不事姑息在任懲猾吏儆刁風讞疑獄破奸燭隱如疾霆掣電出人意表

以故無滯事無遁情每勘驗單騎減從民不苦擾凡輕生圖賴者立爲剖斷無波累卽篆時祖帳盈道今父老猶頌德政不衰

周和祥字燮亭四川仁壽人道光辛巳舉人初涖宜城任忠信明決興利除害宜民德之上台廉其名咸豐壬子攝蒲圻甫下車卽議修城垣興團練講求折衝禦侮稍暇理官書勤聽斷朝夕靡遑十一月初岳州陷原粲臨湘堵禦游擊王煜來城商固守至初九日賊大至城破不屈死

敕建昭忠祠以祀

孫守信字篠石湖南善化人咸豐壬子任時粵匪陷城民物凋殘守信招撫遺黎漸有起色政暇勤加校課士氣以培越甲寅賊勢蔓延守信會大軍剿復邑城集邑紳設團練編立門牌餘匪匿陵莽者撲滅殆盡乙卯春匪復上竄守信單騎短衣親冒矢石爲士卒倡嘗以團民數百人敵賊數萬方伯羅澤南深相倚重擢令帷幄參謀卒建大功全大節

敕建李忠武公祠以守信配享

夏錫麒字雲舫浙江錢塘人咸豐癸丑進士己未任甫下車察民間疾苦定漕章設鄉櫃禁苛勒汰冗役編魚鱗里冊推收費給自官不派取民間分文錢漕券悉楷書民德之試士公明能空鎗胥積弊卽篆尚捐錢百緡

修葺學宮在任勤敏機警剖斷如流邑有疑牘數十年未決者一經訊結無不帖服至今有前張後夏之頌

恩榮字華甫正白旗人咸豐己未進士同治壬戌任甫下車頒戒訟示寄訪地棍榜其名刁健悉斂跡鄉頑有以邪教惑衆者立拏獲一邑稱快在任體察輿情玄獎善類捐購賓興田數頃士林咸利賴之

師儒

宋

李 洪嘉熙三年爲學正令尹汪泳肇捌學宮洪與直學宋侃陳圭學諭宋偲雷益明併謀協力捐俸廩餼浮費以成厥美

元

朱公明至正三年爲訓導令尹王斌載捌學宮公明與學正劉昭董奇發黄元善任其事工成行鄉飲酒禮邑人感化

明

唐 岳字孟申平江人僑寓蒲圻其學浩博爲文沖澹縱逸殊可誦說洪武六年舉明經任本學訓導惓惓訓廸士心翕然

馬 敬字文安其先山東人從兄宦遊寓蒲脫略世故遂心於學獨涵理性與之所寓發爲詩歌清逸秀拔洪武六年舉明經任本學訓導十八年請老於家祀名宦

艾 觀字用賓邑人洪武九年舉明經任本學訓導 詳見儒林傳

任時用字行遠邑人洪武十三年任本學訓導性端愨開諭有方十八年覆舉明經授知歸善縣

柳潤民洪武十五年任教諭根究性理開設科條興文教薦士有識

李德庸洪武十八年辟爲本學訓導 詳見文苑傳

朱 鑑字用明福建泉州人舉鄉貢永樂十五年任教諭廸教有方學者信孚歲大旱率諸生躬禱大雨如注民賴之奏最拜監察御史累官至都御史

黄 純字粹中直隸全椒人永樂十五年舉鄉貢初任輝縣教諭改調蒲圻持已剛毅施教嚴明拜兵科給事中轉江西僉事提督學校

黎公弁字之冕江西臨川人舉明經正統九年授臨潁教諭再諭蒲圻累與文衡博物洽聞課諸生不少倦士習丕變所著荀川十六詠世傳誦之

蕭子楫江西泰和人舉明經正統十二年任訓導律身清介誨人恭謹撰蕭堆賦以激勸來學多誦之奏最遷金華知縣政聲益播

胡 賓江西南城人舉鄉貢正統十三年任教諭善誘掖士多悅從凡學舍頹圮即捐俸修葺後遷陝西教授

曾 瓛字時彦江西泰和人舉鄉貢景泰六年任訓導學優才贍釋疑辨惑諸生多所資益後遷贛榆教諭

鄭 肅徽州祁門人舉鄉貢宏治初任教諭天性穎悟學行純篤務汲引後進且周其空乏之士於今稱之

辛 懋四川内江人舉鄉貢正德六年任教諭爲人不事矯飾直見本眞時訓導某者剛愎肆侮順受不報有長者風其所獎拔多名士後陞鎭江府教授

馬進階四川內江人舉人嘉靖間任教諭性溫和無矯飾嗩矣不苟陞襄陽府同知

林氏芷福建莆田人鄉貢萬歷初任教諭歷落豪邁能詩善書諸生咸愛敬廸居恆鼓琴繙書脩然有遠志登萬歷甲戌進士官至知府祀名宦

馬斯良建水人舉人萬歷中署蒲圻教諭爲人端方簡嘿課士先行誼務以聖賢垂訓士子至今誦之

李世瀉麻城人由鄉貢署蒲諭氣節毅然諸生有枉抑事力爲白之不拘小節若無意禮法而大事不踰閑補氣豪舉消人鄙吝任滿擢國博後陞郡丞

蔡士用字汝賢邵陽人萬歷三十四年任縣諭褆身耿介接人和易有禮取予不苟陞德安府授去日祖餞者林立爲竪碑於宮墻道右題曰泮水甘棠謝鵬舉撰記

邢懋才黃梅人萬歷間任訓導遇名流悉物色之所得資俸輒以散之諸士識黃圖昇於諸生中期以解額果如其言

周延申蘄水人萬歷中爲蒲訓巨族宿儒慷慨有義氣讀書課士不憚勤苦陞署陽令

劉秉鉄字寬伯廣濟人萬歷間以貢補蒲圻訓導沖襟素韻不以諸生貧富作青白眼遇博物者輒相與把臂尚論今古尋陞巴東教諭所著有隱笄齋古樂府三晉紀遊及尋川集行世

李不伐山東壽光人萬歷季以鄉貢署蒲諭性方介過祭必夙戒竭誠督諸生無少懈捐俸創學署居二年以憂去後遷推官

張存紳字叔行華容人有書癖見金石圖書古文奇字及稗官野史之屬靡不綜治至六經子史則腹笥便便天啟初以貢補訓導卽苜蓿清苦日事較讐暇輒勝歎段命一奚童背古錦囊自隨所收多異書著有雅俗稽言尋卒命以所著書梳籍木中士論悼之

黃衷赤字元初直隸宜興人舉人崇禎九年任蒲諭有儁才爲人坦易溫粹造士勤敏時知縣林增志銳意作育衷赤與之同心修飭學宮堂廡俎豆一新林令嘉之

有記侍父母者耋承歡不怠御史宋薦云衡文士子傾心孝行可表天日青瑄中有此眞法物矣四年請假歸

衎中天字帝初黃岡人由天啟辛酉鄉薦崇禎丁丑諭蒲雅度沖襟獎掖士類無虛日尤以行誼相勸邑屬無不服其德範者辛巳陞國子監學正

國朝

教諭熊世謨字懷菴江陵人順治戊子鄉魁處衷坦度諸生有執經請益者尤喜爲勸進其樂稱人善不欲聞人過有長者風己亥登進士銓廣西宜山令

程良惺孝感人順治甲午舉人諭蒲丰度端凝褆躬清愼習稽古不屑屑外務其簡重有足風者甲辰登進士

李　侢荆門州人康熙初由歲薦任訓導修學校及一切闔垣門屏悉備又特修名宦鄉賢二祠以肅祀典諸不假他手省浮費課實功面給工値藝事以勸居恒課士肄經與會風雅多所題詠有名流風味尋奉裁去士子彙詩頌之

李必泰字巖瞻廣濟縣舉人任訓導律身清介尤敦道義論文課士無虛日建廟葺廨百廢具舉勸減隨徵費除南關學宮供役咸賴之卒祀名宦

黎鴻漸京山人道光丁酉舉人咸豐乙卯任時烽燧告警率邑士督辦團練費萬餘緡鴻漸蔽屣蔬食毫無染指十一月餘匪襲城鴻漸帶團勇百餘人堵禦奈眾寡

不敵死之祀昭忠祠

鮑昳培字蒔園荆門州人道光庚子舉人咸豐戊午任品端行潔學醇養邃引誘後進如不及士林奉爲楷模

丞尉

唐

李必聞太宗子蜀王愔之後永徽中爲縣丞有惠澤擬諸召父湖北通志

鄭光系滎陽人開元中爲縣尉政績卓異湖北通志

宋

舒邦佐字平叔靖安人孝宗時授縣簿勤恪有聲徙潭之善化處置輸納寄請公辭後調衡州司錄參軍有荼陵倪氏誣其長邦佐特治其横湖廣總志舊志作江西清江人

趙　方字彦直衡山人淳熙八年進士授縣尉疑獄多所委決累官刑部尚書京湖制置大使端明殿學士正

議大夫封長沙縣男寓蒲圻開第於梅隱坊子四人董蕘范葵

陳慶勉字志間徽州休寧人紹定五年進士淳祐八年調縣尉湖北漕使蕭逢辰以性資純恪學問老成擢第二十年一寒自若邑民歎服寓蒲圻四載後轉漕使通判武岡軍

元

鄧　仔至正十五年授丞學優嫺詞令時縣尹王斌修學宮成仔譔文紀之

侯　玉字德潤濟陰人號栴軒至正十八年爲縣簿守已儉約撫民類多仁愛士民頌之後遷建昌經歷舊志

張汝琛字獻之河南上蔡人蒞任恪守官箴咸豐壬子粤匪入寇汝琛督率兵勇登城堵守城陷死之祀昭忠祠

何耿字介人浙江人在任勤慎廉明咸豐壬子粤匪陷城不屈遇害祀昭忠祠

城守

胡起太字鶴亭江夏人彬彬閑雅有儒士風咸豐壬子粤匪入寇起太登陴禦戰斃賊數名奈衆寡不敵城陷死之時有犬守屍傍七日不食死祀昭忠祠

蒲圻縣志

人物一　列傳

列傳

人物者何志士著也蒲爲古縣山奇而水清於
人物蓋斌斌矣前代史不絕書我
朝乾隆四十一年李甲特蒙
賜謚焜燿鄉閭矣舊志編目頗碎今於行全事雜者爲
列傳而儒林文苑忠義卓行孝義武功隱逸仙
釋各以類從至廖正一本德化人陳求道本咸
寧人別爲流寓以誌景慕列女附志人物　仍舊

宋

費思古天聖進士累官諫議大夫時范鎮知諫院以請
建皇儲罷師古抗疏留之不報遂歸　楚紀湖北通志仝

明

魏　觀字杞山元季隱居蒲山太祖下武昌聘授國子
助教再遷浙江按察司僉事吳元年遷兩淮都轉運使
入爲起居注奉命偕吳琳以幣帛求遺賢於四方洪武
元年建大本堂命侍太子說書及授諸王經未幾又命
偕文原吉詹同吳輔趙壽等分行天下訪求遺才所舉
多擢用三年轉太常卿考訂諸祀典稱旨改侍讀學士
尋遷祭酒明年坐考祀孔子禮不以時奏謫知龍南縣
旋召爲禮部主事五年廷臣薦觀才出知蘇州府前守
陳寧苛刻人呼陳烙鐵觀盡改寧所爲以明教化正風
俗爲治建黌舍聘周南老王行徐用誠與教授貢穎之
定學儀王彝高啟張羽訂經史耆民周壽誼楊茂林文
友行鄉飲酒禮政化大行課績爲天下最明年擢四川
行省參知政事未行以部民乞留命還任初張士誠以
蘇州舊治爲宮還府治於都水行司觀以其地湫隘還
治舊基又濬錦帆涇興水利或譖觀興既滅之基帝使
御史張度廉其事遂被誅帝亦尋悔命歸葬　明史本傳
太子諸王賻覶有加　明史葉本傳　所著譔見藝文志

王　愷字時舉兒時即抱巨人志肆力於學永樂甲申
進士知江寧剸煩剖劇處之裕如命撫畿甸逋民旋集

上問戶部錢穀出納面對不爽預修永樂大典進左中
允時漢庶人搆陷宮僚下獄愷誦讀不輟宣德初補廣
西僉事時猺獞爲亂遣文武將臣同愷往撫士酋底平
又捧檄綏勞貴州夷上賜遊後苑觀元宵燈愷疏陳六
事特賜俞允征大藤峽襄翊有功至潯州建學宮變徵
向化轉廣東左參議往撫欽廉叛寇事平刻石招遠山
湖廣總志　所著譔見藝文志祀鄉賢

龔　晟字德輝天順甲申進士初拜江西道御史巡直
隸八府所至盜息民安按兩淮鹽舶奸賈無所肆其欺
時廣東寇猖獗敕晟代巡晟至疏請建制府於蒼梧以
大臣總督軍務兼巡撫東西兵餉相應允行之又巡浙

西斥舞文蠹俗弊振剔不遺餘力旋護軍陝西先是寇
兵所過殘破晟嚴申令旌旗變色市塗雞犬按堵如故
成化十一年晟爲臺長首請建立東宫旋以疏論相臣
李時時銜之竟量移貴州參議以歸途次嘉魚周忻以
疾卒於官晟賻葬之孫艮傳艮猷見卓行傳艮衡字起
莘以歲貢稱嚴州府訓導
艮傳字起巖嘉靖丙戌進士出使淮府王餽贐金不受
主工部事濬徂徠泉源監南北諸閘漕運以濟歷浙江
僉事金衢俗多不育女艮傳令其隣互察逐月計口有
溺女者連罪風俗丕變州張啟元年十三繼母誣以內
亂爲廉出其冤啟元感泣肖其像祀之與憲使萬雲鵬

副使徐階張岳俱以氣節相尚浙人稱爲四君子焉遷
河南參議歲大祲人相食設粥全活甚衆陞山東副使
卒於官 湖廣總志 子乾中乾瑞乾曜見隱逸傳孫棻號
雲石嘉靖甲子舉人通經史能文章本字心渤萬歷丙
子舉人官沔池知縣蠹弊剔蠹吏畏民懷
黄　玹成化乙未進士授江西高安知縣爲政嚴峻豪
宗屏跡拜監察御史堅持風紀不畏强禦時貴州征都
匀苗敕玹紀功改土爲流改州爲衛厥功居多陞大理
寺寺丞 明一統志 省志 子誠篤學善吟推敲之際至墜塹不
知 府志
許　瑜紳之子舉正德庚午鄉試第一丁丑登進士授
禮部主事提督四夷館嘉靖初以議大禮忤旨廷杖卒
隆慶改元詔存卹其家蔭子一人爲國子生 明一統志 省志
瑜少有志操正德十二年釋褐卽謝病去起補禮部主
事復引疾歸世宗踐阼起故官疏陳勤聖學篤親親開
言路敬大臣選諍臣去浮屠拯困窮重守令修武備儲
人才十事已竟死杖下穆宗嗣位贈光禄少卿 明史本傳
瑜內行純摯 明史藁本傳 廖道南曰甲申春上召輔臣
於平臺於暖閣諭以尊稱之典大學士楊廷和蔣冕毛
紀力諫上不豫主事桂萼竊取席書張璁霍韜方獻夫
諸議奏之上下其議在廷諸臣堅執以爲不可瑜時私
語道南竊嘆以爲世道升降係茲舉也秋七月乙亥上

降手敕改稱孝宗敬皇帝爲皇伯考恭穆獻皇帝爲皇
考昭聖皇太后爲皇伯母章聖皇太后爲聖母諸司俱
奏以爲不可十月五日戊寅少宰何孟春率百官伏闕
死爭大學士毛紀石珤取帖伏於前上命司禮監宣諭
下學士豐熙給事中翀御史俞翱郎中余寬黄待顯陶
滋相世芳寺正毋德純於獄瑜伏地執道南手曰吾禮
官也有死而已已而悉下百官於錦衣衛獄庚辰械至
午門前杖三十死者十有六而瑜亦竟不起矣屬纊時
睁目謂道南曰吾志已畢吾子勉之李贄曰當璁初用
事時科道有言俱被慘禍其後勢成銓柄在已非其私
人不寘言路是以一時臺省皆爲不鳴之仗馬而捐軀

死諫之士反在於翰林都寺諸臣也世宗新政若輩宜汰去而仵瑜之疏既下復寢豈當事者懼傷國體而不欲究署逐之耶抑猶有所避忌耶然讀瑜一疏若輩已當愧死矣所譔著見藝文志

謝存儒嘉靖丙戌進士累官兵部侍郎官績所經勛譽卓卓可紀明一統志 省志存儒字樾玠嘉靖丙戌進士性醇樸幼通經術督學蔡潮讀其文奇之及爲行人奉策澧州王鄧其賜金還給事中條陳急務上褒之會論許祭酒失職狀謫判邛州罰里中豪不少貸舉學勸農佗郡獄移屬鞫焉歷禮部郎中謁其獻后梓宮如禮擢南昌府精職事以廉敏爲下僚先籍所部姦邪發則召其長

吏按問亡冤郡大治上計還巨雨如注時郡旱八存儒至雨八咸忻悅以方前守嘉魚李承勛云參政陝西檄諸郡墾田積貯邊餉不匱繕甲兵具卒乘修城堡邊聲大振民不告擾尋陟山東布政以年饑穀貴令民兼錢輸漕穀省漕費過半東土以安擢副都御史巡撫河南疏請折鈞州常價鈞人立石頌焉翟華祥符柜夫費以資軍食晉兵部侍郎卒湖廣總志

廖道南字鳴吾正德辛巳進士授翰林院編修歷右春坊太子中允至侍講學士舊志嘉靖四年十月進泰神殿禮成威雪賦一篇圜邱載祀慶成九章上命付史館明史藁禮志四年纂修明倫大典成舊志本傳七年十二月望白氣亘天起坤指乾陳四事一責任大臣以修政務二延訪儒臣以資治道三愼擇守令以恤民隱四選用將帥以固邊防兵部尚書李承勛左侍郎王廷相等覆題照得中允廖道南奏稱四事無非安內攘外以圖至治內稱歲遣大臣一員巡視各邊及遴選將才備用閫外一節深爲有見合候命下通行八年二月覆充會試同考官取中進士唐順之等三十名七月長庚氣如匹布亘天陳言六事時桂萼居冢宰阻格不行九年五月覆奏爲申明祀典事大學士張孚敬揭帖參駁覆奉聖諭所奏姚廣孝不宜配享太廟卿等其試加恩之禮部尚書李時覆題廖道南所奏可謂達於鬼神而明

於祭祀之禮楚紀嘉靖九年以廖道南言罷姚廣孝明史禮志旋奏拆野佛濟象又改正慶成樂章五十九章進和大報歌孚敬及欒忌道南專擅時肆毀議上留中不聽楚紀十年中允廖道南言孟春特享正太祖南面位權爲九廟之制甚盛典也然各居一帷者一時之權各立一廟者萬世之經明史藁禮志太宗以下宜各建特廟於兩廡之地有都宮以統廟不必各爲門垣有夾室以藏主不必更爲寢廟使列聖得各全其尊皇上躬行禮於太祖之廟餘遣親臣代祭如古諸侯助祭之禮帝悅命會議又世宗以禘祫義詢中允廖道南謂朱氏爲顓頊得請以太祖實錄爲據禘顓頊明史禮志十一

年八月進講大學衍義奸臣李林甫章觸忤孚敬次日直日講孚敬云今日講官廖道南內引莽操懿温正欲中傷汪冢宰也鋐聞之變色而去十二年七月初三日上臨講筵時顧鼎臣不到席春講諭孚敬遂面奏道南不行代講遽謫道南於徽州陰嗾汪鋐密伺而中之傷以復前日莽操懿温之怨十三年正月俯諭侍臣乃知其故着取回復職十五年二月上聖主光圖陽翠嶺賦上褒答云覽奏具見忠意賦送史館採錄十八年三月恭讚聖主南巡江漢賦及景雲徵烈四頌欽奉聖旨覽奏具見忠愛所進賦頌送史館 楚紀 二十六年卒於家舊志

張東周字子用嘉靖丁未進士授刑部主事先是臺中有許福獄歲餘不能決東周取積案窮四日夜勘得其情全活甚衆世宗大悦書名屏左陞禮部主客司員外郎提督四譯館上疏言崇正學七事而分宜以賄冊一富藩東周力爭分宜銜之出簽滇憲兵備普安緬甸恬息以積忤權璫謫潼州倅著勤力榜數條吏畏民安居一年卒於官祀鄉賢子諧見卓行傳謨官湖州照磨孫于階萬歷甲午舉人以孝友著于陞萬歷癸卯舉人

饒若棠敬承子字完白萬歷丙午舉人令清河縣時淮陽洊饑飛蝗蔽野民多流竄若棠緩賦寬徭多方賑貸考最進陞戶部主事轉本部員外郎中忤權貴左遷長蘆鹽大使旋陞仙游縣仙游巖邑容邇莆田土田多被豪右侵占多逋賦若棠力清覈不避權勢復獲辰左遷紹興府經歷紹興守知其賢頻攝新昌餘姚蕭山三縣所至有聲陞六合令歸出俸餘建闔族享堂置田八十畝供祭祀餘給貧族婚娶

熊兆祥字汝飛號渭水嘉靖壬子舉人令峩眉時經妖寇蔡伯貫亂後兆祥休養寬恤捐俸修葺學宮疏引龍門洞水作堰灌潤民田萬餘畝有屯田間雜民田軍官多以屯混徵積弊百年兆祥分別軍民區畫界限民免徵者三百石有奇又緩戢都蠻報最陞重慶府通判署府篆以羨金進者不受也旋以母老乞歸養孫崇萬歷

癸卯舉人

謝鵬舉字仲南少貧力學登嘉靖癸丑進士授戶部主事守臨江時廣寇張璉黨入清江鵬舉截江戰俘獲甚多寇遁憲司欲盡戮其俘鵬舉跽請曰此皆良民爲盜驅者遂止擢廣東參政陞浙江按察使轉左布政先是監織造局者價不全給所私以萬計鵬舉盡畀之無所私甲戌入覲 見通鑑 陞右都御史倭寇內訌督兵往勦捷聞晋戶部侍郎蔭子入監尋陞右都御史與江陵不協投劾歸山居二十九年朝遣禮部主事袁安道存問年九十二卒賜祭葬子承祚以蔭官通判 舊志本傳 神宗二年甲戌春正月召見朝覲廉能官於皇極門 綱 太

祖時外官奏事輒召見賜食訪民間疾苦佐貳雜職有廉能愛民者嘗特遣行人齎勅獎賚宣順成宏朝亦間行之張居正以考察届期倣舊典具儀以上帝乃召見布政使謝鵬舉等二十八人賜銀幣（資治通鑑綱目三編）

何思登字一舉號滄南萬歷甲戌進士初授行人公直高潔冊封諸藩不受餽遺已行取爲權人所持遷南京戶部主事刑部郎中出守雲南以戢緬甸有功上賜金嘉勞嗣丁內艱補臨江守甫浹月獲巨奸劉亨酉半載又丁外艱起補池州躬督耕桑祈雨有應池人立祠祀之慕拯作希包堂陞雲南按察司副使備兵曲靖士酋

咸戢未幾還里復起補廣西副使請告歸署臬劉庭芥閱帑藏見思登有遺俸特遣齎送人以此益多其清介祀鄉賢長子夢周歲貢訓零陵永人士爲繪春風化日圖次子夢相有文名季夢星萬歷戊子舉人

鄧士亮字寅侯廷珮子萬歷辛卯舉人甲辰明通進士兩任州學正擢肇慶府推官考最入爲宗人府經歷陞南戶部員外権揚州關稅羸金萬餘兩悉輸內帑陞郎中出知四川馬湖府（今雷波廳）苗寇犯順士亮會同守備王從周迎戰斬苗首威夜月池等四十餘寨悉平時上司出價取銅萬觔既而不用追價士亮曰昔以價徵銅今以銅徵價兩厲吾民何能堪此乃捐俸解補旋陞上川南道卒於官（府志）所著讌載藝文志

王台彥字明珍萬歷癸卯舉人銓四川達州知州州有白蓮匪聚萬人將攻城台彥以計擒其魁數十人斃之餘黨遂散以艱歸服闋授河南信陽州時楊漣以抗疏論權璫斃獄中舁骸歸道經信陽與漣友者畏璫弗視彥獨慨然曰楊公直臣矧同年友也倘吾以楊公故獲戾猶榮甚撫棺哭且厚恤之遷貴州思南府同知再遷銅仁太守銅仁地多苗叛服靡常台彥開誠撫綏苗以靖擢學節道副使時苗酋爭界相鬬朝廷遣使往勘者二三輩輒不返及就官黔督朱燮元知台彥賢命之往於是攜二僕從十餘騎進渡六廣河直搗水西大方

檄召酋匪弗見復遣別酋召之酋使驍帥率數千衆來迎拜跪間猶摩娑刀環以示不下夜彥就幕有酋秘載金珠種種以獻台彥笑曰使吾可威刼豈肯入爾界使吾可貨誘豈能平爾界界不平爭且不息汝曹首領莫保矣酋退語曰是公廉哉且其言誠未可負遂獻印歸命彥於是案圖立表定界而還事聞賜白金寶鈔授廣西蒼梧參政逾年乞休章三上乃可順治丁亥二月卒祀鄉賢

國朝

宋長春字栢山事母以孝聞從軍征吳逆爲把總平岳州有功從提督萬人福建克復南日直抵廈門授都督

僉事管西安遊擊事立義學教軍民子弟獲大盜金維
正等累官雲南副總兵誅叛酋陸倚賢餘孽宥之廣南
平卒官湖北通志子如璟任山西雁門關守備改授浙
江昌國營守備
馬之鵬字文淵康熙乙丑進士知博白縣有失子者控
縣訪之不得之鵬清保甲見一人有異詰之獲所殺屍
於水中遂置之法一縣稱神又擒積盜王叔元害以除
改知元謀縣盜魁李玉林入貲爲撫院吏之鵬捕治之
歷官給事中條奏會審遲延潮鹽加派會試中額三事
俱施行湖北通志其一略曰康熙五十年十二月二十
日爲拿獲包攬等事審理俱未詳晰九卿詹事科道會

同再審經今九十餘日會議三十餘次尚未題結此遲
延之爲弊也且凡集衆會議無論官之大小皆使得伸
其所見以裁酌事理之中原非欲其雷同附會也即或
衆說紛紜未必皆合亦應虛公折辨以歸畫一乃九卿
等概置不議若非牽制原案憚於改正即是意存瞻顧
互相推諉此又遲延之所由來而臣之所不能爲會議
諸臣寬者也其二略曰三月十五日據江西贛州府贛
縣知縣楊玠投遞揭帖內稱原任廣東糧道張天寬潮
州運同李續祖虧空帑金經兩廣總督題請以張李未
運鹽觔變價抵補部議酌於惠潮汀贛四府屬新七舊
三分年帶銷經鹽法道票行贛縣帶銷歲有定額忽遭

潮州知府薛載德巧立通融名色重加疊派經四五倍
借帑囊販以充私橐督臣趙宏燦何無覺察有負委任
封疆察吏安民之意其三略曰舊制會試中額只分南
北中字號致中式人數多寡懸絕康熙三十年臺臣王
承祐條陳禮闈中額久偏一疏於南北中各分左右撥
卷多寡均勻派中誠不易之良法也至十八年內憲臣
梅鋗條奏復酌成規一疏銷江南人也但知爲江南耳
但知分左右以安撫所屬偶有脫科之府耳不知左右
既廢癸未科廣東全省未中一人也查今科會試江南
約四百四十卷中式四十三人是十卷而中一卷也浙
江約四百二十卷中式二十八是二十餘卷而中一卷

也江西約三百六十卷中式四人是九十卷始中一卷
也湖廣約三百七十餘卷中式六人福建約三百七十
卷中式六人是六十餘卷始中一卷也四川約一百七
十餘卷中式二人是八十餘卷始中一卷也乃至廣東
約二百七十卷止中式一人是及雲貴廣西之不若矣
合五省中式不及江南一隅之半縱中額少有參差當
不至相懸如此之極也今科場條例犁然具備臣愚何
知敢復少參末議以滋紛更但分左分右之舊例不復
則偏枯偏榮之積弊難除伏請
睿裁親加釐定
聖謨高遠超出羣臣之上勒爲不刊之典則率土同慶千載

流光矣都諫奏稿後掌錢法力清夙弊死之日家無積儲湖北通志　鵬曾孫庠生崇陛以孝聞

程材傳字晉懷雍正癸卯進士知獻縣歲饑賑務妥協又嘗擒大盜李二趙二等境內盜風如掃擢知天津州尋轉秦州窮民依如慈母焉河間志秦州志並有傳

張開東字賓暘歲貢生官蘄水訓導少有雋才嗜佳山水每乘隻輪車徧覽名勝車中大書一幟曰五嶽游人見者異之與弟開棣伯翹李標蓼灘等有四傑之目湖北通志　東才望藉甚與朱相國珪畢中丞沅諸鉅公友善爲文不尙虛辭務濟實用入秦劄呈畢中丞請表護諸陵定爲八則一重建祭殿二徧祀諸陵三參定碑式

四廣築園垣五親丈山田六封植樹表七象衛存留八封內有禁又訪姬姓後尋橫渠裔請中丞畢奏於
朝俱襲五經博士又札朱相國立碑青冢并三皇墓碑轍跡所經於古帝王聖賢故蹟歷歷表揚又家居作救荒急論其畧曰歲戊戌大旱早晚稻皆槁死迄閏六月溪水涸不通船禾麥俱無間有糴者米升凡二十五錢麥十錢錢不可得得錢又無可糴富有田者無租而出錢糴米及麥豌豆以佐其食有請貸者則指其實以謝其人無復語鄰里借升米者率格格不能出諸口人情洶洶如不終日白尊病在床榻聞而流涕已乃發笑曰其然耶其竟然耶夫天降凶荒此窮人生死之關而富人恩怨之會也此天之所以嘉賚富人俾富人樂得爲富人且長保此富者在此時也名與利天下之所欣慕而爭也富人之錢穀豐年易爲利凶年易爲名得利者無名得名者未嘗無利不可以不思也或問其故曰有因人出費之法有分鄉均給之法何也蒲故無大富人大約自萬金至數千金而止萬金者不數見若數千金至數百金一圖之中或數十家少至十數家不等何地蔑有若任人稱貸則富者立竭貧者擁門徒以招怨吾知其難今萬金之家計自捐銀二百兩五千金之家計自捐百兩千金之家計自捐二十兩推之數百金者皆準此分爲兩度一濟目前一濟年末如萬金者目前所捐

之百金先自其宗族始其有備者可無慮其急需者量其親疏遠近而給之多至三兩少至一兩及數錢不等一兩以上者或書券或不書券其鄉里之與我親附者量其厚薄緩急及人口多寡老少而給之自一兩至數錢不等各書借券如此則居者無餓莩之阨行者有餱糧之具而氣機生動矣又留百金以待歲暮之窮且病者而籌畫漸次周密矣推之數千金以下數百金以上者皆準此又或一族一村共有數人兩其人則倍其數減其數必增其人合而有助受困之家獲益良多至於簞食壺漿可以澤物一錢粒米亦能活人此皆所謂因人出費者也此鄉如是彼鄉亦如是彼此不相假亦彼

此不相誘則分鄉均給之道行焉推之一縣一州皆然天下其無飢民乎截錄東因質衣倡賑鄉人從之所著譔見藝文志

蒲圻縣志

人物二

儒林

宋

任獻夫字安世政和進士温厚爾雅歷荆門刑曹有異績湖北通志　康熙甲子志爲文冲澹平易理致精密及娶南嘉李宗義女終其身夫婦相敬如賓湖廣總志　祀鄉賢

元

黄溥字彦博至元元年中鄉試授慶元路鄮山書院山長爲人敦樸學知務本言動不苟士子則之

宋愿字文齋生而穎敏力學不倦崇尚經術至忘寢

食皇慶中授濂溪書院山長轉澧州學正湖北通志

明

艾觀洪武初明經任本學訓導以身立教士知取則十八年辭秩家居與物無競湖廣總志

王允茂字才英居縣東積慶坊嗜學通經以道義自處險易一致與兄志學相友愛弟子從授詩經學甚衆號爲楚林先生舊志　洪武十八年舉明經授泰寧令釐革弊政民情翕然太祖錫之丹符以旌厥績卒於官湖廣總志　解縉曰世多以經學專門不達於政若王泰寧非以經學致用歟而又以傳其子與弟子視漢西都諸賢何媿焉祀鄉賢子愷見列傳

廖　清字源潔殤植清苦躬耕力學正統十二年舉於
鄉授武義教諭慨然思紹金華正學手錄金仁山許白
雲及宋景濂諸集誦讀研究體驗身心朝夕不怠晚年
所得益深子傳佐皆登第府志
胡堯凱字廷和博綜典墳崇尚經術正德癸酉鄉舉高
尚其志竟不復出專究心於理學游南嘉李承箕大崖
之門學者稱之蓋淵源於陳白沙云府志祀鄉賢
任遇隆號衡雲隆慶中兩中副榜性孝友究心理學為
經師翰林院魏珩如大參王台彥憲副鄧士亮司理徐
鳴玉等皆出門下授長沙府司訓陞臨武諭以詩上太
守云首稽羞年儉石魚與歲豐太守問之曰昨泛湘江

見二石魚一銜萱草一銜蓮苕知歲豐矣後果驗陞四
川重慶府酉陽司教授致仕歸孫崇見卓行傳
王艮謨字克訏嘉靖甲子舉人授元城教諭教士先行
後文以憂去起補貴池遷遂溪縣令始建社倉二十餘
所民賴之稍遷真定府判歸遂人立祠祀爲生平好義
置義田顏其莊曰景范府志所著譔見藝文志祀鄉賢
子學孔有學行孫台彥見列傳鼎彥見文苑傳
馬　介字于石性嗜古負博綜譽萬歷八年歲薦授蘄
州訓申教作士善譚名理擢武寧令綏征循捐罰鍰施
粥濟饑與民不擾以疎上官解任歸子天錫見卓行傳
天銘有至行

周　醇字完初篤學嗜古萬歷戊子舉人授九江推官
以疏論本郡守相詛訐謫山東運判攝濟河縣事遷恩
縣令兩遇荒祲竭力獨賑移知武城甫兩月疏濬河渠
舟楫通利遷兗州府郡丞攝大名府事卒白蓮教匪晉
秩恩恩府謝病歸所著譔見藝文志
王進臣字東洪博極羣籍尤精易理以歲貢授桃源縣
訓力行勸士轉石門諭致歸方正自持家規嚴肅子弟
不衣冠不敢見所著譔藝文志
國朝
宋　修字客山乾隆壬子拔貢究心理學崇尚實行世
業儒修生七日失恃二十一喪偶不續娶居父喪糜粥

三年講學龍門書院造就多人乾隆甲寅諭羅田申教
作士致歸一年自言後十三日子時卒至期沐浴坐逝
所著譔見藝文志授徒賀自莘字志堂敦品立行恪遵
師訓留心易學於傳註多發明所著譔見藝文志
賀青蓮字渠塘一字芥掄中嘉慶戊寅鄉試以學行文
章重一時嘗遊蜀至大甯大甯令柏守忠聘主講鳳山
書院多所成就門人莫如德官刑部有聲其知名者也
以大挑選咸豐縣訓導歷署宣恩來鳳利川訓導恩施
教諭主講南郡書院弟子數百人經指授爲文皆有法
度施南衛在萬山前少登科第者後門下士多與鄉舉
恩施尹克暨中甲科爲郡盛事彬彬然文學善俗矣遷

漢陽教授督撫監司皆折節禮之三次任蒲例當得縣令皆不就巡撫胡文忠公奏補內閣中書未赴都卒著有詩古文制藝若干卷藏於家

萬世亨字鴻衢歲貢貌修偉品端行介書法峭勁如其人道光戊子鄉試已擬中廿餘日卒以額滿遺初授徒鳳凰寺繼主講朝陽書院誨人以器識爲先多所造就著有五洪文稿

徐盛治字春庭歲貢敦倫紀砥名節師望重一時問字横經者歲溢座盛治造就有方隨才質高下俾皆得成就而去門下士如余兆崙成進士葉兆珪鄧塤蒸余斗衡周士燮舉孝廉熊兆璜貢明經蓋彬彬稱盛云著有春庭文稿

蒲圻縣志

人物三 文苑

文苑

元

王廷揚至治鄉貢江存禮泰定鄉貢並舉博學宏詞元時膺此選者湖廣省惟二人 據湖廣總志 所著譔見藝文志

何槐孫字德符幼穎敏日記數千言泰定進士授江西宜黃縣尹再任德安雲夢遷慶元路總管府推官俱有政聲有碑碣諸文行世 湖北通志 康熙甲子志 陳廷訓爲譔政績碑一統志江西志寧波志俱載名宦祀鄉賢 舊志本傳 所著譔見藝文志子倫見卓行傳

明

李德庸名宏以字行宋李義山之曾孫遷於蒲爲蒲圻人庸幼讀書即務探微旨及長講明性學深達閫奧得其淵源先輩推讓之洪武十九年辟爲本學訓導勤於教誨永樂五年應江西鄉試聘得士蕭時中被召入京會皇儲監國經筵進講稱旨遷國子助教陳足疾免朝參十年致仕 府志

黃 煜字士昭父楫號雪洲能詩文煜幼穎異積學該博能識奇字辨古文訛舛舉洪武丙子鄉試授合肥教諭風格洽然賦詠自樂未幾棄官歸束帛求碑頌者屬

滿戶外府志所著譔見藝文志子城墀同舉永樂癸卯鄉試好古力行綽有父風城訓富順墀諭內江俱見四川名宦志

王文友字三益永樂甲午舉人性情和易才學充贍授峩眉諭蜀志多載其手

魏　裳字順甫嘉靖庚戌進士爲人質直亡他腸好讀書博物洽聞一時海內知名士爭相交驩授刑部郎出守濟南解淄萊益均章邸賦濟人德之晉山西副使罷歸杜門不事家人生産而時時好著書里中後進爭師事之明一統志省志祀鄉賢所著譔見藝文志子楪如見卓行傳彬如見孝義傳

王鼎彦字隨菴台彦弟少敏慧能文性不羈台彦屢戒之鼎彦曰兄猾弟狂不相悖也萬曆壬子舉人上公車後遍游吳越間名山佳川妓館詩壇無不過者偶歸里郎慨然曰吾居邑屋如人瓶盎中殊不耐旋去久之爲河南內鄉令以親喪歸復爲滕縣令三年遷江南西城兵馬司又三年遷刑部郎崇禎庚辰擢陝西榆林兵備副使榆林大將軍張天禮爲其帳下卒張自得所刼盡有其家貲據城以叛殺副將一遊擊一結楊光明等爲外援鼎彦議勦邊撫鎮不問也然鼎彦竟紿楊光明殺張自得以降復招降流寇賀洪啟等六千餘騎定邊悉平時邊餉耗減兵食草實幾變鼎彦百計撫之竟無事及謝事南還降賊跪送五百餘里至墮淚癸未還粤西桂林參議未就隱居江南年七十歸里七十七卒所著譔見藝文志

魏珩如字白叔科之子萬曆辛丑進士改湖州教授尋陞國子博士擢翰林院簡討爲福藩講官啟沃勞勤賜賚倍至旋參兩浙屯鹽有條行六款鑿鑿可行建塔以標文峯開湧金門以通百物全浙永賴撫按告其成神宗賜金嘉勞焉後以病假歸翰墨自娛所譔著見藝文志祀鄉賢

劉光輝字大者祖慶以孝聞祖母魏以節聞載舊志光輝篤友愛苦志力學以泰昌元年恩貢任松江華亭縣

主簿開河巡鹽均有成績與何喬遠丁賓兩尙書交均以仙吏目之參軍黔衛攝篆湄潭所至有聲後歸士民多泣留者年六十九卒子來遠亦能文所著譔見藝文志

國朝

余開熙號嵩山父應瑞性孝友隆師儒好施予開熙以順治戊子己丑聯捷授會昌令勤撫疲民請除漕運量幫之累閱七月擢主政旋補江西司主事遷員外郎癸卯北闈同考進吏部文選司郎中康熙初乞歸養家居八年卒所著譔見藝文志

徐美大字亦人號石峯父邦巡號古愚淹洽經史兩中

副車美大年十三補邑弟子員康熙庚戌進士丁巳入都考中書未任而卒惜未竟其才學也所著譔見藝文志

張璪光字瞿菴年十八補邑弟子員工詩古文詞性喜書常購數十萬卷作千里樓貯之又工於繪事蕭疎蒼古人競珍之故居城西北隅有園林花木之勝值康熙甲寅滇逆叛遂築室幽蘭山自營兆域於山之麓年七十有六卒所著譔見藝文志

張達仔瀟灑嗜古父積書數千卷達仔寢食其中後遭兵燹散失殆盡復斥橐金重購之得若干卷愛了髻雪峯山川之勝讓美田宅於諸弟身居百合山中雖頹垣

蔬食而謳吟弗輟有詩二百餘篇爲四卷曰百合山房詩集見藝文志

祝其杏號洪川乾隆戊辰進士淹雅負才望少緝學樓居自課不通往來土人常於深夜望見燈光曉復聞誦讀聲未仕而卒所著譔見藝文志同時沈均秉之並有文名

李　標字表南號蓼灘乾隆丁卯舉人博學工詩爲莊相國恭記室通志與張開東等齊名人稱四傑所著譔見藝文志

敖一瓚字黄中號復亭乾隆乙卯優貢嘉慶庚申副榜才思清高學問淵博工詩古文詞戊寅授訓天門造士有方所著譔見藝文志

覃振甲字黼廷號鼎臣性穎異少從學但炳中與章含但標相切劘文名並噪一時振甲爲文尤排奡沈摯浚厲無前詩古規摹唐宋具徵根柢道光辛丑成進士入詞垣不兩載卒惜未竟其才

陳炳詒原名義號轂生道光丁酉舉人家故貧刻苦自勵殫見洽聞主講朝陽書院造就多士所著譔半散軼叔鼎新歲貢以剛正稱

但標原名德升更名玉林字錦江邑廩生性敏嗜學能背誦十三經註疏兼通子史諸書制藝沈博淵雅試輒冠其曹詩古文均超超拔俗咸豐二年肄業漢陽府學

匪陷城標被執不屈遂遇害士林悼之

蒲圻縣志

人物四　卓行

卓行

宋

廖　硯字德遠寧宗時任司理參軍歷房陵縣令轉朝奉郎通判衡州事許徑經略湖南薦於朝謂其器質端方克守家法嘗任理掾以直去官兩為劇縣治狀稱最攝道永二州年餘剔除奸弊愛惜財賦代者賴之

明

李　楙洪武初任新昌知州時兵燹之餘百務廢弛楙創建州治廳署譙樓規制宏偉學校橋梁悉加修葺又為諭俗八條布之於民懇惻真切民咸感化　湖廣總志

何　㷐字仲明槐孫之子學有源委縝默自檢以篤行聞國初授休寧縣簿時徵賦督迫㷐區畫有方民賴休養採木植築城垣不憚寒暑後坐事罣免民慕之復以明經薦知雲南鎮南州　湖廣總志

田　賦字信立性通敏熟知典故洪武初應求賢詔授知諸暨縣有惠政民懷思之後以事左遷祥符簿歷一考休告歸養恬自樂

陳汝楫字濟民洪武初舉明經累官至廣平知府有卓異聲

王德原字克明性行純篤精於藝能洪武十三年舉聰明正直授知招遠縣再調丹陽勞績用照

鄧　槐字大材洪武庚辰進士行端慎與人交未嘗有倦色初授成都新繁知縣時蜀土自明玉珍竊據後百務廢弛槐創規制設條教修水利墾荒田民賴之再任新津政聲益著

陳文禮字貴和嚴威質直洪武庚辰起貢授監察御史值冤獄不決聞童謠云斗穀三升米說與陳文禮因悟曰此奸必康七也立辨之人服其神智裔孫緯嘉靖庚申貢官至青州教授捐俸置學田造士有方

王貴高字明遠邑庠生應永樂二十年辟舉授四川成都府經歷陞襄眉縣知縣勸農興學士民賴之

馬　駿字冀良永樂戊子舉人授崖州同知值海寇蜂起駿保全城池與有力焉孫文明以貢為蒼溪運籍教諭文獻字世徵以貢任彭山瑞州司訓有文行曾孫練

魏　銘字日新景泰甲戌進士任戶部主事監通州倉稅以坑直指使被劾天順元年調判雲南景東府旋改判揚州時揚郡旱甚禱雨不應銘更率父老子弟徒步禱三日大雨若注有黃龍夭矯空中迅雷驚電繞其前是歲郡大熟士民有碑紀之所屬興化縣學宮久圮捐俸修葺尋以最擢守溫州投劾歸林居不問家人生產及卒不能具喪禮子三人長頤宏治壬子舉人次頔宏治乙卯舉人官永寧知縣季頌

頫字美之正德丁卯舉人少以經濟自期嘗讀書疊秀山學者稱秀山先生令潁上循聲藉甚丁母艱服闋起補祥符令祥符中州都會難治甫下車申功令起凋瘵造士畜衆政聲旬如潁上兩臺交薦擢最有日矣旋爲權右所沮量移判福州尋又移知北徐州竟以不能頫仰上官歸以壽終

王　璧字崙之涪州學訓文修次子文修篤行好學璧未冠登賢書春闈中乙榜三掌學教兩聘考官繼擢雲陽尹政績懋著王　鼒字時化尹宛平以循良稱

黄　頤字敬德醇謹坦易登成化戊戌進士授知温縣再調陳留政尚愷悌凡頑民梗化爲條約諭之不妄施刑及致仕家居清約如諸生時子嵩嘉靖甲申貢爲永

昌司理孫鶴翀嘉靖丙辰貢

但存學字宗儒成化丙午鄉舉第二授叙州推官禮士愛民至舞文猾吏則痛斥法繩之屢辨疑獄遷判重慶府值採木之役委令取辦存學恐近地擾民親歷嶮阻深入崧播蠻落抽簡調度有方材不竭而役不煩民咸德之府志子偉字邦彦嘉靖辛卯恩貢任岳池知縣風度老成治尚敦樸載岳池志

仵　紳字佩之成化癸卯舉人丁未進士授戶部主事監稅九江紳性警敏精於心計明習吏事參伍考驗悉中機宜創建公署代者便之府志子瑜見列傳

但維城宏治甲子貢任黄縣丞居官清約辨顏世遠之冤擒剿海寇有功

魏　濬字文盛正德丁卯舉人令隣水隣俗喜訟兄弟爭産引蔣瓚事泣諭之遂感化居官清約卒於隣隣人哭之哀祀名宦子正時正蒙俱以孝友聞

魏正初字汝復濬次子嘉靖戊子舉人知易州廉介不燃官燭易州稅少而繇多三年一繇老稚無遺算正初曰十五成丁六十免役古制也乃復老稚一千二百有奇招集流徙會秋警大司馬議城白羊欒之正初勒奇兵二千爲諸郡先遷襄府右長史府志

龔良猷字起虞嘉靖戊子舉人任廣州通判封川匡黎

相繼亂良猷奉檄平撫有功

馬　練字元素性和易好施予嘉靖己丑進士任嘉定知縣除豪奸濬渠塞陞南京戶部主事員外郎中遷河南知府歷官端慎遇事有識子之貌

馬之貌字威知嘉靖甲子舉人知養利州申明禮法土司咸遵約束州舊有藥魚鴨市及諸土産異品官歲取其利之貌悉革除之丁艱起補茂州州軍多於民之貌著軍餉包封事宜一無減尅軍感其惠與監司爭安撫封議不合歸性至孝每逢父母忌日泣下沾襟府志所著識見藝文志子介見儒林傳

饒敬承字象賢海峰知縣士亨子嘉靖丙午舉人令棠

城南部陞賓州有德政賓人祠祀之時八寨猺賊阻險
攻掠粵西大震敬承親冒矢石督率兵將奮戰殲其渠
魁捷奏陞平樂府同知旋歸子若蒙見列傳
魏謨字文可裴長子嘉靖辛酉舉人任衛輝府同知
旋補敘州府同知又補安慶巨寇劉汝南亂親履行陣
擒二渠魁旋功賞賚有加擢守澂江百計疏河民不苦
澇三年乞休兩臺請於朝加副使歸所著撰見藝文志
龔　樗字時發隆慶庚午舉人授東鄉令聽斷不避津
要一折之以理後補樂安遷判淮安府事卒府志
熊萬伋字立卿隆慶庚午舉人授知樂安縣有惠政
謝師啟字叔蒙號衡冲本甘姓蜀人以祖洪嘉靖中爲

蒲司訓女適謝因留啟父三訓隨姑遂爲謝後家焉初
登隆慶辛未進士授東昌推官風裁峻肅徵拜御史屢
侍經筵論劾冢宰巡視倉漕執法不阿及按兩浙風裁
愈厲以見忤柄臣出爲河南按察司僉事駐禹州多善
政詳禹州志後遷福建布政司參政罷歸卒祀禹州名
宦師啟與弟師彥同科進士師彥字叔美榜發後卒於
都孫登啟孝友力學康熙戊午舉人
張　譜字瑞卿萬歷丙子舉人授山東淄川令寬和爲
理設廉賑饑置學田義倉爲淄川永利先是邑有苛稅
譜申請臺司罷之民獲安輯府志子于陛號青如萬歷
癸卯舉人知鳳陽縣旋遷粵東憲幕會連州猺剌史上

司委攝連篆州屬連山楊山素多盜難治陛蒞任務從
德化盜弭伏不敢出旋除河南舞陽縣尹甫歲餘歸
余　登字懋庸萬歷丙子舉人鎮靜自守不妄通剌謁
爲廣平諭署縣事著風力聲卒於官
任文台字位南萬歷戊寅選貢司訓瑞昌旋補岳州復
諭保安遇寇警台戎服登城爲諸生倡齊民無不鼓勇
卒賴以完時謂之廣文干城創修保安邑志後轉澧州
學正教先行誼諸生有抑代伸之婚娶不給者捐俸以
助陞河南教授致仕歸杜門自適舉鄉飲大賓所著譔
見藝文志
劉應命字長俞萬歷乙酉舉人授眉州學正署篆青神

釋民積逋轉授夾江知縣有負枉至大辟者湔雪得免
擢知敘州粵俗薄娶成風痛懲曲助之人皆知孝水溢
墊饑捐俸設糜攝南寧府猺減権民咸戴之子調鼎
萬歷中例貢
周于蕃字价人萬歷乙酉舉人初授竹山諭造士有聲
秩遷義府司理遵義舊隸播播平始建郡于蕃多方勞
來悉反土司侵地攝知江津事民勒碑頌德轉留都司
理決疑獄禁私錢威惠並著屢經薦剡卒於官府志所
著譔見藝文志子成臣順治七年貢
袁昭文字海嶼父盛英山訓導璧之弟性孝友郘文以
萬歷辛卯舉人授湘陰學正陟判臨洮府駐肅州軍臨

洮孤懸二千里殫力運籌形神爲瘁内艱起補判新安
署歙篆又攝海陽事汰冗胥華富商換單例銀庚戌秋
榷關蕪湖壬子量移禹州節鄆傳省供億新學宫歷有
善政遷邛州會隆昌王侵石笋山税力争之不得歸卒
年八十二府志
魏　説字肖生彬如子中萬歷戊戌進士初任南直都
水司主事服闋授北京工部主事神廟内宫日取梨木
條方百餘甓不用命者説易以杉木減其數上亦嚮咸
遷本部郎中典試粵東督學四川授山西按察司副使
轉參政復除山東按察使山東妖賊竊發勢逼省會説
檄招撫之陞授太僕寺少卿道經賊所賊截道懽呼尋

除應天府尹主藏者以羨金進悉以充餉爲減徵額陞
戸部右侍郎兼都察院右僉都御史歸以書自娱卒祀
鄉賢所著譔見藝文志
馬天錫字發生萬歷乙未進士爲興化府司理屢白沉
冤縮泉州篆以清介著聲莆人頌之有莆中德政録生
祠記溫陵記事陞工部主事歲有贏金以還内帑丙午
典試山西轉兵部武選司主事丁艱被謫起補兩淮鹽
運判累轉南京戸部主事釐革陋規陞南京兵部郎中
告病歸卒子福昌見忠義傳
徐鳴玉字振之祖思賢以選貢任蒼梧令有廉介聲鳴
玉中萬歷已酉舉人初知福建長樂清介嚴明未期年

丁父艱服闋遷貴州貴陽府司理屢平冤獄臺司推重
時有劇盜猖獗玉同太守劉除之郡内肅然任三年陞
陝西臨洮府通判尋致仕年六十六卒
余　宗字叔夏號襄城性嗜古天啟甲子舉人選河南
懷慶府孟縣開水利甦驛困固城池籌餉料丙子巡按
陳必謙疏稱防河有功四月按察金光宸查閲州縣城
池考孟縣上上丁丑題補工部虞衡司主事戊寅董修
司經局又督修器皿嚴宗監製如式改本部都水司員
外郎時都城戒嚴奉旨督修炮臺刻期告竣河工告急
敕督理淮徐中河兼理徐呂二洪等處河務甫至任疏
請分任河工報可由是邳宿豐碭之間畚挿如雲河道

通行糧運無阻漕督張爾忠推爲蓄洩有方庚辰中河
饑宗請石價銀西市安東縣黍麥以濟尋科臣以禮際
疏緩購他事中之歸卒年六十九
李　軫字君翼天啟丁卯舉人授清平縣諭捐葺學宫
訓士有方遷國子監助教與修國史歷遷戸部主事監
督海運親太二倉糧務勤於其職戴星出入運弁欽肅
值近倉居民失火時正夜中軫星馳往救煙焰炎烈東
城兵馬司及各守衛官皆環視束手莫敢嚮邇軫忽出
袖中手籙書一册號召市民曰有致水一器者領一字
有能奮前撲滅者領數字當重賞一時水器滿集衢衝
如雨火頓熄詰朝出數千緡繳賞人服其敏丙子秋陞

逼盧溝橋都城戒嚴部發勘合運六倉糧給軍餉人咸
畏避軫率先倡行事平紀錄積勞成疾乞休歸家居十
四年卒年七十六府志子四人次應謙崇禎癸酉舉人
初任神木令省徭薄稅陞廣東崖州牧崖積苦牛判新
稅應謙十數申文得蠲免崖民德之年八十三卒於家
季應晉勤學好古選公安訓導未任卒

國朝

謝應璜字皇黼父師古字我思有隱行璜以舉人授崇
仁令一歲疏六年積逋勸諭有方又剿盜爲數十年害
應璜單騎諭降之官河西知縣湖北通志
鄒應錫字爾圭號荊野父守宏爲灌梓尉應錫幼孤事

母孝崇禎壬午舉人出長沙李蔡門明年蔡狥獻賊難
訃聞應錫設位哭終心喪順治十六年謁除得知太湖
時海氛波沸江南北悉震羽書飈馳太湖城而一空應
錫徧諭士民訓練鄉勇設席城埤閒稽出入謹斥堠羣
情始定或言僞檄且至應錫厲色拒之刻意守禦城以
全先是太湖編里五十明季賊據英霍歲蹂太湖數四
人土不登於版者十餘年至是生齒稍聚荒田漸闢三
年奏績註上考擢知光州州田賦蕪於太湖應錫拊循
有加然自防海以來形神交瘁不任煩勞遂息心內典
以疏略被劾歸所著撰見藝文志
李世紀博學能文章有勇略獻闖之亂以諸生倡義殺
賊生平樸貌古心衣冠不隨時尚與馬甯肝倡心山社
四仲講學執耳文壇性不佞佛屬纊時朗吟而逝
任　崇字山宗號衡麓順治甲午舉人戊戌明通進士
初授蘄州學正轉鄖陽府教授課士有法陞河南滎澤
令旋以憂歸服闋補福建府南安令南邑濱海多巨寇
崇力除之以良吏稱卒於官
馬淑昌字稱若號雪峰順治壬辰進士授商水令邑有
巨富無子贅婿其姪涎所有致婿於死匿其屍控之官
累年未決昌涖任齋沐疏神凡七晝夜庭鞫忽有雀繞
集案牘若向人語昌控騎隨雀往入深叢中尋得屍遂
伏法所著撰見藝文志

張瑾光字子待號陸浦拱璧子順治戊子舉於鄉己亥
再行會試成進士放榜之次日　詔儀制司引見　乾
清宮賜坐賜茶授司理時直指奉　裁司理多溺職瑾光
獨守法不阿平反得情研求名臣經濟以正已卒屬自
期一時仰其丰采府志所著撰見藝文志
黃　錦字淑帽康熙丙午舉人授河南祥符令以賑饑
廉能擢開封府同知時懷慶有姪盜殺嬸復殺叔以杜
控告訟久不決錦往勘訊得實又有掠賣人幼女爲倡
女扳轅呼寃錦令聚邑中少年聽女自擇偶適掠女者
至女認識之按以法遷河間知府以母老歸年七十六
無疾卒

雷　聞太學生知濮州府褒城縣地當衝要復遇大兵防駐每歲更番易戍居民離散聞到職捐俸給籽種集逃亡褒民漸甦丁卯夏辭官歸士民泣送不絕於道

徐淑嘉字爾會號誠齋鳴珍子順治辛丑進士由推官改授江南績溪縣令服闋補廣西羅城縣循良報最調上林縣歸卒年八十四子極亦有才採而發

唐有勲字柽參號琅峯留心經世不屑營家人產由拔貢授山東武城令時東省游饑武邑特甚勲不待奏報開倉捐賑民賴以甦旋丁艱起補綦江其治如武城不尚苛細當事交推之然位不滿才作令十七載始內轉中書科先期卒於官

祝大澄字登三號東川乾隆庚子舉人大挑一等籤掣山西歷署三水武功乾州事任汧陽縣知縣甫到職寄子書曰吾家固貧今作吏豈遂富耶耕讀織紝不可輟其毋以家來萬一斥罷吾即歸毋爲我累也汧陽乃在萬山中產煤民以爲生官日稅錢十數緡大澄至則盡卻之曰此方土瘠民生產無幾忍復侵其利耶又縣野向多劇賭官歲得規錢五六百緡大澄禁之不使行居汧數年未嘗飲民間杯水癸亥軍興隨營辦糧臺修築堡以勤疾卒於洋縣蒲河隨行僅一僕有近堡老嫗數十人請曰我等受公厚恩咨登堂一哭乎僕納之哭失聲未幾得

旨准賜塋祭銀兩以柩歸汧陽士民奔送者數百人逾三縣及河乃返而於汧地並立碑紀德政云

張濤字海來號雲岑乾隆丁酉舉人調補辰谿知縣辰有沅衛二里雍正三年水汛爲河田沒糧存前縣詳請豁免不獲攤派各里民苦其累濤每年捐廉二百兩上下便之他如雪除令受賄之枉弛無業採蕨之禁增倉廒以裕積貯建義學以闢文教興養濟以歸無告案無留牘獄鮮寃刑利興弊革辰民有召父杜母之頌

張兆安字仁齋號對山嘉慶四年進士初任山西左雲縣知縣有政聲旋去職復任河南泌縣歷林縣武陟調滑縣最後任湖南芷江縣署武岡知州兆安性嚴謹不苟言笑然有幹才以堵築武陟泌河古樊口及滑縣馬工加府同知銜其在芷江士民有政紹湞陽之頌道光十二年卒於官先是蒲邑江隄頻決民苦征派兆安方爲孝廉首顧大府籌備銀壹萬兩解道庫取息修築永停征派焉著有對山詩集見藝文志子培英貢培棻議敘縣丞培芳歲貢有文名孫美彥道光己酉舉人

任殿選字青甫道光乙巳進士郎用分發署浙江泰順縣事務以德化人不假刑威救荒恤士罄家資以給任二載乞病歸行李蕭然泰民泣送至六十里外尋辟爲安陸教授悉心校課不計脩脯既病劇告歸途遇盜倒篋傾囊無他物惟書數束布衣數襲而已

馬麗文字郁齋道光癸未進士　欽點主事由軍機
章京員外郎補山東道監察御史郎　奏請天下府州
縣民壯操演鎗礮旋授廣東高州府知府單車親巡各
屬問民疾苦編保甲行團練禁花會盜風頓息稍暇清
釐積案剖斷公明羣情悅服時㗖夷竄廣東虎門捐助
餉銀二千兩議叙記名道又捐銀三千兩存典生息為
高州闔府賓興費鄉紳士民仰其明清設鏡一面水一
盂餞道左并獻頌比諸漢之南陽鄭之東里調知廣西
思恩府以招安粵匪陶八功授左江道復以計擒紅巾
首逆凌亞冬功　賜花翎換三品頂戴咸豐癸丑年卒
於官

余兆喬字玉山號小崑進士分發山西歷知平陽浮山
翼城等縣為人精明果決有幹才任浮山時懲猾蠹抑
豪強吏民讋不敢為奸與情懽洽頌聲載道鄰邑民因
官激相聚謀為變兆喬隻騎往諭立解散上臺賢之

蒲圻縣志

人物五　忠義

忠義

漢

駱　瀚仕漢為御史中丞獻帝末權奸擅朝棄官歸居
鳳山采蕁自養人目之曰蕁隱先生

明

漆永受洪武二十四年謫戍梧州永樂四年英國公張
輔征交趾永受時從指揮王諒千戶姚顗進攻黃江身
先士卒敗之於鹹子關又敗之於平海口七年從征猶
化擒敵首餡定於美良縣授交州中衛千戶後於慈廉

廣威二州節建奇功宣德四年調征乂安亡於陣湖廣
總志
弟永奉襲蔭仍守梧州姪景調岑溪舊志

趙德貴上三都上里人為人剛毅慎許可寡交遊洪武
丙寅年起貢授兵科給事中獨立敢言諫垣凜凜臺閣
風生尋被誅

龍景亨字伯通永樂丙戌進士性資英毅孤抗不能容
物授監察御史監税龍江關立法至嚴人不能犯以壽
終先是羅淇為御史以廉稱陳文禮為御史以明稱暨
景亨以嚴稱臺中號三直

盧　中字守正至孝奉父訓維謹正統乙丑進士授刑
部主事歷員外郎郎中居官清約遇權璫貫戚吒然峻

絕門無私謁用法罔撓陞浙江參議歸行李蕭然無長
物祀鄉賢
王　瑩字潤之景泰丙子舉人銓刑部司務會有犯大
辟者中官利其金求出瑩曰吾頭可斷此律不可易也
官六月卒弟鑾字奇之成化乙酉舉人通判濟南府復
監益州稅廠閹臣諷以賂當爲徙美官鑾曰此豈賢者
所爲抑豈吾父兄家訓也遂歸
王　儼字民望先世居蒲圻曾祖子民爲華容丞遂家
焉儼中成化己丑進士授兵部主事改工部都水治呂
梁洪事竣轉刑部郎中往按鄭府盟津王獄多所平反
補成都知府戮妖僧海無邊等擢河南右參政復按涇

陽王獄具得其實轉陝西右布政使北朝入西固城總
制王越屬儼督餉區畫芻糧摘發奸宄中官劉瑯索金
馬玉儼峻拒之尋陞副都御史巡撫山東上言弭盜五
事召爲戶部右侍郎攝太倉釐宿弊理漕政以忤逆奄
劉瑾矯詔謫戍遼東三萬衛尋以赦歸致仕年八十八
卒諭祭葬儼墓在蒲子姓多居蒲者
汪，洪字克容成化丙戌進士官至山東參議忤尹旻
謫知綿州創石盤七堰溉田數千頃土酋叛遇害湖北
通志　居人月夜每見乘馬如生立祠祀之湖廣總志
廖　漢字天章俊之子宏治進士授戶部主事陳情便
養改南京孤介有聲正統初劉瑾當國上疏抗論時政

不報再疏自陳結茅五洪山不復出湖北通志子道南
見列傳
江　師古字克承宏治進士授工部主事管清江浦閘時
中貴往來作威淩轢師古不爲之屈正德初劉瑾柄國
師抗疏歸性儉樸敝衣糲食陋室匡床翛然自得湖北
通志
胡堯元正德初進士授主事以忤權貴謫高郵州同知
轉瑞州通判論平逆濠功擢廣西參政征思恩冒瘴卒
林人祀之贈右布政使明一統志省志　堯元字廷猷兒時遊
白石山廟謁顏真卿歎曰大丈夫死國血食茲土榮名
豈有既乎正德辛未授戶部山西司主事督金盞馬房

諸倉閹人谷大用者瑾黨也以門客屬堯元堯元沮辱
之司徒王瓊舉谷言責堯元拒弗聽瓊大恚冢宰楊一
清雅知堯元以瓊言薄譴謫高郵州同知州運河故邳
溝也春秋湖溢爲害冬夏涸不可田堯元仿古溝洫法
方一里爲溝至興化止兼修石閘爲旱潦備毀淫祠更
爲文游台祀蘇東坡黃山谷孫莘老秦淮海四賢丁丑
上詔侯指揮妻馬氏入宮堯元上疏諫略曰漢選後宮
家人子入侍唐納壽王妃職爲亂階上不納閹人史元
泰督製御服還京驛害郡邑堯元抗疏條其奸戊寅選
江西瑞州府通判明年宸濠反中丞孫燧副使許逵死
之堯元自吳城聞變徒步夜行間道五百里還郡知府

宋以方裓執寮屬亡去堯元攝郡事僞駙馬李蕃掠城
堯元乃簡壯士盛官儀詐稱迎蕃伏兵石鼓潭擒之嘉
靖壬午詔以江西功授廣西左參政總督糧儲巡案邊
務隨征土酋岑猛討給岑璋斬猛子邦彦并斬猛首旋
以深入冒瘴死時嘉靖五年九月二十九日也知州陳
堯恩覩行李惟夏衣數襲圖書盈篋發帑殮焉事聞贈
中奉大夫右布政使祠桂林諭塟江夏京口鎮截録胡
道本傳祀鄉賢子昱字仲陽號次峰磦砢有父風工詩
古文詞嘉靖乙酉舉人補陝西韓城令以不得意投劾
歸常騎射以澆其壯志
鄧廷猷字汝嘉號月泉嘉靖癸丑進士授戸部主事任

建昌府知府時流寇倡亂猷率所屬閲丁壯繕守備寇
平積粟賑民毁淫祠建書院以公道面忤當指調雲南
大理遂去官歸子士望字子畏官至達州同知著練敏
聲士達字行吾隆慶庚午舉人官至石泉知縣孫日芳
字茂叔天啟丁卯舉人有文行
鄭之亮字邦采嘉靖甲子舉人知臨淮縣臨淮爲鳳陽
首邑最衝疲守監使虎而冠輦上貴人頻來徃供帳日
待於境民不堪之亮至多惠政不朘民以行媚官至苑
馬寺少卿歸懸車二十餘年不與聞公私事所著撰見
藝文志
張　書字子中號蒲源隆慶戊辰進士選翰林院庶吉
士改授工科給事中疏論總河糜費轉刑科疏緩刑兵
科疏薄賦兵科劾大同都督馬芳朘削行伍芳張居正
黨時朝政必先聞居正書先奏後揭居正怒出爲河南
布政司參政分守河南道有李天公者爲地室聚兵糧
械幟將謀反書密偵採一一討獲會居正薦星士索
金三百不與更辱之慮總居正京察降職居正敗遷南
京兵部武庫司郎中最後官刑部主事致政歸子時雍
字存肅萬歷癸丑進士授南京太常寺博士歷官河南
知府加意撫循以催科延緩降松江府同知調萊州府
同知致仕歸時熙更名懋雅字仲正萬歷癸卯舉人官
至武陵縣知縣時流寇猖獗横掠修武温孟之間時熙

修嚴武備境内獲安以禮際疎薄失歡上臺左遷兩淮
鹽運司知事尋陞歸化縣令乞假歸時麟見武功傳
謝承範字元疇萬歷癸酉舉人就職吉安府通判治行
有聲陞梧州府同知梧故多猺賊猖獗備禦甚便弗
能禁承範條陳利害簡閲戎器一切指揮如得風旗居
有頃監司委以征討入洞殲其渠魁俘獲甚多梧民以
安以積勞侵尋卒
魏　詔翼如子字奉之萬歷丁未進士改教授杭湖遷
國子博士轉刑部主事會御史劉光復以直言下獄爲
抗疏免光復竄旋以面奏稱旨調兵部武選司專理
清黄勳裔稱快内監明藤欲干預黄政諫言勤學疏請

於上希稟稍詔上疏直糾明廉之罪上嘉納之旣斥明廉萬歷末陞江西提學副使以病假歸年六十三卒祀鄉賢所著撰見藝文志

駱文節字燮梧初授長興主簿陞彰德府經歷復降北直廣平典史景州妖賊于洪志黨散處京畿河南以白蓮教煽饑民上檄地方捕之節白於令訪妖首數名餌以作書招其黨至則盡械之衆大譟令懼節乃單騎直往諭之衆盡散旋署見布裝銀若干皆載姓名乃餘黨懼株連求賄脫者節獻之令悉給民爲牛種資令轉達府府奇之擢州判以内艱歸服闋入京補磁州州判乙酉賊李自成兵入蒲或强之避𨓍日昔在廣平單騎入

賊營數萬之衆談笑而解今老矣豈爲鼠輩喪氣哉必項賊至輒大罵賊怒縛之因索金節乃紿賊曰我金藏土中必具衣冠掘之賊釋其縛乃衣冠拜哭於地下尋入室投繯死四川雙流令李甲節壻也節卒時年七十五妻𦳮氏在雷家橋聞之亦不食卒

李　甲字令先崇禎庚午舉人知雙流縣署新都事擢建昌衛同知未之任流寇至甲力戰進兵榮經殁於陣僕李事從負白刃覓尸歸遂以死殉乾隆四十一年

賜謚烈愍湖北通志　甲死時僕李事從李視篆隨事從負白刃負甲出積尸中以死殉視篆負骸莫能歸遂薙髮爲僧寓名山縣翠峰菴匿尸菴後塔中視篆守塔八年殁託藏尸於其弟子燊寰又十五年甲仲子燊珠隻僕重蹠由汴秦達葭州迎甲新都遺民莫有識者倉皇走名山而西忽遇燊寰道次詢之得遺骸菴塔中舁以歸名山隸雅州蜀人爲崇祀雅州名宦

劉守國廣東參軍將錫乾子襲前職李寇破楚死之

馬福昌南京兵部郎中天錫子庠生崇禎癸未獻賊屠城福昌被執罵賊而死

國朝

馬際昌崇禎庚午武舉粤東遊擊天將子初授巡撫軍前贊畫後撫軍盧象昇疏薦云智謀沉静氣度優閑有儒將風尋擢中軍參將署副將事乙酉左鎮擁兵謀叛

立脅之南下不從竟遇害弟際盛

際盛天將養子少傭於人狀貌驍勇天將奇而鞠之從兄際昌軍中撫軍何騰蛟特器重授贊畫代兄際昌職爲參戎晉中軍後隨何視師闖中有殊功擢掛印總兵益感激矢死報國會戰粹遇困寡援絶餉或脅之降際盛怒髮裂眥大罵曰汝不聞奉撫軍令招散卒殉難於鄂郡金牛大冶間者乃吾兄際昌乎屈志覥顔生不如死遂殉難楚粤閩俱立忠臣廟祀之

張　榮縣巡役嘉慶戊午洋泉園白蓮匪猖獗獨承差探其巢穴竟被害兵丁余宗錫交戰死之俱入祀昭忠祠同時死事者有黄明世徐茂文葉元章劉繼位其等

籍竹谿充鄉勇陣亡之彭祖耀劉宗相劉元泰饒耀祖饒耀常尙籍鄖西之羅漢營俱入鄖陽府昭忠祠

劉先福道光二十二年崇邑之變擾及蒲圻先福奮身扱壘受重創死從祀省垣昭忠祠

陳修榮號仁則邑太學生性剛直不阿嘗監修邑乘及文峰塔捐育嬰堂寒衣南關外濱河路險立石欄數十武以為捍蔽行人利之咸豐壬子冬罵賊不屈死有家犬守其旁不食死與千總胡起太義犬事同子心鎬乙卯夏亦死於賊均從祀昭忠祠

葉盛傳葉俊卿本從兄弟友愛逾恒居城崇古樸不染市習尤喜施予訓諸子弟有法壬子冬賊猝至時烽燧

初警市壓從避一空盛傳兄弟隨邑侯巡視城闉城陷皆死之盛傳子典五以身捍父亦遇害越乙卯冬俊卿姪惠田禦賊北譙樓亦死之均從祀昭忠祠知縣李炎著有合傳刊祠內

張先標邑武生與其叔周書皆殉壬子難從祀昭忠祠

賀壽恩議叙從九咸豐甲寅粵匪踞崇城壽恩捐貲募勇隨塔軍門勦復獲首逆四名 賞給六品頂戴塔進攻咸甯留都司黃鵬程同壽恩守崇塔軍遠餘匪復集撲城鵬程登陴中礮死壽恩帶勇出戰手殳多賊力竭遇害同時軍功石登高石士莊均戰沒壽恩 卹贈布政司都事從祀昭忠祠廕襲雲騎尉世襲恩騎尉

賀壽椿字梧岡邑廩生咸豐甲寅粵匪蔓延壽椿捐貲募勇防勦保選訓導乙卯春知縣孫守信派壽椿督率團勇禦賊於城北沙子嶺眾寡不敵受重創死從祀昭忠祠 卹贈國子監學錄廕襲三代雲騎尉世襲恩騎尉

王道平字坦如咸豐四年知縣孫守信復蒲城道平領袖荆沙團練搜獲逸匪十餘名孫奬給功照並保選巡政廳五年羅方伯由豫章晉勦駐崇道平詣大營充鄉導復奉諭籌餉儲米三百餘石軍食得無乏蒲城以復六年三月十二日與賊野戰追至望山河賊乘半濟回鬭被執不屈遂遇害 卹贈鹽運司知事銜襲雲騎尉

世襲恩騎尉

但華郁性孝友樂施予生平剛正不阿咸豐乙卯歲粵匪脅華郁大罵不輟匪以刃試其頸華郁氣愈厲曰吾頸可斷口不可緘也遂遇害

邱順德字士傑初充巡撫吉營義勇轉授提督楊營咸豐六年克復武漢有功 賞給五品藍翎儘先千總補用七年五月在蘄州望天畈戰死

張玉璠字牖舫閩東孫僑居漢陽以詩古鳴名公卿咸折節禮之咸豐二年粵匪陷漢城被執不屈與其孫承義同遇害

但懋城德琦子粵逆三陷武昌郡縣皆淪於賊城與邑

人卒門勇從官軍勦捕咸豐五年十一月餘匪襲蒲城
死之
黃珍元鄧廷梓鄧安國邑監生咸豐四年督率團勇勦
賊擒獲多名均　賞給六品頂戴六年二月十四同陣
亡
鄧儒志雷豫奎雷豫祥咸豐六年二月十四日同陣亡
雷慶文黃現慶團練殺賊均　賞給功照咸豐六年十
月初三日同陣亡
游宇才多力頗識書數賀逼城被擄賊愛之不忍殺授
僞職宇才不受逸賊追詰之叱曰吾見汝輩行狀坐不
安席食不下咽甯速殺我決不汝從也賊遂殺之

李從先李宣傳李繼泌均帶團勇防勦咸豐五年從先
繼泌攻賊鯚魚埠不克與李文進李宣鰲同陣亡六年
宣傳亦死于賊
敖元澤一琦子咸豐五年賊至車埠元澤率鄉民堵禦
竟遇害姪啟濂四年死於賊
黃元吉邑監生集團勇堵賊訓練有方賊大集脅攻衆
寡不敵同子多慶勇賀立生均被戕
聶運亨命孫紹烜帶勇勦賊賊襲攻皆殺之闔門殉難
事見烈婦李氏傳
劉正書督團練堵賊咸豐六年賊至被執罵不絕口死
殉難陣亡紳民兵勇

曹雲斧民人　王紫谷　胡淮亭　胡輝及
張名榜　吳彬一　劉雲階　張承德
袁德恩　石世光　蕭有興　張美全
王掄庸　王溶　楊端楹　楊清河
蕭盛亨　徐道順　王大聲　張宇勝
馬榮泰　馬晟謨　馬經武　馬青武
談祥輝　馬兆煜　但德昆　雷文煥
馬兆春　周順卿　吳昌龍　阮茂瑞
王萬春　鄭正隆　陳聯奎　陳聯登
張承文　劉本孝　廖世光　錢佳連
錢學文　王榮福　張星介　雷毓元

石輝彩　鄧國書　盧光太　吳啟龍
黃道保　楊有和　馬陞信　李文光
朱洄元　唐榮芳　宋在傳　張中一
張美芳　桂國良　艾一　任長青道會司
李文琢兵書　雷餘三兵書　胡肅舫工書　王鳴盛兵書　郎紫卿
李宏佐民人　張泳良　雷蕃學　王宏俊
談祥志　章有堂　李邦義　田國成
胡義容　劉祖濂　龔名學　劉元相
談祥森　湯明周　魏治明　王星柏
王魁光　唐芳興　傅忠銓　王自良
唐天壽　熊樹楷　陳聯慶　馬玉山

王昌富 鄧勝南 劉邦放 葉名位
徐在亨 龔宇揚 馬文恭武生 馬治謨
馬春謨 馬禮謨 馬道隆 曾時金
龍得文 陳雲中 王傑臣 謝魁選
馬晏平 馬大有 袁以興 王自艮
周順清 但有傳 宋克榮 熊本寬
鄧英章 方永忠 馬漢章 艾宏
謝盛福 王松亭 王魁元 談獻章
皮熙照 劉淑聰 鄧海林 馬艮安
馬升啟 熊自福 蕭大成 鄭本善
陳國義 曾世祥 馬貴謨 龔道達

曾天森 謝盛華 吳名元 趙子昭
談昌宏 李文富 徐道雲 徐道恕
袁得恩 陳雲發 石仁夫 鄭序堂
王儻村 鄭保堂 鄭顯堂 陳祚貴
鄭宜園 黃興謨 周德升 唐開祚
黃澤周 馬傑武 盧星望 周召南武生
吳夔周 徐日明 余福緒 吳均平郎正守
周秉龍武生 羅家典庠生 吳攸宜 楊竟成粮台書目
萬濟才庠生 宋宗元 石炳華 程光照
沈昌鐸 徐道柏 徐立洪 黃適觀監生
汪茂修 戴溶川 吳雍辟 魏家燦

聶世熙 聶世祿 曾盛國 葛先寀
黃茂諧 曾斐章 黃惟本 涂煥海
呂旭佑 余世煌 涂世賢 田仲瑨
呂雲九 李家榮 葛兼三 葛大儀
田勝景 吳時純 葛佐旺 葛首三
葛大勲 葛大振 葛應三 張萬程
葛大亨 張耀宗 張柏廷 張啟香
張德明 張佑訓 張德聖 唐方仁
田近榜 田產鹽 樊明九 黃志慶
任家葵 劉光明 劉光勝 劉文賢
黃千明 張昌學 劉文玉 張宏烈

劉轉朝 劉定國 龔名惠 王日倫
方雅學 鍾聖瑞 王德暉 傅義鉉
吳義太 丁俊傑 王明祿 魏錫高
王星如 張壽昌 魏治元 商盛福
鄧世松 江慎五即功典 梅協邦 葉錦文
王開福 葉先元 雷廷玉 葉純菴
程賢傳兵丁 楊金華 滕開太 劉榮貴
劉正魁 黃金魁 李緒德 宋茂青
鄒占元 胡占魁 唐春芳 劉元富
王宗德鄉勇 孫天進 艾可如 李本儒門長
張象春鄉勇 王潤川 壬文律 田正章

田煥廷　周毓崑　吳家政　張宗光
張世啟　鄧世元卽家正　凌有明　馬道成
吳道成　王宗海　黃方志　張大英
唐興太　吳德全　龔廷志　周人義
李宣發　周德宏　王保達　陳宗發
孫忠國　曹得仁　鄭德美　孫永福
黃維飛　馬信謨　汪名貴　吳勝鵬
葛新喜　王應松　馬超俊　范其昌
車有才　黃爲貴　周人和　李昭蕃
陳珍第　陳璉第　陳瑛第　陳瀛第
唐立方　唐廷芳　陳大洪　陳發

李逢泰　趙九高　李澤臣　鄭本龍
雷在成　熊得章　劉遠貴　汪立煥
游遠明　徐道相　呂三定　唐開山
王顯友　劉道容　王德勝　徐道榮
馬德勝　陳全勝　曾在成　陳友俊
張先遴　陳友德　馬世雄　夏煥章
陳必壽　陳必名　陳高陞　馬大彪
江式發　鄭德貴　周大金　周青文
孔昭達　徐勝千　李士寬　李式翼
陳萬松　劉光遠鬥勇　王啟麟　李德通奮勇
宋德啟　孫一喜　李文進　李永順

陳德勝　林宏茂　劉禮忠　陳家金
伍式望　吳德林　舒龍貴　李大安
廖敦敏　黃廉慶　李文清　陳先勝
王宏魁　李文訓　饒名利　丁其華
鄧應銀　邱家長　宋啟勝　游達生
黃錫成　黃官慶　鄧儒喜　周順榜
曾立慶　鄧應松　黃玉衡　饒日利
邱宗華　邱宗耀　黃家恩　黃錫信
黃錫仁　黃錫勇　游正治　饒日陶
鄧儒品　鄧儒德　游佐賢　游文華
游文池　游廷開　黃永慶　游達鑾

劉中愷　黃敦見　饒盛記　黃錫章
黃克敏　饒有成　游達彭　饒盛起
饒日棟　游彬開　熊新典　劉守先
黃日洋　雷貞慶　孫錦魁　劉永安
王正衛　唐興邦　賀運涵　李占一
徐必陞　賀良奇　賀會際　賀會盛
賀會生　賀運漢　舒龍文　商盛傳
高良富　李文秘　周峨山　李正蘇
李文興　周宏克　邱宗志　周開台
周長青　湯克敦　孫再揚　李林彪
湯濬惟　鄧義廷　孫承春　李德華

陳友朋　孫平懷　吳及文　孫義懷
孫起彬　黃現慶　雷慶文　祝作爭
祝作裕　周國名　熊自昌　周發海
周義生　饒日仁　饒聲發　官得勝
王祖胡　晏順修　游達選　熊自朝
黃于利　陳文雅　李國義　周成彥
賀艮應　鄧巨成　涂盈光　陳自武
鄧巨賢　饒日堯　陳興懷　李國品
湯銀先　項祚松監生　饒盛東　邱宗名
饒艮材　游正道　官承文　王租爭
方仁義　邱宗全　雷自安　周昌興

黃隆學　劉貽名　黃光大　官能克
張士受　孫承暉　陳有謨　雷成章
陳九齡　陳孔希　游達德　陳自義
陳自王　陳友鵬　余世斌　陳友燦
陳友福　萬興平　姜大林　陳有廉
李國志　張自修　李長勝　夏元德
韓　升　鄧如月　徐本發鄉勇　范毓龍
范毓增　王保宏軍功　袁盛文　李式坤
張修德　凌宏謀　汪世耀　馬得承
江兆海　汪大魁　劉得勝　王讚得
王顯懷　李文安　伍宏魁　雷景義

馬文興　謝盛榜　顏大福　何占標江夏人外委
鍾大旺　徐會明　伍山明　王天元四川人外委
彭福盛江西人　鄧仁義寶慶人　陳有松陠湘人　王有槐義甯人
陳萬邦瀏陽人　劉勝文貴州人　王　春長沙人　范佳言成都人
謝錫書四川人　李廣德義甯人　謝紹順龍陽人　呂占魁江夏人
程成世義甯人　詹兆祥善化人　謝祖運江夏軍功　熊昌華江夏軍功
呂三貴寶慶人　古正明寶慶人　沈定慶江夏人　伍占魁四川人
歐陽明安補遺
馬世寶
宋德啟　談祥進　李光文　龔緒傳
胡壽烈

蒲圻縣志

人物六　武功

武功

明

汪　清世居新溪太祖既平陳友諒清首謁轅門扈從征討屢立戰功進階明威將軍後旼觀海衛指揮姪明及孫廻元孫鏞襲職

但應隆明初以功擢指揮後谿北平從太祖征陳友諒於鄱陽湖有功因叙功不及格逃山中久之論定御史羅洪題請拜武德將軍洪贊曰天威赫赫統屬羣心戡勦亂賊雲集于征神武張皇掃境清明惟公抗志不久

宦名懋賞其功武德將軍

劉　鐸字振遠父志清没於陣鐸年十四吏不加存卹鐸亦不求憐揮淚與同輩別有馬都閫者奇其貌留置記室爲武昌左衛前所軍天順元年從征銅鼓五開及交洞城步苗成化元年征兩廣賊次年征荆襄流寇十二年復征靖州八寨宏治六年檄征貴州判苗前後以軍功累陞至指揮同知加封安遠將軍世襲武昌左衛鐸雖生長戎行有敦詩說禮風晚居山軒手不釋卷年九十七卒孫閞襲職

劉錫乾字健甫鐸五世孫勇而能文膺武昌左衛指揮四歷漕運特授貴州銅仁守備時苗賊叛乾單騎赴之俘獲多人陞四川松播遊擊官至廣東參軍將

侯定國字正君余開衛字衛山武生皆以勇聞定國孝友沉毅好讀史傳多權智精騎射射輒没羽命中開衛善雙刀每起舞寒光凜冽兩人野外較技觀者如堵無不叫絶顧往往慷慨論時事相對語輒憤惋欷歔泣下癸未春逆賊張獻忠躪蘄黄屠會城屬縣皆聞風避邑令曾栻奮忠義募壯士及煙兵千人决意死守命兩人督領六月二十四日賊遣輕騎百人爲探哨拏船渡定國先發三矢貫前騎二人賊大驚開衛亟舞刀大呼殺賊賊衆遁七月賊全隊壓境曾令率兩人阻河拒戰衆寡不敵官兵反走邑令曾栻死之定國開衛獨陷陳被

重創絶復甦順治甲午經畧洪承疇大軍駐楚開定國名召置水師鎮參謀尋病歸卒

國朝

張時麟字季昭書季子萬歷乙巳武進士累官至鮎魚關參將屢有戰功後以偏師失利降山東都司僉書順治元年投誠陞二級都司同知年七十卒子昇以鑾儀衛旗籍中山東戊子武舉

李侍義門玘之裔沉静有智略崇禎癸未獻賊破會城侍團練鄉勇堵禦一方順治乙酉闖賊掠邑侍率鄉勇逆戰於大田畈賊潰走生擒數人磔示之於花路亭賊屯黄茅山楊林諸處侍計刼其營伏兵截其要路賊至

伏發邀擊之賊大驚散渡臨湘河而南自是邑西南隅無賊害撫鎮聞其名屢聘不就年七十五卒子世紀見卓行傳勞志作李侍義今改王志更正

馬天將性豪宕東萊白蓮盜起經略招致幕下所上方略切中機宜薦授登萊守備還粵東游擊子際昌際盛見忠義傳宗昌見孝義傳

王武臣字莞庵以武舉爲內院幕順治中薦署安化擢遊擊好讀書爲文慷慨悲壯嘗過闕里錄聖賢贊摹聖像歸重鐫之志欽慕焉所著譔見藝文志

但赳卿字藎臣先世以武功起家赳卿少孤篤友愛長奮志王事初值甲寅吳醜騷動依左營把總征洞庭得

功授守備旋從提督萬人福征福建廈門等處奏捷授懷遠將軍甲子正月朔以疾卒於燕邸

傅奇俊號南竹幼習韜畧膽識過人癸丑甲寅吳逆叛滇孫逆叛粵奇俊摧鋒陷陣所向披靡以恢復房縣功冊銜守備進勦白河上津及巫山川東有功復叙議優加二等爲都司僉書官至湖南永州遊擊卒時年七十長子得勝官南贛鎮中軍遊擊

項　楷字玉軒順治初年平雲貴有功敀授陸涼州牧後以母年九十乞歸養

葉鳳舞大貫園人嘉慶三年泮泉白蓮教匪起鳳舞仝余仁安馬序昭馬儒俊等領居民七百餘人爲鄉勇先追至石門頸格殺多人匪旋潰散近團數十里得免騷擾鳳舞之力也

舒萬年方橋園人年四十二充督標兵又五年隨定西將軍征金川得兵爾丹巴圖魯勇號藍翎頂戴千總銜旋補襄陽鎮標右營守備復隨參贊衆討賊擢陝西西安州營都司換花翎敀誠勇巴圖魯陞福建桐山營遊擊調臺灣鎮標右營遊擊陞臺灣城守營參將最後任廣東龍門協副將加武功將軍金川之役萬年得打仗功一百八十五次超等功十次頭等功四次

馬效忠字輔菴積學勵操嘉慶三年白蓮匪煽誘泮泉滋事效忠同葉鳳舞等領鄉民七百餘人撲滅之巡撫

高給功照咨　部九年奉　部檄查核候補分縣效忠以終養不仕遺有退怡山房詩集

馬如龍安陸營千總練兵得法道光壬辰癸巳間大水繼大疫捐資賙賑在安陸濬壅渠增高壘歷著成績考滿陞守備一郡撫留雖軍門嘉異之委護理本營都閫

黃鵬程勇藝絕倫練習戎行累樹戰績授都司職咸豐甲寅粵寇鴟張鵬程充塔軍門前隊衝鋒摧陣勦復崇城加游擊銜塔進勦咸甯留鵬程守崇塔軍遠餘寇復大集撲城登陴禦戰中礮死惜未竟其功

人物七　孝義

孝義

元

廖均用父昇三下莖邑之檜林均用負土成墳手植異松元末避亂南山散財饗士鄉民賴以全活躬耕山下儲穀若干石值大旱盡發所儲崇咸嘉蒲四邑取濟焉湖北通志明一統志子崇信洪武中貢入太學選武功衛經歷丞樂淵調雲南景東諭父歿哀毀踰禮服闋補舊職奉母之任涉行萬里不失孝養母歿廬墓終其身

明

戴思明洪武時人父祥遇虎於野亟往救之搤虎吭至虎死父乃脫湖廣總志

余恭字尚欽母戴氏割股奉姑恭中永樂丁酉舉人入太學奉遣督役浙江力圖報稱不苟一介邑令嚴重之建忠孝坊以旌其母子

賀瑄字道興弟彬字邦輿成化時人俱有善行父仁原以千總職督修武當山觀病卒厝紫霄宮下山石崩墮壓棺成高邱瑄兄弟奔至慟欲絕監修官以神塋慰起乃立碑哭還夜行荒園中有火光繞足蹟之地陷得窖金遂富積穀至十八萬石值饑有司勸賑縣令撥經承六人持簿記明咸湘嘉蒲四邑之人雨集賑三月[illegible]院司為立義民坊於武昌省城

李玘七世同居成化十年旌表湖北通志

劉慶字善餘嘗拾遺金三日還其人母葉氏病劇慶刲股療之母痊

魏滋字文淵性孝友母卒哀毀踰禮兩事繼母無間言成化丙午舉人選樂安令禦寇安民正德中以抗逆璫劉瑾告終養歸里居三十餘年脫鄉人李致民冤獄活七人又捐金贖敵人子罪年七十六卒子正中分產擇磽瘠正恭以貢爲貴陽縣丞參以貢爲吳縣丞俱有惠聲中子表嘉靖甲午舉人不仕母疾躬湯藥逾年讓父遺產於庶弟恭子桂萬歷丙子舉人隆昌令調通江

有德政參子科亦有行從子裏賑饑掩骼表子異如以敦義好施祀鄉賢子韶見忠義傳

李興賢字廷賓宏治甲子舉人父仲高出錢穀各萬濟天順二年飢興賢事庶母謹兄弟不析食族黨不能婚葬者助之正德四年旱載穀分濟全活多人未仕卒

邱岡字鳴鳳嘉靖丙寅貢任魯山諭致仕歸篤義好施置祭田徜徉河干吟咏瀟洒以壽終

鄧廷珮號亞泉歲貢不仕樂施予鄉有鬻婦償稅者廷珮捐金代償之全其婦子士亮見列傳士毅有隱行孫日崇萬歷乙卯舉人官贛州府司理曾孫之楠崇禎庚午舉人

何　珍字承聘倫七代孫自倫孫至珍父五世同居珍以嘉靖貢訓餘杭轉武康諭文行爲諸生宗年五十九假歸卒年七十八子思登見列傳

黄宗榮玹之孫母盲宗榮日舐之目復明壽九十五

熊若虞邑廩生父兆祥見列傳若虞性仁恕敦任鄉曾貸里人穀千五百石值歲饑負者不能償虞悉火其券舉家啜粥靡晏如也年六十九卒

任文定字兆鏖父洛以貢爲廣東都司經歷署南海諸邑篆委驗買船竝著清名文定孝行純摯輕財重義善古文詞工書畫父洛疾刲股瘳之邑修城掘骨纍纍爲大坎具牲文瘞之以隆慶丁卯舉於鄉選南陽府同知

捐俸賑饑叠膺上薦署篆舞陽內鄉禱霖雪枉所過人皆追思致仕歸琴槖蕭然所著譔見藝文志

魏彬如裳之子萬歷壬辰貢事繼母孝精岐黄術買藥活衆諭耒陽爲政還學宮人文蔚起子說見卓行傳

徐　錦字黄谷持身端謹中萬歷戊子舉人一切田廬推之兄與姪無所恡吝辛丑選令職病作卒於燕邸子邦陞字孟昌天啟元年恩貢入太學授琅監元與金聲譚友夏相酬唱晚林居樂行其善遇人有釁解以醇醪發藏賑饑造舟渡河多義舉爲孫維椿號眷峯恩貢授安鄉諭捐修學宮道既諸生先行後文旋諭興寧致歸維機歲貢生承父志修橋曰繩先橋

饒承教萬歷中人母病刲股作羹愈之承教妻病子若驥若騏亦刲股以奉驥補庠生同知葉文懋匾旌之

王　棋冶鐵爲業母盧氏病劇割左股肉和藥進母痊至八十餘歲終棋亦以哀毀死邑令旌之

周玉寰明季流寇過境白骨遍野寰日荷畚鍤上下山原收瘞之鄉里上其事邑令獎賜之寰死無子

舒春野明末庠生萬歷十六七年饑兩賑之

謝奇杏歲貢生以田十餘畝讓之弟成父愛也

彭楚書生五月而孤稍長傭力養母母病篤割左乳肉進愈之知縣林增志旌

但　仕字汝孝邑庠生嘗拾遺金俟其人還畀之其人

剖半以謝弗受有醉辱之者禁家人勿理其人明日暴卒得不波累

楊四智字伯起邑庠生積學篤行老而不倦家貧館陸口見江干白骨纍纍出館穀造舟收瘞之南嘉熊開元題其舟曰慈航邑令林增志贈以贊

國朝

袁吉暉字月山順治乙酉拔貢性孝友丁親喪哀毀撫孤姪如己出學宗陽明爲文真樸時稱月坡先生

賀世麟字畀瓊年十二補邑弟子員旋游時藝致力於古母錢氏病篤嘗刲股以憂卒

張拱璧字正陽幼失怙事母劉氏以純孝稱好善樂施

不能娶者助以財不能殯者佐之槐康熙壬辰飢出積
穀千餘石賑三月年七十以壽終子瑾光見卓行傳琛
光見文苑傳瑜光有學行孫逵仔見文苑傳達佶達价
達位達修達偉達倧達任達佺俱有文名
張拱翼字念川多義舉明崇禎庚辰飢傾囷賑給修宜
公堤畔死窖港橋兩舉鄉飲子文光有父風孫孺子以
歲貢授城步縣學博達材納沔女為婢見女父母不忍
離棄其金更裹糧還之
宋維舉字四隅樂善好施與姪時魁捐貲修復義田三
百餘畝自輸公及祭費外以贍族孫希若康熙壬子舉
人丁親喪廬墓六年有雙白燕巢其側補黃安諭所著

詳見藝文志
任經邦字達生與兄孝廉經世相友愛俱抱遠志邦修
任家橋建慈赦閣新南泉寺以諸生終卒年八十二所
著詳見藝文志
張大綱字伯常孝友督學王志堅録其行云顧天起危
父之疾捐金解叔弟之訟順治丁酉歲薦不仕歲時展
先人墓涕泣如兒時以壽終
張士達樂善好施明季庚辰連年饑賑鄉里癸未獻賊
陷城掠鄉騾馬士達悉出以抵境獲安捐金贖里人石
某於死順治丙戌荒連四載捐貲如曩時三舉鄉賓年
九十終

朱希明當明末闖逆猖獗負父母入荆紫山採薇侍養
有家貧售妻者解囊免之舉鄉賓卒年九十二
萬昂六齡喪父母叔用卿撫之用卿生子二昂友愛
不忍析產嘗越洞庭求孤姪於澧州歸為之婚置祭田
以厚宗族拾遺金還其人子大中以拔貢中雍正甲辰
舉人任竹谿教諭
丁鼎元邑庠生好學篤行從昆弟求異居鼎元止之不
得後從弟中落鼎元復召同爨不分居者三世食指至
五十餘人
舒鳳翔字岐陽母死哀號墓次父為葺廬三月翔始入
居哀益甚有狐魅夜為哭聲翔驚以為母開戶迎之魅

為冶容翔但哭其母魅自滅
張達佐邑庠生篤孝友丁未春淫雨損秧捐種濟之
舒恒言年十三父母病刺血書表禱延父母死未塋塟
後年三十四始娶其餘貲金焚券散穀賑荒義舉有足
多者
費成韡親死廬墓三年
陳學義本周文卿子中表陳華楚無子文卿以學義嗣
之後華楚舉二子學義友愛篤甲寅兵變奉父母隱山
中食力孝養周氏父母早喪墳爲鄰侵捐金贖之華楚
病禱白石廟遇虎哀告以故虎遁適驛馬至識以歸父
母卒廬墓五年

徐鳴珍字席之鳴玉弟癸未秋毋陳氏病會流寇入城衆奔竄珍獨侍毋疾號泣不去賊感釋之子淑嘉見卓行傳

馬宗昌邑庠生甲申鼎革奉毋馮氏避亂崎嶇顧養以孝稱長子登源有志略能救人急難次子之鵬別見列傳

盧逢蓋字維夏七歲孤毋朱氏守節病疫益呼天請代侍毋旁昏寐見神人可其請醒以語家人毋果愈益病戒子勿進藥曰幸神許代毋何以藥爲病亦愈享年八十妻魏氏以哭姑死子著以哭毋死孫次元妻不再娶

張文諭篤孝友樂善好施父疾籲天求代及卒哀毁踰

禮吐血數升人有急隨力周邺爲族中婚葬者十餘人同時先後篤行者有拔貢廖金聲歲貢徐文輝廩生黄蔚庠生熊賁來鄭鍋歐陽斌劉名鳳廖應榜及歐陽振葛嶸

張宗白字梅岑性友愛工詩畫書法從弟宗秀病淋欲絶以口疏膿血而愈所著譔見藝文志

周　柏居親喪廬墓三年

李曰瑚字介眉雍正癸巳舉人任鄖縣教諭能古文詞有義行

但開元字會宗乾隆壬申舉人性孝友家貧授徒於外所得館穀悉畀其弟作養親甘旨後任石首教諭石邑人士歸之稱道學先生

周天度字範成乾隆乙酉舉人能孝將赴禮部試行抵武昌旋憶父歸適父病篤歿得以親殮盡哀云

王崇學字遜亭乾隆乙酉拔貢讀書謹飭能爲經生家言鄉里皆重其行

李方溯字清輔性孝友父病脹吸臍通便病以痊母足偶跌進食餵哺兩居親喪廬墓斷葷三年乾隆三十九年建坊

黄恒滙字仲涵太學生事父孝其叔祖廸字名揚有義行康熙癸亥舉齒德廸任邑十三團約總恤貧救患給諒馬之鵬作白紵歌辭贈之至恒滙父病恒滙夜告

天刲左股肉和藥以進復效黔婁嘗糞父尋愈

李爲松字秀倫邑庠生父手爲蛇傷以口吸其毒母病疽亦如之乾隆四十九年以應試至郡城忽心痛曰必母病也急遄歸虎蹲路側弗之顧母見子歸甚喜病減娶王氏早卒終身不娶乾隆五十六年建坊

張吉兆字泥封乾隆甲寅歲貢事母孝居縣城未嘗以半刺入公門年九十卒子至徽歲貢有文行

錢　琦字崇道嘉慶戊午舉人官鄖縣教諭性灑落好施與尤篤友誼武昌陳中丞名中孚嘗爲文褒之

陳樹賢字見思嘉慶甲子歲貢性嚴毅而事父母則和顔盡孝居喪哀毁骨立水不少入口雖衰年必扶杖謁

先人壟號泣至失聲爲詩文必守先正矩度謙於學問
常抑抑然及于以私必面折也所著讜見藝文志

賀運梅字鍊冶嘉慶戊辰恩貢孝友好施與有學官劉
益隆借多金劉卒運梅火其劵且厚賻焉弟魁選字瀛
州乾隆己亥舉人能文與學士法式善爲忘年交先運
梅十餘年卒運梅撫孤姪如己子弟魁南字楚望嘉慶
戊午歲貢少穎異年十二補弟子員攻經學至老不倦
魁南次子斐觀字竹鈞嘉慶己卯優貢官八旗教習亦
能詩古文詞善星學

吳　濂字宮曾嘉慶癸酉副貢性孝友

章開瑞字禹倚叙職州同事母孝好義母余氏有淑行

開瑞禀於貲奉母命免典櫥衣被息者十年母壽至百
歲乾隆戊戌大旱同弟開元設厰三男女士民區別廪
賑其疾病老弱親爲調理自秋初至來春末止全活多
人至若立義學修橋梁以萬金計不惜也

文攀元邑庠生父病手足偏痿攀元左右扶持之不少
懈事繼母能得其歡心

馬光德字孔昭太學生性孝與同里廖潤修廖廷箴並
好施好善同里有宋修者生甫六日失怙恃廷箴撫之
成人著名理學

章應韓字亦山開瑞三子以廪貢任蘄州學正樂善好
施尤篤友誼工部主事陳詩序云亦山與人交渙若無
畦畛而潔清自好之士輒傾心相待無忤色亦無戲容
余以是知亦山之知人也至其友張薇軒老困窮旅寓
於江夏旋即世所遺兒女子無以自存亦山爲之嫁其
女而令其子歸故鄉　截錄他如輸助隄工經營橋渡又
同諸弟捐四千金以爲邑中鄉試賓興童試卷費御史
表銑贊曰上僑名區篤生偉人仁聲義質矯出風塵炳
炳贊舍懃懃絳紗既取秋實亦擷春華簪綬靡營綱維
是振施而不奢儉而不吝洪流保障忘私急公藝林高
誼一倡胥從匪鈞奇譽匪矜遠模善薰閈里和集門閭
宜昌厥後雛鳳音清惟德之報歸於立誠弟應勛字心
唐濟人利物設涼亭一修石橋五置義田二施棺三十

年既又以邑無考棚獨捐建費八千餘金邑禮部主事
馬麗文序云蒲自建縣以來童試皆在縣署坐位維艱
扃門之頃倉皇失措一遇風雨則擁擠林立數百年來
竟無一人爲廣廈庇者心唐獨慷慨以身任成從前難
成之舉也

周麗金字得原道光辛巳恩貢事繼母孝有堂兄武陵
失業自蜀歸麗金析産與之教授里中貧寒之家多不
取修脯

丁　師車埠人家貧性孝日辦肉一斤養父母自食粥
後遇流賊死先是蜂兒嶺下田長苦旱師劃土作堰以
溉每夏秋蓮花蒲塘藕節可食人目之曰丁師陴

李繼新字鼎衡歲貢少游宋修門篤信謹守動不踰則
母貞疾躬親湯藥服待罔懈閏卒之前一日夢修贈句
没時面如生
田登榜庠生親没廬墓三年
龔楙傳庠生事母以孝聞母没廬墓三年
葉占鰲善事繼母
程文謨母早逝事父以孝聞
祝經常家貧仲昆患癱瘓疾調護不遺力族黨賢之
劉有貴喜施予拾金不昧
王　佐母患癱疾佐離内室伴寢服侍歷久不渝
周用直事母謹

李尼紹事母孝嘗外出聞母病奔歸夜遇虎並道行數
十武不爲害母没廬墓三年道光十七年詳請祀忠孝
祠

蒲圻縣志

人物八　隱逸

隱逸

漢

歐陽炯和自長沙官同兄繼儒卜隱鳳山監今縣署即
其與驂氏故址也

明

燕遺民字逸德號空谷老人累以賢良徵不起時獨往
深山碧澗間嘯歌終日興至則濡毫揮翰逸氣浩發眞
隱者也
龔乾瑞字汝賢良傳子嘉靖丁未貢爲覇州同知涖任
一日即辭官歸濟困匡無觴詠自適子菜本附見良傳

傳未有隱德孫逢烈見藝文志逢堯以明經爲萬士
龔乾曜瑞之弟隆慶壬申貢不仕居家謹厚撫孤姪成
立子梴能文補諸生即絶意進取精養生家言娛情山
水孫逢祥見藝文志其餘若偓若逢璧逢顏逢旦及瑗
俱有軼行璧子維三孫琤見藝文志
祝肩壽字以介邑庠生尚氣節鄉里有爲不義者輒曰
祝公得無知乎其見憚如此

魏

宸博學工書晚耽二氏學結菴繙誦無疾終
魏式國韶之孫遭時變隱姓名爲江西寧州寺僧家人
覓之不得居歲餘詔門人劉同升知其踪以書迎老歸

肄業雪峯寺中後補弟子員卒年八十八

黄門相號龍躍其先豫章籍庭堅之後以洪武三年避亂居蒲新店後遷鳳山既而讓其宅為驛而自居城内之薊驛廢而釐復還官田同妻鄭氏出入耕鑿家食粗給比諸子成立析食門相惟日徜徉鄉而親黨間癸未秋獻逆蹂縣所過壓闔門相抱惹君鄉不克從避賊渠至戒不得入室謂其僕曰我雖作此行徑甚知好歹女家素好人也與其僕作禮而還子中遍任鹽亭知縣後補郡邑門相贈如子官

宋嶸魁字文可號惺軒萬曆甲辰進士授行人累官河南知府醇謹有氣節因福藩就封不堪騷動以親老告

歸杜門自適絶跡造請

何冲然字湛真思登孫博涉經史長古文詩歌三十餘始補諸生傲然不屑也飲酒豪放有劉阮風

雷　鶯號百里持身端謹勉人為善多指報施往事相勗聞者悚勸子御龍字鬐望崇禎乙亥拔貢歷官多政績

李正蔚田有年周維新熊　崑俱庠生萬啟明魏　崙

汪應華鄧明崑葛蒙校何凝思皆舉鄉飲賓王志所載舊志

國朝

黄鳴鐘康熙丁卯貢負奇嗜酒將終前數日策蹇辭族友期命子煮香湯沐浴盤坐延壽寺以卒

彭大章康熙壬申貢性友愛好讀書不仕倡建心山社同庠生熊纘武庠生馬履昌濳之砥隱居其中講學敦行同將先後恩貢熊毓南庠生程伊傳彭祖武李闢地唐有恒庠生周天垣熊必俊何佳然俱以文行隱

陳　岱字宗五庠生以齒德舉鄉飲賓其後舉者有田應元吳仕崇張蕤賓周日春盧仲懷熊裕古文勝崧馬世圖梅文銓李成勛盧義先魏方孔彭應勅劉天錫黄道日彭哲人魏承國王志

魏熙達字爵一南鄉團人嘉慶二十五年建百歲坊壽至百有六歲

熊巨侯原名自瑚楊林團人壽百有一歲五代同堂

高學泰字安舒楊林團人壽百歲五代同堂

周占魁馬均團人年九十四見元孫三五代同堂

劉自勉順治三年知縣張蘇舉鄉飲正賓給匾錫箕疇額

鄧啟新郡庠生謙厚質樸事親維謹嘗作戒訟文儆世

熊德顯與弟德達相友愛龐眉皓首無間言同居四世食指至六十餘人

周順延熊夔飛同里相友善均力學不倦古道照人側得貢明經以兵燹廢試期未及給照先卒

熊文楚性嗜學至老彌篤遺有金印山房集

覃勉南壽百歲元孫正治歲貢

張銘祖嗜學未遇晚年猶手不釋卷以詩酒自娛遺有怡雲堂小草人子寶鑑錄

魯又連性和易有報本錄棗遺草焚餘草貽後

任在明性恬淡蚤喪偶子一義不再娶壽九十餘終

石硏周年八十四五代同堂

魏倫元年八十六五代同堂

徐雲翼少從宋脩遊束身禮法獨奇鍵戶耽讀至老不倦子炳貽

陳　濤字少峰庠生性狷介居城市不事干謁生平著作甚夥惟稀年草尚存

黃錫穰邑庠生壽百有七歲

蒲圻縣志

人物九　仙釋

仙釋

晉

葛洪號稚川晉時人以勾漏出丹砂求爲令修煉服食後棄官遍遊名山尋羽化處及邑了磬山距山十餘里復有山對寺競秀因棲眞其上卒仙去故人稱爲黃葛山以會有黃眞人居之也上有劍池丹竈其水淸冽異常飲之能愈宿疾前有令見朝禮者驛繹隴呼聲動山谷恐不便地方因塞井平竈山空日暝時聞有棋聲

唐

劉元靖武昌人爲道士師王道宗道宗仙去遂感悟遊名山入南嶽峻峯鑿石穴以居絕粒煉氣唐敬宗召入

思政殿問長生術尋放歸武宗復召入禁授法籙賜號廣成先生還山宣宗時忽天樂浮空而去惟存杖履焉舊傳訪道南嶽偕徑吾蒲就玩山水者積歲故洋泉有仙人洞仙人橋皆劉之遺跡云

明

歸玉崖元末隱者精形家言著名江湖明初時上徵御聽因落髮一瓢一笠遊至蒲圻常趺坐上方靈鷲二寺精通釋典卒瘞鳳凰山下毎淸明時寺僧鐃鈸鼓吹送墓

王　玉號荆山道人蜀人也少慕冲舉遊至郢上遇一黄冠羽衣翩躚因從遊奉掃除之役棲龍牙山山即蒲金紫峯八乃棄去之玉山洞洞在蒲郭外之鳳凰山山側有燕巖龍洞遂定居焉廖太史鳴吾嘗題其上云燕巖棲竹日龍洞貯蘿煙即其處也後道人降箕輪筆飛動詳書遇師棲洞及廖詩因知之

國朝

楊易生本縣人游江漢間自言年已百歲誨人以修身明道之學旋游太和未幾即返曰山中人具殺機不可與處別結茅以居絶粒啖泉日一勺久之端坐而逝酷暑三日面色如生

太元永蘭寺僧本縣人少入空門恪守禪規茹素終身死之前期戒諸法嗣於次日更衣羅拜趺坐敲木魚誦經而逝

人物十　流寓

流寓

宋

廖正一字明略德化人徙居蒲圻（一統志）安陸人元祐中除秘書省正字紹聖初入黨籍貶監玉山以卒（東都事略　湖廣總志作京山人）

陳求道字得之咸寧人登進士第靖康間判都水監朝議二帝出郊請和求道力爭不聽金人立張邦昌下令在京官不朝者死求道稱疾不屆先是陳留河決漕輸不通開封尹宗澤命求道治之七日盡復故道建炎四

年命為襄鄧隨郢鎮撫未行寓蒲圻龍堂僧寺招撫劉忠叛奉求道為主求道正色厲辭賊怒殺求道妻蔡氏及二子符佺必欲從己求道罵愈厲賊研其口拔舌斷之獨符子凱竄於山谷得免賊退始得求道屍瘞於與陂（宋史本傳）

趙葵衡山人寶祐三年鎮荆湖城荆門及郢州（湖北通志　府志趙方傳方封長沙縣男後寓蒲圻開第於城内傍隱坊子四人董薿范葵）

明

黄師魯字希聖號清河道人其先自桃溪徙居蒲慕山谷太史之風遇佳山水輒吟咏忘返精篆籀風韻飄逸洪武初辟為崇陽訓導（舊志　湖廣總志湖北總志俱作崇陽人）

唐岳 許師儒傳

傳卿字獻卿福建莆田籍本縣人嘉靖甲辰進士官至廣西僉事坦介不阿義篤梓里丁艱歸哀毀踰禮以孝稱

人物十一

列女

秦寡婦清始皇爲築女懷清之臺史遷傳之貨殖班氏譏之而傳列女又多採擷淑行而鄉里小民淑行絶少表見惟守節歷數十年苦甚蓮心艮堪憫焉至若事親及夫病多有刲臂股以和藥者亦孝誠所積發不可泯也今並登之而貞淑壽婦附綴於中志列女仍舊志

元 見通志者四人

費氏何槐孫妻宋諫議師古曾孫女夫病幾殆刲臂和藥

劉氏王蘭孫妻年二十六子德俊纔六歲德原生六日而蘭孫亡姻婭欲嫁之誓死不二撫二子成立至正壬辰兵起蘄黄蹂躪鄉邑二子奉母周全獨完其宗人以爲貞節所感

宋氏黄開妻開早殞誓不再嫁節操貞白以上壽終

宋氏魏雲瑞妻祭酒魏觀母宋濂爲勒墓銘

明 見一統志及通志者三十八

黄氏魏銘妻無子銘別娶丁指揮女爲繼室指揮後知之亟携女還黄追至途懇請讓丁正室而己爲副

左氏王允茂妻元季兵起茂避亂氏備歷艱苦及寓黍

年茂卒於官子愷年甫九齡邵武衛官吳某欲娶之矢死不二扶夫柩反子愷有傳

任氏連輔妻守慶貞年二十適輔閱七月夫卒撫遺腹子芳以明經任射洪訓皦日之操六十年如一日

曾氏但勝聰妻適聰二載聰卒遺孤方七月守節六十年宏治中舉貞節

魏氏廖賓南妻適賓南一歲而寡氏甘貧奉姑立侄爲嗣守節六十年

趙氏謝存憲妻二十五寡撫孤謝三誥又卒趙偕嫠婦龔氏紡績甘貧誓死守節嘉靖中　旌

徐氏王世廉妻姑病侍湯藥不櫛沐溲溺皆親承之年

二十五夫疾篤欲以身殉時子艮讓在妊夫勉止之夫卒撫孤勤苦成名官至眞定判以子貴

余某妻戴氏

金氏謝師彥妻彥舉進士卒於京年二十子纔生數月金殞欲絕撫孤四十年得　旌表

楊氏劉熾妻熾人道不通楊事之數十年無怨夫喪哀毀飲食必奠如事生二婢感其義年四十餘亦不嫁萬歷三年　旌表

謝氏黃祐妻年十六適祐祐卒撫孤有成復夭一孫又夭子婦何氏孫婦魏氏俱二十而寡嫠居三世俱有節操

鄧氏熊正模妻事姑謹生子甫十歲而模逝有奪其志者鄧氏斥之謝侍御師啟爲譔傳任郡丞文定譔誌銘

張氏魏方昇妻年十八昇卒事姑勤孝貞操不渝年三十五卒

余氏龔寀妻撫嗣侄奉姑七十三年

屈氏庠生龔維翰妻寀孫媳年二十守節撫孤

謝氏庠生龔理妻維翰媳守節清白盆一家三節焉

黃氏但維城繼妻萬歷間舉貞節

田氏郭立本妻年二十寡奉姑守節四十年

姚氏謝自强妻夫卒無子自經死

周氏劉觀妻妾張氏以雙節稱

魏氏劉元妻二十五寡守志

魏氏庠生曾曰忠妻年二十守節

王氏譚廷玉妻年二十五守節四十七年卒邑令曾栻旌之

謝氏魏植國妻名三淑年十四獻逆屠城爲賊所獲罵賊奮躍方塘而死

朱氏黃宸妾宸卒朱甘貧養嫡鄭氏及遺孤勤苦無怨嫡卒營葬盡心

蔣氏廖秉文妻

明　除一統志通志外見府志者一人

魏氏鄧日華妻華早卒氏苦節三十餘年邑令林贈志

旌獎

明　除一統志通志府志外見舊志者六人

黄氏廖俊妻有淑行

黄氏胡堯元妻有淑行

鄭氏謝三訓妻以子師啟封孺人邑稱賢母

鄭氏何思登妻封宜人有淑行

饒氏謝元觀妻元觀贅於饒姑病饒衽侍湯藥衣不解帶者累月祖姑十年未葬解糚奩安厝之年未三十卒邑令曾栻申請督學　旌表

魏氏庠生鄧顏繼妻前畢氏生五子魏亦生五子恩勤前子過於所生至鬻己子所分產爲之畢婚佐治內外禮法肅然子鳳池中崇禎庚午鄉試子孫在庠者十餘人舊志補遺

國朝見一統志及通志者四十六人

陳氏庠生程呂中妻夫亡家貧苦節饔飧不給子拾遺金歸亟令待其人還之雍正五年建坊

朱氏盧聯瑞妻年二十七夫亡子幼遭明末亂負繼姑避難年八十三卒雍正四年建坊

但氏覃則敬妻則敬赴義拒寇歿於兵氏聞之欲投河死姑知其有娠嚴防之彌月生男教子成名守節四十年

陳氏熊贍渭副室年二十六守志以其莊田牛馬予嫡所生三子自取薄田三十餘畝爲饍後嫡子皆貧氏仍析產與之

周氏馬俞妻年二十寡值鄰饑累穀千石盡散賑不責償

王氏熊大來妻妾劉氏長媳徐氏次媳周氏孫媳李氏孫妾陳氏長孫媳魏氏皆能守志蓋三代七節焉

劉氏張瑾先妾年十八歸瑾光卒守志不渝舉子一年八十卒

沈氏張逵兼繼妻十五歸張未幾寡氏守志善事其翁長子漣早喪妻熊氏無子守節至四十歲卒次子淡列邑庠亦早卒

賀氏張逵可妻年十九夫卒子幼多疾氏禱於祖子果愈女張氏沈援妻歸沈三載沈卒守節事姑孝初女侍賀側以孝聞賀教之復以節問賀曰此惟守節者知之自是女亦以節顯不愧於其母云

任氏熊朝宗妻二十七寡二子俱幼康熙戊辰夏逆猖獗伯欲奪其志氏聞之自縊鄰戚救之乃止卒年八十

熊氏孝廉黄鳴陽妻勤儉孝敬自舉一子蘅夫側室二子如己出甲辰姑病劇晚侍藥餌累月不寐積勞成瘵忽僕地卒

楊氏黄蘅妻居江夏蘅贅其家姑卒氏越三百里奔赴喪黄家世清白喪具從節省氏力主循禮觧佩環售之

又出資奩作佛事追薦其姑後歸踰年卒
魏氏邑庠曾恕宣妻二十七寡姑在堂子士雄方三歲會寇燬家氏携子避兵黄蔼山與姑相失姑渡沔陽卒氏尋得之罄衣斂扶柩歸行至黄蓋湖風作隣船飄没氏伏棺號泣呼天曰寡婦死耳姑柩與兒何罪禱訖而風息舟得不覆
楊士雄母某氏
劉氏余開熙妻少歸余事姑謹隆師教子年四十六卒
魏氏舒春野繼妻前妻子有齒過於氏者有年相敵者氏綜家課子循循有禮法舉所有產悉以畀前妻子後氏子舉孝廉

余氏龔良楨妻
劉貞女
陳氏雷元聲妻二十四寡翁姑念氏年少家貧勸令改嫁氏剪髮矢志守節三十年如一日
舒氏余應試妻年二十餘夫喪守節五十餘年二子垂白怡怡堂下
余世楚妻吳氏
任氏張蓬偉妻年二十五懷孕而孀彌月生子值夏逆亂撫孤臨柩痛哭解粧奩購地就葬乃避兵今建坊入祠
魏氏祝日旭妻

汪氏滌交若妻
鮑氏吳學泮妻
劉氏張開若妻
王氏熊方贊妻
余氏陳祥宇妻
徐氏張甫妻年二十夫喪矢志不二事舅姑如禮後二子俱早亡遺腹一孫與媳程氏同撫育食苦茹淡以終其操
王氏徐渭占妻年二十四寡家貧乏嗣事舅姑力供甘旨不缺
楊氏張作霖妻

李氏懷遠將軍但起鄉妻年二十四寡媳彭氏年二十三寡姑媳守節
石氏龔世鄉妻
鄧氏楊紹爵妻
朱氏王培基妻
蔡氏任某妻
國朝除通志外見舊志者六十三人
姑媳節婦余司楚妻吳氏媳熊氏康熙戊辰值夏逆變吳携子同隣女避兵巖穴中時多虎鄰女畏而啼其媳吳以兵未退辭焉次日其弟尋至山見虎伏巖側吳毋子端坐無恙又火延其室吳冒火捧考妣暨夫木主出

媳熊既寡其父母欲奪之感吳訓矢志吳於雍正八年建坊

劉氏周日監妻年十九寡無子事舅姑孝立姪爲嗣

黃氏李仲純妻純性敏氏勸之勤學純早殞氏年二十八無所出舅姑命立叔孝廉之次子大泌繼夫後撫摩鞠育如所生泌復早世媳宋氏亦年二十八而寡與姑同節生二子長光松次光梓俱成立

吳氏宋孟甫妻年十八適宋生一子甫五歲孟甫亡氏年二十四事其姑舒氏生養葬祭盡禮壽八十六

馬氏徐美大妻年二十七歸夫卒於京一慟而絕越三日復蘇姑王氏勸曰汝從夫死固宜吾與孫襁褓兒何依

氏遂忍死唯姑命自是朝夕紡績縞衣茹素六十餘年

龔氏舒黃宰妻時丁吳逆亂明年五月宰客洞庭賊殺之氏年方二十父欲奪其志婐至大詈而退翁姑俱失明氏左右扶掖以終天年喪皆無失禮年八十卒

詹氏龔榮伯妻苦節四十餘年初榮伯偕明季亂父喪未葬母熊氏在堂榮伯歿家貧歲歉氏謹事其姑以終力葬三喪無遺憾子二長世成以其先世鄉賢爲奉祀生

劉氏歐陽世生妾世生年六十乃娶舉一子世生歿氏與嫡勤儉持家使子得專志讀書以成名

劉氏周日監妻監甫弱冠卒生一女無子舅姑皆年老氏勉奉甘旨立姪哲夫爲嗣

邱氏雷特圭妻年十六適雷特圭以苦學成疾氏每焚香祝以身代氏送之壙求旁穴共瘞或啖其迷明日氏往溺母與姑急拯之得免數日氏乃私用緘布密縛肢體奔投狂流家人不及救駭聞數里得屍於雷家橋上灣合手若揖特立猶生時年十九

王氏鄧大聲妻氏年二十四而聲卒舉子虞佐纔六歲氏撫鞠歷千難百折以奉其姑事葬中禮六十四而終

胡氏庠生汪世琦妻既歸六年舉一女而夫卒氏嚙指流血以示信乃以夫遺書教其繼嗣汪昌昌食餼而殀又撫登登亦亡

楊氏陳六御妻二十四歲夫故生二子長三歲次僅七日氏撫之成值歲歉姑病割股以代湯藥

徐氏庠生程應中妻二十三歲夫卒子二齡次子尚在腹氏誓不二紡績以爲活

駱氏張海塘妻二十而寡子女俱無居樓焚香祀其夫像年五十卒

王氏張萬資妻二十七寡剪左手指肉焚鑪內誓不再嫁無何子又殀孫方五歲撫育孤孫復極勞瘁云

錢氏龔季宿妻年二十一季宿早世守志不渝一子甫三歲躬紝以教乾隆二年建坊

吳氏郡庠生沈偉妻十六歸偉婉娩勤慧生子中乾未

週而寡及子有室不踰年卒氏立嗣事姑年六十七卒
馬氏庠生劉紹崑妻曉文知書二十二而寡子生逾歲
氏持齋四十年堂上嫡庶三姑善事以終
張氏汪聖錫妻二十七而寡子德甫二歲家貧奉舅姑
命甘旨必盡年五十九卒
余氏但錫九妻二十而寡生子椿至三歲有足疾氏艱
辛撫之歷五十餘年卒
吳氏汪道重妻二十二夫喪遺孤一矢志五十餘年
談氏鄧之逵妻年二十五寡長子幼氏勤紡績事姑嫜
養葬盡禮守節三十餘年
袁氏李增桂妻桂力學攻苦搆病卒氏年二十三子二

幼嫡庶姑俱年老氏勵志苦節事姑數十年不懈
張氏何世祥妻二十五寡子幼善事姑氏命僕耕田數
十畝以奉先祀督子讀書鄰里有急輒應之
張氏徐宣昭妻年二十三而寡生一女無子初宣昭以
宦後家貧親喪父招之贅踰年氏請於母廬於隴以
奉公姑之養宣昭以客於外及歸卒葬屋旁日夜悲咽
諸兄弟仍還諸室氏不從
賀氏張杲妻其母無子守志及十九歲母招杲來贅氏
以老舅姑未得事乃隨夫歸其母以年老故復命往生
子二氏二十七守節歷數十年
李氏何容安妻紡績以養姑鄉里矜其貧貽以鹽米辭
不受曰無勞而獲身之災也
李氏歐逢鳳妻二十二寡生子一謹事公姑鄉里稱孝
歐氏張隼妻性敏少識書算年二十二而寡生子一苦
志撫育以紡績營夫葬族里有不能葬者脫簪珥周䘏
之
周氏洪羽皇妻年三十二夫死氏撫孤事翁媼躬紡績
備歷艱辛
張氏覃宏諧妻二十五宏諧喪子僅三歲撫之成立子
三十而卒乃值衰暮鞠摩其孫尤極劬勞
姑媳三節者周氏李達遜妻生二子年二十四寡紡績
織紅以育其子長媳陳氏孟乾妻年二十六而寡孟乾

臨危時囑曰汝無舅姑并無子息可隨汝志氏泣曰誓
死不二次媳孫氏澤廷妻二十八而寡生子二俱幼氏
守節不渝
李氏余映極妻寡言笑二十六寡無子立族姪爲嗣
謝氏庠生錢震揚妻年十八歸錢夫亡氏悲啼幾絕隨
出釵佩以供夫葬具囑與夫同塋亦遂卒
魏氏滌昌明妻三十二夫死壽至百有二歲媳汪氏年
少喪夫以苦節稱
舒氏適王姓居方橋圍十九守節事姑孝教子嚴年九
十卒鄉里稱之
項氏適馬姓二十守節居劈精園教子有法

涂氏唐有華妻年十七聞夫病願歸唐奉藥餌父母許之歸三載夫喪氏對棺封髮矢死靡他勤紡績自食其力

謝氏庠生王洪宇妻年二十五寡苦節自勵善事舅姑

尹氏熊之桂妻桂早卒氏斷髮毀容日夜悲號成疾越二年亦卒

汪氏漆啟曜妻年二十四寡事老姑謹撫子成立守節五十一年

宋氏鄭尹公妻以夫體弱恐不永年爲備側室期早子旣而宋氏舉兩子側室生一女及尹公歿宋與側室俱守節後二子俱列邑庠

三世六節婦者龎氏廖憲臣繼妻年十九寡無子守節終身何氏憲臣胞弟庠生廖師臣妻年二十五無出勸夫納妾張氏張生子一未及二年夫喪同志守節子駿生列邑庠娶潘氏駿生卒氏年二十有五撫子三長金聲拔貢生有傳雍正五年與姑何氏張氏俱建坊其次媳季氏宗誤妻年二十四寡立金聲之四子爲嗣祧憲臣師臣之胞姪應機妻魏氏亦少寡守志全孤乾隆二年建坊

錢氏黃進公妻事姑至孝夫早世訓子艱苦畢歷乾隆二年建坊

丁氏余堯章妻年二十六寡子甫半歲事公姑甘旨無缺及死葬祭如禮

鄒氏徐櫺妻年少守節艱苦彌貞雍正十一年建坊

張氏王首山妻年二十四喪夫事寡姑謹教子有法

陳氏馬漢妻漢卒氏撫遺孤越三年孤又死父母欲奪其志氏覺赴宅後新塘死

胡氏江鳳文妻鳳病篤與氏永訣曰吾死後若可改適氏悲憤曰請先死以報君遂赴水死

周氏李日孜妻孜遠出氏獨居有無藉龔某者窺室少艾輒往挑之氏詬厲不可犯一日氏往同巷借茗具龔尾其後伺左右無人戲以手捫其乳氏號哭奮罵歸遂赴池水自溺死事聞置龔於法氏循例得 旌

姚氏周應和妻性貞靜事翁媪孝夫病時語氏以服闋當嫁氏聞言欲自引裁夫力止之夫氣將絶氏長號結束衣履赴池水先死

余氏王艮聰妻性溫惠喜施與年逾六十夫没子喪媳馬氏守節念城北河浮橋爲南北通衢捐田十石零七升呈劵縣官收租穀爲歲修費總撫盧大中丞結領惠濟嗣徽區額表之

淑行見勞志者二人

余氏章開瑞母開瑞自有傳余性淑嘗囑子貧人與棉衣被免息十年又穀出糶照市價平減百錢定爲家法

汀泗圖

徐氏生員謝標妻喜施與事繼姑孝標好客樽酒不空
氏親烹調叱嗟立辦不任奴婢　官田圖

貞女見勞志者十一人

貞女聶大姑幼許張以忠子聞訃趨夫家守貞三十七
年卒雍正年　旌表　新店圖

貞女楊四姑鮑紹棠聘室未于歸聞訃即往夫家守貞
卒嘉慶十年　旌表　南勲圖

貞女葉慶姑邑耆葉大模女龔新玉聘室方字之年聞
訃趨夫家守貞卒知縣彭題其里曰貞里勒石道光元
年　旌表　城厢圖

劉順安女許配何某未于歸何卒欲往服喪父母阻之
旋自裁死邑令陳額獎　官田圖

貞女龔八姑龔勉亭女初許石某石卒女志守貞母再
許葉疇年十八自經死　汀泗圖

貞女沈安姑許配葉開哲哲故奔赴不欲生旋投繯卒
邑令丁額獎　汀泗圖

陳一姑王廷佐長子聘室十六未于歸夫歿聞訃往夫
家守貞四十七年卒年六十三　洋泉圖

李大姑配周廷佐子十六未于歸聞訃素衣奔夫家拜
謁舅姑辭歸自縊與夫合葬　城厢圖

張氏許配滌開登未于歸開登故氏聞適滌守貞將六
十九　安豐圖

貞女方一姑幼配陳某未于歸夫外出守貞八十餘年
池江圖

貞女金九姑幼許字孔毓惺惺外亡女聞登樓自縊學
政王額獎

貞婦見勞志者一人

尹氏嘉魚尹紹梁女能詩許魏可卿婚有日矣未及期
可卿死尹聞慟哭自經死遺囑與可卿合葬嘉蒲兩縣
迎送者百人　斗門圖

守節已奉
旌表見勞志者

談氏鄧之通妻二十五守節卒年五十六雍正十年

旌

魏氏生員廖應機妻二十六夫故守節四十九年乾隆
二年　旌　斗門圖

魏氏生員祝日昶妻二十四夫故守節四十九年子其
杏進士有儔乾隆三十九年　旌　斗門圖

熊氏程望隆妻十七于歸未期夫逝舅姑憂鬱成疾氏
侍湯藥稍間服闋卒嘉慶四年　旌　城厢圖

魏氏黄占魁妻二十三夫故守節五十八年卒嘉慶十
四年　旌　城厢圖

汪氏宋日永妻十九守志嘉慶十四年　旌　洪山圖

王氏徐珍妻節孝撫孤嘉慶十五年　旌　石坊圖

張氏徐鍾嶙妻夫故守志嘉慶十六年　旌　石坑團
彭氏李懋鳳妻二十九守節卒年八十二五代同堂嘉
慶二十三年　旌　城廂團
鄭氏王裕選妻二十三守節卒年八十二嘉慶二十年
旌　城廂團
王氏徐棠文妻夫故守志道光元年
徐氏魏錫珖妻二十六守志時年七十有一道光五年
旌　石坑團
徐氏石咸吉妻二十九守節卒年七十六道光八年
旌　城廂團
陳氏張霞東妻十八守節以夫弟渭川子爲嗣卒年六

十有一道光九年　旌　方橋團
張氏周明瑶妻十九夫故嗣姪不永年同媳某氏守節
道光十年　旌　土橋團
熊氏汪世綱妻二十九守節時年七十有三道光十年
旌　南勲團
馬氏龔掄升妻二十四夫故守節五十九年教子成名
道光十年　旌　城廂團
陳氏聶其元妻二十三守節時年八十道光十五年
旌　新店團
吳氏監生陳兆鴻妻二十九夫故守節二十三年道光
十六年　旌　城廂團

結報守節見勞志者　嗣奉旌表者編入續志
龔氏馬宗祿妻二十九守節卒年六十六邑令彭額獎
城廂團
何氏張獻奇妻二十六守節卒年七十邑令彭額獎　城廂團
袁氏羅舜州母二十六守節卒年七十五邑令彭額獎
城廂團
馬氏葉溶南妻二十八守節事姑維謹教子有方卒年
七十一　城廂團
馬氏王杏傳妻二十五守節卒年七十九　城廂團
錢氏陳兆騏妻十九歸陳五月夫故守節十年檢夫手
錄南華經兩卷一慟而卒　城廂團

萬氏盧兆杏妻二十五夫故守節卒年六十七邑令
額獎　城廂團
李氏胡掄秀妻二十四守節卒年六十三　城廂團
王氏張傳忠母二十四守節時年七十學政額獎　城廂團
鄭氏游應榜妻二十六夫故守節五十六年時年八十
二　城廂團
李氏陳蒓甫妻二十夫逝守節六十五年時年八十五
學政初額獎　城廂團
鮑氏吳世綖妻二十四夫故守節五十年時年七十四
城廂團
盧氏廖有秩妻二十八守節時年六十七方令額獎　城廂團

皮氏朱天茂妻三十二守節時年五十九 城厢圖
李氏黄宏瑞妻守節卒年五十六邑令安額奬 城厢圖
鄭氏龔心元妻二十五守節時年五十 城厢圖
楊氏庠生游登雲妻二十九守節時年五十 城厢圖
張氏生員熊晦之妻二十餘守節卒年八十四邑令丞
額奬 城厢圖
鄭氏鄧俊南妻二十一守節卒年六十五 城厢圖
張氏庠生曾用方妻二十四守節子淳仕參軍誥贈孺
人卒年七十二 城厢圖
徐氏周斗垣妻二十五守節卒年六十二邑令彭額奬
城厢圖

龔氏周順時妻二十二守節卒年五十一 城厢圖
鄧氏趙文祿妻二十九守節卒年六十九學政王額奬
城厢圖
余氏陳松林妻二十五守節時年六十四 城厢圖
鄧氏曹應瀕妻二十四守節卒年五十五學政茹額奬
城厢圖
陳氏游正椿妻二十一守節時年六十六 城厢圖
徐氏張至敬妻二十八守節時年六十 城厢圖
石氏周天東妻二十三守節卒年六十歲邑令王額奬
城厢圖
鄒氏魏銜勲妻二十八守節時年七十學政額奬 城厢圖

鮑氏王艮誥妻二十七守節卒年七十八邑令靈額奬
城厢圖
賀氏錢汝陵妻二十一夫故守節六十六年邑令何額
奬 城厢圖
王氏劉宏勛妻二十四守節王憲額奬 城厢圖
胡氏羅平一妻二十三歲夭故守節三十七年學憲朱
額奬 城厢圖
丁氏庠生曹承參妻二十五守節其族譜載不決姑棺
逐漲尋獲邑令王額奬 城厢圖
孫氏黄芳貫妻二十三守節時年七十學政王額奬 城
厢圖

但氏羅樸臣妻十九守節卒年八十四學政王額奬 南鄉圖
吳氏魏朝安妻二十九守節卒年七十七 南鄉圖
吳氏石應寗妻二十守節時八十有五五代同堂 南鄉圖
何氏張朗山妻二十四守節孝養無虧勤儉撫孤卒年
八十餘靈令額奬 南鄉圖
黄氏李清甫妻二十五守節時年七十一 荆沙圖
湯氏宋榮錦妻二十六守節撫子成立時年五十九學
政王額奬 荆沙圖
鄧氏李明甫妻二十六守節時年五十七學政王額奬
荆沙圖
王氏監生周明琇妻二十五守節卒年五十六 土橋圖

李氏周廷行妻二十二夫故守節三十四年時年六十一 土礄圍

李氏周明琦妻二十二夫故守節三十八年時年六十 土礄圍

馬氏魏增旦妻二十八守節時年七十六 土礄圍

徐氏周國才妻二十三守節卒年八十四 土礄圍

田氏周廷衛妻二十六守節卒年六十一 土礄圍

周氏徐光輝妻二十八守節卒年七十九 土礄圍

丁氏周廷椿妻二十七守節時年四十九 土礄圍

談氏王弼士妻二十六守節卒年五十一 土礄圍

魏氏徐鍾涵妻二十四守節卒年五十八 石坑圍

劉氏徐本亨妻二十三守節卒年五十七 石坑圍

魏氏庠生張兆進妻二十八守節卒年八十 石坑圍

一門雙節吳氏張兆文妻二十五夫故奉姑守節年九十卒李氏張兆標妻即吳氏同胞弟媳二十五守節年九十六卒 石坑圍

魏氏梅逢源妻二十九守節時年六十六 石坑圍

梅氏徐本培妻二十五守節時年六十有一 石坑圍

梅氏徐兆涵妻二十四守節卒年五十學政王額獎 石坑圍

沈氏梅南森妻十九喪夫撫孤未三載子殀投魯塘死 石坑圍

田氏梅朝紳妻二十三守志卒年六十媳徐氏與姑屬節 石坑圍

袁氏張至晟妻二十守節時年六十二 雙坵圍

黃氏蕭占元妻守節三十六年時六十有一彭令額獎 洋泉圍

袁氏馬效昶妻二十八守節時年七十一 大貴圍

葉氏周士耀妻二十夫故投繯卒 大貴圍

劉氏馬壁璜妻二十守節孝養撫孤卒年五十 大貴圍

劉氏葉先栢妻十九守節時年六十 大貴圍

周氏顏魁選妻二十八守節時年八十 大貴圍

吳氏馬榮臣妻二十二守節卒年七十三 大貴圍

余氏田正順妻十九夫故投河死 大貴圍

徐氏劉月亭妻二十五守節時年六十 大貴圍

田氏葉御昭妻二十八守節撫孤成立卒年七十八 大貴圍

鄧氏葉星宇妻二十八守節善事繼姑時年六十五 大貴圍

劉氏葉郁章妻二十一守節善事祖姑時年六十學政吳額獎 大貴圍

徐氏王兆貞妻二十八守節時年六十二 大貴圍

涂氏洪澤安妻二十三守節時年八十四學政 額獎 官塘圍

單氏涂又華妻夫故七日投繯卒邑令鄭額獎 官塘圖
洪氏修宏孝妻二十四守節時年五十八 官塘圖
姜氏盧位天妻二十二守節卒年七十三 官塘圖
周氏葉廷美妻二十九守節卒年七十四 汀泗圖
劉氏葉廷華妻二十八守節卒年七十三 汀泗圖
李氏龔心善妻二十五守節年踰七十 汀泗圖
唐氏石應相妻二十六守節卒年七十六學政王額獎
汀泗圖
李氏葉興進妻二十九夫故生子僅五月守節四十六
年 汀泗圖
周氏葉大文妻二十七守節卒年七十 汀泗圖

劉氏謝祖悌妻二十三守節卒年三十二 汀泗圖
王氏葉天傑妻二十二夫故撫遺腹子守節四十三年
汀泗圖
張氏監生章鵬盛妻十九夫故守節四十三年學政吳
額獎 汀泗圖
章氏龔心昌妻二十九守節始撫孤子繼撫孫採學政
王額獎時年八十 汀泗圖
李氏章逢盛妻二十夫故守節四十二年督學朱額獎
汀泗圖
魏氏田六長妻二十二守節卒年八十二 大田圖
李氏田逆年妻守節三十餘年卒年六十二學政王額
獎 大田圖
賀氏李器周妻二十一守節卒年七十二學政王額獎
大田圖
鄭氏任宗展妻二十七守節卒年六十 大田圖
宋氏劉茂林妻三十守節時年六十八 大田圖
田氏黃榮爵妻二十六歲守節卒年六十六 大田圖
田氏鄭天桂妻二十六守節卒年八十四 大田圖
徐氏王兆貞妻二十八守節訓子成名時年六十二 大田圖
李氏鄭以貞妻二十二守節時年七十一 大田圖
任氏劉文照妻三十守節時年七十四 大田圖
李氏馮良臣妻三十守節時年六十四 大田圖

宋氏李燦公妻二十守節卒年六十七儒學額獎 大田圖
理氏李方州妻二十四守節卒年五十三 大田圖
但氏李茂生妻二十三守節卒年六十四媳彭氏二十
五守節卒年七十六 大田圖
李氏姚樂平妻二十歲守節卒年八十二 大田圖
黃氏賀大才妻二十四守節卒年六十 來山圖
李氏周天鳳妻二十五守節立姪順簡成明經卒年九
十一 邑令陳額獎 來山圖
黃氏劉朝舞妻二十六守節撫孤斐恭成明經卒年五
十 來山圖
李氏劉鳴士妻二十六夫故守節三十餘年卒張令額

獎來山團
賀氏周儲伯妻二十三守節年逾六十學政兩次額獎來山團
劉氏賀連璧妻二十三守節媳李氏太清妻亦守志兩代遺腹一門雙節來山團
饒氏周遴次妻生子二十七日守節教子姪孫輩次第成名卒年七十三縣主兩次額獎來山團
徐氏廪生周晃妻二十九守節時年逾七十來山團
熊氏周人傑妻翹勵改節引刀欲自刎阻亟止之學政王額獎時六十有七楊林團
周氏左秋選妻二十四夫故守節四十二年楊林團

方氏熊桂村妻三十守節時年七十楊林團
葛氏周翰元妻二十四守節時年五十五楊林團
但氏周順智妻十八守節時年四十八楊林團
方氏熊桂村妻二十四守節時年七十楊林團重出年數不符兩存之
但氏周長春妻二十夫故撫遺腹子守節三十餘年楊林團
游氏庠生熊本英毋教遺腹子成名年逾七十楊林團
章氏鄭明萬妻十八守節卒年七十一城西團
鄭氏生員雷萬年妻二十二守節時年六十邑令勞額獎城西團
魏氏生員田瑛妻三十守節卒年六十七新興團
熊氏但開柏妻二十六守節卒年七十三新興團

王氏周智千妻三十守節撫遺腹子卒年七十新興團
李氏熊懷仁妻二十九守節時年九十媳徐氏在田妻二十九守節卒年五十七新興團
尹氏許偉玉妻十九守志苦節六十餘年新興團
許氏馬首元妻二十二夫故撫一歲孤彭憲額獎新興團
熊氏葛佐龍妻二十八夫故教子有方學政王額獎新興團
許氏楊明瑚妻二十九夫故教遺腹子成人新興團
張氏馬繩逵妻二十五守節卒年八十二學政王額獎新興團
馬氏袁兆國妻二十八守節卒年七十一新興團

魏氏張容菴妻二十夫故守節三十餘年卒教諭孫額獎新店團
熊氏邑庠聶揆三妻二十五守節卒年六十七新店團
聶氏黃正綱妻十九夫故守節五十餘年新店團
彭氏張廷仲妻守節四十二年學政王額獎新店團
饒氏徐執山妻十九守節卒年六十八媳饒氏亦守節三十七年學政王額獎港口團勞志作洪石
賀氏邱道奎妻二十九守節時年五[illegible]洪石團
邱氏游翔飛妻二十四守節時年六十四洪石團
陳氏雷曉園妻廿二守節計三十年學政王額獎洪石團
鄒氏饒勝堂妻廿三守節卒年六十七洪石團

黄氏饒聯華妻廿九守節卒年六十五　洪石團
祝氏黄世柏妻二十七守節時年五十六　洪石團
吳氏邱裕大妻二十九守節卒年八十　洪石團
廖氏羅凝被妻二十九守節年逾七十卒　白蕉團
李氏庠生張開發妾生男三歲夫故苦守視嫡如姑卒年六十八　白蕉團
李氏張至敏妻守節三十夫卒家貧回江夏依母家守志年六十二　白蕉團
徐氏傅輝廷妻三十守節時年八十三　白蕉團
任氏吳除祚妻二十七守節時年七十三　白蕉團
尹氏張開聰妻二十二夫逝守節二十四年學政王額奬　白蕉團

陳氏張榮安妻二十四夫故守節三十五年時年五十九　王令額奬　白蕉團
陳氏廖祖宜妻二十三守節時年六十四唐令額奬　皐龍團
黄氏李元吉妻二十三守節卒年七十七　白蕉團
賀氏馬册玉妻二十二夫喪守節三十餘年　官田團
汪氏李九綸妻二十三守節卒年五十八　官田團
馬氏謝澤玢妻二十八夫逝時逾七十學政王額奬　官田團
馬氏李長壽妻二十八夫故守節三十二年時年六十　官田團
馬氏謝澤斌妻二十一守節時年六十學政朱額奬　官田團

高氏馬宗瑜妻守節四十四年瑜弟世濟卒妻田氏守節三十七年一門雙節學政王額奬　官田團
馬氏周青塘妻十九守節卒年六十五　官田團
李氏馬楷安妻二十守節卒年七十五學政沈額奬　官田團
石氏馬汪妻二十八守節卒年八十　官田團
汪氏馬文明妻十八守節卒年六十六學政賀額奬　官田團
石氏龔世卿妻十九守節卒年八十　峽山團
潘氏陳宏仁聘室幼至夫家夫外藝未歸生平未與夫面時年六十學政王額奬　峽山團
尹氏馬宗輝妻二十二守節教子入邑庠卒年八十有五　蕭橋團

一門三節王氏馬懷璧妻二十六守節壽八十四長子文盛次子文茂俱早逝兩媳王氏相繼矢志時年俱六十　官田團
范氏王以文妻二十二守節以姪承祧時年六十五　蕭橋團
陳氏任標毓妻二十守節卒年七十八學政王額奬　蕭橋團
馬吳氏二十守節撫孤子卒再撫孫時年六十三　蕭橋團
馬氏王士瀛妻二十七守節時年七十學政王額奬　蕭橋團
汪氏沈暉吉妻夫死十日焚棄衣物飲酖卒　車埠團

鍾氏鄧廣徤妻二十五守節時年五十七車埠團
吳氏盧自馥妻守節三十六學政許額奬車埠團
鄭氏謝明文妻適謝一月夫故撫遺腹子成立守節五十九年車埠團
楊氏鄭月山妻二十五守節卒年五十五車埠團
一門三節朱氏鮑秀夫妻二十六守節媳尹氏經朝妻三十守節孫媳敖氏緐宗妻十九守節無嗣敖一瓚有傳車埠團
李氏盧周㵘妻二十夫死越六日氏虔祭畢自經死車埠團
尹氏萬大中孫格理妻二十一守節卒年六十三車埠團
魏氏黄世龍妻二十四守節卒年七十八車埠團

來氏鄭逵輿妻二十六守節時年五十二黄土團
劉氏楊起鎔妻二十七夫喪投繯卒黄土團
戴氏周愼三妻二十四守節勤苦撫孤時年六十一黄土團
涂氏周佐三妻二十二守節時年五十五黄土團
游氏胡思文妻二十六夫故撫遺腹子守節五十六年斗門團
伹氏蕭容秀妻二十一夫故撫遺腹子卒年五十五斗門團
石氏魏湄亭妻二十六夫故教子成立卒年五十八斗門團
江氏黄世榮妻二十五夫故守節五十一年斗門團
鮑氏馬金鵬妻二十三守節教子成人時五十七斗門團
石氏廖祖㚆妻十八守節時五十有七斗門團

施氏廖播逵妻二十四守節卒年九十九邑令安額奬斗門團
汪氏盧貞睛妻守節三十九年學政王額奬斗門團
廖氏熊本純妻二十守節卒年七十六斗門團
石氏廖日升媳十八守節時年六十一斗門團
一門三節祁氏馬蒼玉妻守節四十八年李氏馬純玉妻守節四十三年石氏馬備士妻守節四十二年斗門團
鮑氏廖祖櫛妻于歸未期夫故投繯卒邑令方額奬斗門團
許氏熊本慈妻二十五守節卒年五十九學政王額奬斗門團

黄氏李暄照妻二十二守節卒年八十學政洗額奬洪山團
李氏宋伯輿妻二十七守節卒年九十洪山團
李氏宋方衙妻二十六守節五旬邑令彭額奬洪山團
汪氏宋克明妻十九守節卒年七十一龍坑團
扈氏舒聖傳妻二十守節卒年六十三龍坑團
廖氏李順菴妻二十五夫故遂自縊龍坑團
張氏熊御環妻二十二守節撫遺腹子學憲邊額奬小柏團
汪氏熊正朝妻二十九守節卒年五十九小柏團
喻氏袁秀山妻二十九守節卒年六十三小柏團
朱氏熊崇學妻二十八守節卒年六十小柏團

項氏馬一士妻二十一守節卒年百有二歲學政王額
獎甥精圖
馬氏邱顯周妻二十八守節時年六十二歲學政王額
獎甥精圖
錢氏陳先灼妻二十六守節時年五十九歲甥精圖
謝氏馬朝貴妻二十八夫故時年六十守節三十二年
黃龍圖
祝氏文振江妻二十四守節卒年五十四上寺圖
洪氏文亨極妻二十四守節卒年七十七上寺圖
龔氏文璇妻二十六守節卒年五十九上寺圖
羅氏文元喜妻二十六守節卒年六十四上寺圖

劉氏文本先妻二十守節時年五十上寺圖
沈氏文璐妻年二十夫故守節時年八十學政鮑額獎
上寺圖
魏氏但傳謹妻年二十夫故守節立姪承嗣卒年五十
安豐圖
覃氏鄒仁以妻二十五守節時年七十七坪下圖
覃氏陳維海妻十九夫故守節七十餘年學政朱額獎
池江圖
黃氏陳世佐妻二十五守節年逾八十池江圖
萬氏張奇揆妻守節卒年七十四女適程國隆亦二十
二守節時五十有六方橋圖

田氏洪德英妻二十二守節卒年八十方橋圖
張氏洪敬修妻二十四守節遺腹子大廷亦早卒媳王
氏守志張氏時年八十九王氏時年六十四方橋圖
楊氏洪日修妻三十守節時年六十一方橋圖
張氏洪宣祥妻二十四守節時年六十四媳趙氏亦守
節方橋圖
王氏李瞻點妻二十四守節卒年七十六郭連圖
李氏胡宏通妻二十七守節時年六十三郭連圖
陳氏胡心易妻二十六守節時六十有三郭連圖
周氏黎明作妻二十守節時六十二郭連圖
蘇氏黎明倫妻二十七夫故守節三十三年時年六十

學政王額獎郭連圖
王氏胡文國妻十九守節卒年八十一郭連圖
曹氏李祚芳妻二十七守節卒年六十六學政王額獎
郭連圖
葉氏胡宏穆妻二十七夫故七日遂自經死郭連圖
田氏覃錫男妻二十四守節卒年八十馬獅圖
蕪氏王錫龍妻二十歲守節卒年七十三馬獅圖
王氏鍾世傑妻二十一守節卒年七十馬獅圖
聶氏王廷端妻二十七守節卒年七十馬獅圖
葉氏許家然妻二十一守節卒年七十馬獅圖
吳氏覃天[illegible]妻二十四守節撫姪宗周成明經順治十

四年卒壽八十四 馬鄉團

杭氏覃光璧妻二十四守節學政吳額奬 馬鄉團

覃氏周必運妻二十八守節年屆六旬學政查額奬官橋團

余氏聶廷桂妻守節四十年立姪承祧時六十有三官橋團

童氏聶朝鳳妻守節四十五年卒年七十 官橋團

龍氏聶方中妻守節五十三年時年七十八 官橋團

周氏沈壽大妻二十八喪夫守節三十二年其姑王氏媳周氏節同

周氏汪光烈妻二十三守節撫孤成立時年五十

刲股刲臂割肝見勞志者十七人 嗣奉旌表者編入續志

向氏一姑張滌子妻從夫僑寓臨湘夫病刲股以痊夫嘗拾遺金氏曰若以爲喜還者傷矣覓其人還之臨邑人贈詩成帙名芳徽詩鈔

秦氏生員徐以潤妻以潤病割左臂痊之邑令勞奬以詩載勞志 城厢團

周氏胡傑煌妻姑馬氏病刲肱以痊林令額奬勞令并詩美之 城厢團

張氏沈福一妻刲股痊夫邑令勞額奬 城厢團

余氏談太福妻刲股痊翁邑令勞額奬 城厢團

鄭氏王裕選孫媳刲臂療姑與祖母同節 城厢團

謝氏任濟傳妻年逾二十刲股療姑邑令勞額奬 黄龍團

沈氏李天昇妻割肝療姑邑令王額奬 白石團

徐二姑徐敦本女年十四割肱痊父邑令王額奬 池汪團

賀氏楊德懷妻刲肱療姑又剖胸斷肝痊翁邑令額奬 洪石團

李氏吳經妻姑病篤割肝以痊學政王額奬 新興團

涂氏但維楚妻二十守節七十病篤孫文錦刲臂和藥以痊卒年八十三 新興團

楊氏李宣儀妻二十六守節刲肱療姑卒年五十九學政鮑額奬

馬氏江自瀚妻刲肱療姑學政吳額奬 峽山團

蘇氏王品一妻道光十年刲肱痊姑邑令丁額奬時年四十五 荆沙團

呂氏任傳釗妻因姑病篤始而刲臂繼而割肝姑病遂痊邑令勞額奬 黄龍團

李氏彭宗標妻二十三守節道光六年刲肱痊姑邑令王額奬時年四十一 汀泗團

壽婦見勞志者一人

許氏王正榮妻壽百有四歲 新興團

蒲圻縣志

人物十一

列女

續志貞孝烈女

貞女談穎姑華室女幼字孫某年十八未于歸聞訃矢志守貞卒年五十有一咸豐十一年　旌城廂圖

貞女張氏魏人寶聘室寶卒詣魏守貞五十二年占鼇圖

貞女江一姑幼字鄭大鳳未于歸鳳歿𠀤姑俱亡堅志守貞歷五十餘年官塘圖

貞女劉氏張至誠聘室誠卒氏守貞三十二年白莊圖

貞女方氏張傳賢聘室年十五未于歸賢卒守貞十三年卒咸豐十一年　旌白駒圖

貞孝徐氏石艮珍聘室幼歸石未婚珍卒氏孝養舅姑守貞六十五年立胞姪熙璲嗣咸豐十一年　旌南勲圖

貞孝楊氏字方正玉鄧氏字方應庭均年十七夫喪詣方守貞代夫終養楊卒年八十二鄧卒年五十七池江圖

貞烈程日秀字石世榜粵匪至榜遇害女矢志守貞越三年匪復竄女恐汚節投塘死咸豐十一年　旌城廂圖

貞烈方氏稚標女字李文護未于歸聞護卒自經門泗圖

貞烈孫氏鮑祖謨聘室未于歸聞謨卒自縊黃土圖

貞烈龔多姑傳榜女馬爲大聘室年十四未于歸聞爲大不祿投塘死咸豐十一年　旌嶗背圖

貞烈劉氏大本女文本林配年十歲歸文未婚本林卒氏年二十二從容自縊死上寺圖

貞烈陳慈姑年十七字方方外出數載女父母議別字女誓死待歸後欲強奪其志遂自縊池江圖

貞烈錢氏馬某聘室幼失恃童養夫家咸豐五年二月因夫稗被擄流溺終日自縊死時氏年十三七年詳報白莊圖

貞烈魏六姑字張承源童養夫家年十八源卒依舅姑守貞父母爲另擇配即焚棄衣物自經死石壁圖

烈女熊回姑青選女咸豐五年恐被賊汚服毒死七年詳報城廂圖

烈女童龜姑監生維青女幼字熊元壽子咸豐五年二月賊刧掠至家女畏逼投塘死七年詳報荊沙圖

旌表節孝婦

姑媳雙節陳氏　貤贈登仕郎光蒲女張至繁妻年二十一生子華美甫週歲夫故氏氷操五十載道光十八年　旌載勞志子早卒媳龔氏庠生梯傳女年二十七孀守善體姑志撫子國銓成立年七十卒　胡中丞額獎志繼堅貞咸豐十一年　旌俱建有石碑城廂圖

王氏談華室妻年三十守節九十二歲卒道光十九年

旌祀節孝祠城廂圖

談氏葉文鄉妻年二十四夫故和睦姉娌禮法嚴肅計

守節三十五年咸豐九年　胡中丞額獎饑一心結十
一年　旌子二長惠田能文殉乙卯難見忠義傳次心
堅早卒妻談氏年二十善繼姑志立侄爲嗣時守節三
十年 城廂圖
節烈曹氏王星傑妻道光三年夫故氏年二十二歲立
姪爲嗣咸豐年間賊突至氏恐被玷結束衣履投水死
計守節三十二年咸豐十一年　旌 城廂圖
曹氏周海雲妻年二十九守節卒年四十二　胡中丞
額獎苦管霜蓼咸豐十一年　旌 城廂圖
周氏陳耀南妻年二十一守節卒年五十五咸豐十一
年　旌 城廂圖

鮑氏陳芾甫妻年十九守節卒年五十三咸豐十一年
旌 城廂圖
龍氏談禎祥妻年三十守節時年六十九咸豐十一年
旌 城廂圖
孫氏黄榮廷妻年二十五夫故守節五十八年道光九年
聞　旌 城廂圖
余氏陳贊俊妻年二十八守節時年六十二咸豐十一
年　旌 城廂圖
鄭氏鄧俊南妻年二十一守節六十五歲卒載勞志道
光十五年　旌 城廂圖
談氏程中峻妻二十三歲夫故守節三十二年道光十

六年　旌祀節孝祠 城廂圖
陳氏彭華廷妻年二十三夫故時年五十六咸豐十一
年　旌 城廂圖
徐氏陳允恭妻年二十三夫故時年六十八咸豐十一
年　旌 城廂圖
方氏何倫青妻二十七歲夫故時年六十咸豐十一年
旌 城廂圖
馬氏龔德書妻二十七歲夫故時年六十咸豐十一年
旌 城廂圖
吳氏增生石文藻妻庠生吳祚斌女年二十九夫故守
節遺孤世玢九歲不祿立胞姪世璋爲嗣操勵冰霜終

始不渝時年五十七　巡撫胡額獎咸豐十一年　旌
南鄉圖
黄氏石東陽妻年二十九守節立姪望達嗣時年六十
六　巡撫胡額獎咸豐十一年　旌 南鄉圖
傅氏徐本興妻年二十七守節時年六十咸豐十一年
旌 南鄉圖
汪氏儒士龔聯三妻二十九歲守節時年五十七咸豐
十一年　旌 南鄉圖
黄氏汪德安妻二十九歲守節時年五十六咸豐十一
年　旌 南鄉圖
龔氏傅有祥妻年二十八守節時年六十一咸豐十一

年　旌南勤圍
魏氏黃如璧妻年二十七守節時年六十一咸豐十一
年　旌南勤圍
徐氏吳映顯妻年十四刲股奉父　知縣彭緒獎孝德
緹縈十七于歸值姑與夫同病氏割肝療之姑愈　載
勞志夫喪遺娠生子時守節四十六年咸豐十一年
旌荆沙圍
馬氏魏光福妻年二十九守節勤苦撫孤道光十八年
旌土喬圍
楊氏監生李壽先妻年二十六守節卒年六十三道光
十六年　旌石鑒圍

田氏徐梓本妻年二十九守節刲股奉姑時年六十一
咸豐十一年　旌石鑒圍
周氏監生徐鍾旭妻年二十八守節卒年六十六載勞
志咸豐十一年　旌石鑒圍
張氏熊崇道妻年二十八守節卒年五十一咸豐十一
年　旌占嶺圍
李氏馬疇五妻年二十夫故時年六十餘咸豐十一年
旌占嶺圍
方氏章德裕妻年十九守節時年五十五咸豐十一年
旌汀泗圍
但氏詹賢書妻年二十八守節時年六十五咸豐十一

年　旌汀泗圍
郭氏王旗鉅妻年三十守節時年六十八咸豐十一年
旌汀泗圍
陳氏盧天衢妻年二十四守節卒年六十八道光十八
年　旌大田圍
鄭氏監生盧恩隆妻年二十二守節立姪為嗣孝事翁
姑道光十八年　旌祀節孝祠大田圍
賀氏儒士周備伯妻年二十夫故家貧苦節卒年八十
一載勞志道光十八年　旌表建坊來山圍
程氏熊義田妻年十八守節善事舅姑撫小叔成立時
年六十咸豐十一年　旌楊林圍

周氏庠生賀會彬妻年二十二守節撫子時風成名時
年七十六咸豐十一年　旌楊林圍
劉氏貢生賀一修妻年十九守節謹事翁姑敦儉樸子
壽椿未週歲氏撫養教育蚤歲食餼咸豐四年命助賢
勦賊五年陣亡氏命僕尋其尸數日姑亦卒氏兩禮葬
之咸豐七年由部請　旌時年七十洪石圍
游氏鄧省元妻年二十七夫故守節家貧茹苦言笑不
苟時年六十七同治四年請　旌洪石圍
宋氏賀青選妻夫故守節立兆逵嗣道光九年　旌洪
石圍
祝氏庠生錢自湑妻副榜福恩母年二十一守節卒年

八十餘道光十八年 旌洪石團
陳氏庠生賀時雍妻年二十七守節時年八十餘五代同堂道光十八年 旌洪石團
沈氏馬涵淵妻三十守節卒年七十餘道光十九年 旌白蒓團
馬氏魯華林妻三十守節卒年七十餘道光十九年 旌白蒓團
馬氏羅九蘭妻年三十守節卒年八十道光十九年 旌白蒓團
謝氏馬吉莊妻年二十守節卒年五十一咸豐十一年 旌白蒓團

陳氏廪生馬鴻謨妻年二十六守節時年五十七咸豐十一年 旌白蒓團
任氏儒士馬衍武妻年二十二守節時年五十六年 旌白蒓團
羅氏馬存仁妻年二十五守節時年六十二咸豐十一年 旌官田團
馬氏儒士謝宏瀛妻年二十三守節時年五十六咸豐十一年 旌官田團
來氏宋亦學妻年三十守節卒年六十四咸豐十一年 旌白駒團
陳氏鮑方正妻年十七于歸未期夫故守節茹苦嘗辛

立姪方明嗣時年六十一咸豐十一年 旌黄土團
高氏鮑方大妻年二十夫故守節凛若冰霜克盡婦職時年五十八咸豐十一年 旌黄土團
邱氏龔德林妻年二十七守節時年六十咸豐十一年 旌清樂團
錢氏陳光灼妻年二十七守節時年七十餘咸豐十一年 旌甥精團
熊氏王先呈妻年二十守節時年五十餘咸豐十一年 旌甥精團
張氏萬幹元妻年二十八守節時年七十二咸豐十一年 旌甥精團

馬氏萬有桐妻年二十二守節卒年五十咸豐十一年 旌甥精團
雷氏田奇山妻年二十四守節卒年七十道光十八年 旌上寺團
文氏田繼文妻年二十三守節卒年六十七道光十八年 旌上寺團
張氏田桂亭妻年二十守節卒年七十道光十八年 旌上寺團
張氏田秀文妻年二十九守節卒年六十八道光十八年 旌上寺團
余氏馬　貴妻年十八夫故守節五十年道光十八年

旌上寺圖

余氏舒如鵬妻年二十守節卒年八十三道光十八年旌上寺圖

廖氏文理妻婚五十日理外貿三年卒于貿所氏甘貧守節卒年六十餘道光十八年旌上寺圖

田氏增生舒紹傑妻年三十守節時年五十六咸豐十一年旌上寺圖

廖氏田雲章妻年二十六守節時年六十六咸豐十一年旌上寺圖

張氏儒士余兆清妻年三十守節時年六十咸豐十一年旌上寺圖

漆氏余新太妻年二十九守節時年七十一咸豐十一年旌上寺圖

徐氏余艮弼妻年三十守節時年六十餘咸豐十一年旌上寺圖

張氏田榮先妻年二十四守節時年八十咸豐十一年旌上寺圖

余氏田學廉妻年二十一守節時年五十五咸豐十一年旌上寺圖

盧氏徐士勳妻年二十六守節時年六十咸豐十一年旌上寺圖

彭氏但傳鴻妻年三十守節卒年七十六子文英拔貢

道光十五年旌安豐圖

舒氏但尚忠妻年二十八守節卒年六十五立姪德沅嗣道光十五年旌安豐圖

舒氏陳承賢妻年十九守節卒年五十立姪光澍嗣道光十八年旌安豐圖

劉氏監生陳承鍾妻年二十九守節卒年八十一道光十八年旌安豐圖

徐氏陳光瀛妻年二十六守節時年六十咸豐十一年旌安豐圖

田氏但傳鵠妻年二十九守節卒年七十一咸豐十一年旌安豐圖

郭氏但尚惇妻年三十守節卒年七十二咸豐十一年旌安豐圖

葉氏但尚學妻年二十七守節卒年六十七咸豐十一年旌安豐圖

陳氏廩生但尚恕妻年二十九守節卒年六十九咸豐十一年旌安豐圖

洪氏但德現妻年二十九守節卒年五十咸豐十一年旌安豐圖

郭氏但開祠妻年二十九守節卒年五十一咸豐十一年旌安豐圖

祝氏但開柽妻年二十三守節卒年八十二咸豐十一

年　旌安豐圖
葉氏但開忠妻年二十九守節卒年八十二咸豐十一
年　旌安豐圖
魏氏但傳謹妻年二十五守節卒年六十咸豐十一年
旌安豐圖
李氏但傳悦妻年二十四守節卒年六十咸豐十一年
旌安豐圖
余氏但傳賢妻年二十四守節卒年七十四咸豐十一
年　旌安豐圖
程氏但德玢妻年二十八守節時年六十二咸豐十一
年　旌安豐圖

田氏但傳謨妻年三十守節卒年八十六咸豐十一年
旌安豐圖
單氏但尚倫妻年二十八守節時年七十餘咸豐十一
年　旌安豐圖
但氏田成梓妻年二十五守節時年六十九咸豐十一
年　旌安豐圖
郭氏王族程妻年三十守節時年六十八咸豐十一年
旌安豐圖
李氏葉先鴻妻年二十五夫故無子孝養舅姑耐貧守
節時年八十四道光十八年　旌坪下圖
余氏葉世久妻年二十夫故守節立姪文璜爲嗣道光
十八年　旌坪下圖
田氏吳廷瑞妻年二十三守節卒年六十道光十八年
旌坪下圖
單氏任宗九妻年二十守節卒年六十七道光十八年
旌坪下圖
田氏陳昌言妻年二十九守節時年七十一咸豐十一
年　旌池江圖
王氏庠生陳昌祖妻年二十七守節卒年七十二咸豐
十一年　旌池江圖
陳氏儒士覃春幸妻年二十九守節時年六十一咸豐
十一年　旌池江圖

方氏但自[illegible]妻年二十一守節卒年七十三道光十八
年　旌池江圖

旌表節烈綜

一門雙烈談氏克修女劉祖焕妻十五歲于歸二十二
歲夫病篤夜禱神明祈以身代夫故時泣血氣昏至死
進以薑湯始甦七日勺飲不入口伯叔丏屢次勸慰始
食蔬素足不踰中閫爲夫行禫禮畢仰鴆死諸姆驗視
身衣素服履襪悉縫紉固裹其潔清如此氏夫嫡堂弟
祖廉妻張氏因夫殉甲寅難守節五年距談氏死五日
相繼自縊死咸豐十一年同　旌城厢圖
節烈彭氏郎用知縣章　含繼室含需次陝西至關中

病故時氏年三十前室子女俱幼獨任殯殮於數千里
外扶櫬歸里舟次鄂渚誤傳姑得凶問一慟而絶氏既
孀夫又殤姑遂仰藥死道光年間 旌 汀泗團
舒氏用繹如妻年二十八夫故自縊以殉咸豐十一年
旌 上寺團
馬氏儒士舒昇龍妻年二十二夫故自縊以殉咸豐十
一年 旌 上寺團
紳士結報節孝婦
鄧氏游瑞剛妻苦節三十七載 知縣熊奘給晝荻風
清額 城厢團
馬氏張至績妻年二十四守節時年五十二 城厢團

彭氏張至勤妻年二十六夫故守節三十年卒 城厢團
陳氏張玖美妻年二十五守節時年六十三 趙中丞
奘給操烈冰霜額 城厢團
吳氏潘端亭妻年二十九守節時年六十一 城厢團
李氏石世祥妻年二十九守節時年六十二 城厢團
雷氏錢見章妻年二十八守節時年七十二 學政朱
奘給節孝可風額 城厢團
葉氏鄭俊堂妻年二十三守節立姪卓然嗣時年五十
三 城厢團
馬氏貢生陳星照妻年二十二守節時年五十 城厢團
李氏庠生劉映青妻年二十四守節時年五十五 城厢團

陳氏龍有材妻年二十九夫故無子時舅邱元繼姑王
俱存氏代修子職養葬無虧苦節四十五年 城厢團
尹氏王用章妻年二十六守節時年五十六 城厢團
楊氏職員游大玉簉室年二十三守節時年五十四長
媳雷氏輸植妻年二十三孀守時年六十六 城厢團
李氏監生陳其祥妻年二十八守節時年五十二夫弟
其福妻雷氏年二十三守節時年五十 城厢團
黃氏魯明陂妻十九夫故時年六十四 城厢團
熊氏鄭德源妻二十九夫故時年六十一 城厢團
王氏張名魁妻年二十五守節卒年七十五 南薰團
張氏汪文謙妻年十九守節卒年七十八 南薰團

徐氏庠生舒先讀妻年二十九守節時年七十 南薰團
龔氏汪肇九妻年二十八守節時年六十一 南薰團
王氏汪雙玉妻年二十九守節時年六十四 南薰團
吳氏黃紹銘妻年二十一守節撫遺腹子成立卒年四
十七 南薰團
王氏徐彩林妻年二十三守節卒年七十二 南薰團
吳氏劉希福妻年二十守節時年六十三 南薰團
謝氏盧宗惠妻年十九守節時年六十 南薰團
龔氏李其炳妻年二十九守節時年六十八 南薰團
田氏龔魁鰲妻年二十八守節卒年八十五 南薰團
盧氏駱國蘭妻夫病氏刲股調愈年二十九守節時年

五十六 荊沙圖
任氏鄒庸彩妻年二十八守節卒年七十 荊沙圖
鄒氏宋表東妻年二十七守節時年五十一 荊沙圖
任氏歐天棟妻年十九夫故無子矢志守節禮法肅然立姪爲嗣時年五十九 荊沙圖
鄒氏侯華林妻年二十八守節卒年六十七 荊沙圖
柯氏李明萬妻年二十九守節卒年七十八 荊沙圖
宋氏盧思進妻年二十一夫故家貧矢志氷操時年六十一 荊沙圖
吳氏潘星貴妻年二十二夫故苦節時年五十六 荊沙圖
胡氏魏治澤妻年二十八守節時年五十一 荊沙圖

王氏侯執中妻年二十九守節時年六十七 荊沙圖
程氏魏錫祿妻年二十六守節卒年四十八 荊沙圖
歐陽氏湯其玢妻年二十八夫故無子勵志苦守孝事翁姑入無間言立姪敬賢承祧時年五十三 荊沙圖
魏氏李楚珍妻年二十八守節撫遺腹子成立子不祿復撫遺孫時年六十三 荊沙圖
宋氏李德益妻 荊沙圖 李氏程曉陽妻 荊沙圖
官氏周啓潑妻年二十七守節 教諭柳訓導曾均額獎時年六十三 土橋圖
徐氏周廷仁妻年二十二守節卒年六十 土橋圖
魏氏徐全修妻年二十七守節時年五十八 土橋圖
李氏徐春芳妻年二十四守節時年五十八 土橋圖
李氏徐榮耀妻年二十二守節撫孤 學憲朱額獎 土橋圖
謝氏徐紹士妻年二十四夫故無子矢志苦守時年七十八 土橋圖
王氏馬紹德妻年二十四守節卒年七十五 土橋圖
李氏鮑祥彩妻年十六于歸夫病兩載奉事湯藥朝夕不倦十九夫故守節撫孤成立時年五十一 土橋圖
汪氏馬茂魁妻年二十七守節卒年七十四 土橋圖
魏氏馬祥盛妻年二十四守節時年六十一 土橋圖
王氏馬玉山妻年二十五守節時年六十八 土橋圖

徐氏王恭士妻年二十五守節卒年八十五 土橋圖
徐氏儒士張美秀妻年二十一守節事舅姑維謹撫孤成立茹苦能甘族黨賢之時年六十歲 石鏗圖
周氏儒士張美瑶妻年二十七守節篝燈紡績備歷艱辛撫孤子承啟不祿再撫孫時年六十四 石鏗圖
汪氏徐瑞萬妻年二十六守節立胞姪榮先嗣卒年九十三 石鏗圖
魏氏徐建山妻年十九守節立胞侄耀楨嗣性幽靜常縞衣茹素時年五十三 石鏗圖
程氏徐治安妻年二十八守節卒年七十八 學政賀額獎 石鏗圖

梅氏雷祥順妻年二十六守節時年七十三 石鏗團
張氏熊輝隆妻年二十六守節時年七十七 石鏗團
陳氏王榮章妻年二十守節無子立姪爲嗣時年六十
二 石鏗團
吳氏陳文囿妻年二十五守節時年六十 石鏗團
余氏陳德新妻年二十六守節時年六十九 石鏗團
徐氏陳季祚妻年十九守節卒年六十八 石鏗團
雷氏梅春朝妻年二十六守節飲冰茹蘗始終無間時
年五十六 石鏗團
徐氏梅渭陽妻年二十守節撫孤春鵬成立卒年六十
三 石鏗團

葛氏徐傳本妻年二十四守節時年六十三 石鏗團
徐氏魏本倬妻年二十二守節時年五十九 石鏗團
劉氏王顯茂妻年二十六守節時年七十 石鏗團
明氏王次賢妻年二十四守節卒年六十一 石鏗團
徐氏梅歸田妻年二十六守節立侄春瑞嗣時年六十
一 石鏗團
黃氏梅名祿妻年二十二夫故七日遺腹生子撫養成
立守節四十八年卒 洋泉團
梅氏黃楚成妻年二十六守節時年五十八 洋泉團
童氏淩海秋妻年二十五守節卒年五十 洋泉團
李氏雷觀茂妻年二十九守節卒年六十二 洋泉團

馬氏盧德亨妻年二十七守節時年六十一 洋泉團
陳氏孫正常妻年二十七守節時年七十一 洋泉團
彭氏黃定國妻年十九守節卒年八十二 洋泉團
黃氏袁順國妻年二十七守節撫遺腹子成立時年八
十 洋泉團
沈氏儒士羅士元妻年二十八守節溫惠端肅孝養無
虧撫子守楨教讀成名卒年五十九 雙坵團
劉氏儒士羅卜云妻年二十二守節卒年六十五 雙坵團
費氏羅日學妻年二十六守節時年五十六 雙坵團
沈氏顏美昭妻年十九守節時年五十二 雙坵團
王氏宋寶臣繼室年二十八守節時年五十五 雙坵團

覃氏張映南妻年二十九守節卒年五十八 雙坵團
鄧氏張立山妻年二十九守節時年五十 雙坵團
熊氏張鎖美妻年三十守節卒年五十八 雙坵團
顏氏鄧勝魁妻年二十九守節時年六十 雙坵團
鄭氏吳友高妻年二十八守節時年五十三 雙坵團
三代三節淩氏葉藜九妻年二十守節七十年足不踰
中闈時年九十載勞志媳徐氏葉慶瑒妻年二十五守
節時年七十咸豐十年 學政俞額獎一門雙節孫媳
劉氏葉引千妻年二十九守節時年五十 大貴團
陳氏葉帮招妻年二十七守節撫遺腹子成立卒年七
十二 大貴團

鄧氏葉慶秀妻年二十九守節時年六十一 大貴圖
顏氏葉慶瑔妻年二十二守節時年六十一 大貴圖
黃氏劉鴻試妻年二十一守節撫遺腹子成立卒年七
十 大貴圖
黃氏劉益三妻年二十七守節卒年六十五 大貴圖
鄭氏劉從周妻年二十九守節時年五十六 大貴圖
梅氏劉丕成妻年二十九守節時年五十 大貴圖
余氏劉展基妻年二十七守節時年六十八 大貴圖
徐氏黃宗照妻年三十守節家貧藉針黹撫孤卒年七
十七 大貴圖
葉氏羅起松妻年二十五守節時年五十 大貴圖

談氏周士紀妻年十九守節孝事舅姑 巡撫胡額獎
時年五十九 大貴圖
余氏劉世勲妻年二十七守節卒年六十五 大貴圖
余氏周應天妻年二十四守節卒年八十二 大貴圖
羅氏黃必元妻年二十九守節卒年九十一 大貴圖
鄧氏廖昌榮妻年二十二守節時年七十五 大貴圖
余氏徐日春妻年二十守節時年五十 大貴圖
丁氏周元聰妻年二十七守節時年五十二 大貴圖
李氏周正元妻年二十六守節時年六十七 大貴圖
葉氏王文理妻年二十九守節卒年五十一 大貴圖
謝氏蕭承隆妻年三十守節卒年七十五 大貴圖

鄧氏馬孔潤妻年三十守節卒年六十五 大貴圖
龔氏陳萬春妻年二十六守節時年六十三 大貴圖
顏氏張拱辰妻年十九守節卒年六十一 大貴圖
雷氏王旭萬妻年二十九守節時年六十三 大貴圖
周氏陳治三妻年二十六守節時年五十三 大貴圖
劉氏程必達妻年二十五守節時年七十 大貴圖
丁氏沈際華妻年二十六守節立侄享山嗣早卒媳劉
氏年甫二十五依姑勵節孝養無虧丁氏時年八十五
劉氏時年五十七 占崙圖
廖氏沈國五妻年二十五守節時年六十二 占崙圖
汪氏沈信封妻年二十一守節立侄昌錦嗣撫讀成名

時年五十三 占崙圖
文氏魏貞息妻年二十五守節卒年八十 占崙圖
葉氏張希旦妻年二十守節遺孤甫七十日撫養成立
卒年八十五 占崙圖
葉氏方自壽妻年二十夫故僅一女立侄爲嗣居貧勵
節時年七十二 占崙圖
宋氏劉光桂妻年二十四守節時年六十三 占崙圖
祝氏宋禮門妻年二十三守節卒年五十八 占崙圖
張氏儒士祝覲光妻年二十七守節時年六十三 占崙圖
石氏程尚賓妻年十九守節撫遺腹子成立時年八十
四 占崙圖

宋氏石延貴妻年十八夫故遺孤僅一月勵節撫養成立卒年七十　占嵛圖

魏氏熊在志妻年二十守節禮法肅然立姪爲嗣卒年七十一　占嵛圖

石氏謝祖許妻年二十四守節時年六十三　官塘圖

劉氏陳首封妻年二十九守節始撫孤子繼撫孤孫時年七十八　官塘圖

葉氏修光明妻年二十六守節撫三月遺孤艱苦備嘗時年五十二　官塘圖

田氏謝郁華妻年三十守節時年七十　官塘圖

成氏聶敘珍妻年二十四守節立侄爲嗣卒年五十三官塘圖

徐氏監生王秀山繼室年二十四守節卒年七十一　官塘圖

聶氏丁欽山妻年三十守節時年五十九　官塘圖

王氏章紹庭妻年二十四守節時年五十五咸豐十一年　總撫胡額奬　汀泗圖

江氏監生章爾塏妻年二十六守節卒年六十三　學政朱額奬　汀泗圖

余氏州同章德泉妻年十七守節孝事孀姑時年五十一　學政孫額奬　汀泗圖

張氏葉國才妻年二十六守節卒年七十　汀泗圖

雷氏葉承天妻年二十守節時年五十二　汀泗圖

佘氏葉清校妻年二十七守節時年六十七　汀泗圖

魏氏葉清梀妻年二十九守節時年六十六　汀泗圖

龔氏葉天競妻年二十七歸葉甫數月夫故守節時年六十　汀泗圖

李氏石茂林妻年二十七守節卒年七十二　汀泗圖

石氏袁聖郁妻年二十四夫故家貧勵節卒年六十七媳廖氏二十五守節時年五十二　汀泗圖

張氏陳正旭妻年二十三守節時年六十三　汀泗圖

李氏王古元妻年二十六守節卒年六十三　汀泗圖

章氏張拱義妻年二十九守節時年六十　汀泗圖

陳氏袁聖哲妻年二十五守節時年八十五媳葉氏二十三守節順事孀姑　汀泗圖

李氏詹起清妻年二十九守節時年六十二　汀泗圖

葉氏吳世經妻年十八守節卒年五十四　汀泗圖

程氏監生方煥登妻年二十守節卒年五十二　汀泗圖

吳氏錢家泉妻年二十二守節時年五十　汀泗圖

湯氏儒士王應爵妻年二十二守節事姑維謹時年五十二　汀泗圖

袁氏葉敦詩妻年二十二守節卒年五十二　汀泗圖

倪氏鄧德象妻年二十六夫故卒年七十六　汀泗圖

葉氏謝繼晟妻年二十八守節卒年七十　汀泗圖

唐氏魏伯軒妻年二十六守節時年五十四 汀泗團
吳氏謝宗璉妻年二十三孀守時年五十九 汀泗團
羅氏錢雲翥妻年二十六守節時年五十二 汀泗團
袁氏鄧玉斗妻年二十六守節時年五十六 汀泗團
周氏錢有朋妻年二十二守節時年五十七 汀泗團
李氏任呂銃妻年二十五夫外亡氏矢志守節族黨額贈鶴髮完封卒年七十餘 大田團
李氏田開繩妻年二十守節卒年六十四 學政王額奬 大田團
游氏鄧倚槐妻年二十二守節卒年七十六 大田團
舒氏田開章妻年二十二守節時年七十 知縣勞任均額奬 大田團
龔氏彭先利妻年二十六守節時年六十四 大田團
鄒氏姚南賓妻年二十四守節卒年六十六 大田團
馬氏余裕豐妻年二十八守節時年六十五 大田團
劉氏監生李炳奎母年二十四夫故守節卒 學政朱額奬貞壽延釐 白石團
張氏彭正榮妻年二十四守節卒年七十 白石團
李氏儒士賀時嶽妻年二十八守節撫孤孤歿立侄爲嗣計守節四十餘年 白石團
饒氏王景泰妻年二十六夫故無子兄嫂俱逝氏矢志守節竭力奉姑撫孤姪成立承兩房祧時年六十四 白石團

李氏賀仲先妻夫早逝守節卒年八十四 白石團
余氏宋春銘妻年二十七夫游蜀病故無子苦節卒年六十五 知縣某爲立傳邑進士祝大澄挽聯云寮枯疾剔蕘傳奇旌遺賢宰三千字望蜀魂號天矢志血灑氷心六十年 來山團
燕氏儒士宋特菴妻年二十六守節撫兩孤成名卒年七十八 來山團
龔氏宋光楚妻年二十八夫故家貧苦節卒年七十 來山團
黃氏燕成擎妻年二十四守節卒年七十一 來山團
徐氏周光烈妻年二十八夫故苦節卒年六十七 學政額奬 來山團
雷氏周貫鈞妻年二十二守節立侄自耀嗣時年五十一 來山團
孫氏饒經邦妻年二十四夫卒滇南氏守節奉姑立侄爲嗣卒年六十九 學政王額奬 來山團
馬氏賀時叙妻年二十二守節善事舅姑撫孤妖復撫孫時年五十二 來山團
馬氏賀逢曾妻年二十六守節立侄爲嗣時年六十七 來山團
葛氏宋文亨妻年二十五夫故家貧苦節藉紡績哺遺

孤成立卒年七十六 來山圖
盧氏儒士賀會涵妻年二十四守節卒年七十二 來山圖
饒氏姚聞益妻年二十一守節事姑孝撫遺腹子成立
族黨議請 旌氏曰守節婦人分也安敢言 旌入益
賢之時年六十一 馬均圖
田氏李克岐妻年十九守節立侄為嗣時年七十一 馬
均圖
李氏姚世松妻年二十一守節撫子宏後不祿媳但氏
年二十八繼志勵節李氏卒年七十一 但氏時年六十
九 馬均圖
馬氏熊世成妻年二十守節 學政方額獎子立亭早

逝媳江氏年二十六繼志勵節 楊林圖
但氏熊世華妻年二十于歸甫數月夫故家貧苦節時
年七十一 楊林圖
周氏熊本壽妻年三十守節時年八十一 楊林圖
周氏賀會禮妻年二十八守節時年七十二 學政孫
額獎 楊林圖
譚氏鄭有耀妻年十九夫卒長安氏剪髮勵節撫孤
成立紡績儲貲命子扶夫柩歸葬 楊林圖
鄧氏廖振甲妻年二十二夫故討守節四十二年 楊林圖
沈氏鄭旹大妻年二十夫故守節二十四封股療姑
學政額獎 楊林圖

但氏沈經舟妻年二十二守節時年七十七 楊林圖
熊氏王廷壁妻年二十八守節時年六十 新興圖
袁氏徐常英妻年二十八守節食力撫孤時年七十有
六 新興圖 祝氏熊九升妻 新興圖
魏氏熊本旺妻年二十夫故苦節時年六十 新興圖
熊氏彭舜英妻年二十五守節時年五十四 新興圖
彭氏馮佐賢妻年二十五守節時年八十三 新興圖
魏氏熊士玉妻年二十四守節時年六十五 新興圖
王氏聶玉菁妻年二十餘守節時年六十五 新興圖
周氏儒士陳有光妻年二十四守節時年五十七 城西圖
葛氏雷秀林妻年三十守節卒年六十三 城西圖

劉氏鄭禹謨妻年二十三守節卒年五十五 城西圖
李氏饒林壽妻年二十六守節封肱瘞姑 知縣蕭批
獎時年六十 城西圖
陳氏葛郜臣妻年二十三守節撫子大受課讀不少縱
大受卒成名時年七十 同治二年詳請 新店圖
葛氏黃崇楫妻年二十六守節奉姑維謹葬祭如禮時
年七十一 同治二年詳請 新店圖
節烈陳氏葛文開妻年二十二夫故守節已三十年咸
豐五年八月賊竄新店擾氏家氏詈刃罵賊被戕子濟
才提刀斫賊勢孤亦被害賊並燬其戶 知縣李額獎
節孝雙全 新店圖

宋氏監生張文明妻年二十五守節時年五十九新[illegible]團
張氏葛紹南妻年二十五守節性淑慎同室不相往來
撫遺腹子成立時年八十新店團
楊氏聶世華繼室年二十四夫故守節撫孤成立時年
五十七新店團
周氏陳海山妻年三十守節時年六十七港口團
胡氏祝本仁妻年十八苦節時年五十九港口團
余氏饒士敦妻港口團
賀氏張大經妻年二十八守節時年七十港口團
黄氏饒盛紱妻年二十四守節時年五十八洪石團
饒氏儒士鄧朗軒妻年二十六守節孝慈無虧處豐能

儉時年六十六洪石團
孫氏監生周際昌妻年二十九守節時年六十洪石團
游氏監生鄧廷梓妻年二十三夫故守節卒洪石團
余氏賀會騏妻年二十夫故守節卒洪石團
陳氏庠生賀中含妻年二十九守節事繼姑孝撫夫弟
中交成名立胞姪爲嗣卒年七十餘洪石團
周氏儒士江禹亭妻年二十一守節撫遺腹子祖功卒
年五十三祖功早卒妻廖氏年二十一守節時年五十
三白蒓團
馬氏錢模遠妻年二十六守節時年六十二白蒓團
傅氏儒士江新倫妻年二十一守節時年七十八白蒓團

羅氏江顯功妻年二十四守節時年五十四白蒓團
李氏鄧開揚妻年二十夫故家貧苦守紡績度日時年
五十二白蒓團
魏氏儒士陳昌龍妻年二十一守節卒年八十白蒓團
張氏儒士陳宏佳妻年二十四守節卒年五十一白蒓團
魏氏儒士陳裔珣妻年二十八守節時年七十五子祚
鏞妻周氏年十九守節教遺腹子尚治有成卒年四十
八白蒓團
任氏儒士陳裔珉妻年二十四守節時年七十一白蒓團
饒氏陳裔玊妻年二十六守節時年六十白蒓團
魏氏陳金式妻年二十八守節立侄祚論嗣時年六十

四白蒓團
李氏增生馬許謨妻年二十四守節時年六十一白蒓團
謝氏監生馬疇錫妻年二十八守節苦志撫孤孤早逝
復撫孫時年六十一白蒓團
謝氏魏倫涇妻年二十三守節卒年七十白蒓團
廖氏魏倫溥妻年二十五守節卒年七十白蒓團
羅氏魏人彦妻年十九于歸夫外亡氏苦節撑持時年
八十白蒓團
宋氏魏德修妻年二十八守節卒年六十三白蒓團
賀氏武生馬魁武妻年二十四守節家貧茹苦事姑撫
子時年五十五白蒓團

蕭氏儒士羅蘭村妻年二十九守節撫子錦文成立善
事翁姑時年七十四　學政馮　知縣孫俱額獎自蒓圖
張氏任義光妻年二十八守節時年七十一　自蒓圖
劉氏任重光妻年二十六守節時年六十九　自蒓圖
魏氏徐登義妻　自蒓圖
蕭氏張至來妻年二十四守節卒年六十　自蒓圖
陳氏張至祥妻年二十二守節　學政俞額獎時年五
十七　自蒓圖
李氏張美昭妻年二十六守節卒年五十九　自蒓圖
饒氏張美璉妻年二十二守節卒年五十三　自蒓圖
周氏馬晋康妻年二十七守節時年五十八　自蒓圖

廖氏馬端謨妻年二十八守節時年五十九　自蒓圖
江氏武生馬赤謨妻年二十九守節時年五十八　自蒓圖
謝氏馬文翀妻年二十一守節事姑孝謹時年五十三
官田圖
羅氏馬文愛妻年二十四苦節時年六十五　官田圖
楊氏馬書謨妻年二十八夫故守節三十餘年　官田圖
李氏石世臣妻年三十守節時年六十二　官田圖
馬氏李光會妻年二十八守節時年七十二　官田圖
孫氏鄭壽昌妻年二十五守節時年六十四　官田圖
鄭氏馬建洪妻年二十二守節卒年七十九　官田圖
王氏宋亦祿妻年二十九守節卒年六十八　官田圖

徐氏儒士謝澤塘妻年三十夫故苦守生子甘霖教以
義方讀書成名列邑庠生卒年四十有七　官田圖
石氏熊自福妻年三十守節時年六十　官田圖
陳氏錢紹南妻年二十二夫故苦志勵節時七十六　官田圖
賀氏馬間謨妻年二十夫故守節三十餘年　官田圖
鮑氏錢耀彩妻年二十四守節卒年六十五　官田圖
余氏錢自名妻年二十三夫故苦節不渝時年六十四
官田圖
劉氏庠生錢兆奎妻年二十七守節時年六十五　官田圖
宋氏鄧長春妻年二十五守節時年六十二　官田圖
胡氏宋工山妻年二十八守節卒年六十二　官田圖

陳氏王澤林妻年十九夫故茹苦勵節卒年七十二　官
田圖
謝氏馬文芬妻年二十夫故茹蘗撫孤守節十二年卒
官田圖
廖氏儒士謝宏鋭妻年二十三夫故守節時年五十卒
官田圖
馬氏謝宏懿妻年二十三夫故守節時年五十六　官田圖
張氏儒士謝宏澄妻年二十五守節時年五十二　官田圖
尹氏監生謝朝桂妻年十五于歸踰月夫逝矢志不二
卒年七十三　官田圖
陳氏鄭修昌妻年三十茹苦勵節卒年七十三　官田圖

熊氏萬名盛妻年二十五守節撫孤成立卒年五十三
峽山團
彭氏丁日貴妻 峽山團
姚氏馬道徠妻年二十一守節時年七十七 峽山團
劉氏江有輝妻年二十二守節時年五十七 峽山團
祝氏汪艮元妻年二十九守節時年五十一 蕭橋團
余氏魏安發妻年二十一守節時年五十一 蕭橋團
王氏馬朝萬妻年二十七守節時年六十一 蕭橋團
馬氏任銜南妻年二十四守節時年五十一 蕭橋團
馬氏任嗣涵妻年十七于歸甫五月夫故守節善事翁
姑時年五十一 蕭橋團

陳氏劉熙芳妻年二十八守節時年六十七 學政江
額奬 蕭橋團
賀氏任嗣騂妻年二十三守節卒年五十一 學政俞
額奬 蕭橋團
鄭氏任嗣測妻年二十二守節卒年五十六 蕭橋團
任氏石宗澤妻年十八守節立侄爲嗣紡織撫養時年
六十八 蕭橋團
馬氏任貽典妻年二十八守節時年六十八 蕭橋團
羅氏馬曉揚妻年二十八守節卒年七十一 蕭橋團
孫氏石宗煕妻年二十四守節時年五十七 蕭橋團
楊氏胡岳山妻年二十六守節撫孤成立時年六十 車

王氏楊仁鳳妻廿六守節紡績自給時年七十三 車埠團
方氏張紹品妻年十九夫故苦守卒年五十六 白駒團
高氏宋其龍妻廿七守節時年七十五學政額奬 白駒團
尹氏監生張楚珩妻廿九守節卒年五十八 白駒團
馬氏張先德妻廿七守節時年五十三 白駒團
尹氏庠生楊承烜妻廿二守節時年五十六 白駒團
鄭氏楊明彩妻廿八守節時年六十四 白駒團
楊氏張贊庸妻廿八守節時年七十八 白駒團
高氏楊承熙妻廿六守節時年七十一 白駒團
徐氏張裔書妻廿八守節卒年八十一 白駒團
廖氏劉傳相妻廿九守節事姑撫子時年六十四 黄土團

程氏劉先欽妻年二十四守節時年七十六 黄土團
劉氏曾道楷妻年二十八守節時年六十六 黄土團
余氏曾漢成妻年二十一守節時年六十六 黄土團
沈氏熊友三妻年二十八守節時年八十一 黄土團
程氏胡豫章妻年二十八守節時年六十九 黄土團
劉氏胡華章妻年二十六守節時年七十五 黄土團
李氏曾道勲妻年二十七守節時年六十二 黄土團
黄氏儒士余兆秀妻年二十三夫故守節生子甫三月
撫養成立家貧以紡績奉姑卒年七十三 斗門團
汪氏曾國忠妻廿一守節家貧茹苦時年七十三 斗門團
邱氏熊卓倫妻廿九守節任鳴盛嗣時年六十三 斗門團

胡氏王既成妻年二十九守節善事舅姑卒年六十六
斗門圍
李氏曾禮文妻年二十七守節時年五十七　斗門圍
廖氏沈昌泰妻年二十六夫故家貧苦節時年五十四
斗門圍
張氏庠生袁降崧妻年二十三守節嫻姆訓能文藝卒
年六十八　斗門圍
李氏潘士遠妻年二十九夫故與姑趙氏嫂李氏均苦
節時年六十六　斗門圍
劉氏廖昌旭妻年二十六守節家貧奉姑撫子盡職無
虧卒年九十　斗門圍

彭氏潘聖依妻年二十三守節撫遺腹子成立卒年八
十三　斗門圍
石氏熊本英妻年二十七守節時年七十五　斗門圍
胡氏廖祖斯妻年二十八守節卒年六十一　斗門圍
李氏熊本華妻年二十四守節立侄自秀嗣時年七十
三　斗門圍
但氏監生祝達芳妻年二十九守節孝事舅姑治家勤
儉時年七十　斗門圍
石氏梅時杞妻年二十七守節卒年七十八　斗門圍
但氏石正和妻年三十守節卒年七十一　斗門圍
吳氏田玉成妻年二十六守節順事翁姑撫養孤子賺

年七十二　楓橋圍
黃氏江東陽妻年二十七守節卒年六十　學政杜額
獎子春邑庠生早卒媳宋氏年二十九善繼姑志飲冰
茹蘗撫孤成立時年五十一　楓橋圍
朱氏儒士朱克造妻年二十七守節撫遺腹子成立卒
年六十五　楓橋圍
許氏李集成妻年二十五守節時年六十　楓橋圍
萬氏黃德修妻年二十八守節卒年七十　楓橋圍
吳氏田先榮妻年二十八守節立侄爲嗣時年七十三
楓橋圍
熊氏文名揚妻年二十七苦節立從侄本望嗣時年五

十三　楓橋圍
程氏儒士周雲圃妻年二十五夫故遺腹生女立侄順
晋嗣守節五十餘年無疾終　洪山圍
張氏李輔清妻年二十七夫故與孀姑均苦節卒年八
十餘　洪山圍
李氏周勇才妻年十八于歸甫月餘夫外出遭卒氏矢
志節守事姑撫姪卒年五十一　洪山圍
李氏宋國仕妻年二十三守節撫遺孤坤方成立卒年
七十　洪山圍
宋氏曾在儒妻年十七于歸甫數月夫卒氏甘貧奉姑
立姪明珠嗣時年五十九　洪山圍

何氏宋松玉妻年三十守節撫子成名時年七十九洪
山團
彭氏肅俊脩妻年二十八守節生子甫數月撫養成立
卒年八十洪山團
但氏聶東興妻年二十七守節卒年七十五洪山團
宋氏魏亮彩妻年二十四守節時年七十二洪山團
晏氏宋福兆妻年二十四夫病篤刲股療之不愈夫卒
氏奉姑撫子節操凛然時年六十洪山團
丁氏王紹文妻年二十守節卒年八十龍坑團
龍氏王連玉妻年二十一守節時年七十四龍坑團
劉氏儒士楊源裕妻年二十四守節時年六十一龍坑團

蒲圻縣志卷七　列女　六八

聶氏宋什萬妻年二十八守節時年七十四龍坑團
宋氏宋邇光妻年二十二守節卒年六十八龍坑團
劉氏宋占魁妻年二十一守節卒年七十一龍坑團
方氏宋宇文妻年二十二守節卒年六十三龍坑團
宋氏黄青選妻年二十二守節卒年七十八小柏團
游氏黄德昌妻年十九守節撫遺腹子成立卒年七十
小柏團
王氏鄧義文妻年二十夫外亡遺一子週歲殤氏朝夕
紡績伴姑如女戀母越十年姑卒氏哀毁逾制姑墳前
竣氏就墳前一慟卒親樂團
龔氏李龍一妻年二十二守節撫遺腹子成立時年七
十五親樂團
馬氏龔名志妻年十九守節撫遺腹子成立卒年六十
親樂團
王氏龔虹名妻年二十六守節撫子登文成立咸豐乙
卯登文被賊擄氏自經死時年六十三親樂團
張氏龔志明妻年二十四守節撫遺腹子成立卒年七
十三親樂團
李氏廖天樹妻年二十五守節時年六十七親樂團
王氏龔心遠妻年二十一守節卒年九十親樂團
畢氏龔印名妻年二十守節卒年六十九親樂團
王氏龔天萬妻年二十三守節卒年八十親樂團

蒲圻縣志卷七　列女　六九

羅氏龔心湖妻年二十四夫外亡無子家貧苦節卒年
八十親樂團
桂氏龔心仁妻年二十七守節卒年七十親樂團
廖氏龔雲會妻年二十七守節時年七十二親樂團
廖氏龔華廷妻年二十七夫故無子守節二十一年親
樂團
趙氏龔名文妻年十八婚未八夫外亡時苦節三十八
年親樂團
張氏龔傳光妻年二十九守節家貧食力撫遺腹子成
立卒年八十一親樂團
呂氏馬德明妻年二十九守節善事舅姑卒年六十三

親樂圖

戴氏龔艮弼妻年二十七守節卒年八十二　親樂圖

吳氏謝祖憲妻年二十七守節時年九十　親樂圖

王氏傅憲章妻年二十七夫故家貧苦節時年七十　親樂圖

吳氏魏漢章妻年二十六守節卒年七十四　親樂圖

王氏謝席珍妻年三十夫外亡守節六十年卒子祖輿亦客死妻王氏年二十六撫孤守節時年六十　親樂圖

任氏庠生龔名世妻年三十守節卒年七十六　親樂圖

任氏馬雲繡妻年二十九夫故無子時守節二十九年　親樂圖

趙氏龔傳曾妻年三十守節卒年六十　親樂圖

熊氏龔乾如妻年二十八守節卒年八十　親樂圖

鄧氏田正芳妻年二十四夫故無子時守節三十一年　親樂圖

張氏田德藹妻年二十九守節卒年八十四　親樂圖

鄧氏龔名寶妻年二十夫故無子守節時年五十六　親樂圖

張氏馬義懷妻年二十七守節卒年六十一　親樂圖

龔氏馬溥仁妻年二十九守節時年五十六　親樂圖

龔氏謝春發妻年三十守節卒年六十　親樂圖

余氏謝祖全妻年三十守節卒年七十　親樂圖

汪氏陳世盛妻年三十守節立侄為嗣時年七十二　親樂圖

傅氏馬廷謨妻年三十守節卒年七十一　親樂圖

吳氏龔堅白妻年三十守節卒年七十二　親樂圖

龔氏鄧尊材妻年二十九守節時年六十四　親樂圖

張氏庠生劉步雲妻與媳龔氏基昌妻均苦節　親樂圖

謝氏李昇陽妻年十八夫外亡撫遺腹子成立守節五十餘年卒　親樂圖

吳氏龔心和妻　親樂圖

謝氏龔翰傳妻年二十七守節卒年九十　親樂圖

雷氏龔仁懷妻年二十三夫外亡家貧苦節卒年七十　親樂圖

陳氏呂登榜妻年二十四夫故撫三月遺孤成立守節四十餘年卒　親樂圖

馬氏徐本煌妻年二十九守節時年六十餘　親樂圖

謝氏龔登漢妻　親樂圖

李氏余清文妻年二十八夫故無子苦節時年八十餘　親樂圖

謝氏王顯厚妻年三十守節時年五十　親樂圖

呂氏王聖山妻年二十九守節無子立侄嗣嚴氣正性望之者自生敬畏年七十餘卒　親樂圖

鮑氏陳世第妻　親樂圖

李氏王德啟妻年二十八守節時年五十 親樂圖
龔氏余前柏妻 親樂圖
陳氏余國遜妻年二十七守節卒年七十餘 親樂圖
吳氏徐道鴻妻年三十夫故時守節三十餘年 親樂圖
陳氏王顯相妻 親樂圖
羅氏余簡珍妻 親樂圖
龔氏余義元妻年三十守節時年五十二 親樂圖
余氏陳啟萬妻 親樂圖
尹氏金子融妻年二十九夫故撫孤成立守節四十七
年卒 親樂圖
孝婦李氏謝祖達妻達喪時家貧翁老氏虔修婦職旨

甘無缺翁卒喪葬如禮 親樂圖
黃氏余佐廷妻年三十守節卒年七十餘 親樂圖
吳氏余偉賢妻 親樂圖 王氏龔子澄妻 親樂圖
任氏馬德一妻 親樂圖 張氏龔達周妻 親樂圖
馬氏任彥邦妻年二十守節時年八十 黃龍圖
馬氏鄧聯僕妻年二十九守節時年六十 黃龍圖
張氏任繼文妻年二十六守節時年六十五 黃龍圖
李氏鄧景耀妻年二十守節卒年六十一 黃龍圖
羅氏鮑慶魁妻年二十七守節時年七十二 勞精圖
廖氏監生馬先承妻年二十四守節時年六十 勞精圖
漆氏張高灃妻年二十九守節時年六十 勞精圖

吳氏儒士馬正昌妻年二十二守節時年五十九 勞精圖
洪氏田丞麟妻年二十八守節時年七十 上峙圖
劉氏文本豪妻年二十四守節時年六十 上峙圖
熊氏舒秀龍妻 上峙圖
洪氏文在星妻年二十九守節時年六十 上峙圖
張氏熊德耀妻年二十八夫故無子夫弟達藝不歸氏
典簪珥倩人尋歸完娶生二子以其長子嗣訂守節三
十五年卒 上峙圖
龔氏熊嶙妻年二十五守節撫子年三十不祿同孀媳
鄧氏撫孫時年六十二 上峙圖
洪氏徐象賢妻年二十四守節時年六十五 上峙圖

王氏馬南山妻年二十三守節卒年五十 上峙圖
程氏文有光妻年二十二夫外亡甘貧苦節時年五十
二 上峙圖
陳氏但德珖妻年二十六夫故無子苦節卒年四十八
安豐圖
田氏庠生但德璜妻年二十九守節卒年四十七安豐圖
胡氏庠生但德瑽妻年三十守節時年六十八 安豐圖
梅氏但傳勤妻年三十守節卒年六十六 安豐圖
田氏但傳富妻年二十六守節卒年六十九安豐圖
陳氏羅克賓妻年二十六守節時年六十六 安豐圖
江氏但訓庭妻年二十三守節時年六十二 安豐圖

陳氏王金山妻年二十七守節卒年八十　安豐團

李氏王昌端妻年二十九守節卒年六十六　安豐團

余氏王朝琳妻年二十九守節時年七十七　安豐團

田氏祝成相妻年三十守節時年七十一　安豐團

田氏吳太壽妻年二十四守節卒年六十八　安豐團

田氏吳應安妻年二十八守節卒年五十六　安豐團

錢氏田成榜妻年二十八守節時年七十二　安豐團

任氏田紹澄妻年二十四守節時年五十一　安豐團

范氏張登能妻年二十三守節時年七十八　安豐團

郭氏張　品妻年二十二守節時年四十七　安豐團

向氏李明坤妻年二十八守節時年七十二　安豐團

漆氏田寶身妻年十八守節撫孤成立時年六十四　安豐團

吳氏田魁名妻年二十五守節撫遺腹子成立卒年六十五　安豐團

黃氏程禹佑妻年二十八守節時年七十一　安豐團

包氏葉光照妻年二十六守節孝事舅姑立侄先膺嗣卒年九十二　坪下團

杜氏尹學安妻年二十五守節孝養舅姑撫孤成立卒年八十八　坪下團

吳氏童輝天妻年二十四守節卒年五十二　坪下團

朱氏葉世瑞妻年二十二守節僅一女孝奉舅姑勤苦自持時年七十四　坪下團

羅氏張德照妻年二十五守節孝事舅姑撫孤成立時年七十三　坪下團

傅氏李欣友妻年二十八守節孝養老姑撫子瞻倜成立時年七十　坪下團

李氏龔正魁妻年二十八夫故耐貧苦節時年六十五　坪下團

張氏龔聯芳妻年二十二守節無子立侄承祧事姑以孝聞時年六十五　坪下團

李氏陳鎮南妻年二十二守節孝養舅姑時年六十一　坪下團

江氏李瞻高妻年二十九守節時年八十　坪下團

任氏李巘五妻年二十八夫故耐貧苦節時年七十七　坪下團

徐氏覃鳳翔妻年二十八守節翁姑性嚴厲氏承順無違卒年六十八　池江團

王氏覃啟唐妻年二十七守節孝養無虧撫孤成立卒年七十二　教諭吳穎獎　池江團

黃氏覃振舉妻年二十七守節立侄爲嗣時祖姑及翁在堂氏藉紡績資供兩世甘旨卒年七十　池江團

王氏包名珠妻年二十四守節時年七十五　池江團

魏氏庠生覃文彪妻年二十七守節性貞靜動循禮法

立侄步青嗣卒年七十三池江圖
万氏馬永柏妻年二十二守節時年五十七池江圖
杬氏覃韺藹妻幼讀女史知節義年二十二夫故守節六十二年卒池江圖
石氏覃超蔦妻年二十四夫故無子耐貧苦節孝養翁姑爲夫立嗣時年六十四池江圖
方氏覃明睿妻于歸未久睿外亡氏甫二十餘父母欲嫁之氏誓死靡他守年六十池江圖
覃氏包名位妻年二十八守節卒年四十八池江圖
覃氏包魁元妻副貢廷楨姑母幼慧記唐詩甚夥年二十七守節卒年七十池江圖

王氏魯長青妻能曉女訓女誡諸書義年二十九守節卒年七十池江圖
馬氏魯廷勳妻年二十四夫故無子耐貧苦節時年七十池江圖
方氏魯美膌妻年二十六夫故苦節卒年五十池江圖
方氏魯德光妻年二十七夫故苦節時年五十三池江圖
方氏覃王廷妻年二十八夫故苦節卒年六十九池江圖
富氏龍榮華妻年十九守節時年六十池江圖
胡氏但文德妻年二十八守節時年六十四池江圖
鄧氏但懋芳妻年二十六守節時年六十四池江圖
黄氏覃東漢妻年二十六守節卒年六十一池江圖

呂氏但懋依妻年二十五守節時年五十八池江圖
王氏但鳳山妻年二十七守節時年五十四池江圖
徐氏但馨山妻年二十五夫故無子苦節自甘立侄爲嗣時年五十二池江圖
但氏夏秩五妻年二十二守節時年五十三池江圖
曾氏但媚川妻年二十三夫故苦節卒年五十六池江圖
舒氏徐周謨妻年十九夫故苦節自甘時年五十二池江圖
龔氏但忠慶妻年二十四守節事姑以孝聞卒年五十一池江圖
鄧氏馬龍魁妻年二十八守節時年八十池江圖

毛氏鄧貴貽妻年二十五值夫病革誓以身殉夫止之曰我子尚幼母老而瞽且多病汝何可死氏泣從之守節三十餘年卒池江圖
王氏徐順安妻年十九守節事姑以孝聞時年五十二池江圖
鄧氏徐孔裁妻年二十六守節孝養衰姑時年五十一池江圖
魯氏方式酌妻年二十七苦節自甘時年八十四池江圖
徐氏陳其恩妻年二十四夫故耐貧守節時年六十池江圖
方氏但星台妻年二十七守節卒年六十四池江圖

龍氏李光宗妻年二十四守節時年五十二　池江圖
舒氏歐陽朝分妻年二十二守節時年五十八　池江圖
趙氏魏兆清妻年二十六守節立侄為嗣時年五十一
方礄圖
謝氏鄧全裕妻年二十二守節時年六十八　方礄圖
萬氏李江山妻年二十八守節卒年六十三　方礄圖
但氏舒祖榮妻年二十六守節卒年七十六　方礄圖
但氏舒漢宗妻年三十守節卒年四十八　方礄圖
吳氏舒時敏妻年二十五守節卒年四十七　方礄圖
謝氏庠生張煥南妻年二十八守節撫子蔭棠成名時
年六十一　方礄圖

周氏黄扶輪妾年十八夫故嫡時七旬氏善事之立侄
為夫後時守節三十五年　方礄圖
方氏王繞一妻年二十一守節撫嗣侄慶昇成名卒年
七十二　知縣王額獎　方礄圖
畢氏周鴻猷妻年二十二守節卒年五十二　知縣恩
額獎　方礄圖
李氏周雄雅妻年二十六守節時年五十　方礄圖
朱氏方博厚妻年二十八守節卒年六十　方礄圖
李氏王宏謨妻年二十三守節時年六十四　方礄圖
廖氏王其位妻年二十九守節卒年五十七　方礄圖
謝氏王宏開妻年二十九守節卒年七十五　方礄圖

周氏魏三品妻年二十八守節時年五十　方礄圖
畢氏胡郁亭妻年二十七守節遺孤殤立侄為嗣時年
五十　方礄圖
萬氏胡友芳妻年二十四守節撫嗣侄兆南成名時年
五十四　方礄圖
魯氏胡仁亭妻　方礄圖
周氏王國琳妻年二十一守節卒年六十四　方礄圖
任氏王真祿妻年三十守節卒年五十九　方礄圖
黄氏王文榜妻年二十六守節卒年六十八　方礄圖
馬氏王世裕妻年二十六守節時年七十　方礄圖
王氏李惟高妻年二十二守節家貧苦節時年六十四
方礄圖

舒氏萬士鍾妻年二十二守節立侄承祧時年五十四
方礄圖
龔氏畢道生妻年二十八守節時年五十二　方礄圖
周氏方宗儒妻年十八守節立侄為嗣時年七十八　方
礄圖
魏氏方秉元妻年二十守節時年七十　方礄圖
漆氏畢開成妻年二十九守節時年七十二　方礄圖
徐氏張顯南妻　方礄圖
謝氏張華國妻年二十七守節時年七十三　方礄圖
蕭氏魏增啟妻年二十六守節時年六十　方礄圖

湯氏王錦友妻年二十六守節卒年七十　學政鮑額
奬馬獅圖
聶氏王錦芳妻年二十八守節媳聶氏志桂妻年二十
七守節卒年俱七十二　馬獅圖
周氏管文光妻年二十八守節卒年六十八　馬獅圖
張氏江志和妻年二十六守節卒年八十一　馬獅圖
唐氏石耀三妻年二十六守節卒年七十　馬獅圖
曹氏石松亭妻年二十二守節卒年六十　馬獅圖
黄氏王廷義妻年二十八守節卒年七十五　馬獅圖
李氏王遷謀妻年二十九守節卒年六十六　馬獅圖
毛氏舒士尚妻年十八守節時年七十七　馬獅圖

黄氏許思順妻年二十九守節時年七十三　馬獅圖
曹氏覃周歷妻年十七守節時年六十三　馬獅圖
王氏曹士義妻年二十守節時年六十　馬獅圖
唐氏覃鈖倫妻年二十三守節卒年七十三　學政吳
額奬馬獅圖
童氏李藝林妻年二十七守節卒年七十六　學政王
額奬馬獅圖
聶氏覃端晃妻年二十五守節時年七十五　馬獅圖
張氏覃杏圃簉室隨圃僑居成都年二十四時圃歸省
病故氏自蜀奔歸守節奉姑撫子卒年六十七　馬獅圖
龍氏覃明祥妻年二十七守節撫遺腹子成立時年五
十六　馬獅圖
劉氏葉巨材妻年二十守節爲夫立嗣卒年七十六馬
獅圖
李氏許　煜妻年十九守節時年六十三　馬獅圖
吳氏聶錫九妻年二十七守節時年七十五　學政王
額奬官橋圖
王氏劉大富妻年二十八守節時年六十一　郭連圖
周氏胡楚善妻年二十三守節時年五十九　郭連圖
李氏胡協修妻年十七于歸甫朞夫故矢志苦節時年
六十一　郭連圖
留氏劉龍山妻年三十守節卒年六十二　郭連圖

傅氏吳承五妻年二十九守節時年五十八　郭連圖
朱氏黎光達妻年十八于歸甫及朞夫故守節性温惠
孝事孀姑同榻卧四十餘年撫遺腹孫鎮濱成名卒年
六十三　學政龍額奬　郭連圖
劉氏胡衡五妻年十七于歸甫朞夫故守節四十四年
卒　郭連圖
覃氏儒士章年豐妻年二十守節時年七十二　知縣
孫額奬　郭連圖
萬氏胡瓊林妻年二十二守節時年七十二　郭連圖
胡氏周必武妻年二十八守節時年六十一　郭連圖
王氏胡云富妻年二十二守節時年六十一　郭連圖

覃氏童光學妻年二十二守節時年六十一　郭連圖
覃氏童光翔妻年二十一守節時年五十八　郭連圖
李氏劉德彩妻年三十守節卒年六十　郭連圖
譚氏武生李步雲妻年二十九守節時年八十二　郭連圖
留氏劉代啟妻年三十守節時年五十七　郭連圖
張氏王昆山妻年二十八守節卒年六十　郭連圖
黄氏劉德耀妻年二十七守節時年七十二　學政王
額獎　郭連圖
陳氏張偉安妻年二十四守節時年五十四　郭連圖
謝氏廖玉獻妻年二十四守節時年七十　郭連圖
丁氏漆開發妻年二十八守節時年七十　郭連圖

陳氏李茂青妻年二十八守節卒年八十　郭連圖
王氏李明宗妻年二十六守節時年六十四　郭連圖
王氏李是茂妻年二十五守節時年五十三　郭連圖
黄氏漆宏者妻年二十六守節時年七十六　郭連圖
危氏童錦華妻年二十五守節卒年六十八　知縣崔
額獎　郭連圖
聶氏童一則妻年二十二守節時年七十　學政江額
獎　郭連圖
覃氏童新典妻年二十五守節卒年七十三　學政王
額獎　郭連圖
傅氏童浴賢妻年二十四守節卒年六十五　學政王

額獎　郭連圖
紳士結報烈婦
魏氏黄瓊元妻年三十夫故遺一子氏矢志守節撫孤
無何子殤遂自盡　南勲圖
張氏熊日立妻年十九夫故守制四十九日倚夫靈前
自經死　南勲圖
石氏蕭典崗妻年二十六夫故以身殉　南勲圖
楊氏鮑祢信妻年二十八夫故誓以身殉因家人防護
未遂其志守制三月子殀氏竟投方塘死　荊沙圖
李氏馬盛烈妻年二十夫故自縊以殉　土橋圖
魏氏張赤玉次媳子吉妻年三十夫故殮殯之明日投

池水死屍僵立池中不染污泥　土橋圖
高氏劉明五妻年二十二夫故殮殯後投繯死　大貴圖
李氏周鹿階妻年三十九夫故自縊以殉　大貴圖
張氏沈佑堂妻佑堂生長西蜀氏待字至二十五歲及
成婚數月夫故遂以身殉　古崙圖
余氏葉步雲妻年二十三夫故越月餘氏虔祭夫靈自
經死　汀泗圖
周氏儒士錢銀川妻咸豐四年銀川斃於賊氏聞慟哭
自經死　汀泗圖
周氏監生袁九封繼室年三十夫故誓死靡他家人欲
奪其志遂吞金卒　汀泗圖

田氏章德賓妻年二十六夫故吞金殉夫汀泗圖
盧氏馬松武妻年二十四夫故適歲旱慮姑無養含淚
灌田至秋熟曰姑有食吾事畢矣遂自縊官田圖
周氏馬卿讀妻年少夫死自縊官田圖
謝氏程宗富妻婚未及期富卒氏以身殉自縊死黄土圖
張氏吳極聰妻年十八于歸越兩載聰歿氏日夜號泣
未匝月自經死清樂圖
龍氏鄧國寶妻年二十七夫故自經以殉甥精圖
羅氏陳其鐸妻于歸甫三載夫歿投塘水死以殉安豐圖
鄭氏祝禮安遷室年二十三夫患痼疾日夜祈佑夫歿
遂自縊死安豐圖

節烈覃氏任傳命妻年二十一夫故氏矢志撫孤不數
日孤亦殤氏忍泣俟夫禫辰從容自縊死池江圖
熊氏但秉維妻年二十六夫故以身殉池江圖
李氏葉文芳妻年二十因芳病革欲以身代先自縊死
踰時芳卒 知縣任額獎方礄圖
但氏舒崇壽妻年二十六夫故哭送墓側俯伏處膝痕
肘痕額痕皆入土數寸越五日自縊以殉方礄圖
汪氏王漢元妻年二十八夫故登時自縊以殉馬獅圖
周氏王大理妻年二十四夫故既葬自經於寢所馬獅圖
李氏廖源貴妻年二十夫故自縊以殉郭連圖
聶氏童克俊妻年二十二夫故越三日自縊以殉郭連圖

殉難烈婦
鍾氏葉懋亭繼室甲寅夏賊勢披猖婦女奔集大石礄
氏念一門貞節恐遇不測有玷清聲以釵釧囑女伴貴
其夫託言暫憩礄畔女伴回顧氏已投水死矣咸豐七
年詳請城厢圖
聶氏武生周甫廷妻年五十咸豐五年五月被賊逼投
水死咸豐七年詳請城厢圖
周氏陳光義妻年三十咸豐五年二月賊逼不從竟被
戕死七年詳請城厢圖
鮑氏宋維質妻咸豐五年三月因子哨探被殺氏年六
十覓屍遇賊怒駡不絶賊殺之七年詳請城厢圖

黄氏彭楚章妻咸豐五年十一月賊至奔避中鳥鎗死
七年詳報城厢圖
王氏任俊德妻咸豐五年六月駡賊被戕七年詳請城
厢圖
鄭氏余有立母咸豐五年五月駡賊被戕七年詳請官
塘圖
錢周氏咸豐五年八月賊過索氏夫氏匿不言遂自縊
七年詳請汀泗圖
黄高氏黄鄒氏咸豐六年俱以駡賊被戕七年詳請汀
泗圖
雷氏舒恭賛妻咸豐五年七月被賊搜獲氏奪刀殺賊

不克死之白石團
黃氏庠生李鳴閶妻咸豐五年九月十三日奪刀拒賊
賊剜其腹死　知縣李詳請白石團
李氏監生聶運亨繼室咸豐五年賊因亨子聰帶勇堵
禦遂率衆潛圍其家氏夫婦旨叉罵賊賊並碎其尸孫
紹煊聞信以身殉媳劉氏見舅姑及侄俱斃偕紹煊婦
甘氏婢蕭英投水死咸豐七年詳報新店團
陳氏葛濟才母葛氏黃名儒妻石氏余孔學妻張氏黃
焕茂妻夏氏賀家駿妻田氏葛佐耀妻張氏葛舜三妻
陳氏葛三才妻周氏葛大位妻楊氏張光近妻聶氏田
近宏妻李氏樊鳴九妻陳氏葛佐廷妻熊氏任茂廣妻

李氏任本志妻周氏劉文玉妻錢氏劉文賢妻咸豐五
年八月賊勢披猖俱以義不受汚罵賊被戕七年詳請
新店團
田氏但部堂妻咸豐五年八月攜二子長德宏年六歲
次德諒年二歲避賊新與賊強奪其子氏拒罵之抱二
子投塘死七年詳請新店團
余氏雷世琦妻咸豐五年八月罵賊被戕七年詳請城
西團
李氏徐立慶妻咸豐六年二月賊至逼脅罵不絕口遂
被戕時年三十二七年詳請洪石團
鄧氏儒士賀良翼妻咸豐五年七月賊大掠氏恐被辱

投水死洪石團
謝氏貢生馬葵謨妻咸豐五年三月賊肆擄掠氏恐不
免投蒓塘死土人撈其屍覆以土至十月子歸具棺殮
之面如生七年詳請白蒓團
龔氏庠生馬敬謨侄媳咸豐五年三月賊至門首恐受
逼污抱數歲弱嗣奔畈中同投塘死七年詳請白蒓團
魏氏饒文理妻咸豐五年文理勷辦團練捉獲多賊賊
至復仇圍其家氏誑賊暫退潛入室內自縊死七年詳
請峽山團
任氏余兆鳳妻咸豐五年賊勢猖獗氏恐被玷投塘死
蕭橋團

余氏監生黃河清妻咸豐五年賊從新店掠至小柏氏
與夫兄謨昌妻汪氏各攜一女及侄婦王氏皆逃竄賊
追急遂投湖中賊退家人舟救之余氏王氏及二女皆
歿獨汪氏尚甦小柏團
馬氏龔登　妻年二十八丁氏馬熾村妻年三十咸豐
五年三月不爲賊汚同日投水死七年詳請親樂團
王氏胡啟貴妻年二十四隨夫僑寓廣鎮咸豐三年賊
至死節郭田團

刲股刲臂

劉氏居賢廷妻刲股瘥姑復瘥夫　知縣杜頒獎城厢
李氏鄧英豪媳刲股瘥翁荆沙團

程氏王俊英妻姑吳氏與夫同病氏刲股療愈 土橋團
李氏庠生賀煜坪妻咸豐二年刲股療繼姑病愈 白石團
但氏庠生熊世瑗孫媳刲臂奉姑　巡撫胡額獎 楊林團
邱氏祝成應妻年二十刲股療姑病愈 港口團
饒氏鄧學甫妻刲臂和羹湯療姑愈　知縣沈額獎 洪石
陳氏江汝霖妻年十九刲臂痊姑 峽山團
饒氏從九鄧春華妻善事孀姑年三十無子勸夫置妾
姑病刲股療愈　儒學曾額獎 洪石團
彭氏馬修烈妻翁監生美武患血疾氏刲股療愈 白蒓團
游氏庠生周汝文妻道光二十六年刲股痊夫　邑侯
張額獎 峽山團

張氏江棠功妻同治五年七月刲股痊夫 峽山團
戴氏庠生鮑霖臣妻夫病篤刲肱療愈 黃土團
蘇氏曾聖逵妻年十九刲股痊姑壽七十二 洪山團
張氏王德成妻成病篤姑為之廢寢食氏刲臂和藥痊
之姑感泣 親樂團
楊氏天榜女父病篤刲股療愈 池江團

壽婦

王氏張秩萬妻五代同堂年一百有二歲 白駒團
尹氏楊學修妻年一百歲五代同堂 白駒團
徐氏張至治妻五代同堂 石鏗團
方劉氏五代同堂 方喬團

續報節孝烈婦

張氏李連美妻年二十一守節時年五十三 城廂團
張氏程紹五妻年十九夫故守節十一年卒 城廂團
萬氏石朝俊妻夫故飲鴆以殉　儒學鮑聯獎 城廂團
田氏龔繼鰲妻年二十八守節卒年八十五 南墊團
魏氏馬詡輿妻年二十九守節卒年七十　學政朱額
獎 土橋團
吳氏徐立貴妻年二十五守節時年五十九 石坑團
顏氏張拱樞妻年二十一守節卒年六十三 大青團
張氏魏參大妻年二十六守節卒年六十　學政楊額
獎 占崙團

何氏彭鉅功妻年二十一守節時年五十一 汀泗團
雷氏彭春華妻年二十二守節時年五十六 汀泗團
高氏葉先啟妻年二十一守節時年五十七 汀泗團
吳氏張拱武妻年二十五守節卒年七十 汀泗團
程氏葉先型妻年二十二守節時年五十五 汀泗團
余氏熊孔書妻年三十守節時年六十三 新典團
熊氏袁光典妻夫早逝守節時年六十三 新典團
張氏劉登選妻年廿四守節時年五十二 白石團
熊氏劉怡常妻賀氏楊益妻戴氏饒三星妻李氏雷立
慶妻賀氏饒定寀妻饒氏劉恒隆妻均於咸豐五年被
賊戕死 洪石團

卯氏張美珪妻年十九守節時年五十歲白莿圍

祝氏廖祖潤妻年二十九守節時年六十七半門圍

烈女張鳳姑幼字劉咸豐五年賊逼投水殞命白駒圍

何氏袁勝昭妻年二十七守節時年七十白駒圍

胡氏馬世禮妻年二十六守節時年七十白駒圍

雷氏謝泗海妻年二十四守節時年七十一硯樂圍

張氏龔能孚妻年二十守節卒年七十七知縣李儒學

李羅俱額獎上峙圍

龔氏楊祖禎妻年二十七守節時年六十上峙圍

漆氏余恩璜妻年二十五夫外故氏聞訃自縊上峙圍

程氏舒達遠妻年二十二守節時年七十二方橋圍

萬氏吳及英妻年二十二守節時年六十六方橋圍

熊氏洪毓南妻年二十七守節卒年八十三方橋圍

王氏揭天順妻年二十四守節時年七十五郭連圍

李氏曾照萬妻年二十五守節時年五十五郭連圍

鄧氏廖明哲妻年二十七守節卒年六十三媳羅氏承

林妻年二十六守節時年七十八學政江額獎郭連圍

吳氏廖源光妻年二十六守節時年五十四郭連圍

但氏黃宣華妻年二十四守節時年五十七池江圍

廖氏黃祥書妻年二十守節時年七十六池江圍

覃氏方宏安妻年二十九守節時年七十二池江圍

梁氏徐本才妻年十八守節時年五十二池江圍

李氏陳文斌妻年二十九守節時年六十五池江圍

李氏余占海妻年二十守節時年六十一池江圍

李氏方敦秩妻年二十守節時年七十二池江圍

李氏覃德如妻年二十三守節時年五十四池江圍

姜氏黃光清妻年二十六守節時年五十池江圍

覃氏曾燦之妻年二十一守節卒年五十六池江圍

宋氏覃光廷妻年二十二守節時年五十池江圍

方氏舒佩玉妻年二十六守節時年五十三馬鄉圍

徐氏紀盛典妻廿九守節時年七十九知縣熊額獎荆沙圍

蒲圻縣志

藝文

儒生有著述尚已歷代寶之如積珍異

國朝

欽定四庫全書廣搜淹載粲乎鉅觀矣然蒲邑在賢諸譔著存軼不齊今其存者悉遵提要書錄錄之軼者仿經籍考並据他說畧存篇目而邇來所作則篤其實而藝者志藝文仍舊志

舊志錄

宣德戊申志

知縣杜　紳同邑人黃　煜纂輯

王　愷序載本志

成化丁酉志

知縣葛鳳儀同崇陽教諭俞　繪邑人游　志纂修

嘉靖癸巳志

知縣吳本固同邑人廖道南纂修

湛若水序附蒲圻志何爲者也志蒲圻也洞野子生於蒲圻長於蒲圻顯於蒲圻故作志以顯蒲圻生長之地也志之大倫有六爲一曰建邦二曰觀土三曰崇政四曰惇教五曰稽績六曰徵獻蓋自洞野子發之甘泉子觀焉喟曰古稱楚材有以也哉以予博觀於天下未有賢才若楚之盛者也是故徵獻本於稽績稽績本於惇教惇教本於崇政崇政本於觀土觀土本於建邦知其倫矣夫天覆地載人物生焉地承乎天人本乎氣故首之以星野星野之所置必有與革故次之以時制制必有經理故次之以疆域經理疆域必有設司故次之以官秩官秩所治有山川焉故次之以山支水委山水之中有人民養人民者必有物焉故次之以民數次之以物產宰民物者必有聽事之所故次之以署宇署宇所治莫大乎理財故次之以田賦輸田賦者在里胥故次之以里社里社通濟莫先乎道路故次之以橋梁田社治橋梁通民有養矣養必教之故次之以學宮次之以書院次之

以壇坊皆陽教也有陽教必有陰教故次之以壇祠昭治民事神之道焉教養之所致必有成功茂績以傳於後故次之以鎭牧牧莫近乎令故次之以令長佐令長者丞尉故次之以丞尉飭吏治掌教養者儒也故次之以師儒至治教養之盛必有人才人才勳業必有大小隱顯焉故次之以原勳次之以考履次之以纂集次之以錄遺焉甘泉子曰觀於斯志而知楚材之毓於天產於地成於人矣作敘志

廖道南敘附夫志奚始乎其始於皇邱孽撮夏貢載陳職方宣列矣乎是故志之道大矣繇孌六經綜統百氏羽翼帝紀權輿國史而爲法戒至章焉者也今

之爲志者亏惑焉剽藝公穀僭擬春秋其失也專篡組遝固祇效譏評其失也謬摭蕪瞽矇紛糅譜乘其失也誣亏小子何知焉竊有志於古也而未之能也古者聖人仰觀天度俯察地宜觀度以制歷數察宜以畫井疆是故繫之以建邦邦必有土山厚象仁川虛象智爲高必因邱陵爲下必因川澤是故繫之以觀土有土斯有政發政在上承式在下發則樞機運承則神化宜是故繫之以崇政有政斯有教敷教者師受教者士師道立則明士才成則乂是故繫之以惇教政教設而績成殿績惟允登績維熙允則邦紀肅熙則吏治廉是故繫之以熙績績著而文獻足徵

徵德貴貞徵功貴永貞則行過於言永則終孚於始是故繫之以徵獻是故志建邦也首星野次時制次疆域次官秩則天道也志觀土也首山支次水委次民數次物產若地道也志崇政也首署宇次田賦次里社次橋梁遵君道也志惇教也首學宮次書院次塋坊次壇祠闡神道也志稽績也首鎮牧次令長次丞尉次師儒廣臣道也志徵獻也首原勳次考履次纂欒次錄遺敦人道也六者備而志之道其庶幾矣其專其謬其誣亏小子固弗自知也蒲之志古未之有也有之自我明初始也洪武遣使旁求永樂命官專理宣德戊申則黃煜氏創之王愷氏序之成化丁酉則俞繪氏續之游志氏校之茲志也吳侯本固爰始經度越三月而告成

崇禎辛未志

知縣林增志同邑人黃圖南魏方振何冲然纂修賀逢聖敘附章安可任林公爲蒲圻三年有成矣撫省會上晁當事以所修邑志見示屬逢聖敘之逢聖其而稱績者積也志則千百年之積也公之績孰大於是且公自敘司徒魏公敘詳矣余何說而處於此夫亦曰公樹績於蒲不可能也其績在邑乘尤難能也蒲言公心體可乎昔者聖也處於城陽六年嘗學所以爲邑矣儒者之言斯民也一日可爲唐虞三代此

實有大而非夸者後世人心無日不是上古太和元氣無日不在世宙獨長民者菲薄其民且自待亦不厚耳夷尹孔子惟是得百里之地而君之使眞厚待其民四履之地皆可撫諸襟帶之前即水旱夜祥造物氣數無不可轉移爲我用於以躋仁壽而升大猷唐虞三代是日暮遇之也夫惟其心有所夸而之乎其他微論山川草木或失其所政恐十二時中悲愉榮悴已不自繇尚安問堂皇之外一日與時賢耳衡今之有土君子願還以父母兩字還此兩字不問而四境之民罔或不親也應之曰仍願還一知字還此一字不問而一同之地罔或不喻也夫不賢者之心

體遷而之乎其他故㪏㪏焉不勝其勞賢者之心體
安而止乎其所故𨵦𨵦焉日享其逸心不勝勞弛則
爲不繫之舟張則爲束濕之苦心處其逸忙則與庶
正交修閑則與屋漏相對以公所爲蒲川何事不振
舉何弊不剔聳何精氣不格於上下何利濟不暨於
遐邇乃公固歛敘若無穆然聲色不動巳耳三年之
間民習而安焉悅而豫焉歌而舞焉灝灝乎噩噩乎
熙熙乎皡皡乎一方奠安雖以爲唐虞三代再見也
可則公之心體超於世宙之外翔於千仞之表蒲川
百里不足窮公整暇之用也吁嗟乎蒲非無事之國
也民亦勞止公拮据實什倍尋常自下車訖朞試百

餘年來蕭廢不舉之乘一旦恰集其成司徒魏公謂
黃王諸先達謝其詳廖學士儀其渾此地方名賢確
論即公所以爲治體爲心體皆可得而見也巳逄聖
於敘蒲圻志無當竊以爲心體一言百爾君子微有
助焉公幸以質諸司徒魏公 截錄

林增志序附余戊辰抄冬受蒲事甫至即欲從方策
中綜核國履之利弊以襄措置尚友累朝之耆舊以
資撫范需志弗可得也至覓鏽板於藏而梨棗巳化
爲烏有矣爰思古之里閈亦有閭史鄉鄰善惡必記
比伍厲彰癉之化況一室鉅典千秋鴻業所以驗得
失於往佐治理於今者可久廢乎然編摩之任肩之
者固長人事也即謀舉斯役而力履奪於弛政之棘
者迨辛未之春今上因邊塵之謐詔續修大明一統
志禮部檄海內郡邑各以本封志進余徧訪輯僅止
廖太史所纂耳後此百有餘年掌故寥寥文獻安在
即證以老吏所記誦若存若亡索之雲仍之貯藏或
殘或佚藉不及此修之蒲之典章日就散落世宙永
存之物且以靡托而湮墜矣時東衙適曠遂開局於
此延本邑二三學行譽髦載筆從事余暇久殊便就
討然志亦豈易言也紀事欲居其要纂言貴鉤其元
始有以與發山川包涵象彙表章與靈宣著休烈也
曩鳴吾先生播英翹於桑梓勒成數百年邦獻其編

次條目分敘繫斷締搆勤矣第出一家之筆而取裁
未廣義例未備非所以訂曠典而表偉觀于是旁搪
博訪勘所遺繆年表書傳一倣史漢廣其裁而備其
例稍芟其前岐之可略無至趾謌襲舛研積其信事
之宜詳期於彪熾褒貞相與蒐羅揚搉務求至當若
秩文則彙收爲終篇惟取其有關茲邑者至于世數
國典有裨亦附錄焉剔繁就簡崇雅黜浮一代典章
燦然可觀開館於六月二十八日竣事於九月十一
日所謂鏡得失之林閱竹素之圖余竊與焉敢僭序
其端若綱若目之義例列之于凡不復贅云 截錄

魏　說序載本志

黃圖南跋 載本志

康熙庚申志

知縣張圻隆同邑人龔逢烈胡　珪張奇勲謝彌昴

張琛光纂修

張圻隆序 載本志

余開熙序 載本志

張奇勲凡例 載本志

乾隆戊午志

知縣王雲翔同邑人李曰瑚萬大中李　伍張　濤

魏之仁熊之岐張開東張開懋梅　仔李　標魏

播王　霖李光賁馬　暹舒國梅盧　滿周日新洗

均王曾元魯　渲纂修

王雲翔序 載本志

程材傳序 載本志

徐而發序 載本志

李曰瑚跋 載本志

道光丙申志

知縣勞光泰同邑人但傳熺張培芳但　紱陳　濤

纂修

勞光泰序 載本志

蒲圻縣志

藝文二

宋

白雲集十卷 文獻通考　宋志八卷

廖正一譔正一字明畧讀書鳳凰山深造獨得黃庭堅深器重之 一統志

修學記

張　掖譔理宗時任澧州石門縣主簿時縣尹薛儀老學正李洪俱極一時之選而緝文摛藻必屬之掖著有修學記

元

求賢詔

何　維譔維延祐元年鄉貢梓行求賢詔摛藻古雅有兩漢詔令之風

登瀛洲賦 載林志

王廷揚譔廷揚至治三年鄉貢試登瀛洲賦考官龍仁夫大加稱賞

大別山賦 佚

汪存禮譔存禮泰定三年中鄉試試大別山賦考官揭奚斯彭楚玉評云大別屹立江漢是子奇崛與山爭雄

書經義一篇　太常賦一道 載林志　善政指南書

何槐孫撰

明

月中桂賦（載林志）惻齋集

鄧林撰林字時茂洪武二十九年舉人為人篤厚和易喜吟詠歷任江津大竹教諭秩滿陞秦府教授藩封敬服

三禮說　鳳凰山賦（載林志）蒲圻縣志

黃煜撰煜字士昭中洪武丙子鄉試為合肥教諭屢勸文衡致仕後益肆力於古文詞賦邑志其創修也

蒲山集四卷

魏觀撰明初循吏政教兼行稱蘇守魏公其修府學則宋景濂記之舉鄉飲酒則王常宗述之乞言養老賓僎有儀三代以後不多見也其五言古詩念切民瘼纏綿悱惻不減元道州近體亦淸脫可誦當日高皇游上苑召與危素宋濂詹同吳琳同晏奉天門東紫閣諭曰前日送卿還今日與卿飲何其樂也命各賦詩紀之（静志居詩話）

雲谷集（五世孫基輯）

王愷撰

芙蓉百詠

廖俊撰俊字文英號竹崖中景泰元年舉人授建州學正偶過開元寺聞諸生誦經音韻朗然歎曰不猶愈於學生乎乃擇其年幼者四人趙杲方璧周寬張救置之先賢堂中朝夕誨之後杲舉進士璧寬俱領鄉薦而救亦由貢生為府通判再調嘉定手植海棠於學賦詩云曾於雨裏覓蒼苔幽洞移來手自栽枝幹已成人欲去好花他日為誰開每賓興以花盛開為驗云（静志居詩話）晚歸結廬芙蓉山翛然自得著芙蓉百詠（舊志本傳）

十疏　齒錄序

任瑜撰正德辛巳上疏論天下事一曰勤聖學二曰篤親親三曰開言路四曰敬大臣五曰選諍臣六曰去浮屠七曰拯困窮八曰重守令九曰修武備十曰儲人才疏上上嘉納之

齒錄敘附庚午之秋湖廣大集十四府之士而試之中試者八十有五人而予與焉試有錄錄第先後之次而已而於少長之序邑里之詳不得而考也故雖名為同年而有終身不相識者則於古人所謂兄弟之義者安在哉辛未春予至京師即與吾同年謀之衆志樂從於是卜日會於城外之慈源寺是日也氣暖風和情歡意契少長之間藹怡如也於是而又志之以錄錄成咸謂予宜為序予辭之不得乃言曰同年之好當世世講焉其於一窮一達一遠一近而情

之相好者有卒焉則是矣苟或情與位殊義以時胥
是利友也君子之朋果如是哉然此亦吾同年之私
爾等而上之君臣之義人之大倫又誠不可以不講
者盡于與同年歌鹿鳴而來也則將大試於庭而授
之以官或卿相於朝或藩臬於外固分內事也先正
在廟堂則憂其民在江湖則憂其君苟能體此意而
以堯舜湯文之事責於君以唐虞殷周之化望於治
使天下後世之人指而稱之曰此皋夔稷契也此伊
傅周召也是固國家之福亦吾同年之光而予亦賴
以收榮名於不朽矣茲豈非幸歟若夫忘國徇家受
直怠事而乃爲國家之玷又不若終身不識者之爲

愈也諸君以爲何如願相與勗焉

講幄集二卷　文集五十卷　詩六卷 通志
文華大訓箴　殿閣詞林記三十二卷　楚紀六十
卷 明史藝文志 蒲圻縣志　元素子集
廖道南譔道南正德末進士選庶吉士歷編修至侍
講學士經筵輪講多所發明日食上言上皆嘉允中
忌譖推官召入卒以忌免所著有文華大訓箴譔殿
閣詞林記楚紀 明一統志 省志

殿閣詞林記蓋其在詞垣最久嫻習掌故因集詞林
殿閣宮坊臺省諸臣舊事分類紀載以成是書其例
凡仕至華蓋武英諸殿者曰殿學文淵東閣者曰閣
學兼六館者曰館學詹事者曰宮學屬春坊者曰
坊學屬宏文者曰館學典成均者曰雍學陞本院者
曰卿學有諡義者曰贈學擅書翰者曰藝學始終本
院者曰院學大概仿列傳之例悉載其官階愍遷而
事實亦附見焉首卷以下標題皆作國子監祭酒黃
佐侍講學士廖道南同編蓋道南採掇黃佐翰林記
之文不沒所自猶有前輩篤實之遺今亦仍從舊本
并存其名焉 四庫全書

楚紀道南歸田後爲世宗而作也世宗以興王繼統
實受封於楚之安陸府道南以爲太祖平陳理於武
昌實開定鼎之基世宗復由安陸履帝位更啟中興

之業故以楚地爲受命之符天心所屬博採古今鋪
張揚厲爲紀十有五曰皇運曰國基曰徵獻曰懋庸
曰崇道曰昭文曰孚諫曰稽謀曰樹節曰經變曰考
履曰闡幽曰登蹟曰穆風曰景則每紀分內外內外
中又分前後凡一人一事與楚稍有所涉者亦牽引
以入焉道南當時頗負文名此書亦殫十餘年精力
其末卷景則紀中有原胄敘宗感遇等篇詳述已之
世系出處仿太史公自序蓋隱然以其書比於史記
四庫全書

湖廣通志九十八卷 明史藝文志　雲山堂集六卷
魏　裳譔汪道昆鎮楚以楚史屬裳草逾年脫稿而

是時安州何侍郎遷亦爲楚史成俱上之臺或言二
史當合者裒聞之不懌 徐氏海隅集

雲山堂集前三卷皆詩後三卷爲雜文當嘉靖之際
李攀龍王世貞方負盛名而裒與南昌余曰德德甫
銅梁張嘉允肖甫新蔡張九一助甫實左右之當時
稱爲四甫裒才地稍弱尤爲墨守不變集首嘉允序
謂其文非左國兩司馬詩非建安大歷則不以寓目
此卽其力持王李餘論之證故王世貞藝苑卮言亦
稱其不失門宗云 四庫全書

翼正錄 自鏡膚語 砭俗箴

何思登撰思登學根性命斥二氏不俯仰隨俗所著

書皆不愧儒家言

怡雲亭集

魏朴如撰

琅玕草 獄遊草

謝師啟撰

蓬溪縣志 愚得錄

王艮謨撰縣志其官蓬溪時所創修也艮謨生平潔
已修身以著述爲事撰愚得數卷有云君子有潔已
之行不必有潔已之名有其名則污者皆吾忌難乎
其爲潔矣君子有濟人之實不必有濟人之名有其
名則負者皆吾求難乎其爲濟矣其中格言至論多
類此

臨淮志 繼疏傳

鄭之亮撰之亮官臨淮作臨淮志其祖宗仁爲建安
知縣復補鄂都仁弟宗儒爲鎮江府通判俱年未五
十致仕時論比之二疏之亮作繼疏傳

粹白堂集 佚

馬之猊撰之猊初知養利州後補茂州清白自持軍
民依賴

兩河全志

任文定撰文定初選南陽府同知後署葉舞陽內鄉

保安縣志 秦楚雜著 佚

任文台撰文台初司訓瑞昌旋諭保安創修保安縣
志後轉澧州學正陞河南教授致仕歸杜門自適著
秦楚雜著

寤語

周于蕃撰寤語以警世也中有云人只不爲造化所
笑不爲造化所忌不爲造化所拘便是有見解的學
問人只不爲世俗所染不爲世故所擾不爲世變所
移便是有執守的力量其大旨如此

麟經一斑

王廷策撰廷策以春秋舉於鄉乙酉聘試山東所拔
闞揚等皆知名士

易乘仙源集
王進臣譔
座右十箴　課士語
周　淳譔十箴者潔己愛民秉公勤政省躬積善遠名戒察咊濟養定也多採古人名言痛自箴警其課士語如改過立命戒亥求放心等條詳明剴切惻惻動人亦有功於學行者矣
屏史二十卷　心月軒十六卷
鄭士兗譔
吳越雅言　佚
魏　詔譔初教授嘉興府杭湖梓文行世曰吳越雅

言後陞江西提學副使崇雅黜浮文體士風爲之一變
青山閣集八卷
魏　說譔說初督學四川後陞太僕寺少卿入都命僮歸作青山閣遂有青山之意比致仕惟日與老僧說法清客譚詩而已
六友山房集
魏珩如譔
自記附壬子之春予方强仕二豎侵尋以病予告回壁徒立無以自娛於是鎖黃金之帶與朝囘之衣稍營茅裘得城北之山房焉未敢希蹤巢由不免支公之誚自號買山隱者山名龍翔負邑之陽河流中界斷隔塵囂振衣流覽令人有開襟坐霄漢意集其勝概凡廠有五環蒲皆山東南諸岫最爲奇秀排闥當門送青滴翠晴摇雨歟桃花金紫時現諸天芙蓉色相此山之勝也河水洋洋繞階如練支流左帶宛轉逶迤可方可舟可竿可綸富春漁臺渭津釣磯兼而有之此水之勝也山多白雲宋元祐好事者勒其石曰白雲臺坐觀雲起或爲冠纓或爲車蓋或爲繪帛或爲魚鱗草莽靉靆霏微不堪持贈而可怡悅此雲之勝也石號崔鐏其色蒼黝圓凹其內而方稜其外酷似三代秦漢間法物別有峭壁懸巖古文奇字苔

蘚剝蝕不可辨識此石之勝也爾山皆竹蒨葱如簀和煙韻雨舞雪廻風如對湘川如棲嶰谷翛然蔭汞和之觴瀹然解予獻之俗此竹之勝也隱者一朝而有之躍喜而狂曰之五者吾山房勝友也使予不以病免方將抗塵容走俗狀備書札仍俯仰如昔能有一於此乎且山也水也雲也石也竹也於禍爲清於景爲仙於幽人爲邁軸於夢寢若安禪殆造物所秘惜視鍾鼎珪組若糠粃塵垢而不敢望焉今予擲一官而易五友於臣侈矣造物者豈私予哉予乃搆招隱之堂傾略山水亭白雲之臺揖崔鐏之石營篠閣於萬个之中敭元元談空空從事於軍持圖蕉之業

將挾五友以傲一世不覺其踨之高而心之遠也呼童命酌倚醉狂歌酡酣隱几天地若失有爾丈夫者碧衣偕聲款于扉而詰曰噫嘻何子之不廣也夔下棲音朝陽棲鳳凝午陰而銷夏逆商音而知秋吾何慙於山房何負於吾子乃棄予如遺也且惠子之噱也是耶非耶抑子之未聞道也隱者戚然蘧然覺曰是庭中雙梧桐之謁夢於予也予如不言吾幾失予矣青山綠水白雲怪石翠竹碧梧五友可六也盍識之作六友山房記

洗塵篇　瀧纓館十刻　孟起常譚

黄圖昇譔圖昇負異才遨遊吳越登南嶽參衡搜山

水之奇勝居官時日與名人質論經史後歸以著作自娛孟起其字也弟圖南能文崇正初與修邑志

正始堂集十卷

王鼎彥譔

法喜草　荏山堂集

龔逢祥譔逢祥字安治一字孝緒天啟丁卯舉人官平涼府司理少穎異曾借人黃帝素問期三日還如期誚送問之無不洞了沈湛讀書工古文書法縱情詩酒以官爲寄一時碑銘序詞多出其手

浮湘十六藝　佚

米良魁譔良魁字彥伯未冠時從其父官滎陽鑄浮湘十六藝後中鄉試歷任河南兗州學正陞淡縣思縣公餘輒游意翰墨詩風格類晉魏書法類南宮人多寶之

桃花園稿　蒲志闕編

劉光輝譔

南游草　佚

龔維三譔維三字位中號衡湘別號昔莪窮治經史年二十五舉於鄉益肆力於文南雍司成方逢年中臺程正揆大加器賞庚辰謁選當除授不就曰吾願乘下澤車徜徉閭里不則坐弄煙雲竹樹間耳其爲文直抒胸臆見子弟有習文選者輒不懌恐墮六朝

駢麗習家訓以行誼爲先焉

椰城賦

李　甲譔甲官雙流雙流舊無城甲甫下車鑿濠編椰以備不虞作是賦

大隱堂集　佚

吳　章譔章字求叔居霞落溪工詩與下雉吳明卿等御王詩壇邑薦紳多從之游

藏編　迂編　深椰堂集

李　彙譔彙字素民形貌古怪面赤如點卅砂鬚長過腹癯然若不勝衣稽古博學騷狂嗜酒尤長古文辭著作二十餘年比之犀愛其角象愛其齒曰藏編

士大夫乞文者踵至自以其文深沈博大如深衣板褶之與不同時尙花樣不得已而應其求日迂編時而僂仰山亭見夫游絲舞絮郁郁紛紛即其中所得詩文名曰深柳堂集三書不下數十卷俱行於世明末催科甚急彙爲書啟邑令令感悟詳請停征平生所爲文類長吉卒年四十有五

春秋全旨　掇蘿錄　憤餘草

袁　昊撰昊字昌明負才氣不營産業好施予與人言期期若吃遇公事輒發憤敢前雖大吏不能撓

辨莊指南　小學大觀　增補智囊

馬亦昌撰亦昌邑庠生讀書負奇會遭世變以身隱

好禪足跡遍天下名山所至有著述晚乃閉戶山齋默參太極圖不復問人世間事臨卒手一編端坐閉目而逝

南北二京賦佚

劉來遠撰

國朝

皇極敷言　涉園合編　世史大書　易象明書

梅莊草

魏方振撰方振字宜爾邑廩生肆力經史手不釋卷讀書白龍寺多著述晚年學易留心性命之理

彭娥池草　南歸吟　完鉢草　北游草　皖吟

弋陽退食草佚

鄒應錫撰

吳越萊根集　戎郊叔麥集

王武臣撰武臣字堯菴以武舉爲內院幕順治中薦署安化令有政聲尋擢游擊陞任居庸

聽眞軒集

馬淑昌撰此集其晚作也致仕後究心釋典嘗受操巨舟浮大海中人稱雪峰和尙故自號雪岑

修月軒集

余開熙撰

松節集二十卷

任經邦撰

西爽集佚

龔逢烈撰逢烈字無競三中副車以恩貢授華容教諭年八十六卒於家

崔岑留稿

張奇勳撰奇勳　善屬文工書抱志不遇恣情山水著詩集與同時龔璋齊名人稱龔張云

雲心亭制義

張璉光撰

幽蘭山房集

張瑮光撰

月謚庵集

黄金壺譔金壺號白峯少補邑弟子員性嚴毅篤孝友與知縣林增志爲道義交

淮游草 佚

唐徵汝譔爲通判時運糧至淮作

寒山集

郎今芳譔今芳號蓮石年十三補諸生十四食廩性曠達耽詩酒怡情騷雅著寒山集應順治五年貢

百合山房詩集四卷

張達仔譔

留雲堂詩集

朱曰眉撰曰眉嗜古博學澹然於世惟以讀書爲樂

詩其最著者

燕游草 蜀游草

王祢垣撰祢垣字紫階康熙丙午舉人嘗講學心山出授彭水令有善政所著在燕蜀爲多

金紫軒詩集二卷

徐美大撰美大字亦人號石峰康熙丙戌進士考中書未任而卒

禿崑子傳

李應泰譔應泰明諸生後謝去娛情書酒書觀大略酒盡數斗不醉著述以習靜爲宗下筆兀傲不可羈以法自撰禿崑子傳亦可想見其爲人

秘園集

龔 璋譔璋字玉特康熙壬子舉人官黄安教諭工詩古文詞

涉園集 鴻爪吟 栢堂草

宋希若譔

挹泉軒詩集

盧逢垣譔

疏稿三條

馬之鵬撰之鵬才學充贍工詩古文詞詩選入別裁文登寶善集一時傳誦疏稿其最著也

鎬菴制義二卷

曾濯聖譔濯聖字鎬菴康熙辛卯舉人工時文選入質疑集韓菼謂其於聖賢蘊意確有發明

蓼灘詩鈔二卷

李 標譔

洪川制藝二卷 詩集一卷

祝其杏譔

洞然齋集二卷

唐宗琳譔宗琳字子周少力學屢躓場屋乃放志林泉寄與詩酒王廷鴻序其集謂爲得心應手庶幾有道者

海嶽集四卷　白蓮詩集十六卷　白蓮存稿二卷　白蓮存稿
續刻二卷　靖州志七十二卷　通道縣志
張開東譔朱　珪序節錄附壬辰夏蒲圻張子白蓮
訪古晉陽挽留四閱月讀其辭賦銘贊各體元氣渾
成超越古人十月出雁門謁三皇墓吊青冢慶以劄
請立碑予復書曰一片血忱金石不磨可感可敬見
蒲坂舜廟傾圮其請如前語語出於至誠若已身必
不可已之事予因爲之新其廟立其碑并囑譔記與
銘悉鐫諸石乙未入秦呈畢秋帆中丞請劄求表護
帝王陵寢將相祠墓計百餘處西京故物煥然一新
較在三晉益廣且大也又訪姬姓之後尋横渠之裔

請秋帆奏於
朝
天子嘉其議俱襃五經博士戊戌楚中大荒白蓮典衣遠
糴分給族里又作救荒急論勸有力者捐資濟饑民
全活無算此白蓮之文有關於世道事功者也
靖州志自敘節錄附夫援引經史所以取正也參衡
眾說所以通變也遵會典所以明
王章也詳學校文廟所以敦禮而崇道也著武備所以安
邦國也釐正祀典所以型俗也綜時代稽治忽愼去
取別漢苗所以存實也卬之寂寞以求其聲冤之幽
渺以測其象所以闡微也志綱凡十有六目二十有

四表一州縣城池公署及文廟殿廡木主位次與禮
器樂器拜壇舞位之圖共六十有四傳八十有五卷
凡七十有二
夢華樓稿二卷
張開林譔開林字伯魁一字還亭生而俊穎書過眼
如夙讀十一列邑庠十五舉於鄉充咸安宮教習任
石首諭旋辭歸隱居雲洞之坡築夢華樓貯書萬卷
所著文稿縋幽梯險可傳可法卒年六十有九節錄許兆
椿傳子兆衡字薇軒著有循緘集六卷
芙峯存稿二卷
潘星文譔星文字子斌乾隆癸酉拔貢甲戌攜其稿

北上七年卒於燕邸文盡散失其嗣搜遺簽彙存之
友人蕭內史爲付梓
樸園詩草
張宗白撰
易經口義　五經條纂　四書口義　雪窗拾遺
宋　修撰
嘯餘草二卷
張兆接譔接字梧阜號鳳來性孝友訓子弟有法
對山詩鈔六卷
張兆安譔兆安歷仕晉豫楚南政暇輒撫卷吟哦積
八成帙秋闈分校句云同是箇中辛苦出莫將顛頂

負平生涖滑縣任句云上官莫恠催科拙拙吏從來
不爲名
琴心閣古文二卷時文二卷詩集一卷竟陵集一卷
敖一瓚譔
易經經傳八卷
賀自莘譔
留心集二卷
賀運价譔運价字八藩留心名教取日用世故彙爲
三十九條質切言之
貞恒集二十二卷
覃文榜譔文榜字觀川究心聖賢語錄能文善病有

送病文附嗟哉造化甚無我苦也降此厲疾不爲不
久也神明內閉靈虛之府也宰制物化而不可紐也
火中之龍水中之虎也嬰兒姹女上下交濟而不可
阻也焦膻之內厥名膏肓也將軍作佐謀斷臯皇右
主相導治節斯張也倉廪之官建位乎中州而不可
戕也七門三海九竅百節呼吸運行而不可傷也嗟
哉造化予將奚以爲禳也將禳之以青蓮之蔡乎朽
甲而不靈也將禳之以綠野之蓍乎枯莖而不可憑
也將禳之以桑田之巫范邑之史乎鬼物而不敢欺
也抑禳之以洗椰之鍼剖胸之劍乎駭絕險恠而予
不忍爲也維茲靈樞秘籥丹竈浮烟杏林吐蕊橘井
飛泉刀圭竹節赤芝紫丸凝機元牝煉性蒲團靜中
宴息精神內守發明耳目清虛臟腑庶幾保形骸於
不朽也又復佩服格言恪遵矩矱優遊禮法之場沉
潛仁義之藪而後可以留此身於千古也嗟哉造化
予爲爾思予爲爾愬也顏氏之髮爾爲之白也屈子
之容爾爲之黑也彭祖何功賈生何尤跖也何恩殤
也何仇植璧致元公之禱執手動宣聖之悲汲孺僵
卧乎淮陽杜公呻吟於浣溪嗟哉造化而竟不能無
私也昔爾之客於予也予固嘗厚以待甘旨之奉未
嘗缺於供也衣被之飾不敢不從其豐也今爾之辭
予而去也予亦當有以送之金玉乃富者之情而予

固安貧也車馬乃貴者之願而予固居賤也防盜禦
侮乃壯夫之匹而予又弱而寡力也爰遣之以歌曰
天地有心鬼神靈兮韶光荏苒產息蕃兮和風翔洽
善氣蒸兮天札不作疹疫泯兮駘背鯢齒與耄耋而
同羣兮送爾於南山之巔北山之濵兮慎毋爲厲於
善人兮
白泉遺稿二卷
廖世德譔
青峯文稿二卷
王柽國譔
青雲課草二卷

李　游譔

南華詩草

張達倧譔達倧字南華廩生性俶儻不慕時榮工舉業書雜著悉不懈而及於古

四書披雲六卷

魏　楠譔

竹軒詩草二卷

陳樹賢譔

西園文集二卷

廖昌達譔昌達字豁夫嘉慶辛酉舉人性孝友行端正文亦醇雅

古村文集二卷

熊　駿譔

文恩堂詩集二卷

周順倜譔順倜字偉齋嘉慶乙亥貢讀書立品動不過則文亦循循法度

紅雪山房詩集一卷

賀斐觀譔

蓮溪詩集

王信達譔信達字顯亭舉人號蓮溪品端行潔詩文渾雅

海粟壇詩集

周人甲譔

五經條辨

周人弁譔

蓴川文集

劉海存輯

梓村文稿

但文恭譔

蜀遊草

陳杏昌譔